Martin Carrier und Jürgen Mittelstraß
Geist, Gehirn, Verhalten

Martin Carrier
Jürgen Mittelstraß

Geist, Gehirn, Verhalten

Das Leib-Seele-Problem
und die Philosophie der Psychologie

1989
Walter de Gruyter · Berlin · New York

Gedruckt auf säurefreiem Papier
(alterungsbeständig — pH 7, neutral)

CIP-Titelaufnahme der Deutschen Bibliothek

Carrier, Martin:
Geist, Gehirn, Verhalten : das Leib-Seele-Problem und die Philo-
sophie der Psychologie / Martin Carrier u. Jürgen Mittelstraß. —
Berlin ; New York : de Gruyter, 1989
    ISBN 3-11-011830-0
NE: Mittelstraß, Jürgen:

Satz und Druck: Arthur Collignon GmbH, Berlin 30
Einband: Lüderitz und Bauer, Berlin 61

für Johanna Sophie
und Marcus Benedict

Vorwort

Am Anfang dieses Buches stand eine Podiumsdiskussion im Rahmen der „Dortmunder Universitätsgespräche" (am 28. Mai 1986) zwischen Ernst Pöppel und Jürgen Mittelstraß. Der Diskussion gingen zwei Vorträge voraus, in denen — unter dem Rahmenthema „Information und Bewußtsein" — der Neuropsychologe einen strikten Monismus und der Wissenschaftstheoretiker einen pragmatischen Dualismus vertrat. Die Konzeption eines pragmatischen Dualismus wird in dem vorliegenden Buch wissenschaftstheoretisch in Richtung auf einen (theoretischen) interaktionistischen Dualismus weiter ausgearbeitet und philosophisch durch einen praktischen Dualismus ergänzt. Dies erfolgt vor allem über die von Carrier entwickelte Verbindung der Interpretation psychologischer Begriffe als theoretischer Begriffe mit Quines Konzeption ontologischer Verpflichtungen, die Theorien mit sich führen. Von Carrier stammen auch der Nachweis, daß alle monistischen Positionen dieselbe begriffliche und logische Struktur (Reduktionsstruktur) aufweisen, sowie die vorgenommenen Differenzierungen des Physikalismusbegriffes. Im methodischen Begriff der Erklärungskonstruktion treffen sich die systematischen Vorstellungen des Empiristen (Carrier) und des Konstruktivisten (Mittelstraß). Über die Behandlung des Leib-Seele-Problems hinaus verstehen sich die hier vorgetragenen Analysen und Konstruktionen als ein Beitrag zur Wissenschaftstheorie und Philosophie der Psychologie.

Das Buch verdankt sich einer langjährigen philosophischen und wissenschaftlichen Kooperation Konstanzer Philosophen und Wissenschaftstheoretiker, die ihren institutionellen Ausdruck 1987 durch die Gründung eines Zentrums Philosophie und Wissenschaftstheorie an der Universität Konstanz erfuhr. Unser besonderer Dank gilt dabei denjenigen Freunden und Kollegen, die das Manuskript vor seiner endgültigen Fertigstellung gelesen und zu seiner Verbesserung beigetragen haben. Hubert Schleichert und Gereon Wolters verdanken wir wichtige Anmerkungen und Anregungen zum gesamten Text. Heinrich Kehl hat mit hilfreichen Einwänden und ergänzenden bibliographischen Hinweisen vor allem Kapitel III gefördert. Intensive Diskussionen mit Alexander Rüger führten unter anderem zu einer wesentlichen Weiterentwicklung des Kapitels VIII.2. Gabriele Heister und Peter Schroeder-Heister haben Kapitel V.2 durchgesehen und geprüft. Ihnen allen danken wir herzlich. Desgleichen Erika Fraiss, die das Manuskript geschrieben hat und den Autoren geduldig auf vielen verschlungenen Überarbeitungswegen gefolgt ist. Ohne die Mitwirkung aller Genannten hätte das Buch in dieser Form nicht fertiggestellt werden können.

Konstanz, im Juni 1988   Martin Carrier
                                                Jürgen Mittelstraß

Inhalt

Einleitung

Den ‚Weltknoten' nannte Schopenhauer das Leib-Seele-Problem, das Rätsel des Verhältnisses zwischen physischen und psychischen Zuständen. In seiner geläufigen philosophischen Form wurde er zu Beginn des neuzeitlichen Denkens in der Philosophie Descartes' geschürzt und vergeblich wieder zu lösen versucht. So bis zum heutigen Tag. Die Geschichte des Leib-Seele-Problems ist auch die Geschichte seiner vergeblichen philosophischen Lösungsbemühungen. So nimmt es nicht wunder, daß das Leib-Seele-Problem den einen, die es ohnehin nur für eine philosophische Erfindung halten, als Exempel für die Überflüssigkeit philosophischer Bemühungen im Grenzbereich von Philosophie und Wissenschaft erscheint, während es den anderen einen Beweis der mangelnden Leistungsfähigkeit der Philosophie liefert. Im einen wie im anderen Falle mag man daher die Einschätzung Du Bois-Reymonds aus dem Jahre 1880 noch heute für aktuell halten, der das Leib-Seele-Problem – formuliert als die Frage nach der Entstehung von Sinnesqualitäten und Bewußtseinszuständen – unter die sieben Welträtsel einreihte und für unlösbar hielt.[1] Auch in der Gegenwart finden sich derart resignative Voten. So erklärt Shaffer:

> It may well be that the relation between mind and body is an ultimate, unique, and unanalyzable one. If so, philosophical wisdom would consist in giving up the attempt to understand the relation in terms of other, more familiar ones and accepting it as the anomaly it is.[2]

Die hier vorgelegte Arbeit teilt diese Resignation nicht, weder in philosophischer noch in wissenschaftlicher Hinsicht. Vielmehr soll versucht werden, mit neuen wissenschaftstheoretischen Mitteln und Methoden zur Lösung dieses zum Rätsel gewordenen Problems beizutragen. Dabei wollen wir die Position eines *interaktionistischen Dualismus*, der mentale Zustände oder Ereignisse und physiologische Prozesse als verschiedenartige, miteinander in Wechselwirkung stehende Größen auf-

---

[1] Du Bois-Reymond 1880, 85, 88 – 89. Vgl. Kuhlenbeck 1982, III, 425 (dt. 186).
[2] Shaffer 1967, 345.

faßt, auf eine neuartige Weise entwickeln und verteidigen.[3] Die entgegen-
gesetzte monistische Interpretation des Leib-Seele-Verhältnisses, die sich
in den verschiedenen Versionen der *Identitätstheorie* konkretisiert und
Gehirnzustände und psychische Vorgänge (in einem noch zu präzisieren-
den und zu differenzierenden Sinne) als miteinander identisch ansieht,
halten wir hingegen für sinnvoll, kontingent, aber wahrscheinlich empirisch falsch.

Die hier entwickelte Fragestellung ist im wesentlichen epistemischer
Natur: Ausgehend vom derzeitigen Wissens- und Forschungsstand soll
untersucht werden, welche Deutung des Leib-Seele-Verhältnisses philosophisch und wissenschaftlich am besten gestützt und am überzeugendsten
begründet ist. Dazu bedienen wir uns der Mittel der modernen Wissenschaftstheorie, wobei insbesondere eine Rekonstruktion oder Explikation
der einschlägigen wissenschaftlichen Theorien im Zentrum steht. Den
Ansatzpunkt bildet die moderne kognitive Psychologie, deren wissenschaftliche Bedeutung für die Weiterentwicklung einer Philosophie des
Geistes bisher nicht hinreichend berücksichtigt wurde.

Kennzeichen des hier vertretenen Ansatzes ist es damit, die Philosophie des Geistes an der Interpretation der Wissenschaften des Geistes –
vor allem der Psychologie – zu orientieren. Das bedeutet, philosophisch
gesehen, eine Abgrenzung sowohl von phänomenologisch ausgerichteten
philosophischen Konzeptionen, in denen aus der Tiefe innerer Bewußt-
seinserfahrungen Einsichten über die Natur des Geistes gewonnen werden sollen, als auch von – zumeist auf Wittgenstein fixierten – Konzeptionen, die in einer Analyse der Alltagssprache den Schlüssel zu nahezu
allen Problemen des Verhältnisses von Geist und Körper gefunden zu
haben glauben. Anders der hier beschrittene Weg. Es wird weder die
vermeintliche Weisheit einer inneren Wahrnehmung zur Grundlage des
philosophischen Denkens gemacht, noch den ‚Sprachspielen‘ des Alltags-
verstandes das letzte Wort erteilt. Es wird auch nicht Philosophie des
Geistes in Abgrenzung gegen Wissenschaft betrieben, eine Abgrenzung,
die mit der altjüngferlichen Gebärde des ‚noli me tangere‘ ängstlich
begriffliche Schutzzäune errichtet und eifersüchtig philosophische Reser-

---

[3] Im Folgenden wird im einzelnen begrifflich zwischen ‚mental‘, ‚psychisch‘ und ‚kognitiv‘ nicht unterschieden, desgleichen nicht zwischen ‚Ereignis‘, ‚Vorgang‘ bzw. ‚Prozeß‘
und ‚Zustand‘, bezogen auf psychische bzw. mentale und physische bzw. physiologische
Gegenstände. Deshalb ist auch im allgemeinen von Zuständen oder Ereignissen die
Rede. Zur begrifflichen Unterscheidung zwischen Ereignis und Vorgang vgl. K. Lorenz
1980, 568.

vate hütet — um sich anschließend zu wundern, daß sie als philosophische Reflexion mit sich selbst alleine bleibt. Während sich die Philosophie auf ihre Einsichten zurückzieht, zieht die Wissenschaft philosophisch nur um so unbeschwerter weiter.

Gegenüber diesem schon traditionellen Rollenspiel von Wissenschaft und Philosophie, das sich in der (bequemen) Vorstellung einer gegenseitigen Isolierbarkeit von wissenschaftlichen und philosophischen Forschungsweisen auszudrücken pflegt, soll hier eine Philosophie des Geistes (oder des Bewußtseins) aus der kritischen Interpretation der relevanten wissenschaftlichen Theorien und dem philosophischen Umgang mit ihnen erwachsen. Im gleichen Maße, wie die Frage, ob der Ablauf allen Geschehens durch strenge Gesetze determiniert ist oder wesentliche Zufallsmomente enthält, anhand einer Deutung der Quantenmechanik zu beantworten ist, und das Problem, ob eine relationale oder eine substantialistische Theorie des Raumes (oder der Raum-Zeit) angemessen ist, aus der Explikation der Allgemeinen Relativitätstheorie zu entscheiden ist, sollen auch die möglichen Besonderheiten psychischer Prozesse auf der Basis einer Interpretation der kognitiven Psychologie geklärt werden.[4] Das bedeutet: die Frage nach dem Leib-Seele-Verhältnis wird in das Problem der Relation zwischen Neurophysiologie und Psychologie übersetzt. Durch diese wissenschaftsorientierte Vorgehensweise hoffen wir, den Dualismus vom Ruch des Obskurantismus zu befreien, der ihm in der bisherigen Diskussion des Leib-Seele-Problems teilweise zu Recht anhaftet. Uns gilt der Geist als *natürliches* Phänomen.

Kern der hier zum Ausgangspunkt genommenen Fragestellung ist demnach, welche ontologischen Verpflichtungen das Akzeptieren der modernen psychologischen Theorien, die wesentlich von einem mentalistischen Vokabular geprägt sind, mit sich bringt. Diese Verpflichtungen werden in der Regel von den wissenschaftlichen Theorien nicht selbst dargelegt; ihre Explikation ist eine philosophische bzw. wissenschaftstheoretische Aufgabe. Voraussetzung ist dabei noch einmal, daß man die Philosophie des Geistes am gegenwärtigen Forschungsstand, an den besten verfügbaren Theorien — oder deren überschaubarer Fortschreibung — ausrichtet und darauf verzichtet, die Argumentation auf fiktive (philosophische) Verbesserungen dieses Forschungsstandes zu stützen. Schließlich würde man auch die Analyse der Natur des Raumes nicht an einer Abschätzung der Physik des Jahres 2500 orientieren. Unser

---

[4] Es geht also um Theorienexplikation im Sinne von Mittelstraß 1988, 315.

Plädoyer ist also, auch in der Philosophie des Geistes den Stand der
Wissenschaft ernst zu nehmen und zwischen Möglichkeit und Wirklichkeit gebührend zu unterscheiden.

Im Rahmen eines derartigen Zuganges ist die Wissenschaftstheorie
in doppelter Weise gefordert. Zum einen geht es um *begriffliche Klärung*,
insofern sich die Aufgabe stellt, durch eine Analyse der Wissenschaftssprache die logische Struktur der verschiedenen Positionen zu verdeut-
lichen. Zum anderen stehen *Kriterien* zur Beurteilung von *Geltungsan-
sprüchen* zur Diskussion. Dabei ist es wichtig, zu sehen, daß die philosophische Interpretation aus den entsprechenden Theorien nicht gleichsam
abgeleitet werden kann, sondern ihrerseits auf philosophischen Voraussetzungen ruht. Bei diesen Voraussetzungen handelt es sich im wesentlichen um eine Theorie der Wissenschaftssemantik und der wissenschaftlichen Methode, d. h. um Vorstellungen davon, durch welche Instanzen
wissenschaftliche Begriffe ihre Bedeutung erhalten und welche Merkmale
eine gute Theorie aufweisen soll. In der Philosophie versteht sich eben
wenig von selbst. Deshalb kann auch nicht die voraussetzungslose Analyse, sondern nur die um eine Reflexion auf die eigenen Voraussetzungen
ergänzte Analyse ein vernünftiges Ziel sein.

Darüber hinaus sei gleich zu Beginn darauf hingewiesen, daß auch
uns die Beziehung von Körper und Geist unklar, ja verworren erscheint,
und daß auch diese Arbeit keine glatten Lösungen anzubieten vermag.
Auch die Philosophie schafft — von starken Selbstüberzeugungen, die
schnurstracks in dogmatische philosophische Schulen führen, einmal
abgesehen — keinen festen Grund und keine ‚Letztbegründung'; und
auch wir sind außerstande, mit seherischer Kraft die finalen Resultate
vorzustellen und mit deduktiver Stringenz die letztgültige Lösung des
Leib-Seele-Rätsels zu präsentieren. Entsprechend überwiegen im Folgenden Plausibilitätsargumente und der gewissenhafte Versuch, zwischen
unterschiedlichen, vielfach durchaus berechtigten Ansprüchen abzuwä-
gen. Wer also meint, auch nach der Lektüre dieser Arbeit zur Philosophie
des Geistes keine letzte Klarheit über die Natur des Mentalen erlangt zu
haben, dem gehört unser Verständnis. Was wir immerhin erreicht zu
haben hoffen, ist, ein wenig (neues) Licht auf ein altes Rätsel geworfen
zu haben.

Die Argumentation weist folgenden Gang auf:

Am Anfang (Kapitel I) steht ein kurzer Überblick über die Geschichte
des Leib-Seele-Problems. Es wird dargelegt, wie sich schon im griechi-
schen Denken Elemente des Problems philosophisch formieren, dieses

Problem jedoch erst mit dem neuzeitlichen Dualismus, gemeint ist der Cartesische Substanzen-Dualismus, philosophische und wissenschaftliche Karriere macht. Der Weg führt von der Aristotelischen Psychologie und ihren scholastischen Reformulierungen über die Cartesische Formulierung des Problems und seine Lösungsversuche auf dualistischer Basis bis hin zu monistischen Konzeptionen, zu denen im 19. Jahrhundert z. B. Fechners Doppelaspekt-Lehre gehört. Die Geschichte des Leib-Seele-Problems mündet in die Geschichte der modernen (empirischen) Psychologie und bleibt zugleich in deren Form als kognitiver Psychologie mit ihren philosophischen Orientierungen präsent.

Kapitel II rekonstruiert die logische Struktur der gegenwärtig am weitesten verbreiteten monistischen Positionen, nämlich der Theorie der Typenidentität, des Funktionalismus und des eliminativen Materialismus. Jede dieser Positionen kann als Annahme einer bestimmten Theorienrelation zwischen Psychologie und Neurophysiologie betrachtet werden. Unsere Rekonstruktion stellt dabei den *Reduktionsbegriff* ins Zentrum der Betrachtungen und versucht aufzuzeigen, daß alle diese Positionen als Behauptung einer Reduktionsbeziehung zwischen Psychologie und Neurophysiologie aufzufassen sind. Monistische Versionen ähneln sich also in ihrer logischen Struktur stärker als gemeinhin angenommen. Darüber hinaus wollen wir zeigen, daß eine solche Reduktion der Psychologie auf die Neurophysiologie den *einzigen* legitimen Grund für eine Leib-Seele-Identifikation darstellt, und daß es insbesondere keinen direkten experimentellen Weg zur Begründung einer derartigen Identifikation gibt.

In Kapitel III wird die Auffassung verteidigt, daß die Identitätsthese tatsächlich *sinnvoll* und *kontingent* ist, und daß sie sich deswegen aus dem philosophischen Lehnstuhl heraus weder beweisen noch widerlegen läßt. In der philosophischen Diskussion des Leib-Seele-Problems ist eine Vielzahl logisch-begrifflicher Einwände vorgetragen worden, die zeigen sollen, daß einer Leib-Seele-Identifikation Hindernisse grundsätzlicher Natur im Wege stehen. Ein Großteil dieser Einwände stützt sich auf Leibnizens Identitätskriterium, das eine Identifikation zweier Größen nur dann zuläßt, wenn diesen keine unterschiedlichen Merkmale zukommen. Psychische und physische Phänomene weisen jedoch (zumindest dem Augenschein nach) deutlich verschiedene Merkmale auf, so daß eine Identifikation ausgeschlossen scheint. Wir versuchen, deutlich zu machen, daß derartige Argumente nicht tragfähig sind. Weiterhin weisen wir Kripkes Einwand gegen jede Leib-Seele-Identität zurück, der sich darauf stützt, daß in der Welt des Mentalen die Empfindung die grundlegende Wirklichkeit darstellt, während dies in der physikalischen Welt nicht der Fall ist. Schließlich verwerfen wir auch Davidsons Bedenken gegen die Möglichkeit psychophysischer Gesetze.

Mit Kapitel IV schließt sich eine Diskussion der dualistischen Theorie von Popper und Eccles an. Ausgehend von Poppers 3-Welten-Theorie, die den Rahmen für einen *reduktionskritischen, interaktionistischen Dualismus* abgibt, und der dabei vertretenen Annahme, daß das Ichbewußtsein (oder Selbstbewußtsein) ein Produkt der Evolution ist, werden die (Poppersche) *Antireduktionismusthese* und eine mit ihr verbundene *Emergenzthese* dargelegt und einer kritischen Prüfung unterzogen. Dabei stellt sich heraus, daß beide Thesen unzureichend begründet sind: Die Antireduktionismusthese ist zu eng und läßt eine Ersetzung der Psychologie durch die Neurophysiologie durchaus zu; die Emergenzthese in der hier vorgetragenen Form läßt sich gegenüber ihrer auch monistischen Inanspruchnahme nicht isolieren. Das gleiche gilt für den Versuch, die Identitätstheorie als mit einer darwinistischen Sichtweise unvereinbar darzustellen. In Eccles' Bemühung schließlich, den Dualismus neurophysiologisch zu begründen, kehrt nur der Cartesianismus im modernen Gewande, gestützt auf pseudo-physiologische Hypothesen ('Liaison-Hirnen'), zurück. Dennoch besteht, wie deutlich wird, auch eine positive Verbindung zwischen dieser dualistischen Konzeption und der von uns vertretenen: Auch Popper faßt die Identitätstheorie als eine sinnvolle, kontingente, aber empirisch unplausible Behauptung auf, und auch Popper und Eccles vertreten die methodische Idee, psychische Zustände oder Ereignisse als empirisch überprüfbare Erklärungshypothesen bzw. Erklärungskonstruktionen einzuführen.

Kapitel V ist der Analyse einiger *Reduktionsprogramme* in der Psychologie sowie der Darstellung einiger Aspekte des Forschungsstandes der modernen Psychologie gewidmet. Wir entwickeln hier zum einen ein wissenschaftshistorisches Analogieargument, demzufolge psychologische Reduktionsprogramme in der Wissenschaftsgeschichte zu oft gescheitert sind, als daß sich die Hoffnung auf künftige Erfolge solcher Reduktionsansprüche auf die Geschichte der Psychologie (gleichsam in induktiver Absicht) stützen könnte. Zum anderen geben wir einen Abriß einiger neuerer Entwicklungen in einem Spezialgebiet der modernen kognitiven Psychologie. Diese Darstellung psychologischer Theoriebildungen verfolgt zwei Zwecke. Sie dient dazu, eine sachliche Grundlage für die philosophische Diskussion der kognitiven Psychologie in den folgenden

Kapiteln VI und VII zu liefern. Ferner soll sie plausibel machen, daß Urteile über die Geltung psychologischer Modelle auf den gleichen methodologischen Grundsätzen beruhen wie die Einschätzung naturwissenschaftlicher Theorien.

In Kapitel VI entwickeln wir unser zentrales Argument zugunsten einer dualistischen Interpretation des Leib-Seele-Verhältnisses. Es wird gezeigt, daß psychologische Begriffe alle Merkmale *theoretischer Begriffe* aufweisen, wie sie in der Theorie der Naturwissenschaften beschrieben werden. Da demnach die logischen Charakteristika psychologischer Begriffe denen naturwissenschaftlicher Begriffe entsprechen, und (wie in Kapitel V dargelegt) auch die methodologischen Kennzeichen psychologischer Theorien im Grundsatz mit den entsprechenden Merkmalen naturwissenschaftlicher Theorien übereinstimmen, liegt es nahe, psychologische und naturwissenschaftliche Größen auf die gleiche Weise ontologisch zu interpretieren, ihnen also den gleichen Wirklichkeitsbezug zuzuschreiben. Dies spricht zugleich dafür, eine eigenständige Ebene mentaler Größen anzunehmen, womit eine wesentliche Voraussetzung einer dualistischen Interpretation gegeben wäre. Allerdings könnten einem derartigen Schluß vom Mentalismus auf den Dualismus unabhängige Gründe entgegenstehen, die entweder in der internen Inkohärenz einer dualistischen Position oder in deren Unvereinbarkeit mit anderen gut gestützten Auffassungen wurzeln. Derartige Bedenken versuchen wir auszuräumen. Hierbei geht es darum, deutlich zu machen, daß eine dualistische Interpretation des psychophysischen Verhältnisses mit einer wissenschaftsorientierten Weltsicht verträglich ist.

In Kapitel VII werden die Konsequenzen einiger Aspekte der modernen Psychologie für eine Philosophie des Bewußtseins untersucht. Hierbei geht es um das Verhältnis von psychologischen Größen zu erlebten Bewußtseinsinhalten. So wird die Struktur von Introspektionsberichten diskutiert und mit der Struktur naturwissenschaftlicher Beobachtungsaussagen verglichen. Diese stimmt in beiden Fällen weitgehend überein. Ferner kommt der Themenbereich der *Intentionalität* zur Sprache, dem in der modernen Philosophie des Geistes großes Gewicht beigemessen wird. Wir diskutieren hier die Programme der Kognitionswissenschaft und der syntaktischen Psychologie und kommen dabei zu folgenden Resultaten: (1) Intentionale Charakteristika, also die semantischen Merkmale psychologischer Zustände, sind durch physikalische Begriffe (gegenwärtig) nicht spezifizierbar. (2) Intentionalität ist wesentliches Merkmal mentaler Zustände. (3) Die Inhalte der von der Psychologie für relevant erachteten mentalen Zustände können gleichwohl von den Inhalten introspektiv zugänglicher psychischer Phänomene abweichen. Die von der Wissenschaft spezifizierte Psychodynamik muß nicht mit dem unserem Bewußtsein zugänglichen geistigen Leben übereinstimmen. Im Lichte dieser Resultate ergeben sich wiederum Zweifel an der Identifizierbarkeit neurophysiologischer Zustände oder Ereignisse mit erlebten Bewußtseinszuständen.

Kapitel VIII befaßt sich mit der Frage möglicher Grenzen der Erkennbarkeit des Leib-Seele-Verhältnisses. Es wird die Ansicht zurückgewiesen, daß *Finitismusprinzipien* und *Gödelsche Unvollständigkeit* dieser Erkennbarkeit im Wege stehen. Im Anschluß daran werden die möglichen Auswirkungen neuartiger Entwicklungen in der Theorie komplexer Systeme auf die Durchführbarkeit einer Reduktion der Psychologie auf die Neurophysiologie diskutiert. Dabei geht es insbesondere um die Konsequenzen des *deterministischen Chaos*, dem einige Neurobiologen eine wesentliche Funktion bei der Arbeit des Gehirns zuschreiben. Wir versuchen zu zeigen, daß — wenn sich derartige Vermutungen bewahrheiten — die Reduktion der Psychologie auf die Neurophysiologie auch dann nicht durchführbar ist, wenn faktisch eine Leib-Seele-Identität besteht. Damit entfiele der einzige mögliche Grund dafür, die Identitätstheorie zu akzeptieren.

Kapitel IX wirft einen Blick auf die Bedeutung der Interpretation des Leib-Seele-Verhältnisses für das menschliche Selbstverständnis. Ausgehend davon, daß Begriffe wie ‚Bewußtsein', ‚Selbstbewußtsein' und ‚Ich' in erster Linie *philosophische* Begriffe sind, mit denen sich das Selbst- und Situationsverständnis des Menschen artikuliert, und erst in zweiter Linie allgemeine *wissenschaftliche* Begriffe (mit einem empirischen Hintergrund), wird deutlich zu machen versucht, daß es im Hinblick auf eine Lösung des Leib-Seele-Problems auf ein kooperatives Verhältnis von Philosophie und Wissenschaft ankommt. Die Philosophie kann sich nicht an die Stelle von Wissenschaft setzen, d. h., sie soll nicht das Bewußtsein erklären, das die Wissenschaft zu erklären sucht. Und die Wissenschaft kann sich umgekehrt nicht an die Stelle der Philosophie setzen, d. h., sie beschreibt (und erklärt) nicht die Lebenswelt, die die Philosophie mit ihren Begriffen beschreibt (und erklärt). Im übrigen weiß auch die Wissenschaft, daß die symbolische Repräsentation der Welt in Lebenswelt und Wissenschaft nicht identisch ist mit der Repräsentation der Welt im Gehirn, und daß auch unsere theoretischen Symbolisierungen in diesem Sinne *Konstruktionen* sind. Philosophisch entspricht dem auch hierin zum Ausdruck kommenden *theoretischen* Dualismus (der Wissenschaft bzw. der Wissenschaftstheorie) ein *praktischer* Dualismus. In einer kritischen Analyse der Konzeptionen Wittgensteins und Ryles wird deutlich, daß auch ein derartiger Dualismus wissenschaftsnah vertreten werden kann, z. B. in Form einer praktischen Alltagspsychologie (neben der zuvor, in VII.4. § 2, dargestellten Alltagspsychologie im technischen und intuitiven Sinne). Zwischen der wissenschaftlichen und der lebensweltlich-philosophischen Beschreibung des Menschen, hier in den Begriffen ‚Bewußtsein‘, ‚Selbstbewußtsein‘ und ‚Ich‘ ausgedrückt, besteht eine kooperative Komplementarität.

Unsere dualistische Überzeugung bildet das Motiv zur Entwicklung der hier vorgetragenen Überlegungen zum Leib-Seele-Problem und begründet auch den sachlichen Zusammenhalt der Argumentation. Gleichwohl hängt die Gültigkeit der vorgetragenen wissenschaftstheoretischen Untersuchungen zur Psychologie nicht von der Adäquatheit des Dualismus ab. Unabhängig von der Absicht, das Leib-Seele-Problem auf der konzeptionellen Basis eines interaktionistischen Dualismus einer weiteren Klärung zuzuführen, sucht die hier vorgelegte Arbeit einen Beitrag zur *Philosophie der Psychologie* im allgemeinen zu leisten. Die wissenschaftstheoretischen Analysen und Konstruktionen, die im thematischen Zusammenhang mit dem Leib-Seele-Problem vorgenommen werden, betreffen nicht nur ein Teilproblem der modernen Psychologie, deren Wurzeln weit in die Geschichte einer philosophischen Psychologie zurückreichen, sondern deren wissenschaftlichen Status und darüber hinaus den wissenschaftlichen Status der Sozialwissenschaften insgesamt. Das gilt vor allem in methodologischen Dingen.

Die methodologische Diskussion in der Psychologie und in den Sozialwissenschaften bleibt gelegentlich hinter dem Stand zurück, der in der Philosophie der Naturwissenschaften bereits erreicht wurde. Wenn es uns daher – selbst abgesehen von der analytischen Konzentration auf eine Lösung des zum Rätsel gewordenen Leib-Seele-Problems – auch nur gelungen sein sollte, zur methodologischen Diskussion in der Psychologie und in den Sozialwissenschaften auf eine weiterführende Weise beizutragen, wäre bereits ein wesentliches konstruktives Ziel dieser Arbeit erfüllt.

I. Zur philosophischen und wissenschaftlichen Karriere des Leib-Seele-Problems

Die Innen- und die Außenwelt,
die warn mal eine Einheit.
Das sah ein Philosoph, der drang
erregt auf Klar- und Reinheit.

Die Innenwelt,
dadurch erschreckt,
versteckte sich in dem Subjekt.

Als dies die
Außenwelt entdeckte,
verkroch sie sich in dem Objekte.

Der Philosoph sah dies erfreut:
indem er diesen Zwiespalt schuf,
erwarb er sich für alle Zeit
den Daseinszweck und den Beruf.

R. Gernhardt,
Philosophie-Geschichte (1981)

Es gibt Probleme, die erst dann als Probleme wirklich sichtbar und Anlaß wissenschaftlicher Forschungsprogramme werden, nachdem sie zu ihrer philosophischen Form gefunden haben. Die Wissenschaft gewinnt auf diese Weise eine philosophische Dimension, die Philosophie, wenn sie Glück hat, ein realistisches Verhältnis zu ihren Problemen.

Zu diesen Problemen gehört auch das *Leib-Seele-Problem*. In seiner für Philosophie und Wissenschaft wirksamen Form stellt das Leib-Seele-Problem ein Folgeproblem des dualistischen Aufbaues der Wirklichkeit bei Descartes und im Cartesianismus dar. Das bedeutet nicht, daß es vor Descartes keine Überlegungen zum Verhältnis von Leib und Seele gegeben hätte, wohl aber, daß in derartigen Überlegungen das Problem nicht jene Schärfe gewann, die auch seine wissenschaftliche Behandlung und Lösung erforderlich machte. Konnte man sich vor dem Cartesischen Dualismus noch dieser Anstrengung (vordergründig) entledigen, indem man sich entschied, in dieser Sache etwa Aristoteliker oder Atomist zu werden, war die Situation nach dem Cartesischen Dualismus eine gänzlich andere geworden: Außenwelt und Innenwelt waren etabliert; die philosophische und wissenschaftliche Erklärung der einen wie der anderen hing von der Lösung des nunmehr als Leib-Seele-Problem formulierten Verhältnisses beider Welten zueinander ab. Ein philosophisches Forschungsprogramm wird zugleich zu einem (im modernen Sinne) wissenschaftlichen Forschungsprogramm.

1. Aristotelische Psychologie

§ 1   Den historischen Hintergrund des Problems bildet die auf die antike Philosophie zurückgehende Vorstellung einer zeitlich begrenzten Verbindung von (unsterblicher) Seele und Leib, wobei bereits bei Platon — in erkenntnistheoretischem, aber an orphische Vorstellungen anknüpfendem Zusammenhang — der Leib als ‚Kerker' der Seele gedeutet wird.[1] Platon wendet sich dabei gegen die pythagoreische Vorstellung, wonach die Seele Harmonie des Leibes sei[2], und entwickelt einerseits seine dreistufige Seelentheorie (mit dem obersten Seelenteil als unsterblicher Seele)[3], andererseits die Unterscheidung zwischen Seele bzw. Leben als dem Prinzip der Selbstbewegung und Materie als dem (in einigen Fällen) durch dieses Prinzip ‚Beseelten' (ἔμψυχον).[4] Er artikuliert damit gleichzeitig begrifflich den sogenannten *Hylozoismus* der vorsokratischen Philosophie, in dessen Rahmen Leben bzw. ein Vermögen der Selbstbewegung als Eigenschaft der Materie bzw. des ‚Stoffes', aus dem die Dinge sind, angesehen wird.

Als philosophiehistorische Kategorie, auf die vorsokratische Naturphilosophie angewendet, ist die Bezeichnung ‚Hylozoismus' allerdings problematisch, insofern diese Naturphilosophie genauer nicht durch eine (explizite) Negation des Gegensatzes von belebter und unbelebter Materie bzw. lebendem und unbelebtem Stoff bestimmt ist, sondern durch die Nicht-Existenz eines solchen Gegensatzes. Außerdem wäre die Bezeichnung ‚hylozoistisch' etwa auch auf die Aristotelische Konzeption einfacher Körper (im Rahmen der Aristotelischen Elementenlehre) anwendbar, sofern diese als Gegenstände definiert sind, die einen Ursprung der Bewegung in sich

---

[1] Phaid. 82e, vgl. 66d/e; Krat. 400b/c.
[2] Vgl. Platon, Phaid. 85e-86d; Arist. de an. A4.407b27 – 408a30.
[3] Pol. 439c-441b; Phaidr. 246a-d, 253c-254e. Zur folgenden Begriffsgeschichte des Leib-Seele-Problems vgl. Specht 1980; Mittelstraß 1984b.
[4] Vgl. Phaidr. 245eff., Nom. 896a.

selbst haben.[5] Man sieht, wie problematisch es ist, philosophiehistorische
Einordnungen auf dem Hintergrund späterer Konzeptionen — der dualistischen Konzeption von Leib (Materie) und Seele (Geist) sowie der angeführten Platonischen Unterscheidung — vorzunehmen.

§ 2   Entsprechend findet sich auch bei Aristoteles weder eine dualistische noch eine monistische Fassung des Leib-Seele-Problems (moni-
stisch etwa im Sinne der im antiken Atomismus und in der Stoa vertretenen Vorstellung, daß auch die Seele stofflich bzw. aus Körpern zusammengesetzt sei[6]). Aristoteles betont vielmehr die Einheit von Leib und
Seele auf dem Hintergrund seiner Theorie von Form und Materie,
die — später als Hylemorphismus bezeichnet — besagt, daß endliche
Substanzen eine begriffliche Einheit der ‚Prinzipien' Form und Materie
darstellen. In diesem Sinne ist für Aristoteles, neben der auch bei ihm
formulierten Hierarchie unterschiedlicher Seelenteile bzw. Seelenvermö-
gen (δυνάμεις)[7], die Seele ‚die erste Entelechie (ἐντελέχεια)' eines organischen Körpers[8], die diesen bewegt und (zum Teil, nämlich in Form der
rezeptiven Seele bzw. des rezeptiven Nus) mit ihm vergeht.[9]
Die Aristotelische Zugangsweise ist bereits Ausdruck eines philosophischen wie wissenschaftlichen Forschungsprogrammes, das allgemein
psychologische Prozesse im Auge hat und empirische Problemstellungen
bevorzugt. Die Kenntnis der Seele ist wichtig, so Aristoteles,

> um die belebte Natur zu verstehen. Nun scheinen jene, die über die Seele
> reden und forschen [gemeint sind Platon und seine Schüler], allein die
> menschliche Seele im Auge zu haben; ich will die Frage anders stellen; es
> ist müßig zu fragen, was die Seele ist, denn Seele und Lebewesen als
> Allgemeinbegriffe sind etwas Nachträgliches; man muß die Frage kon-
> kret stellen, denn die Seele eines Pferdes ist nicht dieselbe wie die eines
> Menschen. Ferner gibt es verschiedene Seelenfunktionen; da wir die Seele
> nicht sehen können, müssen wir von dem ausgehen, in dem die Seele sich
> äußert; aus den Äußerungen der Seele und den Begleiterscheinungen
> dürfen wir zu erkennen hoffen, was die Seele ist.[10]

Resultat der Aristotelischen Kritik der Vorgänger („die die Seele mit
dem Körper verknüpfen und sie in ihn hineinsetzen, ohne etwas über

---

[5] Vgl. Phys. B1.192b13 — 14.
[6] Vgl. Demokrit, VS 68 A 104a.
[7] Vgl. De an. A1.402b9, B3.414a29ff.
[8] De an. B1.412a27 — 28. Vgl. Bernard 1988, 9 — 20; Kullmann 1974, 40 — 41, 314 — 318
(im Rahmen einer biologischen Definition des Lebewesens).
[9] De an. Γ12.434a22 — 23.
[10] De an. A1.402a1ff. (Paraphrase nach Düring 1966, 572).

die Art dieser Gemeinschaft zu sagen"[11]) sind folgende Feststellungen
und Fragen:

> die Fähigkeit der Seele zu erkennen beruht nicht darauf, daß sie aus
> gewissen Elementen besteht; die Seele besitzt keine Selbstbewegung.
> Wir wissen, daß die Seele viele Funktionen hat: Erkennen, Wahrneh-
> men, Meinen, Begehren, Wollen, Streben, auch Ortsbewegung, Wachs-
> tum, Reife und Hinschwinden. Verhält es sich so, daß jedes davon der
> gesamten Seele zukommt und daß wir mit der ganzen Seele denken,
> wahrnehmen, uns bewegen und alles andere tun und erleiden, oder
> mit immer wieder anderen Teilen? Liegt das Leben in einer einzelnen
> dieser Funktionen beschlossen oder in allen, oder gibt es dafür noch
> eine andere Ursache? Wenn die Seele Teile hat, was hält die Seele dann
> zusammen? Gewiß nicht der Körper, denn es scheint im Gegenteil die
> Seele den Körper zusammenzuhalten. Wenn andererseits die Seele
> einheitlich ist, warum sprechen wir dann von Teilen?[12]

Neben der Bestimmung der Seele als der ‚ersten Entelechie' des
organischen Körpers ist es vor allem die Unterscheidung zwischen einer
vegetativen, einer sensitiven und einer rationalen Seele (νοῦς), die im
Mittelpunkt der ausgearbeiteten Aristotelischen Psychologie steht.[13] In
dieser Form ist die Seele das Gliederungsprinzip der Wirklichkeit im
Bereich des Lebendigen: Seele

> ist identisch mit Leben. Wir sprechen einem Wesen Leben zu, wenn
> ihm auch nur eines der folgenden Dinge zukommt: Vernunft, Wahrneh-
> mung, Bewegung und Stillstand am Ort, vegetative Bewegung, d. h.
> Atmung, Puls, Verdauung, Wachstum und Abnahme. Es gibt drei
> Niveaus des Beseelten: das Vegetative, Wahrnehmung und Ortsbewe-
> gung, das Denken. Aus der Wahrnehmung und Vorstellung entsteht
> das Streben, denn wo es Wahrnehmung gibt, gibt es auch Lust und
> Schmerz; wo diese sind, ist notwendig auch Begierde.[14]

Hinsichtlich der rationalen Seele wird von Aristoteles zwischen einem
rezeptiven Nus (νοῦς παθητικός) und einem konstruktiven[15] (‚poieti-
schen') Nus (νοῦς ποιητικός) unterschieden.[16] Der rezeptive Nus, der
‚zu allem wird'[17], wird von den Gegenständen, die er denkt, ‚affiziert',

---

[11] De an. A3.407b15 – 17.
[12] De an. A5.411a24-b17 (Paraphrase nach Düring 1966, 573).
[13] Vgl. de an. A5.411a24ff., B2.413a1ff. Dazu Mittelstraß 1984c, 1044.
[14] De an. B2.413b10 – 24 (Paraphrase nach Düring 1966, 572).
[15] Terminologie nach Düring 1966, 581.
[16] De an. Γ4.429a10 – 5.430a25. Zur Unterscheidung von Wahrnehmung und Nus hinsichtlich ihrer rezeptiven und konstruktiven Elemente vgl. Bernard 1988, 181 – 199.
[17] De an. Γ5.430a14 – 15.

er ist (mit dem Körper) sterblich („Was dieser Geist denkt, liebt und
haßt, stirbt mit seinem Träger"[18]); der konstruktive (‚poietische‘) Nus,
der ‚alles macht‘[19] und sich gegenüber seinen Gegenständen wie die
Kunst zu ihrem Material verhält[20], steht in keiner physiologischen Verbindung mit dem Körper, er ist ‚leidensunfähig‘ (ἀπαθές) und (als überin-
dividuelle Fähigkeit) unsterblich. Seine Analyse gehört in die (‚erste‘)
Philosophie. In den paraphrasierenden Formulierungen Dürings:

> alle Seelenfunktionen außer dem *nous* sind physiologisch an den Kör-
> per gebunden; das Denken verhält sich zum Körperlichen wie das
> Konkave zum Konvexen. Die biologische Seele können wir durch
> Beobachtung der sichtbaren Äußerungen studieren. Insofern die Seele
> Funktionen hat, die von allem Körperlichen getrennt sind, gehört die
> Untersuchung zur Philosophie von den ersten Dingen.[21]

Damit sind, in dieser Aristotelischen Analyse, die entscheidenden
Elemente auch späterer philosophischer Konzeptionen des Verhältnisses
von Leib und Seele fixiert, ohne daß man sagen könnte, daß Aristoteles
selbst eine Leib-Seele-Theorie gehabt hätte. Eine solche Theorie (im
späteren Sinne) ist der gesamten Antike fremd. Die Grundgedanken und
Analysen der Aristotelischen Psychologie bestimmen gleichwohl — neben
einigen Elementen der Platonischen Psychologie (wie der Idee der Selbstbewegung) — die weitere philosophische Entwicklung des Leib-Seele-
Problems.

§ 3   In dieser Entwicklung stehen weiterhin erkenntnistheoretische
Gesichtspunkte und Gesichtspunkte einer philosophischen, gelegentlich
auch ins Phantastische reichenden Psychologie im Vordergrund. In Helle-
nismus und Spätantike finden sowohl atomistische als auch platonisch-

---

[18] Düring 1966, 581.
[19] De an. Γ5.430a15.
[20] De an. Γ5.430a12 – 13.
[21] Düring 1966, 573. Düring übersetzt hier allerdings unzulässigerweise die Aristotelische
Konzeption in die (metaphorische) Terminologie Fechners, d. h., er macht Aristoteles
zum ersten Doppelaspekttheoretiker (zu Fechner vgl. I.3. § 2). — Den argumentativen
Hintergrund bildet bei Aristoteles auch hier die Auseinandersetzung mit Platon: "Daher
sagen einige mit Recht, die Seele sei der Ort der Denkformen, nur freilich nicht die
ganze, sondern die Denkseele, und nur derart, daß sie die Fähigkeit besitzt, die Formen
aufzunehmen. Daß der *nous* von den Denkgegenständen nicht affiziert wird, erhellt
daraus, daß die Größe und Beschaffenheit des Denkgegenstandes nicht auf ihn einwirkt.
Die Sinnesorgane werden von übermächtigen Sinnesgegenständen geschwächt oder
sogar zerstört. Beim Denken ist es gerade umgekehrt" (de an. Γ4.429a27-b5, nach
Düring 1966, 579).

aristotelische Gesichtspunkte ihre Fortsetzung. So ist die Seele nach Epikur selbst ein körperliches Element, das aus einem vernünftigen und einem unvernünftigen Teil besteht und mit dem Tod vergeht.[22] Mark Aurel übernimmt die Aristotelische Trias Leib — Seele — Nus[23], die Plutarch wiederum kosmologisch lokalisiert: ursprünglicher Ort des Leibes ist die Erde, ursprünglicher Ort der Seele der Mond und des Nus die Sonne.[24] Nach dem Tode kehrt die Seele bis auf weiteres, d. h. bis zur erneuten Inkarnation, zum Mond zurück. Bei Plotin ist der Nus die zweite Hypostase, auf die die Weltseele und die Einzelseelen folgen, die sich mit dem Stoff zu Individuen verbinden.[25] Aristotelisch wieder die Trias bei Alexander von Aphrodisias: dem Nus als einer stofflichen und einer erworbenen Fähigkeit steht der konstruktive (‚poietische‘) Nus, der von außen kommt und göttlicher Natur ist, gegenüber.[26] Als göttliche und unsterbliche Substanz beherrscht bei Augustin die Seele den ganzen Körper, im Unterschied zur Tierseele, die ebensoviele Teile aufweist, wie der Körper selbst.[27] Der Aristotelismus setzt sich in der Leib-Seele-Lehre, auch unter einer Platonischen Terminologie, durch.

§ 4   Aristotelischen Vorstellungen entspricht auch die forma-substantialis-Theorie in der scholastischen Entwicklung. So ist die Seele nach Thomas von Aquin mit dem Leib als dessen *substantielle Form* verbunden:

> Die menschliche Seele ist nicht eine in den körperlichen Stoff hineinversenkte oder von ihm vollständig umfaßte Form wegen ihrer Vollkommenheit. Deshalb steht nichts im Wege, daß eine ihrer Kräfte nicht Wirklichkeit des Körpers ist, obgleich die Seele ihrer Wesenheit nach Form des Körpers (corporis forma) ist.[28]

Sie ist als anima rationalis weder aus Stoff und Form zusammengesetzt, noch fungiert sie lediglich als Beweger.[29] Wie in der Augustinischen

---

[22] Diog. Laert. X 65 – 67.

[23] Ad se ipsum 2,2; 12,3 (= Marcus Aurelius 1979, 10 – 11, 115 – 116).

[24] De facie in orbe lunae 945C (= Plutarchus 1960, 88 – 89).

[25] Enn. III 5, 4 (= Plotinus 1964 – 1982, I, 296 – 297).

[26] De an., Suppl. Arist. II 1 (= Alexander von Aphrodisias 1887), 106,19 – 113,23; 81,20 – 82,19; 88,24 – 91,6; 108,22 – 23.

[27] Ep. 166,4 (= Augustinus 1841 – 1849, II, 721 – 722); de quantitate animae 33, 36 (= Augustinus 1841 – 1849, I, 1054, 1055 – 1056).

[28] S. th. I qu. 76 art. 1 ad 4 (= Thomas von Aquin 1937, 43); vgl. S. th. I qu. 90 art. 2 ad 1; S. contra gent. II, 68.

[29] S. th. I qu. 76 art. 1.

Konzeption beherrscht sie den ganzen Körper, indem sie ihn nicht nur bewegt, sondern auch organisiert und in ihm in Form des Aristotelischen konstruktiven Nus (intellectus agens) denkt. Den philosophischen Hintergrund bildet dabei auch bei Thomas von Aquin die Auseinandersetzung mit Platon. In dieser Auseinandersetzung übernimmt er die Position des Aristoteles und führt sie in eine erkenntnistheoretische Richtung weiter, dergemäß der konstruktive Nus nur versteht, was er selber macht:

> Plato behauptete [...], die Formen der Naturdinge beständen für sich ohne Stoff, und folglich, sie seien verstehbar: denn dadurch ist etwas in Wirklichkeit verstehbar, daß es unstofflich ist. Er nannte diese ‚Artformen' (species) oder ‚Denkbilder' (ideas) und lehrte, durch Teilhabe an ihnen werde einerseits der körperliche Stoff geformt, damit die Einzeldinge naturhaft in ihre besonderen Gattungen und Arten eingestellt werden könnten, und würden anderseits unsere Verstandesvermögen geformt, damit sie von den Gattungen und Arten der Dinge ein Wissen hätten. Aristoteles jedoch gab nicht zu, daß die Formen der Naturdinge ohne Stoff für sich bestehen; und da die im Stoff vorhandenen Formen nicht in Wirklichkeit verstehbar sind, ergab sich, daß die Naturen oder die Formen der sinnfälligen Dinge, die wir durch den Verstand erkennen, nicht in Wirklichkeit verstehbar sind. Nun wird aber nichts aus der Möglichkeit in die Wirklichkeit geführt, es sei denn durch ein in Wirklichkeit Seiendes, so wie die Sinne in die Wirklichkeit [der Tätigkeit] versetzt werden durch das in Wirklichkeit Sinnfällige. Es war demnach nötig, auf seiten des Verstandes eine Kraft anzunehmen, welche die Dinge in Wirklichkeit verstehbar macht durch Abziehen der Artformen aus den stofflichen Bedingungen. Und darin liegt die Notwendigkeit für die Annahme des tätigen Verstandes (intellectus agens).[30]

Als dieser Verstand ist die Seele in einer Einzelsubstanz (dem Individuum) individuiert, aber gleichzeitig auch mit der ‚ersten Materie' (materia prima) verbunden.[31] Diese stellt in der Aristotelischen Konzeption das ‚erste' stoffliche Substrat dar und ist als solches Träger der Form physischer Dinge (nach Aristoteles individuiert die Materie allgemein die spezifische Form möglicher Gegenstände, wobei tatsächliche Gegenstände hinsichtlich ihrer Stofflichkeit nicht aus ‚materia prima' bestehen, sondern aus Materie bzw. Stoff, die bzw. der bereits eine Form besitzt

---

[30] S. th. I qu. 79 art. 3 (= Thomas von Aquin 1937, 153 – 154). Vgl. Kenny 1980, 68 – 81.
[31] S. th. I qu. 76 art. 4.3.

(‚materia secunda'). Die Seele ist als anima intellectiva vom Leib ‚abtrennbar' und unsterblich:

> Die Seele ist nicht mit ihren Vermögen identisch, von denen sie mehrere besitzt, die sich untereinander durch ihren Akt und ihre Objekte unterscheiden, und die in einem geordneten Verhältnis zueinander stehen. Einige der Seelenpotenzen wurzeln in der Seele selbst, andere im ganzen Menschen. Die Seelenpotenzen gehen aus der Seelensubstanz als ihrer Ursache hervor und zwar eine vermittels der anderen. Nach der Zerstörung des Leibes verbleiben in der Seele nur die Vermögen des Intellekts und des Willens.[32]

Ebenso argumentiert z. B. Wilhelm von Ockham, der sich allerdings die anima intellectiva als durch Form und Materie zusammengesetzt vorstellt und eine anima sensitiva nach Art der Tierseele bei Augustin gebildet sieht, nämlich in ihren Teilen den Körperteilen selbst zugeordnet.[33] Trotz offenkundiger sachlicher Divergenzen zwischen einzelnen Autoren und Konzeptionen setzt sich eine forma-substantialis-Theorie durch. Sie wird in der Spätscholastik bei Suárez und anderen kritisiert und mit im Ansatz bereits Cartesischen Konstruktionen verbunden.[34]

2. Descartes und die Folgen

§ 1   In der Cartesischen Philosophie ergibt sich das Leib-Seele-Problem als Konsequenz einer *dualistischen* Konzeption, nämlich der Etablierung der Unterscheidung zwischen ‚Außenwelt' und ‚Innenwelt'. Die Außenwelt wird durch ausgedehnte materielle Körper (res extensa) konstituiert, deren Größe und Relationen den Gegenstandsbereich von Geometrie und Physik ausmachen, die Innenwelt durch das nicht-ausgedehnte immaterielle Bewußtsein (res cogitans), dessen Analyse Gegenstand der Metaphysik ist. In der von Gesichtspunkten einer mechanistischen Physiologie beherrschten Zerlegung des Menschen in eine Gliedermaschine[35] und ein denkendes Wesen zerbricht die ursprüngliche

---

[32] Teilzusammenfassung der Quaestio 75 nach Bernath 1969, 91 – 92. Vgl. Sertillanges 1954, 417 – 423.

[33] In 2 Sent. qu. XVIII (= Wilhelm von Ockham 1981, 395 – 409), vgl. Quod . 2 qu. 10 (= Wilhelm von Ockham 1980, 156 – 161).

[34] Vgl. Specht 1980, 191.

[35] Vgl. Descartes 1897 – 1910, XI, 120.

Aristotelische Konzeption der Einheit von Leib und Seele, wie sie auch
die scholastische forma-substantialis-Theorie noch festgehalten hatte.
Probleme der *Wechselwirkung* zwischen Leib und Seele werden in den
Analysen und Konstruktionen einer nach-Aristotelischen, Cartesischen
Psychologie dominant.

Die systematische Wurzel der dualistischen Konzeption Descartes'
liegt in dem erkenntnistheoretischen Versuch, die Unabhängigkeit eines
selbstreflexiven Anfanges im reinen Denken nachzuweisen. Erkenntnistheoretische Analysen machen Metaphysikgeschichte. Es gibt, so erwidert
Descartes auf die Einwände von Hobbes,

> *gewisse* Accidentien, die man als *körperliche* bezeichnet, wie Größe,
> Figur, Bewegung und alles andere, was sich nicht ohne örtliche Ausdeh-
> nung denken läßt und die Substanz, der sie einwohnen, nennen wir
> Körper. [...] Sodann aber gibt es andere Accidentien, die man als
> *geistige*, gedankliche bezeichnet, wie erkennen, wollen, sich etwas
> einbilden, empfinden usw., die alle unter dem gemeinsamen Namen
> des Denkens oder der Vorstellung oder des Bewußtseins zusammen-
> stimmen. Von der Substanz aber, der sie einwohnen, sagen wir, sie sei
> ein *denkendes Ding* oder *Geist*.[36]

Die Beziehung zwischen körperlicher und denkender Substanz faßt
Descartes als eine *interaktionistische* Beziehung auf, d. h., er nimmt an,
daß eine gegenseitige Verursachung von Bewußtseinsereignissen bzw.
Bewußtseinszuständen und Körperereignissen bzw. Körperzuständen besteht. Organischer Ort der Wechselwirkung beider ist die Zirbeldrüse
(Epiphyse).[37] Diese wird einerseits durch den Einfluß der Seele bewegt,
andererseits bringt sie durch ihre Bewegung physiologische Wirkungen
zustande. Aus der Zirbeldrüse strömen nämlich ‚Animalgeister', die
durch die unterschiedliche Bewegung der Drüse in verschiedene Nervenbahnen gelenkt werden und auf diese Weise die Bewegungen des menschlichen Körpers hervorbringen.[38]

Es ist eingewandt worden, daß Descartes' Modell der psychophysischen Interaktion im Widerspruch zu seiner Physik steht. Letztere enthält
nämlich einen Erhaltungssatz für Bewegungen, während die Seele durch
ihre Einwirkung auf die Zirbeldrüse neue Bewegung zu erzeugen
scheint.[39] Dabei ist jedoch zu berücksichtigen, daß in der Cartesischen

---

[36] Descartes 1641, 159 – 160 (= Descartes 1897 – 1910, VII, 176) (Hervorhebung im
   Original).
[37] Descartes 1897 – 1910, XI, 180.
[38] Vgl. Descartes 1897 – 1910, XI, 172 – 179, 354 – 355.
[39] Vgl. Specht 1966, 65; Specht 1976, 355.

Physik die Bewegungserhaltung als Erhaltung des Impuls*betrages* aufgefaßt wird, weshalb ein Körper durchaus seine Geschwindigkeitsrichtung
ändern kann, ohne diesen Erhaltungssatz zu verletzen.[40] Entsprechend
beruht in Descartes' Modell die physiologische Wirkung der Zirbeldrüse
gerade auf einer Richtungsänderung der bewegten Animalgeister und
erfordert keine Änderung ihres Geschwindigkeitsbetrages.

Hier liegt allerdings der weiterführende Einwand nahe, daß die
Zirbeldrüse zwar keine neue (Cartesische) Bewegung in den Animalgei-
stern erzeugen mag, daß die Seele aber gleichwohl neue (Cartesische)
Bewegung in der Zirbeldrüse erzeugen muß, wenn diese ihre Steuerungs-
funktion erfüllen soll. Allerdings ergibt sich ein solcher Gegensatz zu
Descartes' Physik nicht zwingend. Man kann nämlich auch bei der
Bewegung der Zirbeldrüse den Einfluß der Seele auf Änderungen der
Bewegungs*richtung* dieser Drüse beschränken. Die Zirbeldrüse würde
demnach die Richtung der Bewegung der Animalgeister dadurch verändern, daß sie sich selbst in unterschiedlichen Richtungen, aber mit stets
unverändertem Geschwindigkeitsbetrag bewegt. Nach dieser Vorstellung
übt die Zirbeldrüse ihren steuernden Einfluß dadurch aus, daß sie verschiedene Bewegungsformen annimmt, sich also auf unterschiedlich ge-
formten Bahnen (Kreisen, Ellipsen, Rechtecken etc.) mit konstanter
Bahngeschwindigkeit bewegt. Auf diese Weise sind Descartes' Vorstellungen insgesamt konsistent deutbar.

Dies ist auch dann der Fall, wenn man einen weiteren Einwand in
Betracht zieht. Nach Descartes' drittem Stoßgesetz wird die Bewegungs-
richtung eines gestoßenen Körpers nur dann verändert, wenn sein Impuls
kleiner als derjenige des stoßenden Körpers ist.[41] Da der Impuls der Seele
offenbar verschwindet, kann diese also keinerlei Richtungsänderung
bewirken und damit insbesondere auch keine Richtungsänderung der
Zirbeldrüse hervorbringen.[42] Hierbei ist jedoch zu berücksichtigen, daß
Descartes die Gültigkeit dieses Gesetzes explizit auf Stöße zwischen
Körpern beschränkt und die psychophysische Wechselwirkung hiervon
ausnimmt.[43] Tatsächlich ist eine solche Ausnahme angesichts der Sonderstellung der res cogitans in der Theorie Descartes' auch naheliegend und
plausibel. Nichts zwingt im System Descartes' dazu, anzunehmen, daß
die Seele durch Stöße auf die Zirbeldrüse einwirkt.

---

[40] Vgl. Princ. Philos. II § 36, § 41 (= Descartes 1897 – 1910, VIII/1, 61 – 62, 65 – 66).
[41] Princ. Philos. II § 40 (= Descartes 1897 – 1910, VIII/1, 65 – 66).
[42] Vgl. Specht 1966, 65 – 66; Specht 1976, 355.
[43] Vgl. Princ. Philos. II § 40 (= Descartes 1897 – 1910, VIII/1, 65 – 66).

Allerdings ist es innerhalb der Cartesischen Vorstellungswelt nicht
recht plausibel, überhaupt einen Ort der psychophysischen Wechselwirkung auszuweisen. Schließlich ist schwer einzusehen, wie eine unräum-
liche Substanz an einem bestimmten organischen Ort mit der Körperwelt
in Beziehung treten kann — weshalb sich Descartes gelegentlich auch
(z. B. in einem Brief vom 29.7.1648 an Arnauld) mit einem Hinweis auf
alltägliche Erfahrungsbestände begnügt.[44] Andere Schwierigkeiten dieses
interaktionistischen Modells, physiologischer wie metaphysischer Art,
kommen hinzu. Descartes

> erklärt die Organismusfunktionen nicht durch substantielle Formen,
> sondern durch die Materiemodi motus und figura, die aufgrund der
> Naturgesetze eine organische Anordnung von Korpuskeln (dispositio
> partium) hervorbringen können; Heilung von Krankheiten entspricht
> demnach der Reparatur mechanischer Automaten. Bei menschlicher
> dispositio gießt Gott der Maschine eine geistige Seele ein, die nicht als
> forma assistens, sondern als forma substantialis gelten muß, denn sie
> veranlaßt im Körper willkürliche Bewegungen, und der Körper veran-
> laßt in ihr undeutliche cogitationes.[45]

Die (scholastische) Terminologie der älteren Aristotelischen Psychologie interferiert hier auf eine verwirrende Weise mit einem Interaktionis-
musmodell und überläßt der weiteren philosophischen und wissenschaftlichen Entwicklung ein ‚Restproblem‘, dessen Behandlung in Form des
Influxionismus, des Okkasionalismus und des psychophysischen
Parallelismus nicht weniger spekulative Züge aufweist als die Cartesische
Konzeption selbst.[46]

§ 2   Der *Influxionismus* hält an der Cartesischen Vorstellung fest,
daß sich das Problem einer Wechselwirkung beider Substanzen durch
die Annahme einer physischen Verbindung (in der Zirbeldrüse) lösen
lasse. Diese ‚konservative‘ Auffassung, die innerhalb des Cartesianismus
die antiokkasionalistische Position vertritt, wird später unter anderen
von Rüdiger, Knutzen und Herder aufgegriffen (gegen die Annahme eines
psychophysischen Parallelismus in Form des Leibnizschen Theorems der
prästabilierten Harmonie) und von Kant im Paralogismus-Kapitel der
ersten Auflage der „Kritik der reinen Vernunft" als ‚System des physischen Einflusses‘ kritisiert.

---

[44] Descartes 1897 – 1910, V, 222.
[45] Specht 1980, 192.
[46] Zur Geschichte des Leib-Seele-Problems im Cartesianismus vgl. Specht 1966.

Im Gegensatz zum Influxionismus sucht der *Okkasionalismus*, ausgehend von der phänomenalen Einheit von Leib und Seele und dabei an ältere Vorstellungen eines concursus Dei (zur Erhaltung der Schöpfung) anschließend, das Problem einer physischen Verbindung und kausalen Wechselwirkung zwischen einer körperlichen und einer geistigen (seelischen) Substanz durch ‚gelegentliche' göttliche Eingriffe bzw. eine durch Gott bewirkte andauernde Korrespondenz beider Substanzen zu erklären.[47] In dieser Konzeption, deren Hauptvertreter Cordemoy, Geulincx und Malebranche sind, treten ‚natürliche' Ursachen gegenüber dem Wirken Gottes lediglich als Gelegenheitsursachen (causae occasionales) auf.

Nach Geulincx stellen, da man nicht bewirken kann, wovon man nicht weiß, wie es geschieht[48], Wille und Intellekt nur den Anlaß (causa occasionalis), nicht die Ursache dessen, was sie scheinbar bewirken, dar. Die Passivität der körperlichen Substanz (der res extensa innerhalb der Cartesischen Konzeption) wird, wie z. B. auch bei Cordemoy, zu einer Eigenschaft auch der denkenden Substanz (res cogitans) erweitert, womit der Mensch, als res cogitans, zum Beobachter einer Maschine, seiner res extensa, wird, die allein Gott lenkt.[49] Zur Erklärung einer andauernden Korrespondenz beider Substanzen tritt dabei bei Geulincx bereits das später von Leibniz (zur Erläuterung seines Theorems einer prästabilierten Harmonie) verwendete Bild zweier synchron gehender Uhren auf.[50] Allerdings muß dieses Bild hier so verstanden werden, daß der gleiche Gang beider Uhren auf dem beständigen synchronisierenden Eingriff des Uhrmachers beruht.

Der ‚okkasionalistischen' Lösung des Leib-Seele-Problems bei Geulincx entspricht in allen wesentlichen Punkten auch die Konzeption Malebranches. Diese beruht auf der allgemeinen Annahme, daß es keine notwendige Verbindung zwischen Ereignissen gibt und alle Ereignisse, darunter auch die Wechselwirkung von Leib und Seele, durch den unmittelbaren Eingriff Gottes zustande kommen.[51] Deshalb ist nach Malebranche auch Erkenntnis nur ‚in Gott' bzw. ‚durch Gott', d. h. durch Teilhabe an den göttlichen Ideen, die der andauernden Schöpfung (creatio continua) der Welt zugrunde liegen, möglich. In Claubergs Okkasionalismus schließlich findet sich die Unterscheidung zwischen einer causa libera

---

[47] Vgl. Specht 1984; Mittelstraß 1984d.
[48] Annotata ad Ethicam (= Geulincx 1893, 205, 207).
[49] Vgl. Ethica I 2 § 2 (= Geulincx 1893, 33).
[50] Annotata ad Ethicam (= Geulincx 1893, 212).
[51] Méditations chrétiennes (1683) 5.14–5.17 (= Malebranche 1959, 53–55, 62–63).

(Gott) und causae procatarcticae, d. h. körperlichen Ursachen, die bei gegebenem Anlaß bestimmte Vorstellungen der Seele bewirken.

§ 3   Neben den Okkasionalismus tritt mit der Metaphysik Spinozas und mit dem Leibnizschen Theorem einer prästabilierten Harmonie die Konzeption eines *psychophysischen Parallelismus*. Für Spinoza sind die beiden Cartesischen Substanzen nur Attribute einer anderen, der göttlichen Substanz bzw. der Natur („deus sive natura‘). Jeder Zustand dieser Substanz hat einen physischen und einen psychischen Aspekt; die (Cartesischen) Attribute der Ausdehnung und des Denkens bezeichnen nicht zwei verschiedene Gegenstände, sondern ein und denselben Gegenstand. Ein Problem der Interaktion zwischen verschiedenen Substanzen gibt es nach dieser Vorstellung nicht:

> Wir mögen [...] die Natur unter dem Attribute der Ausdehnung oder unter dem Attribute des Denkens oder unter irgend einem andern begreifen, so werden wir ein und dieselbe Ordnung oder ein und dieselbe Verknüpfung von Ursachen d. h. dieselben Dinge aufeinanderfolgend finden. [...] Solange also die Dinge als Modi des Denkens betrachtet werden, müssen wir die Ordnung der ganzen Natur oder die Verknüpfung der Ursachen bloß durch das Attribut des Denkens erklären, und insofern sie als Modi der Ausdehnung betrachtet werden, muß auch die Ordnung der ganzen Natur bloß durch das Attribut der Ausdehnung erklärt werden, und so verstehe ich es auch bei den andern Attributen. Darum ist Gott, insofern er aus unendlichen Attributen besteht, wahrhaft die Ursache der Dinge, wie sie an sich sind; und deutlicher kann ich dies für jetzt nicht erläutern.[52]

Demnach besteht keine Abhängigkeit zwischen psychischen und physischen Phänomenen. Die Abfolge seelischer Zustände ist allein durch die Gesetze des Psychischen bestimmt; die Ordnung physikalischer Zustände unterliegt ausschließlich den Naturgesetzen. Seelen- und Körperwelt stellen zwei eigenständige Bereiche dar und üben keinerlei Wirkung aufeinander aus.

Trotz dieser sachlichen Unabhängigkeit von Mentalem und Physischem entsprechen allerdings seelische und körperliche Zustände einander genau. In Spinozas Konzeption besteht eine strenge Korrespondenz zwischen psychischen und physischen Ereignissen, so daß jeder körperliche Vorgang genau ein Gegenstück im Bereich des Seelischen besitzt

---

[52] Ethica II 7 schol. (= Spinoza 1967, 170/171).

und umgekehrt. Diese Vorstellung ist gerade charakteristisch für die Idee der psychophysischen Parallelität, die das Bestehen einer umkehrbar eindeutigen (oder 1 – 1-)Zuordnung zwischen psychischen und physischen Phänomenen ausdrückt.

Natürlich besteht ein gewisser Konflikt zwischen der Behauptung der Autonomie von Seelen- und Körperwelt auf der einen Seite und der Annahme einer strikten Entsprechung zwischen seelischen und körperlichen Geschehnissen auf der anderen Seite. Diesen Konflikt sucht Spinoza durch die These aufzulösen, daß beide Phänomenbereiche nur Modi, Attribute oder Aspekte ein und derselben Substanz sind. Sowohl dem Psychischen als auch dem Physischen liegt eine gemeinsame Wirklichkeit zugrunde, die selbst weder psychischer noch physischer Natur ist. Aus diesem Blickwinkel läßt sich Spinozas Position daher auch als eine *monistische* Interpretation des Leib-Seele-Verhältnisses verstehen, und es ist eben diese Interpretation, die die Aufnahme der Auffassungen Spinozas im 19. Jahrhundert maßgeblich bestimmen sollte.

§ 4   In gleicher Weise an die Voraussetzungen eines metaphysischen Systems gebunden ist die Leibnizsche Konzeption eines psychophysischen Parallelismus. In der Monadenlehre, die in ihrem Kern eine (logische) Rekonstruktion des klassischen Substanzbegriffes darstellt, besteht zwischen den Monaden, insbesondere zwischen Körper- und Seelenmonaden, eine *prästabilierte Harmonie.* Auf dem Hintergrund der Definition der Monaden als individueller Substanzen und der Kennzeichnung individueller Substanzen über individuelle Begriffe, die als vollständige Begriffe, d. h. als (unendliche) Konjunktion aller einem Individuum zukommenden Prädikate (verbunden mit dem Postulat vollständiger Begriffsnetze), konstruiert werden[53], bedeutet dies, daß sich jedes Ereignis oder jeder Zustand als Realisierung eines bereits (nicht zeitlich, sondern logisch) vorab gegebenen Zusammenhanges, im physikalischen Kontext z. B. eines (unendlichen) physikalischen Gesamtsystems, verstehen läßt. Die dazu komplementäre Behauptung ist der Satz, daß jede Monade eine Welt für sich ist, und daß es keine Interaktion zwischen Monaden gebe. Monaden schließen das Prinzip und den Plan ihrer Veränderungen in

---

[53] Zur Rekonstruktion der Monadenlehre, insbesondere zum Zusammenhang logischer und metaphysischer Elemente im Aufbau dieser Lehre, vgl. Mittelstraß 1970, 477 – 528 (§ 14 Logik und Metaphysik).

sich ein (diese sind Teil ihres vollständigen Begriffes); weder erleiden sie
noch verursachen sie transeunte Wirkungen:

> es gibt [...] keine Möglichkeit, zu erklären, wie eine Monade durch
> irgendein anderes Geschöpf in ihrem Innern beeinflußt oder verändert
> werden könnte, da man nichts in sie hinein übertragen, sich auch keine
> innere Bewegung in ihr selbst vorstellen kann, die in ihr hervorgerufen,
> geleitet, vermehrt oder vermindert werden könnte [...]. Die Monaden
> haben keine Fenster, durch die etwas in sie herein- oder aus ihnen
> hinaustreten kann.[54]

Das gilt in besonderem Maße für die Seelen- oder Geistmonaden,
d. h. Monaden mit bewußten Perzeptionen und Vernunft. Auch der
Begriff einer Perzeption, diese definiert als ‚innere Eigenschaft und Tätig-
keit' (qualité et action interne)[55] einer Substanz, tritt im vollständigen
Begriff der betreffenden Substanz auf: Alles, was einer individuellen
Substanz (Monade) widerfährt, ist

> nichts als die Folge ihrer Idee bzw. ihres vollständigen Begriffes [...],
> weil diese Idee schon sämtliche Prädikate oder Ereignisse enthält und
> das Universum insgesamt ausdrückt. In der Tat kann uns nichts außer
> Gedanken und Perzeptionen begegnen.[56]

Auch die Perzeptionen gehören zu den *inneren* Bestimmungen einer
individuellen Substanz, nicht zu ihren äußeren. Das Einfache, die Monade, wird durch das Zusammengesetzte, die Körper, repräsentiert[57]; die
Welt der Monade wird zu ihrem eigenen Phänomen.[58] Bewußt wird von
Leibniz in diesem Zusammenhang auch wieder an Aristotelische bzw.
scholastische Terminologien angeknüpft: Monaden sind Entelechien[59],
entsprechend der Aristotelischen Konzeption innerhalb der scholastischen forma-substantialis-Theorie. Ihr Reich und das phänomenale
Reich der Natur folgen eigenen Gesetzen, hier

> wirken die Körper so, als ob es [...] gar keine Seelen gäbe; und die
> Seelen wirken, als ob es gar keine Körper gäbe; und alle beide tun so,
> als ob eines das andere beeinflußte.[60]

---

[54] Monadologie § 7 (= Leibniz 1714, 28/29).
[55] Vgl. Disc. Princ. nat. grâce § 2 (= Leibniz 1714, 2/3).
[56] Disc. mét. § 14 (= Leibniz 1686, 36/37).
[57] Monadologie § 61–65 (= Leibniz 1714, 52/53–56/57). Zu dieser Konzeption, in
    deren Zentrum die Ersetzung des empirischen Subjekts durch ein logisches Subjekt
    steht, vgl. K. Lorenz 1975, 323.
[58] Leibniz 1875–1890, III, 636; VII, 319–322.
[59] Monadologie § 18 (= Leibniz 1714, 32/33–34/35).
[60] Monadologie § 81 (= Leibniz 1714, 64/65).

Gleichwohl fällt die Welt auf diese Weise nicht in zwei Teile auseinander: die „beiden Reiche, das der bewirkenden Ursachen und das der Zweckursachen, harmonieren"[61]. Leib und Seele verhalten sich in empirisch feststellbaren Wirkungszusammenhängen (entsprechend der schon bei Geulincx auftretenden Metapher) wie zwei synchron gehende Uhren, deren synchroner Gang nicht über mechanische Verbindungen oder wiederholte Korrekturen, sondern durch eine Art idealer Realisierung von Konstruktionsprinzipien gesichert bzw. ‚prästabiliert' ist[62]:

> Die Seele folgt ihren eigenen Gesetzen und ebenso der Körper den seinen; sie treffen zusammen kraft der zwischen allen Substanzen prästabilierten Harmonie, da sie ja alle Repräsentationen eines und desselben Universums sind.[63]

Wieder ist es die mit der Konstruktion vollständiger Begriffe bzw. mit dem Postulat vollständiger Begriffsnetze gegebene logische Möglichkeit, Aussagen über beliebige Gegenstände als Aussagen über ein und denselben Gegenstand darstellen zu können, die hier die *metaphysische* These von der Repräsentanz des Universums in jeder Monade begründen läßt. Zwischen Logik und Metaphysik gewinnt das Leib-Seele-Problem neue, einer Aristotelischen Psychologie noch fremde Dimensionen. Die Trias Influxionismus – Okkasionalismus – psychophysischer Parallelismus scheint darüber hinaus ein vollständiges Bild der Lösungsmöglichkeiten des durch den Cartesischen Dualismus definierten Problems darzustellen – mit systematischem Vorsprung der zuletzt genannten Konzeption, zumindest aus der Sicht der Leibnizianer. Wolff kritisiert den Influxionismus, sofern dieser gegen den Erhaltungssatz verstoße[64], und den Okka-

---

[61] Monadologie § 79 (= Leibniz 1714, 62/63).

[62] Extrait d'une lettre [...] (Februar 1696). Leibniz 1875–1890, IV, 500–501.

[63] Monadologie § 78 (= Leibniz 1714, 62/63). Entsprechend heißt es in einer Erläuterung, die Leibniz wohl 1702/1703 auf einer handgeschriebenen Einladung Sophie Charlottes („Herr Leibniz behandelt den Gegenstand der Metaphysik in einer leicht verständlichen Weise, und zwar gemäß dem neuen Prinzip der Einheitlichkeit, über das ich Aufklärung wünsche") notiert: „Als Folge der Einheitlichkeit vertrete ich immer [...] eine vollkommene Betrachtung der Naturgesetze. Den gängigen philosophischen Vorstellungen, daß die Bewegung der Körper durch die Seelen verändert wird, und daß die Seelen von ihren Funktionen durch die Körper abgelenkt werden, halte ich entgegen, daß die Körper immer ihren Gesetzen folgen, ohne daß die Seelen sie dabei beeinträchtigen können, und daß auch die Seelen durchaus nicht durch die Körper verwirrt werden, sondern daß eines mit den anderen in Einklang sich bewegt, weil die Seelen dazu da sind, die Körper, ja sogar – aus ihrer Perspektive – das Universum darzustellen. Es herrscht Einheitlichkeit in den konstitutiven Prinzipien und in den Naturgesetzen" (Hannover, Niedersächsische Landesbibliothek LBr F 27 Bl. 198r/v).

[64] Wolff 1740, § 51.

sionalismus, sofern dieser gegen den Leibnizschen Satz vom (zureichenden) Grunde verstoße[65], und betont die Überlegenheit der Harmonievor-
stellung, die wegen der gegenseitigen Begründbarkeit von Körperereignissen bzw. Körperzuständen und Bewußtseinsereignissen bzw. Bewußtseinszuständen vernünftig und natürlich sei.[66] Zumindest verstoße diese
Vorstellung im Gegensatz zu den konkurrierenden Vorstellungen nicht
gegen Gottes Weisheit.[67] Eine philosophische Theologie ist hier das letzte
(und erste) Wort einer philosophischen Psychologie.

§ 5   Im Paralogismus-Kapitel der „Kritik der reinen Vernunft"[68] hat
Kant den Influxionismus (als ‚System des physischen Einflusses'), den
Okkasionalismus (als ‚System der übernatürlichen Assistenz') und den
psychophysischen Parallelismus in Form des Theorems der prästabilierten Harmonie (als ‚System der vorherbestimmten Harmonie') einer
scharfsinnigen Kritik unterzogen. Die Kritik betrifft die in allen drei
Konzeptionen festgehaltene Vorstellung der *Substantialität* der Seele,
d. h. die auf ein ‚ich denke' bezogene Verwechslung ‚subjektiver' Erkennt-
nisleistungen mit einem ‚objektiven' Gegenstand der Erfahrung. Diese
Vorstellung ist bereits Teil des Cartesischen Dualismus, nämlich der
Konzeption der res extensa – res cogitans-Unterscheidung als Substanzen-Dualismus. Dessen Ausarbeitung in Form einer (Descartes in unterschiedlicher systematischer Distanz nahestehenden) philosophischen Psychologie faßt Kant in folgender Weise, orientiert am Leitfaden seiner
Kategorienkonzeption, zusammen (in der Wiedergabe durch Kaulbach):

> 1. die Seele ist *Substanz*, 2. sie ist ihrer Qualität nach *einfach*, 3. den
> verschiedenen Zeiten nach, in welchen sie da ist, numerisch identisch,
> d. i. *Einheit* (nicht Vielheit), 4. steht sie im Verhältnisse zu *möglichen*
> Gegenständen im Raume. Darauf beruhen die Prädikate 1. der Immate-
> rialität, 2. der Inkorruptibilität, 3. der Personalität (1 – 3 zusammen
> genommen ergibt die Spiritualität) und 4. des Bezuges zu den Körpern:
> Seele als Grund des Lebens.[69]

---

[65] Wolff 1740, § 606. Zum Satz vom (zureichenden) Grund, der in seiner Leibnizschen
Formulierung sowohl den (physikalischen) Begriff der Kausalität (nihil fit sine causa)
als auch den (logischen) Begriff der Grund-Folge-Beziehung (nihil est sine ratione)
einschließt, vgl. Mittelstraß 1970, 460 – 469. Gegen seinen logischen und methodischen
Sinn, den der Satz bei Leibniz auch in metaphysischen Zusammenhängen besitzt, wird
er von Wolff mit ontologischen Mitteln zu beweisen versucht (Wolff 1736, §§ 67 – 70).

[66] Wolff 1740, § 618 – 623.

[67] Vgl. Wolff 1740, § 608 (gegen den Okkasionalismus).

[68] KrV A 341 – 405. Zur Erläuterung, insbesondere hinsichtlich der unterschiedlichen
Versionen der ersten und der zweiten Auflage, vgl. Heimsoeth 1966, 79 – 198.

[69] Kaulbach 1969, 167 (Hervorhebung im Original).

Alle diese Sätze sind nach Kant unbegründet, weil ihnen keine Erfahrung entspricht, die Erfahrung einer Substanz, deren Eigenschaften die hier genannten sind. Hinzu kommt, daß (in der Terminologie Kants) der Influxionismus eine Ursache-Wirkungsbeziehung zwischen Vorstellungen behauptet, sofern nämlich die Materie als Erscheinung eine Vorstellung des äußeren Sinnes ist[70], und Okkasionalismus und psychophysischer Parallelismus für ihre Behauptung, daß „der unbekannte Gegenstand unserer Sinnlichkeit nicht die Ursache der Vorstellungen in uns sein könne"[71], keine Begründung haben. Fazit Kants:

> Die berüchtigte Frage, wegen der Gemeinschaft des Denkenden und Ausgedehnten, würde also, wenn man alles Eingebildete absondert, lediglich darauf hinauslaufen: *wie in einem denkenden Subjekt überhaupt, äußere Anschauung*, nämlich die des Raumes (einer Erfüllung desselben, Gestalt und Bewegung) *möglich sei.*[72]

Kants eigene Konzeption einer transzendentalen Psychologie geht denn auch andere Wege. Maßgebend für diese Konzeption ist der Begriff der (transzendentalen) Einheit des Selbstbewußtseins bzw. der (transzendentalen) Einheit der Apperzeption:

> Das: *Ich denke*, muß alle meine Vorstellungen begleiten *können*; denn sonst würde etwas in mir vorgestellt werden, was gar nicht gedacht werden könnte, welches eben so viel heißt, als die Vorstellung würde entweder unmöglich, oder wenigstens für mich nichts sein.[73]

Hier wird das *empirische* Ich („das empirische Bewußtsein'[74]), das seine Vorstellungen denkt, durch ein *transzendentales* Ich ersetzt, das als solches die Bedingung der Möglichkeit von Erfahrung darstellt. Das transzendentale Ich ist das Subjekt der Synthesis:

> Alle Vorstellungen haben eine notwendige Beziehung auf ein *mögliches* empirisches Bewußtsein: denn hätten sie dieses nicht, und wäre es gänzlich unmöglich, sich ihrer bewußt zu werden: so würde das so viel sagen, sie existierten gar nicht. Alles empirische Bewußtsein hat aber eine notwendige Beziehung auf ein transzendentales (vor aller besondern Erfahrung vorhergehendes) Bewußtsein, nämlich das Bewußtsein meiner selbst, als die ursprüngliche Apperzeption. [...] Der synthetische Satz: daß alles verschiedene *empirische Bewußtsein* in

---

[70] KrV A 385 – 386.
[71] KrV A 392.
[72] KrV A 392 – 393 (Hervorhebung im Original).
[73] KrV B 131 – 132 (Hervorhebung im Original).
[74] KrV B 133.

einem einigen Selbstbewußtsein verbunden sein müsse, ist der schlecht-
hin erste und synthetische Grundsatz unseres Denkens überhaupt. Es
ist aber nicht aus der Acht zu lassen, daß die bloße Vorstellung *Ich* in
Beziehung auf alle andere [...] das transzendentale Bewußtsein sei.[75]

Damit wird nicht nur das transzendentale Ich die eigentliche Bedingung der Möglichkeit von Erfahrung (und der Gegenstände der Erfahrung), es wird auch das empirische Ich wieder in die Rolle eingesetzt,
die in der bisherigen Behandlung des Leib-Seele-Problems dem Körper
zugewiesen wurde. Die besondere Art, wie das transzendentale Ich die
Welt anschaut, ist eine Folge der besonderen Art, in der sich das empirische Ich orientiert – ähnlich wie in der Leibnizschen Monadologie, in
deren Rahmen die Monaden andere Körper durch ihren eigenen Körper,
ihre Leiblichkeit, repräsentieren[76]:

> Wo ich empfinde, da *bin* ich. Ich bin eben so unmittelbar in der
> Fingerspitze wie in dem Kopfe. [...] Keine Erfahrung lehrt mich einige
> Teile meiner Empfindung von mir für entfernt zu halten, mein unteilba-
> res Ich in ein mikroskopisch kleines Plätzchen des Gehirnes zu versper-
> ren, um von da aus den Hebezeug meiner Körpermaschine in Bewegung
> zu setzen, oder dadurch selbst getroffen zu werden.[77]

Das ist keineswegs eine durch das Paralogismus-Kapitel der „Kritik
der reinen Vernunft" oder durch Kants Theorie des transzendentalen
Ich bzw. der transzendentalen Subjektivität überholte Position. Das
empirische Ich bleibt vielmehr auch auf dem Boden der ausgearbeiteten
Vernunftkritik Kants diejenige Instanz, um die sich die transzendentale
Lösung des Leib-Seele-Problems dreht. Auf diese Instanz richtet sich
später (im „Opus postumum") die Ausarbeitung eines *Leibapriori* der
Erkenntnis, auch der naturwissenschaftlichen, mit dem der Begriff der
Leiblichkeit des Menschen den Begriff der (überindividuellen) transzen-
dentalen Subjektivität ‚aristotelisch' einschränkt bzw. erkenntnistheoretisch ergänzt.[78] In den Analysen der „Kritik der reinen Vernunft" ist das

---

[75] KrV A 117 – 118 Anm. (Hervorhebung im Original).

[76] Leibniz 1875 – 1890, II, 251 – 252 (Brief vom 20.6.1703 an de Volder); IV, 469 – 470
(De prima philosophia).

[77] Träume eines Geistersehers, erläutert durch Träume der Metaphysik (1766), Kant
1902ff., II, 324 – 325 (Hervorhebung im Original).

[78] Vgl. Wolters 1984a, 351. Im naturwissenschaftlichen Zusammenhang steht hier ein
neuer Begriff der Empirie im Hintergrund: "Die ‚bewegenden Kräfte der Materie', die
Wahrnehmungen hervorrufen, können diese Funktion nur deshalb erfüllen, weil der
erkennende Mensch (als Organismus) auch den scheinbar ‚passiven' Prozeß der Wahrnehmung aktiv (‚spontan') in der ‚Selbstaffektion' organisiert und möglich macht. Mit

‚ich denke' ein *empirischer* Satz[79], obgleich die Vernunft, das Ich, das sich im Denken zum Ausdruck bringt, ein transzendentales Ich, transzendentale Subjektivität und transzendentale Vernunft ist:

> Denn es ist zu merken, daß, wenn ich den Satz: ich denke, einen empirischen Satz genannt habe, ich dadurch nicht sagen will, das *Ich* in diesem Satze sei empirische Vorstellung; vielmehr ist sie rein intellektuell, weil sie zum Denken überhaupt gehört. Allein ohne irgend eine empirische Vorstellung, die den Stoff zum Denken abgibt, würde der Actus, Ich denke, doch nicht stattfinden, und das Empirische ist nur die Bedingung der Anwendung, oder des Gebrauchs des reinen intellektuellen Vermögens.[80]

Hier kommt zum Ausdruck, daß Kant einer Psychologie, die von der Substantialität der Seele ausgeht und die das Leib-Seele-Problem mit dieser Voraussetzung zu lösen sucht, mit den Begriffen des empirischen Ich und der empirischen Vorstellung – in Grenzen sogar unabhängig von der erkenntnistheoretischen Konzeption, die sich im Begriff des transzendentalen Ich bzw. der transzendentalen Subjektivität an die Stelle einer Substanzenmetaphysik zu setzen sucht – eine Psychologiekonzeption entgegensetzt, die im Kern ein empirisches Forschungsprogramm enthält. In Cartesischer Terminologie ausgedrückt: an die Stelle des Substanzen-Dualismus „tritt ein phänomenalistischer oder *empirischer Dualismus*, welcher die Verschiedenheit der Erscheinungen des äußeren und inneren Sinnes anerkennt, ohne sie ins Metaphysische zu projizieren"[81]. Oder wissenschaftstheoretisch formuliert: Psychologie, die mit dem Anspruch auftritt, Wissenschaft zu sein, ist schon bei Kant, wenn überhaupt, dann nur als empirische Psychologie möglich.[82]

---

diesem *Leibapriori* der Erkenntnis, in dem die Natur erst auf der Basis der Selbsterfahrung des menschlichen Körpers angemessen verstehbar wird, nähert sich Kant in einem transzendental vermittelten Sinne einer lebensweltlich-anthropomorphen (‚aristotelischen') Wissenschaftskonzeption" (Wolters, ebd.).

[79] KrV B 420, vgl. B 423 Anm.

[80] KrV B 423 Anm. (Hervorhebung im Original).

[81] Reininger 1923, 123 (Hervorhebung im Original).

[82] Vgl. Kaulbach 1969, 170; Reininger 1923, 124: „Eine Psychologie a priori ist [...] unmöglich. An ihre Stelle tritt die *empirische Psychologie* als eine Art ‚Physiologie des inneren Sinnes'. [...] Sie ist in Wahrheit eine Psychologie ohne Seele, eine Seelenkunde rein phänomenaler Natur, wie sie Kant selbst in seiner Anthropologie zu geben versucht hat" (Hervorhebung im Original). Dabei muß allerdings beachtet werden, daß für Kant die Psychologie niemals zu einer Wissenschaft im strengen Sinne, zu einer ‚eigentlichen Wissenschaft' werden kann. Den Sätzen einer ‚eigentlichen' Wissenschaft kommt nämlich nach Kant apodiktische Gewißheit zu, und einem solchen Anspruch vermag die Psychologie nicht zu genügen. Kants Gründe für diese Einschätzung

3. Monistische Forschungsprogramme

§ 1   Den dualistischen Konzeptionen des Leib-Seele-Problems, die sich unmittelbar (Influxionismus) oder mittelbar (Okkasionalismus, psychophysischer Parallelismus) auf den Cartesischen Substanzen-Dualismus beziehen, stehen monistische Konzeptionen gegenüber. Zu diesen monistischen Konzeptionen gehören sowohl *physikalistische* bzw. *materialistische* Reduktionen, wie sie in etwa Gassendi im Rückgriff auf antike atomistische Traditionen und in einer Traditionslinie mit der Maschinenvorstellung des Arztes Gómez Pereira (Antoniana Margarita, 1554) vertritt, als auch *idealistische* Reduktionen, wie sie etwa der von Berkeley vertretene Immaterialismus darstellt.

Nach Gassendi ist die Seele nichts anderes als eine feinste Materie, die im Organismus den unkörperlichen Geist mit dem Körper verbindet.[83] Ein dualistisches Moment, die Unterscheidung zwischen dem (durch Gott geschaffenen) Geist, dessen Sitz das Gehirn ist und der die Gliedermaschine (im Sinne einer Automat-Seele-Konzeption) lenkt, verbindet sich mit einem (dominanten) monistischen Moment: die materielle Seele durchdringt den gesamten Körper und damit auch den Geist, der mit dem Körper erkennt.[84] Gassendi

> claimed that the human soul is not a simple substance, but a composite of two substantially distinct parts, a corporeal part in which the vegetative and sentient faculties, including the imagination (a point on which scholastic tradition and Epicurean philosophy agreed), reside, and an incorporeal part in which the intellectual and rational faculties reside. The mind is not joined to crass body immediately, but first it is joined to the vegetative and sentient parts of the soul (the corporeal part) and through them the mind informs the whole body, since these parts are spread throughout the whole body. The mind, or rational part of the soul, on the other hand, is located in the brain where the operations of imagination and intellection take place.[85]

---

bestehen darin, daß er (1) die ‚Phänomene des inneren Sinnes‘ nicht für mathematisierbar hält, und daß (2) die Beobachtung psychischer Zustände nicht störungsfrei möglich ist, da die Tatsache der Beobachtung das beobachtete Phänomen bereits ‚alteriert‘. Die Psychologie kann daher nur eine ‚Naturbeschreibung der Seele‘ leisten. Vgl. Metaphysische Anfangsgründe der Naturwissenschaft, Vorrede (= Kant 1902ff., IV, 471).

[83] Gassendi 1658, II, 443b-444b.

[84] Vgl. Specht 1980, 191–192. Specht weist darauf hin, daß der Geist nach Gassendi nicht „bloße forma assistens, sondern wirkliche forma informans" ist (192). Das ist zweifellos ein Thomasisches Element (forma-substantialis-Theorie) in Gassendis Konzeption.

[85] Brundell 1987, 95.

Epikureische Erklärungsweisen sollen nicht nur in physikalischen und physiologischen Dingen, sondern auch in psychologischen Dingen die Aristotelischen Erklärungsweisen ablösen. Doch das ist bei Gassendi mehr Programm als Resultat. Animistisch anmutende Beschreibungen und ein beibehaltener Aristotelismus (insbesondere in seiner Seelenkonzeption) stehen unvermittelt neben mechanistischen Theoriestücken. Klar ist allein der Versuch, vor-cartesische Automatenvorstellungen in der Behandlung des Leib-Seele-Problems mit einer atomistischen ('materialistischen') Konzeption zu verbinden, die ihrer Tendenz nach monistische Erklärungen favorisiert.

Diese materialistische Sichtweise findet sich in verschärfter Form auch bei Hobbes. Hobbes führt alle psychischen Phänomene auf Bewegungen der Körperorgane zurück:

> The cause of sense, is the external body, or object, which presseth the organ proper to each sense, either immediately, as in the taste and touch; or mediately, as in seeing, hearing, and smelling; which pressure, by the mediation of the nerves, and other strings and membranes of the body, continued inwards to the brain and heart, causeth there a resistance, or counter-pressure, or endeavour of the heart to deliver itself, which endeavour, because *outward*, seemeth to be some matter without. And this *seeming*, or *fancy*, is that which men call *sense*.[86]

Die Sinneswahrnehmung ist der Sache nach nichts anderes als eine physiologische Reaktion auf äußere physische Einflüsse. Die Gesetze der seelischen Welt ergeben sich aus einer Betrachtung physikalischer Mechanismen.

Diese Vorstellung einer physiologischen Psychologie kehrt in besonderer Deutlichkeit in der französischen Aufklärung wieder. Dabei ist es wohl eine Ironie der Geistesgeschichte, daß der Ausgangspunkt derartiger materialistischer Sichtweisen gerade vom dualistischen System Descartes' gebildet wird. Descartes hatte nämlich allein dem Menschen den Besitz der res cogitans zugebilligt und die Tiere als seelenlose Automaten betrachtet. Da jedoch zunehmend viele tierische Verhaltensweisen als nur dem Grade nach von menschlichem Verhalten unterschieden aufgefaßt wurden, erschien es unplausibel, zwei im Grundsatz ähnliche Phänomene im einen Falle als mechanischen Nervenprozeß, im anderen Falle als Wirkung einer immateriellen Geistsubstanz zu deuten.[87] Aus diesem Grunde gelangt z. B. La Mettrie zu der Auffassung, daß auch die mensch-

---

[86] Leviathan I 1 (= Hobbes 1839–1845, III, 1–2) (Hervorhebung im Original).
[87] Vgl. Windelband 1957, 391.

liche Seele als mechanische Funktion des Gehirns zu gelten habe. Ebenso
vertritt Holbach die Ansicht, daß Gedanken und Leidenschaften als
innere Bewegungen der Körperorgane zu deuten seien. Dieser mechanischen Variante des materialistischen Programmes stellt Cabanis eine
chemische Fassung zur Seite. Er faßt das Gehirn analog zum Verdauungs-
system auf, was in der drastischen Bemerkung Ausdruck findet, das
Gehirn sondere Gedanken ab wie die Leber Gallensaft absondert.[88]

§ 2 Umgekehrt die *idealistische* Reduktion bei Berkeley, die das
Leib-Seele-Problem auf dem Hintergrund des Cartesischen Substanzen-
Dualismus mit der Behauptung, daß nur die denkende Substanz und ihre
Wahrnehmungen existierten, zum Verschwinden zu bringen sucht. In
einer Radikalisierung des sensualistischen Ansatzes, wie er Lockes erkenntnistheoretischer Konzeption zugrundeliegt, werden Sein und Wahr-
genommensein identifiziert (‚esse est percipi‘): die Behauptung der Existenz empirischer Gegenstände, auch des eigenen Körpers, ist die Behauptung der Existenz eines Wahrnehmungsdatums. In sinnesphysiologischen
Kontexten vertritt Berkeley dabei die These einer ‚suggestiven‘ Kooperation der Sinne (systematisch zwischen der Auseinandersetzung Lockes
mit Descartes einerseits und Kants mit Hume andererseits stehend).
Sinnesdaten sind in diesem Rahmen immer interpretierte Daten. Wahrnehmungen von Körpern und Entfernungen setzen das Zusammenwirken
von Gesichtssinn und Tastsinn voraus; sie sind keine optischen Wahrnehmungen im strengen Sinne. Daß die Wahrnehmungen, die ein Wissen
von der ‚Außenwelt‘ vermitteln, in Wahrheit nur mit Wahrnehmungsge-
wohnheiten, nicht mit realen Einzeldingen der Außenwelt korrespondie-
ren, ist dann jene Radikalisierung sensualistischer Positionen, die in
Berkeleys Immaterialismus führen.
    Nach diesem Immaterialismus sind die Körper nur gedachte Körper
(‚Ideen‘)[89], allein das Denkende ist Substanz:

> there is not any other substance than *spirit*, or that which perceives.
> But for the fuller proof of this point, let it be considered, the sensible
> qualities are colour, figure, motion, smell, taste, and such like, that is,
> the ideas perceived by sense. Now for an idea to exist in an unperceiv-

---

[88] Vgl. Shaffer 1967, 339. Eine ganz ähnliche Vorstellung findet sich später bei Nietzsche:
„Das tempo des Stoffwechsels steht in einem genauen Verhältnis zur Beweglichkeit
oder Lahmheit der *Füße* des Geistes; der ‚Geist‘ selbst ist ja nur eine Art dieses
Stoffwechsels“ (Nietzsche 1889, 280 (Hervorhebung im Original)).

[89] Berkeley 1710, § 33.

ing thing, is a manifest contradiction; for to have an idea is all one as to perceive: that therefore wherein colour, figure, and the like qualities exist, must perceive them; hence it is clear there can be no unthinking substance or *substratum* of those ideas.[90]

Damit stellt sich in der Tat das Leib-Seele-Problem in den Grenzen eines Substanzen-Dualismus wie ein Scheinproblem dar; allein die Herkunft der Ideen, die eine denkende Substanz hat, scheint noch ein Problem zu sein. Doch das löst Berkeley auf ganz konventionelle Weise: die Ideen, die den Wahrnehmungs- und Orientierungskontext einer denkenden Substanz bilden, stammen von Gott, ‚the Author of Nature‘[91]. Erst Kants Kritik des ‚dogmatischen Idealismus‘ Berkeleys schafft diese Wahrnehmung, die alle anderen Wahrnehmungen einer denkenden Substanz und damit die ‚immaterialistische‘ Lösung des Leib-Seele-Problems begründen soll, beiseite.

§ 3   Im 19. Jahrhundert überwiegt die monistische Interpretation des Leib-Seele-Verhältnisses ihre dualistische Konkurrenz in allen Belangen, wobei jedoch nur wenige wirklich neuartige Gesichtspunkte hervortreten. Neben der Fortführung des Materialismus durch Büchner, dem (im Einklang mit der mechanischen Tradition des Materialismus) alle psychischen Phänomene als Ausdruck der Bewegung von Materie gelten, verdient hier vor allem die Doppelaspekt-Lehre Fechners Erwähnung. Bei dieser Doppelaspekt-Lehre handelt es sich um eine Aufnahme des Spinozistischen Modells, wobei dessen monistische Aspekte stärker in den Vordergrund gerückt werden. Körper und Geist sind für Fechner nur zwei verschiedene Sichtweisen ein und derselben Sache; diese erscheint aus der Außenperspektive betrachtet als Materie, aus der Innenperspektive betrachtet als Geist. Im Anschluß an die Leibnizsche Uhrenmetapher betont Fechner, daß die psychophysische Korrespondenz ihren Ursprung gerade in dieser sachlichen Einheit von Physischem und Psychischem hat:

> Leibniz hat eine Ansicht vergessen, und zwar die einfachstmögliche. Sie [die Uhren] können auch harmonisch mit einander gehen, ja gar niemals aus einander gehen, weil sie gar nicht zwei verschiedene Uhren sind.[92]

Psychisches und Physisches stellen nur verschiedene Betrachtungsweisen ein und derselben, von Fechner nicht näher bestimmten Größe dar.

---

[90] Berkeley 1710, § 7.
[91] Berkeley 1710, § 30 – 33.
[92] Fechner 1860, 5.

Diese Auffassung ist in seinem Bild der gekrümmten Linie ausgedrückt, die von der einen Seite konvex, von der anderen Seite konkav erscheint:

> wenn Jemand innerhalb eines Kreises steht, so liegt dessen convexe Seite für ihn ganz verborgen unter der concaven Decke; wenn er ausserhalb steht, umgekehrt die concave Seite unter der convexen Decke. Beide Seiten gehören ebenso untrennbar zusammen, als die geistige und leibliche Seite des Menschen und diese lassen sich vergleichsweise auch als innere und äussere Seite fassen; es ist aber auch ebenso unmöglich, von einem Standpuncte in der Ebene des Kreises beide Seiten des Kreises zugleich zu erblicken, als von einem Standpuncte im Gebiete der menschlichen Existenz diese beiden Seiten des Menschen.[93]

Wegen der Gebundenheit an die jeweilige Perspektive läßt sich die Einheit von Psychischem und Physischem niemals direkt wahrnehmen; in der Erscheinung bleiben Seelen- und Körperwelt voneinander verschieden. Daher sind auch stets beide Perspektiven für eine vollständige Beschreibung des Menschen erforderlich; keine Perspektive darf zugunsten der anderen aufgegeben werden. Fechners psychophysisches Modell ist insofern *nicht-reduktiv*.[94] Sein Grund dafür, trotz der Betonung der Unterschiedlichkeit von Mentalem und Physikalischem an deren grundlegender Einheit festzuhalten, besteht in der unterstellten universellen Korrelation zwischen beiden Größen, d. h. in dem angenommenen funktionalen Zusammenhang zwischen Psychischem und Physischem.[95] Es ist gerade diese Annahme leib-seelischer Parallelität, die wesentlich zur Herausbildung der Fechnerschen Psychophysik beigetragen hat. Wegen dieser Parallelität sollte man nämlich psychische Ereignisse auch durch Rekurs auf physische Phänomene verfolgen können. Und da diese der quantitativen Erforschung besser zugänglich sind als jene, ist es methodologisch zu empfehlen, das Mentale auf dem Wege über das Physikalische zu studieren.[96]

§ 4   Während Fechners Doppelaspekt-Lehre an Spinozas Parallelismus anschließt, geht der von Huxley entwickelte *Epiphänomenalismus* vom Materialismus aus. Wie La Mettrie orientiert sich dabei auch Huxley an Descartes' Automatentheorie der Tiere und argumentiert (im Einklang

---

[93] Fechner 1860, 2.
[94] Vgl. Wolters 1988a, 108.
[95] Vgl. Heidelberger 1988, 72 – 73.
[96] Vgl. Wolters 1988a, 108 – 109.

mit den französischen Materialisten des 18. Jahrhunderts), daß es unplausibel wäre, den Tieren — obgleich Automaten — jede Form von Bewußtsein abzusprechen. Auch das Bewußtsein ist daher einer mechanischen
Physiologie zugänglich; Tier und Mensch sind in gleicher Weise als
bewußte Automaten aufzufassen.[97] Allerdings billigt Huxley dem Bewußtsein lediglich die Rolle einer Begleiterscheinung, eines Epiphäno-
mens, der physiologischen Prozesse zu. Es gibt keinerlei Wirkungen des
Bewußtseins auf Gehirnzustände; ein Bewußtseinszustand ist ein Symbol
des zugeordneten Gehirnzustands. So ist z. B. der bewußte Wille nicht
die Ursache der entsprechenden Willenshandlung, vielmehr zeigt er bloß
das Vorliegen eines bestimmten Gehirnzustandes an, der seinerseits die
Willenshandlung hervorbringt. Das psychophysische Verhältnis ist also
durch eine einsinnige Kausalrelation gekennzeichnet. Zwar kann ein
physiologisches Geschehen ein mentales Ereignis verursachen, aber nicht
umgekehrt ein mentales Ereignis ein physiologisches Geschehen.[98] Huxley charakterisiert seine Auffassung des Leib-Seele-Verhältnisses durch
die Dampfpfeifen-Analogie:

> The consciousness of brutes would appear to be related to the mecha.1-
> ism of their body simply as a collateral product of its working, and
> to be as completely without any power of modifying that working as
> the steam-whistle which accompanies the work of a locomotive engine
> is without influence upon its machinery.[99]

Das Bewußtsein ist also dem Klang einer Dampfpfeife zu vergleichen,
der auf den Gang der Dampfmaschine keinerlei Wirkung ausübt. In einer
anderen Analogie setzt Huxley das Leib-Seele-Verhältnis dem Verhältnis
zwischen dem Glockenschlag einer Uhr und dem Mechanismus dieser
Uhr gleich.[100] Bewußtsein ist eine kausal einflußlose Nebenerscheinung
der physiologischen Gehirnmaschine, und die physikalische Welt daher
kausal abgeschlossen.

§ 5   Die Interpretation des Leib-Seele-Verhältnisses im 20. Jahrhundert ist in der Hauptsache durch die Positionen des *Behaviorismus*, der
in menschlichen Verhaltensweisen die exklusive erkenntnistheoretische
oder methodologische Grundlage aller mentalen Phänomene erblickt,

---

[97] Huxley 1893, 241; zu Huxley vgl. auch Daston 1982, 100 − 102.
[98] Vgl. Huxley 1893, 241, 244.
[99] Huxley 1893, 240. Dies gilt nicht nur für die niedere Tierwelt: „the argumentation
which applies to brutes holds equally good of men" (Huxley 1893, 243 − 244).
[100] Vgl. Huxley 1893, 242.

und der *Identitätstheorie*, für die mentale und physiologische Ereignisse
als miteinander identisch gelten, gekennzeichnet. Beide Positionen werden in den folgenden Kapiteln ausführlich zur Sprache kommen, weshalb
sie auch an dieser (historischen) Stelle nicht weiter erörtert werden sollen.
Obwohl sie dabei beide in ihrer präzisierten und ausgearbeiteten Fassung
eigenständige Entwicklungen des 20. Jahrhunderts sind, ist zumindest
die Identitätstheorie in der philosophischen Tradition doch vorgeformt.
Zu ihren Vorformen ist vor allem Spinozas (und Fechners) Doppelaspekt-
Lehre zu rechnen, wobei allerdings (mit dem Materialismus) mentale
Vermögen und körperliche Vorgänge nicht mehr als gemeinsame Ausprä-
gungen einer grundlegenden Substanz gelten, sondern der Geist als
Manifestation der Materie betrachtet wird. Die der Seele zugrundelie-
gende Wirklichkeit ist also nicht mehr ein unbekanntes und unzugäng-
liches Substratum, sondern die Materie selbst.

Allerdings ist die Doppelaspekt-Lehre nicht ausschließlich zu einer
materialistisch gefärbten Identitätstheorie weitergebildet worden. Es finden sich auch Positionen, die im Geist die Grundlage sowohl körperlicher
als auch seelischer Vorgänge zu finden hoffen. Schon Fechner neigte
einer solchen Ansicht zu und faßte die gesamte Natur als beseelt auf. In
dieser *panpsychistischen* Ausformung der Doppelaspekt-Lehre gelten —
in Aufnahme antiker hylozoistischer Sichtweisen (vgl. I.1. § 1) — alle
Dinge als lebendig und mit (wenn auch niederen) seelischen Vermögen
ausgestattet.

In der Tat ist die Behauptung einer psychophysischen Identität ontologisch zunächst neutral und in zweierlei Richtung ausdeutbar. Sie kann
zum einen zu der These der *Materialität des Geistes*, zum anderen zu der
Annahme der *Spiritualität der Materie* führen. Diese zweite Auffassung
wurde etwa von Prince verfochten. Prince vertritt die Identität von
Gehirnprozessen mit Bewußtseinszuständen und betrachtet darüber hinaus alle materiellen Dinge als aus Geistsubstanz (,mind-stuff') gebildet.[101]
Eine derartige Sichtweise hat bis weit in das 20. Jahrhundert hinein
kaum an Attraktivität eingebüßt. So weist z. B. Rensch die Vorstellung
einer allbeseelten Natur zwar zurück, sieht jedoch überall in der Materie
,protopsychische' Eigenschaften verwirklicht, die (unter bestimmten Umständen) Empfindungen und Bewußtsein hervorbringen können. Daher
bezeichnet er seine Auffassung auch als ,panprotopsychistisch'.[102]

---

[101] Vgl. Prince 1904, 449 – 450. Den Hinweis auf Prince verdanken wir H. Kehl.
[102] Vgl. Rensch 1979, 70 – 72.

Wir werden im Folgenden auf derart mentalistisch akzentuierte Ausdeutungen der Leib-Seele-Identität nicht weiter eingehen, sondern unsere Diskussion auf deren (weit einflußreichere) materialistische Spielarten beschränken. Am bisherigen Ende der philosophischen Karriere des Leib-Seele-Problems steht nicht eine neue Philosophie des Panpsychismus, sondern mit dem Behaviorismus und der Identitätstheorie der Versuch, philosophische Perspektiven mit wissenschaftlichen Forschungsprogrammen einer empirischen Psychologie zu verbinden.

II. Was heißt Leib-Seele-Identität?
Die Rekonstruktion der Identitätstheorie

Die systematische Entwicklung der Identitätstheorie ist eine Leistung des 20. Jahrhunderts. Sie geht auf Schlick zurück und wurde im Verlaufe der 50er Jahre vor allem von Feigl fortgeführt und präzisiert. Die grundlegende Behauptung der Identitätstheorie ist, daß sich Aussagen über psychische Ereignisse und Aussagen über Hirnprozesse faktisch auf den gleichen Gegenstand beziehen. Obwohl mentalistische und neurophysiologische Prädikate verschiedene Bedeutung, also unterschiedliche Intension haben, weisen sie doch die gleiche Extension auf. So kann etwa der Mensch sowohl als vernünftiges Tier als auch als ungefiederter Zweifüßler beschrieben werden; obwohl beide Kennzeichnungen der Bedeutung nach verschieden sind, bezeichnen sie doch dieselbe Klasse von Lebewesen. Eben dieses Verhältnis soll auch zwischen der Charakterisierung von Bewußtseinsinhalten durch psychologische Kategorien zum einen und durch neurophysiologische Begriffe zum anderen bestehen. Die These ist also (in den Worten Schlicks),

> daß eine und dieselbe Wirklichkeit − nämlich die unmittelbar erlebte − sowohl durch psychologische wie durch physikalische Begriffe bezeichnet werden kann.[1]

Die so beschriebene Identitätstheorie wird in zwei verschiedenen Versionen vertreten. Zum einen wird eine Identifikation von *allgemeinen* psychologischen Prädikaten oder *Arten* psychischer Ereignisse mit *allgemeinen* physiologischen Prädikaten oder *Arten* physischer Ereignisse angestrebt. In dieser Version der *Typenidentität* geht es um generelle, empirisch induzierte Identifikationen (*Type-Type-Identity*). Die behauptete Identität ist dabei nicht von der Art analytischer Identitäten zwischen Synonyma (etwa der zwischen ‚Junggeselle‘ und ‚lediger Mann‘), sondern eine synthetische, durch Erfahrung gestiftete Identifikation (wie zwischen ‚Temperatur‘ und ‚mittlere kinetische Energie der Moleküle‘). Danach wären also mentale Arten wie bestimmte Überzeugungen, Wünsche

---

[1] Schlick 1925, 347.

oder Gefühlszustände mit neuralen Arten, also bestimmten Typen von
Gehirnzuständen, zu identifizieren. Mit anderen Worten, ‚Freude‘ und
z. B. ‚Erregung von F-Fasern‘ wären als extensional äquivalent zu betrachten.

Im Gegensatz zu dieser Auffassung sieht eine abgeschwächte Variante
der Identitätstheorie lediglich vor, daß *besondere* psychologische Prädikate oder *singulare* psychische Ereignisse mit *besonderen* physiologischen
Prädikaten oder *singularen* physischen Ereignissen zu identifizieren sind
(*Token-Token-Identity*). Dieser Auffassung zufolge ist ‚Freude der Person
A zur Zeit t_1‘ mit ‚Erregung der F-Fasern von A zur Zeit t_1‘ zu identifizieren; bei einer anderen Person B oder bei A zu einer anderen Zeit t_2 mag
das neurophysiologische Korrelat von gänzlich anderer Art sein. Hier
geht es also nicht um generelle, sondern um partikulare, nicht um
interpersonelle, sondern um intrapersonelle Identität. Für die partikulare
Identitätstheorie verlaufen die psychologische und die neurophysiologische Begrifflichkeit nicht gleichsam parallel, sie überkreuzen sich vielmehr. Wiederum in den Worten Schlicks ausgedrückt bedeutet dies:

> im übrigen kann im physischen Zeichensystem getrennt sein, was in
> der psychischen Wirklichkeit zusammengehört; und umgekehrt: was
> in der Welt der Qualitäten vereint ist, kann in der begrifflichen Darstel-
> lung ganz und gar auseinandertreten. Die psychischen Elemente, aus
> denen ein Ichkomplex sich aufbaut, können zu ganz getrennten physi-
> schen Komplexen gehören.[2]

Mit anderen Worten, einem psychologischen Ereignistypus muß nicht
genau ein physiologischer Ereignistypus entsprechen. Ein und dieselbe
Art psychischer Ereignisse kann auf verschiedenartige Weise neurophysiologisch umgesetzt sein. Im Folgenden seien die unterschiedlichen Versionen der Identitätstheorie im einzelnen betrachtet und rekonstruiert.

1. Die Theorie der Typenidentität

§ 1   Die Identitätstheorie in Form der Typenidentität (Type-Type-
Identity) ist vor allem von Feigl vertreten und expliziert worden, so daß
es sich empfiehlt, die folgende Rekonstruktion an seine Vorstellungen

---

[2] Schlick 1925, 360. Allerdings spricht Schlick an anderer Stelle von einem psychophysischen Begriffsparallelismus (vgl. Schlick 1925, 336).

anzuschließen. Wie bereits erwähnt, stellt für die Variante der Typenidentität die Identifikation von Temperatur und mittlerer Molekülenergie das
Vorbild der psychophysischen Identifikation dar. Eine derart synthetische
Identifikation erfolgt auf dem Wege über eine *ontologische Reduktion*,
die selbst wiederum durch eine erfolgreiche *Theorienreduktion* zustandegebracht wird. Dies heißt grob gesagt: Zwei Größen werden miteinander
identifiziert, weil unsere Theorien besagen, daß sie sich in gleicher Weise
verhalten, daß sie den gleichen Gesetzmäßigkeiten unterliegen.

Im einzelnen stellt sich für Feigl die Sachlage in folgender Weise dar:
Eine am beobachtbaren Verhalten orientierte Psychologie, die neben
Reiz-Reaktions-Verknüpfungen lediglich Konzepte zuläßt, die durch derartige Beobachtungsbegriffe explizit definierbar sind, ist zwar möglich,
führt aber nur zu begrenzten empirischen Erfolgen. Die Begrenzung
drückt sich z. B. darin aus, daß man bei einer großen Zahl unabhängiger
Verhaltensgesetze stehenbleibt, in denen auch noch Konstanten vorausgesetzt werden müssen, die nicht durch die Theorie selbst, sondern nur
experimentell bestimmt werden können.[3] Diese Ebene der Verhaltensregularitäten läßt sich parallelisieren mit der Ebene der empirischen Gesetze
in den Naturwissenschaften.[4]

Eine theoretische Systematisierung, die die Vielzahl unverbundener
Regelmäßigkeiten auf wenige Grundprinzipien zurückführt, gelingt nur,
wenn man die begriffliche Ebene der groben Verhaltenskonzepte verläßt
und hypothetische Konstrukte heranzieht. Eine Vereinheitlichung (und
damit Erklärung) von Gesetzen setzt ein Netzwerk *theoretischer Begriffe*
voraus. Für Feigl sind theoretische Begriffe dadurch gekennzeichnet, daß
sie sich auf nicht direkt beobachtbare Größen beziehen, also nur indirekt
und unvollständig mit der Erfahrung verknüpft sind.[5] Dies läßt sich —
in erster Näherung — auch dadurch ausdrücken, daß die Bedeutung
theoretischer Begriffe nicht allein durch die Bindung an bestimmte Beob-
achtungsverfahren oder Meßmethoden, sondern auch durch die Grundsätze der Theorie, in der sie auftreten, also durch den theoretischen
Kontext oder das Netzwerk der Gesetze, festgelegt wird.[6] Die Ebene der
theoretischen Begriffe in der Psychologie, so Feigl, ist aber gerade die
der Neurophysiologie.[7]

---

[3] Vgl. Feigl 1951, 184 – 190; Feigl 1958, 394.
[4] Feigl 1951, 190. Im gleichen Sinne analogisiert Schlick Fechners Psychophysik mit der
   phänomenologischen Thermodynamik. Vgl. Schlick 1925, 323.
[5] Vgl. Feigl 1951, 181.
[6] Für eine genauere Charakterisierung vgl. VI.1. § 2 – 4.
[7] Feigl 1951, 205 – 206.

Feigl entwickelt also ein allgemeines methodologisches Argument zugunsten der Verwendung theoretischer Begriffe in der Psychologie. Dieses Argument stützt sich auf eine Konzeption, die Theorien möglichst großer Einfachheit und Allgemeinheit favorisiert. Die Einführung theoretischer Begriffe erlaubt es, diesem Ziel besser gerecht zu werden und ist daher aus methodologischen Gründen zu begrüßen.[8] Eine in theoretischen Begriffen formulierte Mikrotheorie (wie z. B. die statistische Thermodynamik) ist einer in Beobachtungsbegriffen formulierten Makrotheorie (wie z. B. der phänomenologischen Thermodynamik) vorzuziehen. Analog würde auch die Psychologie von der Einführung theoretischer Mikro-Konstrukte profitieren. Zu dieser methodologischen Forderung einer gleichsam molekularen Psychologie tritt dann die Annahme, in der Psychologie sei die adäquate theoretische Ebene durch neurophysiologische Konzepte gekennzeichnet. Mentalistische Begriffe betrachtet Feigl als für diesen Zweck nur bedingt und vorübergehend geeignet. Lewins Feldtheorie etwa (eine Vorläuferin der heutigen kognitiven Psychologie) wird von ihm als bloße Axiomatisierung von Makrokonzepten aufgefaßt.[9]

§ 2   Die mentalistische Begrifflichkeit selbst ruht für Feigl wiederum auf der Ebene der unmittelbaren und privaten Sinnesqualitäten auf. Eine phänomenalistische Sprache ist die Grundlage aller Wissensansprüche:

> I am still convinced that purely phenomenal statements make sense and are the ultimate epistemic basis of the confirmation (or disconfirmation) of knowledge claims. [...] when I judge, e. g., that a certain pain is increasing, or that I hear a certain ringing sound [...], then that certain *it* which may later find its place in the causal structure of the world is first of all, and taken by itself, a *datum of direct experience*.[10]

Alle Beschreibung psychischer Phänomene bezieht sich also zuerst auf das in der inneren Wahrnehmung unmittelbar Gegebene. Von unseren eigenen inneren Zuständen haben wir ein Wissen durch Bekanntheit; wir können diese Zustände daher in einer privaten, nur uns allein verständlichen Sprache ausdrücken. Davon zu unterscheiden ist die intersubjektive, öffentlich zugängliche Sprache, in der wir anderen Menschen psychische Zustände zuschreiben. Auf dieser begrifflichen Ebene operiert

---

[8] Feigl 1950, 38 – 40.
[9] Feigl 1951, 207.
[10] Feigl 1958, 392 (Hervorhebung im Original).

auch eine mentalistisch orientierte Psychologie. Sowohl die intersubjektive als auch die private, phänomenale Beschreibung beziehen sich dabei
auf den gleichen Gegenstand, das mentale Ereignis. Zwar sind in beiden
Fällen die Daten, auf die sich die Zuschreibung eines psychischen Zustandes stützt, verschieden, umfassen etwa auf der intersubjektiven Seite ein
breites Lachen und Luftsprünge, auf der subjektiven Seite das unmittelbare Glücksgefühl, dennoch kann in beiden Fällen der gleiche psychische
Glückszustand gemeint sein.[11]

§ 3 Feigls Interpretation beinhaltet, daß die Prüfindikatoren, die
über die Gültigkeit einer Aussage entscheiden, nicht auch diejenigen
Größen sein müssen, auf die sich die Aussage bezieht. Mit anderen
Worten, es ist zu trennen zwischen der *Evidenz* für eine Aussage und
ihrer *Referenz*, zwischen den Gründen ihrer Geltung und dem, worüber
sie etwas aussagt. So können ,Freude' in eigenpsychischer und ,Freude'
in fremdpsychischer Verwendungsweise das gleiche Ereignis meinen,
obwohl die Gründe für die Begriffsanwendung in beiden Fällen verschiedener Natur sind. Man kann sich aus unterschiedlicher Perspektive auf
dasselbe Ereignis beziehen. Was der eine durch unmittelbare Bekannt-
schaft weiß, kann der andere durch Beschreibung wissen.[12]
    Die Unterscheidung zwischen Evidenz und Referenz markiert Feigls
Abkehr von der Verifikationssemantik des Logischen Empirismus. In
der Verifikationssemantik wird die Bedeutung einer Aussage mit den
Beobachtungssätzen identifiziert, die aus ihr ableitbar sind, und durch
die sie insofern überprüft werden kann. Der Sinn eines Satzes ist die
Methode seiner Verifikation. So läßt sich z. B. die Aussage ,x ist ein
Anthropode' anhand ihrer empirischen Konsequenzen ,x hat eine Körper-
decke aus Chitin' und ,x hat gegliederte Extremitäten' überprüfen. Diese
Konsequenzen bestimmen zugleich die Bedeutung der Aussage und damit
die Bedeutung des Begriffs ,Anthropode'.[13] Die empirische Prüfung ver-
leiht einem Satz nicht allein Geltung, sondern auch schon Bedeutung. Das
heißt allgemein: Wenn eine Aussage nur durch Rückgriff auf bestimmte
beobachtbare Größen zu bestätigen oder zu erschüttern ist, dann bezieht
sich diese Aussage auf diese Größen. Nach dieser Theorie fallen also
Evidenz und Referenz stets zusammen.

---

[11] Vgl. Feigl 1958, 402–403, 436. Wir werden diese Diskussion des psychologischen
    Basisproblems in VII.1 wieder aufnehmen und vertiefen.
[12] Vgl. Feigl 1958, 430, 435–436.
[13] Zu diesem Beispiel vgl. Carnap 1931, 222 (= Schleichert 1975, 152).

Die Verifikationssemantik dient im Rahmen des Logischen Empirismus als Grundlage, die Eigenständigkeit mentaler Begriffe zu bestreiten. Da nämlich mentale Zustände oder Ereignisse nur anhand körperlicher Indikatoren zugeschrieben werden, Sätze über mentale Zustände oder Ereignisse also nur auf dem Wege über physikalisch faßbare Größen überprüfbar sind, bezeichnen mentale Begriffe in Wirklichkeit körperliche Zustände. Da die Bedeutung eines Satzes durch seine möglichen empirischen Konsequenzen vollständig bestimmt ist, ist dieser Satz auch in eine Aussage über diese Konsequenzen *übersetzbar*.

Diese Argumentation zeigt sich beispielhaft an Carnaps Behandlung des Fremdpsychischen. Carnap erklärt, jede Zuschreibung von psychischen Zuständen gegenüber anderen stütze sich auf physische Indikatoren, nämlich auf bestimmte Verhaltensweisen. Deshalb sei jede Aussage über Fremdpsychisches in eine Aussage über Verhaltensweisen übersetzbar. Es gilt nämlich, so Carnap,

> daß die Erkennung des Fremdpsychischen auch nach ihrer ganzen Beschaffenheit im Einzelnen von dem erkannten, entsprechenden Physischen abhängt. Man könnte daher jede Aussage über ein bestimmtes Fremdpsychisches, z. B. ‚A freut sich jetzt‘, übersetzen in eine Aussage, die nur von Physischem spricht, nämlich von Ausdrucksbewegungen, Handlungen, Worten usw.[14]

Aus erkenntnistheoretischen Gründen läßt sich also sagen, daß alle Sätze der Psychologie von physikalischen Vorgängen handeln, nämlich von Dispositionen, sich unter bestimmten Umständen in bestimmter Weise zu verhalten.[15]

Die von Feigl vertretene Theorie der Wissenschaftssemantik legt demgegenüber auch dem theoretischen Zusammenhang eines Ausdrucks eine bedeutungskonstitutive Rolle bei. Das hat zur Folge, daß eine Gruppe von Größen a_i das Vorliegen einer Größe b *anzeigen* kann, ohne daß sich b auf a_i *bezieht*. Die Ablenkung von Kompaßnadeln zeigt z. B. ein magnetisches Feld an, ohne daß der Begriff ‚magnetisches Feld‘ durch

---

[14] Carnap 1928, 64 – 65.

[15] Vgl. Carnap 1932/1933, 107, 112 – 116. Charakteristisch für diesen Ansatz ist, daß die Übersetzbarkeit psychologischer Aussagen in physikalische Aussagen *nicht* als mögliches Resultat empirischer Forschung erscheint, sondern als Ergebnis erkenntnistheoretischer Untersuchungen. Während Feigl die Leib-Seele-Identität als Ergebnis künftigen wissenschaftlichen Fortschritts auffaßt (vgl. II.3. § 1 – 2; V. Einleitung), ist sie bei Carnap Resultat einer Analyse der Wissenschaftssemantik. Deshalb besteht die Übersetzbarkeit psychologischer in physikalische Aussagen bereits heute und nicht erst in der Zukunft.

den Bezug auf mechanische Größen wie Ablenkwinkel definierbar und damit in diese übersetzbar ist. Vielmehr erfolgt eine derartige Definition durch die Einbindung in die Prinzipien der Elektrodynamik.[16]

§ 4   Insgesamt vertritt Feigl eine Drei-Ebenen-Konzeption der Psychologie. Auf der untersten Ebene ist das Erlebnis eigener psychischer Zustände, die unmittelbare Wahrnehmung geistiger Ereignisse angesiedelt. Dieses phänomenal Gegebene ist wesentlich subjektiv und letzte Grundlage aller Erkenntnis. Darüber hinaus sind diese mentalen Phänomene aber auch Gegenstand der Erkenntnis: man muß sie nicht erleben, man kann sie auch beschreiben. Dies erfolgt auf der zweiten Ebene durch die Sprechweisen der Alltagspsychologie oder durch eine mit Makrokonzepten operierende Psychologie. Die adäquaten Makrokonzepte sind dabei mentale Begriffe. Die unmittelbare Wahrnehmung eigener psychischer Zustände legt nämlich den Analogieschluß nahe, daß auch andere Menschen über ein geistiges Leben verfügen.[17] Diese Psychologie deckt Verhaltensregularitäten auf, die den empirischen Gesetzen in der Naturwissenschaft vergleichbar sind. Auf einer dritten Ebene sind die neurophysiologischen Konzepte angesiedelt, die eine Vereinheitlichung und Erklärung der Makrogesetze der zweiten Stufe erlauben sollen und das Analogon zu den theoretischen Sätzen der Naturwissenschaft bilden.

Das Leib-Seele-Problem stellt sich damit als die Frage nach den Beziehungen zwischen diesen drei Beschreibungsebenen oder Gegenstandsbereichen. Feigls Frage ist, in welchem Verhältnis die gegebenen inneren Erfahrungen zu den von empirischer Psychologie und intersubjektiver Alltagssprache angenommenen mentalen Zuständen und diese wiederum zu den Gehirnzuständen stehen. Und Feigls Antwort ist, daß in beiden Fällen Identität vorliegt:

> The raw feels of direct experience as we ‚have‘ them, are empirically identifiable with the referents of certain specifiable concepts of molar behavior theory, and these in turn […] are empirically identifiable with the referents of some neurophysiological concepts.[18]

Das Leib-Seele-Problem enthält damit zwei Unterprobleme: Zum einen das Problem des Verhältnisses von Psychologie und Neurophysiologie (das eigentliche Leib-Seele-Problem), zum anderen die Frage, worauf

---

[16] Vgl. Feigl 1951, 204, 206.
[17] Vgl. Feigl 1958, 380, 437.
[18] Feigl 1958, 445.

sich die Begriffe der Psychologie eigentlich beziehen (das Seele-Seele-Problem, wie wir es nennen wollen). Hierbei geht es darum, welches Verhältnis zwischen den von der Psychologie angenommenen inneren Zuständen oder Ereignissen und den bewußt erlebten psychischen Zuständen oder Ereignissen besteht. Wir werden uns zunächst auf das Leib-Seele-Verhältnis konzentrieren und in II.6, II.7 und vor allem in VII auf das Problem der Seele-Seele-Beziehung zurückkommen.

§ 5   Feigl entwickelt zwei Argumentationslinien für eine Identifikation von Mentalem und Neuralem (ohne explizit zwischen beiden Linien zu unterscheiden). Eine *ontologische Reduktion* psychischer Prozesse auf physische Prozesse soll auf dem Wege über eine *Theorienreduktion* der Psychologie auf die Neurophysiologie zustandegebracht werden. Danach wäre die Identität von Leib und Seele von der gleichen Art wie die Identifikation magnetischer Phänomene mit bestimmten atomaren Strukturen[19] oder die Identität zwischen Temperatur und mittlerer kinetischer Molekülenergie. Neben diese Identifikation aus theoretischen Gründen tritt für Feigl eine Identifikation aus experimentellen Gründen. Diese könnte mit Hilfe eines Geräts erfolgen, das den eigenen Gehirnzustand vollständig und verläßlich anzeigt. Durch ein solches ,Autocerebroskop' einer zukünftigen Neurophysiologie ließe sich die strenge Korrelation zwischen psychischer Erfahrung und physiologischem Zustand darlegen. Man würde in diesem Falle auf Ockhams Rasiermesser zurückgreifen, um den psychischen Entitäten den Lebensfaden abzuschneiden.[20]

Beide Strategien sollen im Folgenden diskutiert und dabei zunächst dem Schlüsselkonzept der Reduktion besondere Aufmerksamkeit geschenkt werden. Tatsächlich spielen in der Leib-Seele-Debatte Reduktions- bzw. Antireduktionsargumente eine entscheidende Rolle. Damit ist erst einmal der Reduktionsbegriff zu klären.

2. Die Reduktion von Theorien

§ 1   Das Standardmodell der Reduktion, wie es im Rahmen des Logischen Empirismus vor allem von Nagel entwickelt wurde, fordert

---

[19] Vgl. Feigl 1958, 442.
[20] Vgl. Feigl 1958, 456, 461. Ockhams Rasiermesser (,Ockham's razor') drückt das Prinzip der begrifflichen Sparsamkeit aus und fordert, Gegenstände nicht ohne Notwendigkeit zu vermehren (,entia non sunt multiplicanda sine necessitate').

für die erfolgreiche Reduktion einer Theorie T_1 auf eine andere Theorie T_2:

(1) Alle in der reduzierten Theorie T_1 nicht enthaltenen Begriffe der reduzierenden Theorie T_2 müssen durch verknüpfende Prinzipien (oder Brückenprinzipien) mit Begriffen aus T_1 verbunden werden (Verknüpfbarkeit).

(2) Mit Hilfe dieser verknüpfenden Prinzipien müssen alle Gesetze von T_1 aus den Gesetzen von T_2 ableitbar sein (Ableitbarkeit).[21]

Mit anderen Worten, für eine Reduktion ist es erforderlich, daß die Begriffe von T_1 in die Begriffe von T_2 derart übersetzbar sind, daß die Theoreme von T_1 zu übersetzten Theoremen von T_2 werden.

Neben diese formalen Anforderungen treten informelle Bedingungen, deren Erfüllung eine Reduktion erst wissenschaftlich fruchtbar werden läßt. Dazu zählt, daß die Annahmen der reduzierenden Theorie empirisch gestützt sein sollten, und daß die Reduktion bekannte empirische Gesetze korrigieren, überraschende Verbindungen zwischen ihnen aufzeigen oder neue Gesetze vorhersagen sollte.[22]

Das Standardmodell der Reduktion ist nach dem Vorbild der deduktiv-nomologischen Erklärung (DN-Erklärung, also das meist als ‚covering-law model‘ bezeichnete Hempel-Oppenheim-Schema der Erklärung [HO-Schema][23]) konzipiert und betrachtet die Reduktion einer Theorie als Erklärung dieser Theorie durch eine andere Theorie. Daraus stammt die Betonung der Ableitbarkeitsbedingung, derzufolge Reduktion wesentlich Deduktion ist.

Die Forderung nach Ableitbarkeit der reduzierten Theorie aus der reduzierenden setzt voraus, daß beide miteinander verträglich sind. Um aber die informellen Reduktionsbedingungen erfüllen zu können, muß die reduzierende Theorie die reduzierte korrigieren und verbessern, was

---

[21] Vgl. E. Nagel 1961, 354.

[22] Vgl. E. Nagel 1961, 358–361.

[23] Nach diesem Schema hat die Erklärung die Form einer logischen Ableitung aus singularen Aussagen über besondere Ereignisse (und Zustände) und allgemeinen Gesetzen. Die singularen Aussagen drücken Anfangs- oder Randbedingungen aus, so daß sich folgendes Schlußschema ergibt:

$$\frac{A(N)}{\forall x (A(x) \rightarrow B(x))}{B(N)}$$

Vgl. Hempel/Oppenheim 1948; Schwemmer 1980, 581–582.

wiederum voraussetzt, daß beide miteinander unverträglich sind. Offenbar sind also die formalen und die informellen Reduktionsbedingungen nicht gleichzeitig zu erfüllen, da eine Korrektur der Gesetze von T_1 durch T_2 deren Ableitung gerade ausschließt.[24]

§ 2   Eine Lösung dieser Schwierigkeit ist durch die Anwendung von Tarskis Begriff der *Interpretierbarkeit* auf das Reduktionsproblem erreicht worden. Eine Theorie T_1 heißt interpretierbar in T_2, wenn man eine Menge D expliziter Definitionen der Prädikate von T_1 durch die Prädikate von T_2 angeben kann, so daß jedes Theorem von T_1 aus T_2 und D deduzierbar ist.[25] D kann ferner metasprachlich als Menge von Übersetzungsregeln aufgefaßt werden. Es ist dabei nicht erforderlich, daß D gleichzeitig auch eine explizite Definition der Begriffe von T_2 liefert. Man muß also nicht einem Begriff aus T_1 genau einen Begriff aus T_2 zuordnen; vielmehr kann einem Begriff aus T_1 eine logische Funktion von Begriffen aus T_2 zugeordnet werden. Wollte man hier eine $1-1$-Zuordnung fordern, wäre die Reduktionsrelation symmetrisch — würde mithin die Reduktion von T_1 auf T_2 auch die Reduktion von T_2 auf T_1 implizieren —, was als allgemeine Bedingung erkennbar inadäquat ist. Dies schließt gleichwohl das Bestehen einer solcherart wechselseitigen Reduktionsbeziehung im Einzelfall nicht aus.

Tarski-Interpretierbarkeit von T_1 in T_2 bedeutet also, daß die Begriffe von T_1 in die Begriffe von T_2 derart übersetzbar sind, daß die Theoreme von T_1 zu übersetzten Theoremen von T_2 werden. Interpretierbarkeit ist Übersetzbarkeit unter der Nebenbedingung der Theoremerhaltung und kann als adäquate Rekonstruktion des Reduktionsbegriffs aufgefaßt werden.[26]

In diesem Rahmen läßt sich nun auch das Problem der korrigierenden Reduktionen lösen, indem man die Interpretierbarkeit auf das Vorliegen einer bestimmten Voraussetzung relativiert. Bei der *relativen Interpretierbarkeit* wird die Bedingung der Theoremerhaltung auf Teile des Anwendungsbereichs der interpretierten Theorie eingeschränkt. So ist z. B. Newtons Gravitationstheorie mit Galileis Fallgesetz unverträglich, da jene eine mit der Entfernung von der Erde veränderliche, dieses aber eine konstante Fallbeschleunigung unterstellt. Relativiert man jedoch

---

[24] Auf diese Schwierigkeit hat zuerst Feyerabend aufmerksam gemacht; vgl. Feyerabend 1962, 44–48 (dt. 86–89).

[25] Vgl. Tarski 1953, 21.

[26] Vgl. Bonevac 1982, 70–71.

Newtons Theorie auf die Voraussetzung verschwindender Fallhöhe, so
ist das Fallgesetz in dieser relativierten Theorie interpretierbar. Werde
Galileis Fallgesetz durch die Allaussage $\forall x\, G(x)$ ausgedrückt, so läßt
sich zum Zwecke der Reduktion das relativierende Prädikat P einführen,
das die Eigenschaft verschwindender Fallhöhe – oder präziser: die
Eigenschaft konstanten Abstands vom Erdmittelpunkt – ausdrückt. Das
relativierte Fallgesetz nimmt dann die Form $\forall x\, (P(x) \rightarrow G(x))$ an. Und
dieses Gesetz ist in Newtons Theorie interpretierbar.[27]

§ 3   Auf ähnliche Weise stellt sich die bereits erwähnte Reduktion
der phänomenologischen Thermodynamik auf die statistische Mechanik
dar. Diese Reduktion wird im Folgenden noch mehrfach als Vergleichsfall
einer erfolgreichen ontologischen Reduktion herangezogen werden und
sollte daher an dieser Stelle inhaltlich kurz skizziert werden. Die Vorgehensweise hat im groben folgende Gestalt: Man stellt sich ein ideales
Gas in einem Behälter als aus massenpunktförmigen Molekülen gebildet
vor. Diese Moleküle sollen durch elastische Stöße miteinander wechsel-
wirken. Der thermodynamischen Größe ‚Druck‘ soll die Summe der in
der Zeiteinheit auf die Flächeneinheit der Behälterwand übertragenen
Molekülimpulse entsprechen. Um die Größe dieser Impulsübertragung
ermitteln zu können, benötigt man die Geschwindigkeiten der stoßenden
Moleküle. Es ist dabei natürlich ausgeschlossen, die Geschwindigkeiten
einzelner Moleküle in Ansatz zu bringen. Worum es vielmehr geht, ist
die Angabe der *Geschwindigkeitsverteilung*. Diese Geschwindigkeitsverteilung drückt die *Wahrscheinlichkeit* dafür aus, daß ein Molekül bestimmte Geschwindigkeitswerte aufweist. Die Geschwindigkeitsverteilung läßt sich durch Symmetrieannahmen wie das Postulat der Gleichberechtigung aller Richtungen hinreichend präzise eingrenzen. Leitet man
dann aus dieser Verteilung die mittlere Geschwindigkeit ab, bildet aus
dieser die mittlere kinetische Energie E_m und definiert durch jene (unter
Hinzufügung der sogenannten Boltzmann-Konstanten k) die Temperatur
($E_m = 3/2\,kT$), so erhält man gerade die Zustandsgleichung des idealen
Gases, wie sie sich aus der phänomenologischen Thermodynamik ergibt.
    Die Schilderung dieser Vorgehensweise läßt deutlich die Rolle der mög-
lichen Definitionen oder Übersetzungsregeln erkennen. Man spezifiziert
im Rahmen der statistischen Mechanik Ausdrücke, die sich den thermody-

---

[27] Zur Begriffsbildung der relativen Interpretierbarkeit vgl. Tarski 1953, 24 – 30; zur
    Anwendung dieses Konzepts auf das Reduktionsproblem und für eine detailliertere
    Behandlung des hier diskutierten Beispiels vgl. Eberle 1971, 496 – 498.

namischen Größen ‚Druck‘ und ‚Temperatur‘ auf solche Weise zuordnen lassen, daß man im Begriffsrahmen des statistischen Ansatzes Theoreme erhält, die sich als Übersetzungen der thermodynamischen Gesetze (hier der Zustandsgleichung des idealen Gases) herausstellen. Aus der Perspektive der Diskussion des Verhältnisses von Psychologie und Neurophysiologie ist es dabei wesentlich, zu betonen, daß die Reduktion nicht durch Verknüpfung je eines molekularen Mikrozustandes mit je einem thermischen Makrozustand erfolgt. Die Realisierung eines bestimmten, durch feste Werte für Druck und Temperatur fixierten Makrozustandes ist durch eine Vielzahl von Kombinationen einzelner Molekülenergien zu erreichen. Nur der Verteilung dieser Mikrogrößen insgesamt und deren Mittelwert entspricht ein makroskopisch faßbarer Wert. Es existiert also eine Vielzahl von Permutationen von Mikrozuständen, die aus makroskopischem Blickwinkel untereinander äquivalent sind. Im Hinblick auf analoge Begriffsbildungen in der Philosophie der Psychologie läßt sich hier von der *funktionalen* Äquivalenz von Mikrozuständen sprechen.

Die vielfache mikroskopische Realisierbarkeit des gleichen Makrozustandes spielt die entscheidende Rolle in der Ableitung des 2. Hauptsatzes der Thermodynamik, wie sie von Boltzmann geleistet wurde. Der 2. Hauptsatz besagt, daß die Entropie (die ausdrückt, in welchem Maße die in einem System enthaltene Energie in mechanische Arbeit umwandelbar ist) bei abgeschlossenen Systemen stets zunimmt und im Grenzfall konstant bleibt. Das heißt, es besteht eine allgemeine Tendenz der Energiezerstreuung, die dazu führt, daß der Anteil der mechanisch nutzbaren Energie ständig abnimmt. Um diese Aussage aus der statistischen Mechanik zu erhalten, untersucht man die *Anzahl* der mikroskopischen Realisierungsmöglichkeiten eines Makrozustands und identifiziert diese Anzahl mit der *Wahrscheinlichkeit* P dafür, daß der Zustand eingenommen wird. Das heißt, anschaulich ausgedrückt, daß die Eintrittswahrscheinlichkeit eines Zustandes um so größer ist, je ungeordneter dieser Zustand ist. Definiert man nun die Entropie S durch den Logarithmus dieser Wahrscheinlichkeit ($S = k \ln P$), so ergibt sich der 2. Hauptsatz als die Aussage, daß die wahrscheinlichsten Prozesse in einem abgeschlossenen System diejenigen sind, bei denen die Entropie wächst oder unverändert bleibt. Das bedeutet, in der statistischen Interpretation nimmt der 2. Hauptsatz die Gestalt an, daß ein abgeschlossenes System dem Zustand maximaler Unordnung zustrebt.

In unserem Zusammenhang ist wesentlich, daß der 2. Hauptsatz in der phänomenologischen Thermodynamik ein deterministisches Gesetz ist; er schließt jedwede Entropieabnahme aus. In der statistischen Mecha-

nik drückt er hingegen bloß die wahrscheinlichste Entwicklung eines
Systems aus, ist also mit zeitweiliger Entropieabnahme verträglich. In
dieser Ersetzung deterministischer durch probabilistische Gesetze (die in
gleicher Weise bei der Herleitung der Zustandsgleichung des idealen
Gases auftrat) wird deutlich, daß wiederum eine korrigierende Reduktion
vorliegt. Die Relativierungsbedingung besteht in diesem Falle in dem
Ausschluß besonderer molekularer Konstellationen. Es werden nämlich
solche speziellen Arrangements der molekularen Orte und Impulse ausgeschlossen, die zu einer Entwicklung auf Zustände geringerer Wahrscheinlichkeit und damit abnehmender Entropie führen würden.

§ 4   Das Gesagte läßt erkennen, daß relative Interpretierbarkeit für
das Bestehen einer Reduktionsbeziehung zwar notwendig, aber nicht hinreichend ist. Wie bei der Reduktion des Fallgesetzes hat auch hier die
Relativierungsbedingung die Gestalt einer Annahme *kontrafaktischer
Randbedingungen*. Schließlich bleibt beim Fall eines Körpers der Abstand
zum Erdmittelpunkt keineswegs konstant, und jene speziellen molekularen
Arrangements kommen in Wirklichkeit durchaus vor. Gerade weil die Relativierungsbedingung solche kontrafaktischen Unterstellungen ausdrückt, kann die reduzierende Theorie das ursprüngliche Gesetz korrigieren. Um damit von einer Reduktion sprechen zu können, muß über die
relative Interpretierbarkeit hinaus die *Relativierungsbedingung im Anwendungsbereich der interpretierten Theorie näherungsweise erfüllt sein*.
In beiden diskutierten Beispielen trifft dies zu: Bei irdischen Fallexperimen-
ten ist das Verhältnis von Fallhöhe zum Abstand des Erdzentrums außerordentlich klein, und molekulare Konstellationen, die zu einer makroskopisch faßbaren Entropieabnahme führen, sind überaus selten. Insofern ist
es hier in der Tat berechtigt, von einer korrigierenden Reduktion zu sprechen.

§ 5   Um die Bedeutung der Forderung nach Erfüllung der Relativierungsbedingung zu illustrieren, sei kurz ein Beispiel diskutiert, bei dem
man trotz bestehender relativer Interpretierbarkeit nicht von einer Reduktion sprechen kann. Betrachten wir das Verhältnis der dynamischen
Grundgleichungen der Impetustheorie zur Newtonschen Dynamik. Bei
der Impetustheorie handelt es sich um die spätmittelalterliche Weiterentwicklung der Aristotelischen Mechanik, der das erst von Galilei und
Descartes formulierte Trägheitsprinzip fehlt. Die Impetustheorie nahm
an, daß der Werfer beim Wurf oder die Schwere beim Fall dem geworfe-

nen oder fallenden Körper einen ‚Schwung‘, eben den Impetus einprägen, der den Körper auch nach Beendigung des unmittelbar wirkenden Ansto-ßes weiter vorantreibt. Der Impetus wirkt insofern als Bewegungsursache und erschöpft sich durch das Hervorbringen der Bewegung zunehmend, bis der Körper schließlich zur Ruhe kommt.[28]

In diesem begrifflichen Rahmen analysiert Benedetti die Fallbewe-gung eines Körpers in einem Medium wie Luft auf folgende Weise: Beim Fall wirkt das Gewicht eines Körpers als bewegende Kraft, und die Geschwindigkeit des fallenden Körpers ist proportional zu dieser bewe-genden Kraft. Zusätzlich hängt die Geschwindigkeit von Größe und Gestalt des fallenden Körpers und vom Widerstand des Mediums ab, das der Körper durchfällt:

> Hence it will be clear that, in the absence of variation in the form of the body, either in size or in kind, […] the motion will be in proportion to the moving force (virtus), i. e., to the weight or lightness. […] whenever two bodies are subjected to or receive one and the same resistance to (the motion of) their surfaces, (the speed of) their motions will turn out to be to each other in precisely the same proportion as their motive forces. And, conversely, whenever two bodies have one and the same heaviness or lightness, but are subject to differing resistances, (the speeds of) their motions will have the same ratio to each other as the inverse ratio of the resistances.[29]

Aus Benedettis Analyse läßt sich unschwer die Dynamik der Fallbewe-gung in der Impetusphysik entnehmen. Sei das Gewicht mit G und der Widerstand des Mediums mit W bezeichnet, so gilt, mit der geometri-schen Körperkonstanten l (die Gestalt und Größe des fallenden Körpers ausdrückt), für die Geschwindigkeit v:

$$v = \frac{G}{lW} \, . \tag{$*$}$$

Betrachtet man nun in der Newtonschen Mechanik die Bewegung in einem viskosen Medium unter der Wirkung einer Kraft F, so gilt die Bewegungsgleichung:

$$ma = F - Lhv \, ,$$

wobei m die Masse des Körpers, a seine Beschleunigung, L eine geometri-sche Körperkonstante und h die Viskosität des Mediums darstellen.

---

[28] Vgl. Mittelstraß 1984a; M. Wolff 1978.
[29] Benedetti 1585, zitiert nach Koyré 1939, 24.

Der Fall eines Körpers durch Luft bildet einen Anwendungsfall dieser Gleichung; die beschleunigende Kraft ist dann gleich dem Gewicht des fallenden Körpers. Integration der Bewegungsgleichung führt (für verschwindende Anfangsgeschwindigkeit) auf:

$$v = \frac{F}{Lh} (1 - e^{-(Lh/m)t}) .^{30}$$

Dies ergibt für Zeiten, die groß gegen $\tau = m/Lh$ sind:

$$v = \frac{F}{Lh} .$$

Die Newtonsche Theorie liefert also das Resultat, daß unter diesen Umständen nach einer Anfangsphase beschleunigter Bewegung eine gleichförmige Bewegung angenommen wird. In dieser Phase der gleichförmigen Bewegung ist die konstante Endgeschwindigkeit des fallenden Körpers insbesondere seinem Gewicht proportional, wie es die Impetustheorie angenommen hatte. Auch die übrigen Charakteristika der impetusdynamischen Gleichung werden durch die Newtonsche Behandlung offenbar reproduziert.

Das bedeutet, daß unter den Relativierungsbedingungen h ≠ 0 (Fall in einem viskosen Medium) und t ≫ τ (lange Fallzeit) das Impetusfallgesetz (∗) in der Newtonschen Mechanik interpretierbar ist. Dazu sind nur die expliziten Definitionen G = F, l = L, W = h einzuführen.[31] Trotzdem scheint es unangemessen, von einer Reduktion der Impetusdynamik auf die klassische Dynamik zu sprechen. Zum einen ist nämlich die Bedingung t ≫ τ im Geltungsbereich des Impetusgesetzes sicher nicht erfüllt. In Newtonscher Betrachtung nähert sich der fallende Körper der gewichtsproportionalen Endgeschwindigkeit im Laufe der Zeit an, aus impetusphysikalischer Perspektive kommt ihm diese Geschwindigkeit fast während der gesamten Fallzeit zu. Zum anderen besteht der intendierte Anwendungsbereich der Impetusdynamik nicht allein in der rei-

---

[30] Vgl. Alonso/Finn 1967, 168 – 170.

[31] Es ist dabei durchaus nicht ausgemacht, daß diese Übersetzungsvorschriften wissenschaftshistorisch adäquat sind. In der Tat ist es problematisch, das impetusphysikalische G, das (laut Benedetti) sowohl Schwere als auch Aristotelische Leichtigkeit umfaßt, mit einer Newtonschen Kraft zu identifizieren. Weitere Vorbehalte allgemeiner Art gegen eine Übersetzbarkeit der Impetusphysik in die Newtonsche Mechanik werden von Feyerabend 1962, 52 – 62 (dt. 92 – 99) ausgedrückt. Diese Probleme sind jedoch im gegenwärtigen Kontext ohne Belang, da es hier nur um das Verhältnis von Interpretierbarkeit und Reduzierbarkeit geht.

bungsdominierten Fallbewegung (bei der sich Interpretierbarkeit erreichen läßt), sondern auch in allen kräfteinduzierten Bewegungen (bei denen schwerlich Interpretierbarkeit besteht). Immerhin ließe sich hier einwenden, die Impetusphysik sei als Theorie irdischer Bewegungen gedacht gewesen, und diese seien in aller Regel reibungsdominiert.

§ 6 Damit ist klar, daß in die Entscheidung darüber, ob eine relative Interpretation eine Reduktion darstellt, auch Gesichtspunkte des Ermessens eingehen. Da bislang keine hinreichenden Kriterien dafür spezifiziert sind, wann eine kontrafaktische Relativierungsbedingung als näherungsweise erfüllt gelten soll, müssen pragmatische Erwägungen herangezogen werden. Mit anderen Worten, ob im Einzelfall eine Theorienreduktion vorliegt, ist nicht abschließend anhand allgemeiner Grundsätze zu klären. Hier spielt auch die Urteilskraft eine gewichtige Rolle.

Natürlich sind auch intertheoretische Relationen anderer Art in der Wissenschaftsgeschichte verwirklicht. Dabei ist vor allem der Fall zu berücksichtigen, daß eine Theorie durch ein begrifflich andersartig strukturiertes Modell derart ersetzt wird, daß man nicht mehr sinnvoll von relativer Interpretierbarkeit sprechen kann. Hier hätte man — ebenso wie im Falle der nur unzureichend erfüllten Relativierungsbedingungen — von einer *Theorieersetzung* zu sprechen. Über die Berechtigung einer solchen Ersetzung ist anhand der empirischen Datenlage in Verbindung mit methodologischen Kriterien zu entscheiden. Ist das neue Modell der Vorgängertheorie empirisch und methodologisch überlegen, so liegt gerechtfertigte Theorieersetzung vor. Z. B. ist die kalorische Wärmetheorie (die ein unzerstörbares Wärmefluidum annahm) nicht auf ihre Nachfolgertheorie (die phänomenologische Thermodynamik) reduziert, sondern durch diese verdrängt worden. Ähnliches ist über das Verhältnis von Stahls Phlogistontheorie und Lavoisiers Sauerstoffkonzeption oder Lamarcks Modell einer Evolution durch direkte Anpassung der Arten an die Umweltbedingungen und Darwins Theorie der natürlichen Selektion zu sagen. Es wird demnach hier keineswegs behauptet, daß der wissenschaftliche Fortschritt in der Regel oder auch nur überwiegend durch Theorienreduktion vonstatten geht, daß also Vorgängermodell und Nachfolgermodell häufig eine Reduktionsbeziehung aufweisen. Eine Theorie kann eine andere in der Erklärungskraft überrunden, ohne deren Theoreme zu reproduzieren.

Damit ist der im Folgenden verwendete Reduktionsbegriff expliziert. Er orientiert sich an der Standardauffassung und ist weitgehend unkon trovers. Zwar werden auch andersartige, insbesondere modelltheoretische Reduktionsbegriffe vertreten, doch sind bei diesen die Einzelheiten noch vielfach umstritten. Auch konnte deren Fruchtbarkeit für die Analyse wissenschaftsgeschichtlich realisierter Fälle bislang nicht hinlänglich gezeigt werden.[32] Jedenfalls gehört die Spezifizierung eines adäquaten Reduktionsbegriffs zu den wichtigen Vorbedingungen einer weiteren Klärung des Leib-Seele-Problems. Wenn man über die Reduzierbarkeit der Psychologie auf die Neurophysiologie streitet, muß man sich zuerst Klarheit darüber verschaffen, was ‚Reduzierbarkeit' eigentlich heißen soll.

3. Wege zur Leib-Seele-Identität

§ 1   Feigl faßt die Leib-Seele-Identifikation als Konsequenz einer Theorienreduktion auf. Dabei versäumt er es allerdings, eine Explikation des von ihm verwendeten Reduktionsbegriffs zu geben. Immerhin wird deutlich, daß er eine Reduktion der Psychologie auf die Neurophysiologie erst dann für erfolgreich hält, wenn (im Sinne des Standardmodells) die Neurophysiologie eine Deduktion und damit eine Erklärung der Verhaltensgesetzmäßigkeiten, wie sie von einer mentalistisch strukturierten Psychologie spezifiziert werden, zustandegebracht hat. Entsprechend lautet seine Reduktionsbedingung (in Form einer Prognose über die Wissenschaftsentwicklung formuliert):

> Neurophysiological laws and neural-endocrine-muscular, etc. states will presumably suffice for the explanation of even as complex and intricate behavior as that of human beings. [...] the neurophysiology of the future (3000 A. D.?) should provide complete deductive derivations of the behavior symptoms of various central states whose ψ-[psychische] correlates are the familiar sensations, perceptions, thoughts, beliefs, desires, volitions, emotions, and sentiments (known by acquaintance and described in phenomenal language).[33]

---

[32] Anders als die modelltheoretischen Konzeptionen weist der von Paul und Patricia Churchland vertretene Reduktionsbegriff gewisse Ähnlichkeiten mit dem hier vorgestellten Ansatz auf. Allerdings übersetzen die Churchlands nicht die Begriffe der reduzierten Theorie in die der reduzierenden, sondern ordnen analoge Theoreme beider Theorien einander zu (vgl. P. M. Churchland 1985, 9 – 11; P. S. Churchland 1986, 281 – 283). Dabei benutzen sie jedoch den Begriff des ‚analogen' oder ‚relevant isomorphen' Theorems als unexpliziertes Grundbegriff, obwohl hier Explikation und Klärung dringend geboten wären.

[33] Feigl 1958, 442.

Charakteristikum der generellen Identitätstheorie ist die Zuordnung von psychologischen und neurophysiologischen Allgemeinbegriffen oder Zustandstypen. Dabei geht Feigl insbesondere davon aus, daß eine umkehrbar eindeutige Verknüpfung (also $\Psi_{eins} - \Phi_{eins}$) realisiert ist.[34] Feigl gibt kein Argument zugunsten eines derartigen Verhältnisses an, und man darf wohl vermuten, daß diese Bevorzugung der $1-1$-Zuordnung durch die philosophische Tradition motiviert ist. In allen parallelistischen Richtungen, auch in Fechners Doppelaspekt-Lehre, wird das psychophysische Verhältnis gerade in dieser Weise beschrieben.

Jedenfalls hat die Behauptung der Möglichkeit einer solchen umkehrbar-eindeutigen Zuordnung mentaler und physikalischer Zustände Auswirkungen auf das von der generellen Identitätstheorie antizipierte Reduktionsverhältnis von Neurophysiologie und Psychologie. Beschränkt man sich nämlich auf diejenigen neurophysiologischen Zustände oder Ereignisse, die psychologische Gegenstücke haben, so sind die möglichen Definitionen psychologischer Begriffe durch neurophysiologische Begriffe *umkehrbar*. Die Definition eines psychologischen Begriffes durch einen neurophysiologischen Begriff kann zugleich auch als Definition eines neurophysiologischen Begriffes durch einen psychologischen Begriff gelten. Dieses Verhältnis wechselseitiger Reduzierbarkeit drückt eine besonders enge Verbindung zwischen reduzierender und reduzierter Theorie aus.

§ 2 Neben der Identifikation via Reduktion faßt Feigl noch eine zweite, quasi-experimentelle Möglichkeit einer Begründung der Identitätstheorie ins Auge (wobei er allerdings nicht ausdrücklich zwischen beiden Strategien unterscheidet). Sie besteht im wesentlichen in dem empirischen Aufweis beständiger Verknüpfungen zwischen psychischen und physischen Zuständen und bedient sich in einem zweiten Schritt des methodologischen Prinzips der Einfachheit, um vom Parallelismus zum Identismus überzugehen.

Stellt man sich ein ‚vollständiges Autocerebroskop‘ vor, das der neurophysiologischen Gehirnzustand vollständig erfaßt, so wäre man imstande, die Parallelität zwischen den eigenen psychischen Zuständen und den neurophysiologischen Prozessen im eigenen Gehirn zu beobachten:

> We may fancy a ‚compleat autocerebroscopist‘ who while introspectively attending to, e.g., his increasing feelings of anger (or love, hatred, embarrassment, exultation, or to the experience of a tune-as-

---

[34] Vgl. Feigl 1958, 381.

heard, etc.) would simultaneously be observing a vastly magnified visual ‚picture‘ of his own cerebral nerve currents on a projection screen.[35]

Die hierbei auftretenden regelmäßigen Verbindungen zwischen den inneren Wahrnehmungen und den neurophysiologischen Zuständen bildeten eine unmittelbare empirische Bestätigung der Identifikation von Psychischem und Physischem:

> the most direct evidence conceivably attainable would be that of the autocerebroscopically observable regularities.[36]

Allerdings bedarf der Übergang von der Isomorphie zur Identität noch der Anwendung von Ockhams Rasiermesser:

> The scientific evidence for parallelism or isomorphism is then *interpreted* as the *empirical* basis for the identification. The step from parallelism to the identity view is essentially a matter of philosophical interpretation. The principle of parsimony as it is employed in the sciences contributes only one reason in favor of monism. If isomorphism is admitted, the dualistic (parallelistic) position may be retained, but no good grounds can be adduced for such a duplication of realities, or even of ‚aspects‘ of reality.[37]

§ 3　Feigls experimentell orientierter Weg führt jedoch nicht zum Ziel. Der bloße Aufweis strikter psychophysischer Korrelationen berechtigt keinesfalls zu einer Identifikation. Korrelationen dieser Art gibt es auch in anderen Bereichen, ohne daß man daran dächte, die so korrelierten Größen zu identifizieren. So liegt z. B. eine solche Situation bereits im Falle guter Meßgeräte vor, bei denen ein Zustand innerhalb des Meßgeräts mit einem physikalischen Zustand außerhalb desselben umkehrbar eindeutig verknüpft ist. Die Anzeige eines Voltmeters *verweist auf* einen bestimmten Spannungszustand, die Bahn in einer Nebelkammer *zeigt* den Durchgang eines geladenen Teilchens *an*. In derartigen Fällen von der Korrelation zur Identifikation überzugehen, würde nur bedeuten, daß man die Prozesse, die vom physikalischen Zustand zum Gerätezustand führen, nicht verstanden hat. Eine solche Identifikation verwiese lediglich auf eine mangelhafte theoretische Durchdringung eines Sachverhaltes.

---

[35]　Feigl 1958, 456. Die Idee eines derartigen Gedankenexperiments ist bereits bei Schlick angelegt. Vgl. Schlick 1925, 348 – 349.

[36]　Feigl 1958, 457.

[37]　Feigl 1958, 461 (Hervorhebung im Original).

Auch zwischen Naturprozessen im engeren Sinne, also ohne Rekurs auf menschliche Artefakte, liegen strenge Korrelationen vor, die gleichwohl nicht zu einer Identifikation der entsprechenden Größen berechtigen. So sind etwa die Abstände zwischen den Energieniveaus von Atomen oder Molekülen streng mit den Frequenzen der entsprechenden Spektrallinien korreliert. In allen diesen Fällen besteht nicht Identität, sondern *Kausalität*. Treten zwei Typen von Ereignissen in beständiger Verknüpfung miteinander auf, so werden diese (seit Hume) als Ursache und Wirkung bzw. als Wirkung einer gemeinsamen Ursache aufgefaßt. Die autocerebroskopischen Regularitäten wären also eher als Ausdruck eines Kausalverhältnisses zwischen psychischen und physischen Größen zu interpretieren. Der neurophysiologische Zustandstyp Φ_1 mag deshalb beständig gemeinsam mit dem psychologischen Zustandstyp Ψ_1 auftreten, weil dieser jenen hervorbringt.

Systematisch ausgedrückt bedeutet dies, daß zwei Zustände beständig gemeinsam oder in beständiger Verknüpfung auftreten können, obwohl ihr kausales Potential, also die jeweiligen möglichen Ursachen und Wirkungen, verschieden ist. Die Erfüllung von Nagels erster formaler Reduktionsbedingung beinhaltet nicht die Erfüllung der zweiten formalen Bedingung (vgl. II.2. § 1). Das heißt, es ist möglich, Begriffe gleichen Anwendungsbereichs (gleicher Extension) experimentell aufzufinden, ohne daß dadurch schon die Gesetze, in die diese Begriffe eingehen, auf theoretisch zu rechtfertigende Weise ineinander übersetzbar wären.

Die hier gegebene Charakterisierung drückt die Möglichkeit *emergenter* Gesetzmäßigkeiten aus. Emergente Gesetze sind durch die Bedingung gekennzeichnet, daß zwar die in ihnen auftretenden Begriffe den Begriffen einer anderen Theorie zugeordnet werden können, die Gesetze gleichwohl nicht aus deren Theoremen ableitbar sind. Wenn z. B. sämtliche Mechanismen einer Zelle in physikalischen Begriffen beschreibbar wären, diese Mechanismen jedoch nicht durch Gesetze der Physik oder der Chemie erklärt werden könnten, so wären die Gesetze der Zellbiologie relativ zu Physik und Chemie emergent.[38]

Wenn aber Emergenz vorliegt, dann läßt sich Ockhams Rasiermesser auch dann nicht anwenden, wenn ein konzeptueller Parallelismus besteht. Da in der emergenten Begrifflichkeit besondere, nicht-ableitbare Gesetze ausgedrückt werden, ginge die Beseitigung dieser Begrifflichkeit mit einer Verringerung des logischen und empirischen Gehalts einher. Dann zeigt

---

[38] Zum Emergenzbegriff vgl. IV. § 4.

sich, daß die bloße Zuordnung von Begriffen (ohne Nachweis der Theoremableitung) für eine ontologische Reduktion nicht hinreicht.

§ 4   Tatsächlich besteht ein besonders subtiler Aspekt in Feigls autocerebroskopischem Szenario darin, daß zwar der Dualismus (zumindest in der Form des Interaktionismus), nicht aber der Identismus mit Hilfe eines derartigen Geräts experimentell bestätigbar ist. Man könnte nämlich die systematische *Durchbrechung* einer strikten Abhängigkeit zwischen den Zustandstypen Φ_1 und Ψ_1 autocerebroskopisch aufweisen. Eine solche Verletzung der beständigen Verknüpfung zwischen Φ_1 und Ψ_1 hätte als experimentelle Stütze des Interaktionismus zu gelten.[39]

Der Grund dafür besteht darin, daß der Identismus nur mit der umkehrbar eindeutigen Verknüpfung der Ψ_i mit den Φ_i (also mit $\Psi_{eins} - \Phi_{eins}$) oder mit der Verknüpfung mehrerer physischer Zustandstypen mit einem psychischen Zustandstyp (also mit $\Psi_{eins} - \Phi_{viele}$) verträglich ist. Daß diese zweite Möglichkeit realisiert ist, wird gerade vom partikularen Identismus behauptet (der im Folgenden noch diskutiert wird). Danach kann ein psychischer Zustand im Grundsatz mehrere neurophysiologische Realisierungen aufweisen, während die umgekehrte Relation, also die Verknüpfung eines neurophysiologischen Prozesses mit mehreren mentalen Ereignissen, ausgeschlossen ist. Diese Behauptung drückt die Bedingung der *Supervenienz* psychischer Zustände relativ zu neurophysiologischen Prozessen aus. Damit ist gemeint, daß keine psychischen Unterschiede ohne zugeordnete neurophysiologische Unterschiede auftreten. Stellte sich demnach autocerebroskopisch heraus, daß ein physischer Zustand mit mehreren psychischen Zuständen ($\Psi_{viele} - \Phi_{eins}$) verbunden wäre, so wäre die Bedingung der Supervenienz verletzt, und dieser Befund stützte einen interaktionistischen Dualismus.[40]

Während demnach die kausale Wirksamkeit psychischer Faktoren im Grundsatz empirisch aufweisbar ist, gilt dies umgekehrt für deren kausale Unwirksamkeit gerade nicht. Das Problem besteht darin, daß auch

---

[39] Vgl. Feigl 1958, 381; Meehl 1966, 122.

[40] Daß eine derartige Situation tatsächlich besteht, ist der Kern des Puccetti-Dykes-Arguments. Puccetti/Dykes weisen darauf hin, daß der qualitativen Verschiedenheit der unterschiedlichen Sinnesmodalitäten (wie Hören, Sehen, Schmecken) keine biologische Verschiedenheit der Gewebetypen in den entsprechenden Gehör-, Seh- und Geschmackszentren des Gehirns entspricht. Es sind demnach keine neurophysiologischen Korrelate für die Qualitäten der Sinneswahrnehmung aufweisbar. Puccetti/Dykes werten dies als Stütze für den Interaktionismus (vgl. Puccetti 1985, 51 – 52).

ein Interaktionismus mit den identitätstheoretischen Optionen, also mit $\Phi_{eins} - \Psi_{eins}$ und $\Phi_{viele} - \Psi_{eins}$, kompatibel ist. Experimentell ist jedoch zwischen den folgenden beiden Situationen nicht zu unterscheiden:

$$
\begin{array}{cc}
\Psi_1 \quad \Psi_2 & \Psi_1 \to \Psi_2 \\
\updownarrow \quad \updownarrow & \uparrow \quad \downarrow \\
\Phi_1 \to \Phi_2 & \Phi_1 \quad \Phi_2 \\
\text{Identismus} & \text{Interaktionismus}
\end{array}
$$

Figur 1

Meint ‚→' hier ‚kausale Verursachung' und ‚↔' ‚Identität', so liegt im ersten Beispiel ein genereller Identismus vor, demzufolge allein physiologische Zustände kausal aufeinander wirken, während psychische Zustände vermöge ihrer psychologischen Eigenschaften kausal unwirksam sind. Das zweite Beispiel zeigt einen Interaktionismus, bei dem physische und psychische Zustände stets eindeutig miteinander verbunden sind, und der zudem gesetzmäßige Verknüpfungen der Ψ_i untereinander annimmt (wie sie durch psychologische Gesetze ausgedrückt werden). In diesem Falle sind also die Ψ_i vermöge ihrer psychologischen Merkmale kausal wirksam und die Φ_i vermöge ihrer neurophysiologischen Merkmale kausal unwirksam. Autocerebroskopisch können beide Fälle nicht getrennt werden. Nur die beständigen Korrelationen sind experimentell aufweisbar, nicht hingegen kausale Wirk- oder Unwirksamkeit. Der einzige Weg einer Unterscheidung zwischen beiden Szenarien besteht darin, die Verknüpfung $\Phi_1 \to \Phi_2$ aus grundlegenden neurophysiologischen Gesetzmäßigkeiten abzuleiten und damit die kausale Unwirksamkeit der Ψ_i zu zeigen. Dies aber ist tatsächlich nichts anderes als eine Ableitung der Verknüpfung von Ψ_1 und Ψ_2 aus neurophysiologischen Annahmen, oder, anders ausgedrückt, eine *Reduktion* der Psychologie auf die Neurophysiologie.

Resultat ist, daß gerade unter der Voraussetzung der Geltung der Identitätstheorie und damit der kausalen Unwirksamkeit psychischer Ereignisse eben diese kausale Unwirksamkeit nicht experimentell gezeigt werden kann. Das gilt insbesondere, wenn man auch $\Psi_{eins} - \Phi_{viele} -$ Regularitäten für identistisch akzeptabel hält. Dann nämlich sind für jedes introspektiv identifizierte mentale Ereignis mehrere autocerebroskopisch identifizierte neurale Zustände aufweisbar. In einem solchen Falle würde man jedoch aufgrund des experimentellen Befundes allein kaum zu einer Identifikation übergehen können. Vielmehr ist jeder auto-

cerebroskopisch meßbare Gehirnzustand nur hinreichende, nicht auch
notwendige Voraussetzung für das Auftreten des korrelierten psychischen
Zustandes. Eine derartige Sachlage besteht aber charakteristischerweise
bei kausalen Zusammenhängen. Dies führt zu dem Ergebnis, daß mit
autocerebroskopisch gewonnenen Daten die Identitätstheorie nicht überzeugend zu stützen ist.

§ 5   Neben den theoretischen und den experimentellen Weg zur Leib-
Seele-Identität tritt in der Diskussion häufig der begründende Hinweis
auf *physikalistische* Grundsätze, etwa die Annahme der kausalen Geschlossenheit der physischen Welt. Wir werden die Tragweite und Verläß-
lichkeit derartiger Argumente in VI.4 erörtern und dabei zu dem Schluß
gelangen, daß alle haltbaren Formen des Physikalismus mit einem Leib-
Seele-Dualismus verträglich sind. Versionen des Physikalismus, die stark
genug sind, einen Monismus zu begründen, laufen nämlich Gefahr, den
Fortschritt in den Wissenschaften zu behindern. Sie sind daher unserer
Auffassung nach inadäquat. Allein eine Reduktion der Psychologie auf
die Neurophysiologie kann die Behauptung der Identität von Leib und
Seele zuverlässig begründen.

Allerdings ist die Reduktionsforderung insofern abzuschwächen, als
man nicht verlangen sollte, daß die Psychologie vollständig — gemeint
sind alle Gesetzmäßigkeiten der Psychologie — neurophysiologisch ableitbar ist. Bei dem Versuch einer Reduktion zweier umfassender Wissenschaftszweige aufeinander ist vielmehr ein gewisses Maß an Behutsamkeit
angemessen. So wäre etwa lediglich zu fordern, daß eine gewisse Zahl
grundlegender Gesetze der Psychologie oder eine gewisse Zahl psychologischer Regularitäten bei einfachen Anwendungsfällen im Rahmen der
Neurophysiologie deduzierbar sind.

Schließlich wird auch in der als erfolgreich betrachteten Reduktion
der Chemie auf die Physik nicht mehr als dies erreicht. So lassen sich z. B.
die Typen chemischer Bindung mit Typen von Elektronenkonfigurationen
gesetzmäßig in Beziehung setzen oder das Massenwirkungsgesetz aus der
statistischen Mechanik ableiten. Eine hinlängliche Zahl derartiger Fälle
rechtfertigt bereits den Reduktionsanspruch, ohne daß die Notwendigkeit bestünde, auch die feinsten Verästelungen der chemischen Theoriebildung aus physikalischen Grundsätzen zu deduzieren. Es ist nicht
erforderlich, die Lichtabsorption des Chlorophyll oder die Bindungsver-
hältnisse des Hämoglobin quantenmechanisch abzuleiten. Analog läßt
sich im neurophysiologischen Falle sicher nicht die Reproduktion sehr

verwickelter und derivativer psychologischer Erklärungen verlangen; man hätte sich hier mit der Ableitung grundlegender Gesetzmäßigkeiten zufriedenzugeben.

4. Die funktionalistische Interpretation psychologischer Begriffe

§ 1 Während die generelle Identitätstheorie als Anspruch einer Reduktion der Psychologie auf die Neurophysiologie zu rekonstruieren ist, herrscht in der funktionalistischen Deutung der Psychologie ein *antireduktionistisches* Selbstverständnis vor. Diese Deutung, die vor allem von Putnam und Fodor entwickelt wurde, hat keine unmittelbaren Konsequenzen für die Natur des Leib-Seele-Verhältnisses, ist also insofern ontologisch neutral, führt aber unter gewissen einschränkenden Bedingungen auf einen *partikularen Identismus*.

Die funktionalistische Deutung kann wohl als die gegenwärtig dominante Interpretation mentalistischer Begrifflichkeit gelten. Sie muß daher zunächst wegen ihrer sachlichen Bedeutung, dann aber auch wegen ihrer indirekten Folgen für das Leib-Seele-Problem diskutiert werden. Dabei ist zu Beginn zu betonen, daß der Funktionalismus — entgegen dem eigenen Selbstverständnis — zwei logisch voneinander unabhängige Positionen umfaßt, die wir als *Inter-Spezies-Funktionalismus* und als *Intra-Spezies-Funktionalismus* bezeichnen wollen. Der Inter-Spezies-Funktionalismus soll in diesem, der Intra-Spezies-Funktionalismus im folgenden Abschnitt erörtert werden.

§ 2 Dem Funktionalismus liegt die Auffassung zugrunde, daß mentale Zustände ihrer *logischen* Natur nach von Gehirnprozessen verschieden sind. Mentale Zustände sind abstrakte funktionale Zustände des gesamten Organismus und durch die kausalen Beziehungen gekennzeichnet, durch die sie in den informationsverarbeitenden Prozessen eines Organismus wirksam werden. Die Individualität mentaler Zustände bestimmt sich durch die Anbindung an bestimmte Reize der Außenwelt, an bestimmte Reaktionen des entsprechenden Organismus und durch die Wechselwirkung mit anderen mentalen Zuständen dieses Organismus. Mentale Zustände werden insofern durch ihr kausales Potential spezifiziert. Der Zustand ‚Schmerz‘ ist z. B. durch seine äußere Ursache (etwa eine Verletzung), seine Verhaltenskonsequenzen (etwa lautes Klagen) und durch seine Relationen zu anderen kognitiven Prozessen (etwa dem Wunsch, den Schmerz zu stillen) charakterisiert. Der entscheidende Aspekt dabei ist, daß solcherart abstrakt gefaßte mentale Zustände oder Ereignisse nicht allein dem Menschen, sondern mit gutem Recht auch andersartigen Organismen zugeschrieben werden können. Schließlich ist vorderhand nicht einzusehen, warum nicht auch extraterrestrische Lebewesen Schmerzen oder Computer Überzeugungen haben sollten.

Kognitive Prozesse sind damit kraft ihrer funktionalen Beschreibung *speziesinvariant* konzipiert und können im Grundsatz durch physikalisch gänzlich verschiedenartige Systeme verwirklicht werden. Sie sind abstrakter Natur und deshalb in ihren Charakteristika von jeder speziellen Realisierung unabhängig. Der Grund, eine psychologische Begriffsbildung dieser Struktur zu favorisieren, besteht in der Annahme, daß es viele informationsverarbeitende Systeme geben mag und wohl auch faktisch gibt, für die die gleiche psychologische Theorie gilt, die jedoch physikalisch andersartig organisiert sind. Wollte man dagegen physikalische Zustände oder Ereignisse mit Gehirnprozessen identifizieren, so wäre man auf Hypothesen der Art verpflichtet, daß *jeder* Organismus genau dann Schmerz empfindet, wenn sein Gehirn in einem exakt festgelegten Zustand Z ist. Dies dürfte nicht allein für Säugetiere zutreffen, sondern müßte auch z. B. für Krokodile oder Tintenfische gelten; auch diese dürften nur dann Schmerz empfinden, wenn der Zustand Z vorliegt. Die Existenz eines derartigen *universell* identifizierbaren neuralen Schmerzzustandes ist zwar nicht einfach ausgeschlossen, doch handelt es sich hier um eine außerordentlich anspruchsvolle Hypothese. Die funktionalistische Deutung gilt daher als plausibler.[41]

Für den Funktionalismus sind demnach psychologische Begriffe als funktionale Arten aufzufassen; sie weisen den gleichen Status auf wie Begriffe der Art ‚Mausefalle‘ oder ‚Ventilheber‘. Jedes dieser Geräte wird durch eine bestimmte Funktion identifiziert und jedes dieser Geräte kann mechanisch auf gänzlich heterogene Weise ausgeführt sein. Es gehört ja gerade zu den definierenden Merkmalen eines funktionalen Zustandes, daß er sich auf mehrfache, verschiedenartige Weise physikalisch realisieren läßt. In diesem Sinne analogisiert Fodor das Verhältnis von Neurophysiologie und Psychologie mit der physikalisch-materiellen und der

---

[41] Zu dieser Darstellung des Funktionalismus vgl. Putnam 1967b, 433 – 439; Fodor 1981, 8 – 9; P. S. Churchland 1986, 351.

funktionalen Beschreibung einer Maschine. Während die physikalisch-materielle Beschreibung die mechanischen Operationen ins Auge faßt, also über Drehungen von Zahnrädern und Verschiebungen von Stangen redet, benutzt die funktionale Beschreibung Begriffe wie ‚Ventilheber‘, die die Erfüllung bestimmter Aufgaben bezeichnen, ohne damit Annahmen über die mechanische Umsetzung dieser Funktion zu verbinden.[42]

§ 3   Für eine derartige Zugangsweise ist es erforderlich, das funktionalistisch zulässige Vokabular genau zu umgrenzen, also eine kanonische Begrifflichkeit zu entwickeln, bei der garantiert ist, daß sie (1) mehrfach physikalisch umsetzbar ist, und (2) auf physikalische Umsetzungen gleichwohl nicht Bezug nimmt. Der Funktionalismus genügt diesem Erfordernis, indem er die Computer-Analogie heranzieht: Funktionalistisch zulässige Mechanismen sind alle diejenigen Prozeduren, die von einer *Turing-Maschine* ausgeführt werden können. Turing-Maschinen sind gedachte Verfahrensschemata, die nur eine geringe Zahl von Grundoperationen benötigen, nämlich die Fähigkeit, sich auf einem in Felder abgeteilten Band hin und her zu bewegen, Felderinhalte zu lesen und Felder zu bedrucken. Turing-Maschinen sind gleichsam ideelle Konstruktionspläne für materielle Rechner und wegen der Einfachheit ihrer Grundoperationen auf vielfältige Weise technisch realisierbar. Wesentlich (und erstaunlich) ist dabei die Leistungsfähigkeit dieser Maschinen: Trotz ihrer Einfachheit läßt sich mit ihnen jeder formale Algorithmus ausführen, lassen sich also alle berechenbaren Ausdrücke tatsächlich berechnen.

Mit der Turing-Maschine ist ein Hilfsmittel gegeben, das begrifflich effizient und gleichwohl mechanisch trivial ist. Es erlaubt den Ausdruck gehaltvoller und inhaltsreicher Vorstellungen und ist (wegen seiner technischen Trivialität) mehrfach physikalisch umsetzbar. Der Funktionalismus fordert, daß alle psychologischen Mechanismen auf solche Weise spezifiziert werden müssen, daß sie als *Programm einer Turing-Maschine* formulierbar sind. Die Verpflichtung auf Turing-Programme dient folglich als Existenzbeweis multipler mechanischer Realisierungen. Weil dann aber stets mehrere Realisierungen möglich sind, ist der funktional gekennzeichnete mentale Zustand mit keiner seiner Realisierungen identisch.[43]

---

[42] Vgl. Fodor 1968, 107 – 117.
[43] Vgl. Putnam 1967a, 418; Fodor 1981, 11 – 13.

Die Festlegung auf Turing-Programme wirkt darüber hinaus als
Nicht-Trivialitätsbedingung. Wie Fodor betont, sind funktionale Erklärungen oft nichtssagend, weil sie eine bestimmte Eigenschaft durch eine
Disposition zu dieser Eigenschaft erklären. Wenn nämlich das kausale
Profil eine funktionale Art bestimmt, ist es z. B. naheliegend, die Auflösung von Zucker in Wasser durch die Löslichkeit des Zuckers zu erklären,
deren einzige Wirkung wiederum im Hervorbringen dieses Lösungsvor-
ganges besteht. Der im Rahmen eines funktionalistischen Zuganges stets
mögliche Rekurs auf Dispositionen bedarf offenbar der Einschränkung,
um Pseudo-Erklärungen auszuschließen. Diese Einschränkung liefert die
Bedingung der Turing-Formulierbarkeit: Zulässige psychologische
Dispositionen müssen durch Mechanismen spezifiziert werden, die als
Programme von Turing-Maschinen ausgedrückt werden können.[44]

§ 4   Wie bereits erwähnt, ist der Funktionalismus ontologisch neutral. Er fordert nicht, daß das Turing-Programm, das einer psychologischen Funktion zugeordnet wird, materiell implementiert ist, und schließt
insofern den Dualismus nicht aus. Allerdings wird der Funktionalismus in
der Regel gemeinsam mit einem Materialismus vertreten.[45] Die folgenden
Überlegungen sollen sich auf einen solchen funktionalen Materialismus
beschränken und darüber hinaus exotische Bewohner anderer Welten
und auch das geistige Leben von Maschinen außer Betracht lassen.
In dieser Eingrenzung auf irdische Lebewesen wird der funktionale
Materialismus zu einer Spielart der partikularen Identitätstheorie. Dann
nämlich gilt dem Funktionalismus ein singulares mentales Ereignis als
identisch mit einem singularen neuralen Prozeß.
    Der spezielle Status der funktional charakterisierten psychologischen
Begriffsbildung läßt sich besonders gut bei einer Betrachtung von Fodors

---

[44] Vgl. Fodor 1981, 12 – 14. Diese wichtige Anforderung an funktionalistisch akzeptable
   Erklärungen übersieht Churchland, dessen Kritik am Funktionalismus sich als Immuni-
   sierungsvorwurf zusammenfassen läßt: Der Funktionalismus senkt die Anforderungen
   an Erklärungen ab, indem er nicht mehr den Aufweis von Mechanismen verlangt,
   vielmehr die Einführung beliebiger Dispositionen zuläßt. Durch solche Manöver
   schirmt er sich vor empirischer Widerlegung ab (vgl. P. M. Churchland 1981, 80 – 81).
   Tatsächlich wird jedoch die Bedingung des Aufweises einer materiellen Realisierung
   im Funktionalismus nicht einfach fallengelassen, sondern durch die Forderung der
   Turing-Formulierbarkeit ersetzt. Allerdings ist Churchland zuzugestehen, daß die Übersetzung psychologischer Mechanismen in Turing-Programme praktisch kaum jemals
   geleistet wurde. In aller Regel wird die Turing-Formulierbarkeit dieser Mechanismen
   schlicht vorausgesetzt und nicht gezeigt (vgl. Fodor 1981, 15).
[45] Vgl. Putnam 1967b, 436.

Ventilheber-Beispiel erkennen. Zwar ist nämlich jeder besondere Ventilheber in bestimmter Weise mechanisch realisiert – und dies kennzeichnet gerade den partikularen Identismus –, aber Ventilheber im allgemeinen, also die funktionale Art ‚Ventilheber‘, können durch viele materielle Geräte, also durch mehrere mechanische Arten, verwirklicht sein. Und dies ist gerade charakteristisch für die Absage an den generellen Identismus.

In der Übertragung auf das psychophysische Verhältnis besteht das Modell auf der Nicht-Eliminierbarkeit mentalistischer Begrifflichkeit. Die Bedingungen, die an funktional äquivalente, aber anatomisch heterogene neurale Realisierungen psychischer Zustände zu stellen sind, können nämlich nur in psychologischem Vokabular formuliert werden. Psychologische Begriffe sind unentbehrlich, weil sie die Bedingungen für das Zusammenfassen neurophysiologischer Ereignisse zu funktionalen Äquivalenzklassen festlegen. Das heißt, was ein bestimmtes neurales System leisten können muß, um als materielle Realisierung etwa eines bestimmten Motivs gelten zu können, muß durch psychologische Begriffe festgelegt werden.[46]

§ 5   Aus der vorausgegangenen Analyse speist sich das antireduktionistische Selbstverständnis des Funktionalismus. Es werden nicht allein stets mehrere Realisierungen psychologischer Funktionen für möglich gehalten, so daß eine Identifikation der Funktion mit einer dieser Realisierungen ausgeschlossen ist; darüber hinaus müssen auch die Bedingungen, die an mögliche Realisierungen zu stellen sind, zwangsläufig in der Sprache der Funktionen, also der Psychologie, formuliert werden. Beide Aspekte führen dazu, daß eine Reduktion der Psychologie auf eine Theorie, die nur eine dieser materiellen Realisierungen beschreibt, ausgeschlossen ist. Es stellt sich die Aufgabe, die Angemessenheit dieser antireduktionistischen Selbsteinschätzung zu prüfen.

Dabei ist zunächst, wiederum ausgehend von Fodors Ventilheber-Beispiel, zu fragen, was die Adäquatheitsbedingungen dafür sind, eine Maschine M unter die Realisierungen eines Ventilhebers zu rechnen. Als eine solche Bedingung muß gelten, daß M (gegebenenfalls unter einschränkenden Bedingungen) die entsprechende Funktion erfüllt. Hierfür wiederum ist hinreichend, daß eine Analyse der Arbeitsweise von M in der physikalisch-materiellen Sprache möglich ist. Wenn man spezifizie-

---

[46] Vgl. Fodor 1968, 110–117.

ren kann, *wie* M seine Funktion erfüllt, dann läßt sich M begründet in
die Klasse der mechanischen Instanzen der funktionalen Art einordnen.
Eine solche mechanische Analyse der Funktionsweise hat aber gerade
die Struktur einer Reduktion: Die Funktion – also gleichsam der Inhalt
der funktionalen Theoreme – wird aus der Theorie der jeweiligen
materiellen Realisierung abgeleitet.

Allerdings ist eine derartige theoretische Begründung der Adäquatheit
von M nicht auch notwendig. Man kann auch bei einem theoretisch
unverstandenen physikalischen System experimentell untersuchen, ob es
eine vorgegebene Funktion erfüllt oder nicht. Dazu ist lediglich eine
Analyse der Eingabe- und Ausgabewerte von M erforderlich. Zwar ist
es eleganter und bequemer, die Prüfung, ob M eine bestimmte Funktion
umsetzt, in der Studierstube statt in zugigen Werkshallen durchzuführen;
prinzipiell ist jedoch auch eine ausschließlich empirische Untersuchung
möglich. Das heißt, wenn Reduzierbarkeit auch keine notwendige Bedingung dafür ist, M zu den Instanzen einer funktionalen Art zu rechnen,
so doch eine hinreichende Bedingung. Insofern besteht bis zu diesem
Punkte durchaus Verträglichkeit zwischen Funktionalismus und Reduktionismus.

Dies trifft auch dann zu, wenn man Turing-Maschinen anstelle von
Ventilhebern betrachtet. Hinter der Forderung der Turing-Formulierbarkeit steht die (ingeniöse) Idee, die physikalische Realisierbarkeit zu
garantieren, ohne physikalische Analysen leisten zu müssen. Gleichwohl
ist auch in dieser Forderung implizit ein Reduktionsanspruch enthalten.
Er besteht in der Umsetzbarkeit eines Turing-Programms in ein physikalisches System und entgeht hier nur wegen seiner Trivialität der Aufmerksamkeit. Die Übersetzung einer Funktion in ein Turing-Programm ist
schwierig, die Spezifizierung materieller Realisierungen dieses Programms dagegen sehr einfach. Trotzdem drückt die Bedingung der Turing-Formulierbarkeit insgesamt die Forderung der Reduzierbarkeit einer
Funktion auf mindestens ein physikalisches System aus.

Daran ändert auch der Umstand nichts, daß, wie vom Funktionalismus betont, die Anforderungen an mögliche Realisierungen in funktionaler Sprache formuliert sein müssen. Dies bedeutet nämlich nur, daß die
Reproduktion der Theoreme der reduzierten Theorie für eine erfolgreiche
Reduktion erforderlich ist. Daß z. B. die phänomenologische Thermodynamik auf die statistische Mechanik reduziert ist, läßt sich nur daran
prüfen, daß diese die Gesetze jener zu reproduzieren versteht; und die
entsprechenden Gesetze sind natürlich in der Sprache der reduzierten

Theorie formuliert. Es ist folglich nicht weiter erstaunlich, daß auch die zu reduzierenden funktionalen Mechanismen in funktionaler Sprache ausgedrückt sind. Insofern hat der Funktionalismus bislang als Spielart des Reduktionismus zu gelten.

§ 6   Allerdings besteht in einer Hinsicht tatsächlich eine wesentliche Besonderheit. Der Funktionalismus ist nämlich als die Forderung nach *multipler Reduzierbarkeit* zu rekonstruieren: Dieselbe funktionale Theorie soll auf mehrere physikalisch-materielle Modelle reduzierbar sein. Was sind die Konsequenzen dieses Umstandes?

Auch Churchland gelangt zu dem Schluß, daß mehrfache Realisierbarkeit und Reduzierbarkeit einander nicht ausschließen. Vielmehr sieht sie Derartiges in gleicher Weise bei der thermodynamischen Reduktion verwirklicht. Man kann nämlich, so Churchland, nur im Falle idealer Gase die Temperatur mit der mittleren kinetischen Molekülenergie identifizieren; beim Festkörper oder beim Plasma muß sie hingegen mit anderen Merkmalen identifiziert werden. Insofern läßt sich auch die Temperatur als funktionale Größe betrachten, die in verschiedenen physikalischen Systemen auf verschiedene Weise realisiert ist. Eine solche Bereichsspezifität steht im Falle der Thermodynamik einer Reduktion offenbar nicht entgegen.[47]

Nun ist Churchland in der Tat zuzugeben, daß die inhaltlich und anschaulich gefaßte Temperaturdefinition für ideale Gase, Festkörper und Plasmen jeweils eine andere Gestalt annimmt. So hat man schon bei realen Gasen und erst recht bei Festkörpern nicht allein die kinetische, sondern auch die potentielle Energie in die Überlegungen einzubeziehen und beim Plasma der Tatsache Rechnung zu tragen, daß alle Moleküle dissoziiert sind. Wenn man die Sachlage jedoch in formaler Hinsicht betrachtet, stellt sich heraus, daß die Temperatur in *allen* diesen Fällen mit *demselben* Parameter in der Maxwell-Boltzmann-Verteilung zu identifizieren ist, und die Besonderheiten erst bei der Berücksichtigung der speziellen Randbedingungen des jeweiligen Systems in Erscheinung treten.[48] Das bedeutet, daß die Reduktion der phänomenologischen Ther-

---

[47] Vgl. P. S. Churchland 1986, 356 – 357.

[48] In allen Maxwell-Boltzmann-Verteilungen (und nur für solche ist die Temperatur in der klassischen statistischen Mechanik überhaupt definiert) läßt sich nämlich die Temperatur mit dem Parameter b im Boltzmann-Faktor e^{-bH} in Beziehung setzen. Es ist stets $b = 1/kT$ (mit der Boltzmann-Konstanten k). Die Unterschiede zwischen verschiedenen physikalischen Systemen treten nicht in diesem Ausdruck, sondern vor

modynamik mittels ein und derselben Temperaturdefinition auf ein und dieselbe Theorie (nämlich die statistische Mechanik) vonstatten geht. Im funktionalistischen Falle soll dagegen dieselbe Theorie durch bereichsspezifische Übersetzungsvorschriften in verschiedene reduzierende Theorien überführbar sein. Dieses Modell findet in der Thermodynamik keine Parallele.

Zwar gibt es in den Naturwissenschaften bereichsspezifische Reduktionen, doch sind diese von anderer Gestalt als von Churchland unterstellt. Es finden sich nämlich verschiedene Aspekte einer Theorie in unterschiedlichen reduzierenden Theorien wieder. So umfaßt die Lorentzsche Elektronentheorie sowohl Gesetze, die auf die Spezielle Relativitätstheorie reduziert sind, als auch Erklärungsansätze (wie eine Theorie des normalen Zeeman-Effekts), die auf die Quantenmechanik reduziert werden. Daß derselbe Aspekt in mehreren reduzierenden Theorien zugleich auftaucht, ist nur bei − typischerweise als funktionalistische Beispielfälle dienenden − Artefakten der Fall und ohne Beispiel in den Naturwissenschaften.

Der Funktionalismus sieht also intertheoretische Relationen von singularer Art vor. Dabei hat (gegen den Anspruch Churchlands) der Funktionalismus durchaus darin recht, daß beim Bestehen derartiger Relationen eine Identifikation von funktional bestimmter Größe und physikalisch spezifizierter Realisierung abzuweisen wäre. Funktional charakterisierte Ventilheber sind mit ihren technischen Umsetzungen ebensowenig identisch wie Abstrakta mit ihren konkreten Einzelinstanzen. In der Sprache unserer Rekonstruktion des Funktionalismus ist dieses Ergebnis so zu formulieren, daß eine multiple Theorienreduktion nicht auf eine ontologische Reduktion führt, sondern eine ontologische Reduktion im Gegenteil ausschließt. Als nächstes gilt es, die Plausibilität eines solcherart rekonstruierten Funktionalismus zu prüfen.

§ 7 Für den Funktionalismus wird die Individualität mentaler Zustände durch die Wechselwirkung mit äußeren Reizen und Reaktionen sowie mit anderen mentalen Zuständen festgelegt. Gleiche mentale Zustände müssen insofern das gleiche kausale Profil aufweisen. Wenn es also möglich sein soll, im Inter-Spezies-Vergleich vom gleichen mentalen Zustand zu sprechen, dann muß dieser Zustand in der kognitiven Archi-

---

allem bei der exakten Spezifizierung der Hamilton-Funktion H des jeweiligen Systems zutage.

tektur aller dieser Organismen die gleiche Rolle spielen. Funktionale Identifikation setzt voraus, daß die Funktionen gleich sind. Ein solcher Anspruch auf Inter-Spezies-Identifikation könnte durch Reduktion der verschiedenen spezies-spezifischen psychologischen Theorien aufeinander oder durch Entwicklung einer spezies-invarianten Psychologie gestützt werden. Hier ist allerdings festzustellen, daß ein derartiges gemeinsames Band zwischen der Psychologie des Tintenfischs und der Humanpsychologie schwerlich in Sicht ist.

Eine funktionalistische Zustandsidentifikation ist für Begriffe wie ‚Schmerz' oder ‚Durst' plausibel. Diese sind nämlich zum einen beobachtungsnah, so daß ihre Anwendbarkeit mit hinreichender Genauigkeit anhand von Reiz-Reaktions-Betrachtungen ausgemacht werden kann und ihre theoretische Vernetzung nur eine geringe Rolle spielt. Zum anderen handelt es sich bei den entsprechenden Zuständen um lebenserhaltende Funktionen, deren Realisierung man mit gutem Recht bei allen (oder zumindest allen höheren) irdischen Lebewesen unterstellen darf. Wenn es hingegen um die Zuschreibung möglicher Motivationszustände oder um die Spezifizierung von Prägungsphänomenen geht, bei deren Kennzeichnung der Kontext der zugehörigen psychologischen Theorie im Vordergrund steht, ist die Existenz spezies-invarianter Analoga weit weniger naheliegend.

Begreift man den Anspruch des Funktionalismus als Behauptung der Reduzierbarkeit spezies-spezifischer Psychologien, so besagt dieser Anspruch, daß es zwar — z. B. bezogen auf das Verhältnis von Hunde-Psychologie und Humanpsychologie — Phänomene der reduzierenden Theorie (also wohl der Humanpsychologie) geben mag, die kein Gegenstück in der reduzierten Theorie (also der Hunde-Psychologie) haben, aber nicht umgekehrt. Mit anderen Worten, jedes für Hunde gültige psychologische Gesetz muß näherungsweise auch auf den Menschen zutreffen. Eine solche Behauptung aber ist mit Sicherheit zu stark, um ohne weitere detaillierte Argumentation akzeptiert werden zu können. Die funktionalistische Identifikation erscheint hier eher vorschnell.

Insofern sich also der Funktionalismus als Theorie *aller* mentalen Zustände versteht, vermag er wenig zu überzeugen. Wie Putnam ausdrücklich betont, erwartet der Funktionalismus, daß die endgültige Psychologie spezies-unabhängig, die endgültige Neurophysiologie hingegen spezies-abhängig konzipiert sein wird.[49] Zwar ist es vorderhand nicht

---

[49] Vgl. Putnam 1967b, 437.

ausgeschlossen, daß alle psychologischen Zustände in solcher Weise *universell* identifizierbar sind; doch handelt es sich hierbei um eine sehr anspruchsvolle Hypothese.

Resultat der Analyse ist demnach insgesamt, daß sich (1) der Funktionalismus weitgehend als Reduktionsanspruch der Psychologie auf die Neurophysiologie rekonstruieren läßt, daß also das antireduktionistische Selbstverständnis verfehlt und die Parallelität zu anderen monistischen Strömungen stärker ausgeprägt ist als gemeinhin angenommen. Zudem müssen (2) diejenigen Ansprüche des Funktionalismus, die in der Tat mit Reduzierbarkeitsforderungen unverträglich sind, nämlich die Behauptung der Universalität der Psychologie mit bereichsspezifischer physiologischer Umsetzung, als eher unplausibel gelten. Selbst wenn man aber — entgegen der hier getroffenen Einschätzung — die Universalitätsthese für gerechtfertigt hielte, würde der adäquat rekonstruierte Funktionalismus immer noch den Anspruch (multipler) Theorienreduktion beinhalten, wenn diese auch nicht mehr als ontologische Reduktion — und damit als Grundlage der psychophysischen Identifikation — taugt.

5. Funktionaler Materialismus und Humanpsychologie

§ 1   Der Funktionalismus nimmt nicht allein im Inter-Spezies-Vergleich eine funktionalistische Deutung mentaler Zustände vor, sondern wendet das gleiche Interpretationsmodell auch in der *Intra-Spezies-Perspektive* an. Einem psychologisch beschriebenen mentalen Ereignis entsprechen nämlich in dieser Perspektive ebenfalls eine Vielzahl neurophysiologisch charakterisierter Prozesse. Deren einzige Gemeinsamkeit besteht in der Zuordnung zu diesem psychologischen Ereignis. Diese Kollektion neuraler Prozesse ist durch *funktionale Äquivalenz* bestimmt, mag jedoch aus neurophysiologischem Blickwinkel keinen sinnvollen Zusammenhang aufweisen.

In der Intra-Spezies-Variante ist der Funktionalismus eine Version der partikularen Identitätstheorie: Zwar sind das singulare psychische und das einzelne neurale Ereignis miteinander zu identifizieren, jedoch entspricht der psychologischen Kategorie keine neurophysiologische Kategorie.[50] Daraus leitet sich wiederum ein antireduktionistisches Argu-

---

[50] Für diese Favorisierung einer Ψ_{eins} — Φ_{viele}-Relation (und die entsprechende Zurückweisung der Typenidentität) werden vielfach neurophysiologische Gründe geltend gemacht.

ment ab, das jedoch nach Charakter und Begründung von anderer Art
als das im vorangehenden Abschnitt diskutierte ist. Das Leib-Seele-
Verhältnis, also die Relation zwischen Neurophysiologie und Psychologie, sei nun aus dem Blickwinkel des Intra-Spezies-Funktionalismus
dargestellt und diskutiert.

Im Kern liegt dem Intra-Spezies-Funktionalismus die Auffassung
zugrunde, daß *Intentionalität* wesentliches Merkmal des Mentalen ist.
Der Begriff der Intentionalität wurde 1874 von Brentano eingeführt. Er
bedeutet die Gerichtetheit psychischer Akte auf einen Sachverhalt und
ist insofern von der homonymen Bezeichnung für ‚Absichtlichkeit‘ zu
unterscheiden. Wichtig ist dabei auch, daß der Sachverhalt, also das
Objekt des psychischen Aktes, nicht wirklich existieren muß. Damit
man an Pegasus denken kann, muß es Pegasus nicht geben. Wenn ein
Sachverhalt jedoch Gegenstand eines intentionalen Aktes ist, existiert er,
so Brentano, neben und unabhängig von seiner faktischen Existenz in
einer besonderen Seinsweise, die Brentano als ‚intentionale Inexistenz‘
bezeichnet.

> Jedes psychische Phänomen ist durch das charakterisiert, was die
> Scholastiker des Mittelalters die intentionale (auch wohl mentale)
> Inexistenz eines Gegenstandes genannt haben, und was wir, obwohl
> mit nicht ganz unzweideutigen Ausdrücken, die Beziehung auf einen
> Inhalt, die Richtung auf ein Objekt (worunter hier nicht eine Realität
> zu verstehen ist), oder die immanente Gegenständlichkeit nennen wür-
> den. Jedes enthält etwas als Objekt in sich, obwohl nicht jedes in
> gleicher Weise. In der Vorstellung ist etwas vorgestellt, in dem Urteile
> ist etwas anerkannt oder verworfen, in der Liebe geliebt, in dem Hasse
> gehaßt, in dem Begehren begehrt usw.
> Diese intentionale Inexistenz ist den psychischen Phänomenen aus-
> schließlich eigentümlich. Kein physisches Phänomen zeigt etwas Ähnli-
> ches. Und somit können wir die psychischen Phänomene definieren,
> indem wir sagen, sie seien solche Phänomene, welche intentional einen
> Gegenstand in sich enthalten.[51]

Für Brentano liefert das Phänomen der Intentionalität also das ab-
grenzende Merkmal zwischen physischer und psychischer Welt. Alle

---

So ändert sich etwa die Mikroorganisation des Gehirns im Laufe der Zeit bei derselben
Person, so daß es unplausibel wäre, einen mentalen Zustandstyp mit genau einem
neurophysiologischen Zustandstyp zu verknüpfen. Zudem gibt es Indizien dafür, daß
sich die Organisation des Gehirns bei verschiedenen Personen voneinander unterscheidet, so daß es auch aus diesem Blickwinkel wahrscheinlich ist, daß derselbe mentale
Zustand bei verschiedenen Personen in unterschiedlicher Weise neurophysiologisch
umgesetzt ist. Vgl. Wilkes 1980, 114−116.

[51] Brentano 1874, 124−125.

psychischen Akte, und nur diese, weisen eine solche Bezogenheit auf
Gehalte auf; man glaubt oder weiß *etwas*. Dagegen hat Husserl eingewandt, daß Schmerzzustände, obgleich psychisch, nicht in diesem Sinne
intentional sind. Dieser Einwand läßt sich auf alle Sinnesqualitäten und
Wahrnehmungszustände verallgemeinern. Allem Anschein nach ist der
phänomenale Wahrnehmungseindruck ‚rot' auf nichts gerichtet. Intentionalität wäre damit allenfalls ein hinreichendes, nicht auch ein notwendi-
ges Kriterium des Mentalen, es sei denn, man wollte (mit Sellars) Brentanos Charakterisierung zur Definition des Mentalen erheben und damit
Wahrnehmungszustände ex vi terminorum zu körperlichen Zuständen
erklären. Allerdings hat Brentano bereits antizipativ zu dem Einwand
Husserls Stellung genommen und die Auffassung vertreten, daß auch
Schmerzen und alle Sinnesqualitäten intentional seien. Schließlich
schmerzt *etwas*, und *etwas* wird als rot wahrgenommen.[52]

Brentanos These über die Besonderheiten mentaler Ereignisse wurde
von Chisholm in eine sprachphilosophische Form gebracht. Chisholm
spricht nicht mehr von intentionalen Akten, sondern von intentionalen
Sätzen. Intentionale Sätze bringen in der Regel *propositionale Einstellungen* zum Ausdruck und sind von der Art ‚A glaubt, daß a' oder ‚B denkt
an b'. Kennzeichen intentionaler Sätze ist, daß die Geltung des Satzes
oder seiner Negation nicht impliziert, daß der Gehaltsatz wahr oder
falsch ist bzw. dem Gehaltbegriff faktische Referenz zukommt. Aus ‚A
glaubt, daß es regnet' folgt nicht, daß es tatsächlich regnet, und ‚B denkt
an den Bodensee' impliziert nicht die Existenz des Bodensees.

Chisholms Kriterium drückt offenbar Brentanos intentionale Inexistenz in sprachphilosophischer Fassung aus. Brentanos Abgrenzungsthese
nimmt dann die Form an: Nur physische Phänomene lassen sich in nicht-
intentionaler Sprache umfassend beschreiben; bei mentalen Ereignissen
sind intentionale Sätze nur dann vermeidbar, wenn man ernsthafte
Einschränkungen der Ausdruckskraft in Kauf nimmt.[53]

§ 2   Auch der Funktionalismus betont die Bedeutsamkeit intentionaler Sätze für die Psychologie und stützt sich hierbei insbesondere auf
Aussagen über propositionale Einstellungen. Psychologische Verallgemeinerungen treffen nämlich auf propositionale Einstellungen vielfach
kraft der *Gehalte* der entsprechenden Proposition zu. Wenn A das

---

[52] Vgl. Brentano 1874, 126–127.
[53] Zur Charakterisierung der Intentionalität vgl. Sellars 1953, 46–47, 74–77; Chisholm
1955/1956, 125–130 (dt. 145–148); Bieri 1981, 139–141; Gethmann 1984, 259–262.

Beobachtungsmerkmal a wahrnimmt, dann glaubt A auch, daß a; wenn B wünscht, daß b, dann schickt sich B an, b herbeizuführen (falls dem keine Hindernisse entgegenstehen). Bei diesen Ausdrücken ist wesentlich, daß an den entsprechenden Stellen jeweils der gleiche Gehaltsatz (also a oder b) auftritt.

Natürlich können auch synonyme Gehaltsätze eingesetzt werden, und dies zeigt, daß Gehalte *semantisch* interpretierte Größen sind, daß ihnen *Bedeutung* zukommt. Mittels ihrer semantischen Interpretation bezeichnen Gehalte abstrakte mentale Zustände, die in einer neurophysiologischen Zugangsweise nicht adäquat ausgedrückt werden können. Z. B. entspricht der einfachen intentional formulierten Aussage ‚C glaubt, daß es brennt und ruft daraufhin die Feuerwehr an‘ ein Konglomerat völlig heterogener neurophysiologischer Aussagen. C kann nämlich zu der Überzeugung, es brenne, auf physiologisch ganz verschiedenartige Weise gelangen (durch Riechen von Rauch, Sehen von Flammen etc.); und da hier jeweils andere Wahrnehmungssysteme in Anspruch genommen werden, wird die neurophysiologische Beschreibung in allen diesen Fällen verschieden ausfallen müssen.

Insofern verfehlt aber die neurophysiologische Zugangsweise gerade den charakteristischen Aspekt des mentalen Ereignisses, der sich auf der abstrakten Ebene der semantischen Gehalte findet. Der Gleichartigkeit des psychologischen Überzeugungszustandes entspricht nichts in der inkohärenten Vielfalt der neurophysiologischen Beschreibungsmuster.[54] Neurophysiologische und psychologische Kategorien überschneiden sich daher auf eine eigentümliche Weise, die nun im Detail dargelegt werden soll. Dazu sind zunächst einige Vorüberlegungen angebracht.

§ 3   Jede Wissenschaft spezifiziert eine besondere Klasse von Prädikaten, so daß Ereignisse, denen diese Prädikate zugeschrieben werden, kraft dieser Zuschreibung unter die Gesetze der entsprechenden Wissenschaft fallen. So werden etwa über die Eigenschaften ‚ist ein Löwe‘ oder ‚ist ein Elektron‘ in den einschlägigen Wissenschaften gewisse gesetzmäßige Aussagen getroffen. Dies gilt nicht für Eigenschaften wie ‚befindet sich im Umkreis von 3 km um die Universität Konstanz‘. Zwar mag der Fall eintreten, daß die so bezeichnete Eigenschaft faktisch nur auf Löwen zutrifft, das so bestimmte Prädikat also extensional mit dem

---

[54] Vgl. Fodor 1981, 25 – 26; P. S. Churchland 1986, 378 – 380. Das Problem der Semantik mentaler Zustände wird in VII.2-VII.4 ausführlicher behandelt werden.

Prädikat ‚ist ein Löwe' übereinstimmt; aber dies wäre ein bloßer und überdies unwahrscheinlicher Zufall.

Prädikate vom ersten Typ werden im Unterschied zu solchen des zweiten *Artbezeichnungen* (natural kind terms) genannt. Für Artbezeichnungen gibt es mindestens ein Gesetz, das entsprechende Eigenschaften miteinander verknüpft, das also auf bestimmte Ereignisse deshalb zutrifft, weil sie Einzelfälle der entsprechenden Eigenschaft sind. Wesentlich ist dabei, daß es sich tatsächlich um ein Gesetz, also um eine gültige gesetzesartige Aussage, und nicht um eine akzidentelle Verallgemeinerung handelt (wie im Falle der erwähnten Konstanzer Löwenpopulation). Artbezeichnungen werden durch Gesetze spezifiziert, Gesetze verknüpfen Artbezeichnungen miteinander.[55]

Damit läßt sich der Grund für die Überschneidung psychologischer und physikalischer Begriffe genauer eingrenzen. Die Geltung von intentionalen Sätzen, also von Sätzen über propositionale Einstellungen, ist vielfach unabhängig von der Geltung der entsprechenden Gehaltsätze. Aus ‚A glaubt, daß a' folgt nichts über den Wahrheitswert oder die Referenz von a. Diese Eigentümlichkeit charakterisiert gerade Brentanos intentionale Inexistenz. Im gleichen Sinne ergibt sich aus der Äquivalenz zweier Größen oder Sachverhalte nicht auch die gleichartige Zuschreibbarkeit der entsprechenden Überzeugungen. Aus ‚A glaubt, daß a' und $a \leftrightarrow b$ folgt nicht ‚A glaubt, daß b'. Daran zeigt sich, daß psychologische Artbezeichnungen, in diesem Falle Überzeugungstypen, unabhängig von physikalischen Artbezeichnungen zu bilden sind. Die Zuschreibung von Überzeugungstypen folgt nicht der Vorgabe physikalischer Arten. Trotz extensionaler Äquivalenz der physikalischen Artbezeichnungen sind die entsprechenden Überzeugungen nicht zwangsläufig vom gleichen Typus.

---

[55] Vgl. Fodor 1975, 14. Die genaue terminologische Bestimmung von ‚Artbezeichnung' hängt damit von der Klärung des Gesetzesartigkeitsbegriffs ab. Dabei geht es um die Unterscheidung von Sätzen wie ‚die Ladung aller Elektronen ist gleich der Elementarladung' und ‚alle Schrauben an Meiers Auto sind rostig'. Nur den ersten Satz würde man als Gesetz, den zweiten hingegen als akzidentelle Verallgemeinerung einstufen. Die Kriterien einer solchen Unterscheidung sind bislang nicht streng und allgemein geklärt, jedoch gelten zwei Kriterien weithin als erfolgversprechend. (1) Bestätigbarkeit: Bei gesetzesartigen Aussagen wächst der Bestätigungsgrad mit der Zahl der untersuchten Fälle; die Geltung akzidenteller Verallgemeinerungen kann hingegen nur durch erschöpfende Untersuchung des Anwendungsbereichs gestützt werden. (2) Stützung von Konditionalsätzen: Gesetze können (im Gegensatz zu akzidentellen Verallgemeinerungen) subjunktive und irreale Konditionalsätze stützen. So gilt etwa: ‚wäre dieses Teilchen ein Elektron, so wäre seine Ladung gleich der Elementarladung'. Aber es gilt nicht: ‚wäre diese Schraube an Meiers Auto, so wäre sie rostig'. Zur Gesetzesartigkeit vgl. Rescher 1970, 97 – 105; Janich/Mainzer 1980, 762.

Die Individuationskriterien für physikalische und psychologische Zustände fallen daher nicht zusammen, und dies begründet die *Autonomie der psychologischen Begrifflichkeit.*[56]

§ 4 Vor diesem Hintergrund ist nun Fodors Erläuterung und Präzisierung der antireduktionistischen Haltung des Funktionalismus (in der Intra-Spezies-Fassung) zu betrachten. Fodor hält für die Reduktion von Theorien die folgenden Bedingungen für notwendig und hinreichend: (1) Jedes Prädikat des reduzierten Gesetzes muß mittels eines Brückenprinzips einem Prädikat der reduzierenden Theorie zugeordnet werden. (2) Die Brückenprinzipien müssen selbst *Gesetze* sein, d. h. (a) Artbezeichnungen miteinander verknüpfen und (b) empirisch gestützt sein.[57] Reduktion der Psychologie auf die Neurophysiologie — so ist Fodors Bedingung zu verstehen — erforderte also, daß sich *psychologische und neurophysiologische Artbezeichnungen prädikatweise zuordnen* lassen.

Eine solche Behauptung ist aber logisch viel stärker als ein partikularer Identismus. Aus der Annahme, daß jedes psychische Ereignis auch ein physisches Ereignis ist, folgt bei weitem nicht, daß jede psychologische Art extensional mit einer physiologischen Art übereinstimmt. Insofern führt ein partikularer Identismus nicht auf einen Reduktionismus. Im Gegenteil. Wegen der Besonderheiten intentionaler Begrifflichkeit darf vermutet werden, daß die funktionale, also die psychologische Organisation des Nervensystems seiner neurologischen Organisation nicht entspricht, sondern daß sich die jeweiligen Arten gleichsam überkreuzen.[58] Ein Reduktionsanspruch ist folglich der Sache nach unangemessen.

Stattdessen muß man sich das Verhältnis von Psychologie und Neurophysiologie auf andere Weise denken. Jedes psychologische Prädikat Ψ ist nicht genau einem physiologischen Prädikat Φ, sondern einer *Disjunktion* solcher Prädikate zuzuordnen. Seien Ψ_1, Ψ_2 psychologische Artbezeichnungen und Φ_{ij} neurophysiologische Artbezeichnungen. Dann hat eine solche Zuordnung die Form

$$\Psi_1 \leftrightarrow \Phi_{11} \vee \Phi_{12} \vee \ldots \vee \Phi_{1M} \, . \tag{1}$$

Die Disjunktion der Φ_{ij} ist dabei keine Artbezeichnung der reduzierenden Theorie, also der Neurophysiologie. Schließlich dürfte es kaum ein neurophysiologisches Gesetz geben, dessen Einzelfälle durch solche

---

[56] Zur Weiterführung dieser Gesichtspunkte vgl. unten III.1, VII.2-VII.4.
[57] Vgl. Fodor 1975, 11, 17 – 20.
[58] Vgl. Fodor 1975, 18 – 19, 23 – 25.

sonderbaren Disjunktionen gebildet werden. Neurophysiologisch betrachtet verbindet die Φ_{ij} nichts miteinander; es handelt sich um eine
heterogen zusammengewürfelte Kollektion von Prozessen, die allein
durch die gemeinsame Anbindung an Ψ_1 zusammengehalten wird. Nur
ihre funktionale Äquivalenz bindet sie aneinander. Man erkennt daran,
daß logische Funktionen von Artbezeichnungen nicht zwangsläufig wieder Artbezeichnungen sind. Vielmehr sind Brückenprinzipien wie (1)
lediglich als zutreffende akzidentelle Verallgemeinerung zu betrachten.
Damit ist aber eine wesentliche Anforderung an Reduktionen nicht mehr
erfüllt.[59]

Insgesamt stellt sich Fodor damit das Verhältnis von Psychologie und
Neurophysiologie auf folgende Weise vor[60]:

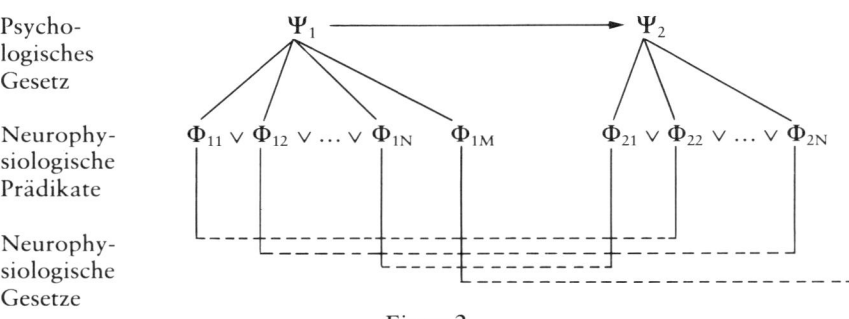

Psycho-logisches Gesetz	
Neurophy-siologische Prädikate	
Neurophy-siologische Gesetze	

Figur 2

In dieser Figur ist das von Fodor unterstellte ‚Überkreuzen' psychologischer und physikalischer Arten zu erkennen. Wesentlicher Punkt für
Fodor ist dabei, daß der neurophysiologische Ausdruck für das psychologische Gesetz

$$\Psi_1 \rightarrow \Psi_2 \qquad (2)$$

nun die Form

$$\Phi_{11} \vee \Phi_{12} \vee \ldots \vee \Phi_{1M} \rightarrow \Phi_{21} \vee \Phi_{22} \vee \ldots \vee \Phi_{2N} \qquad (3)$$

annimmt und damit *kein Gesetz* mehr darstellt. Weder Antezedenz-
noch Konsequenzbedingungen können nämlich als neurophysiologische
Artbezeichnungen gelten.[61]

---

[59] Vgl. Fodor 1975, 20.
[60] Ebd.
[61] Vgl. Fodor 1975, 21.

Durch dieses Modell sieht Fodor darüber hinaus die Möglichkeit einer befriedigenden Erklärung von Ausnahmen des reduzierten Gesetzes $\Psi_1 \rightarrow \Psi_2$ gegeben. Ein solcher Fall ist in Figur 2 durch das Prädikat Φ_{1M} angedeutet, das zwar mit Ψ_1, aber nicht mit Ψ_2 verknüpft ist. Wollte man hier einen Reduktionsanspruch aufrechterhalten, so könnte dies nur um den Preis des Zugeständnisses geschehen, daß auch die Gesetze der reduzierenden Theorie solche Ausnahmen aufweisen. Unter den Voraussetzungen des vorliegenden Modells besteht dafür laut Fodor kein Erfordernis, da der Ausdruck (3) kein Gesetz darstellt.[62]

§ 5   Fodors Behandlung des psychophysischen Verhältnisses ist interessant und aufschlußreich. Zunächst fällt auf, daß seine Anforderungen an eine Reduktion erheblich stärker sind als die von uns spezifizierten Bedingungen. Fodor verlangt prädikatweise Zuordnung von Artbezeichnungen, während wir lediglich die explizite Definition der Begriffe der reduzierten Theorie durch logische Funktionen der Begriffe der reduzierenden Theorie fordern. In unserem Reduktionskonzept ist es also keineswegs zwingend, daß die Übersetzungsregeln (a) prädikatweise zuordnen, daß sie (b) gesetzesartig oder gar (wie Fodor ebenfalls fordert) (c) empirisch gestützte Gesetze sind. Vielmehr haben diese Übersetzungsregeln (wie erwähnt) lediglich den Status von Definitionen.

Tatsächlich ist Fodors Verschärfung des Reduktionsbegriffs auch bei Beschränkung auf physikalische Sachverhalte inadäquat. Faßt man etwa die Reduktion der Thermodynamik auf die statistische Mechanik ins Auge, so fällt auf, daß auch dort einem thermischen Zustand (etwa einer bestimmten Temperatur) eine Vielzahl mechanischer Zustände (nämlich Permutationen von Energiezuständen der Moleküle) zugeordnet sind. Eine gegebene Temperatur entspricht nur einer bestimmten Energieverteilung; wie die Energieverteilung mikroskopisch realisiert ist, wird nicht festgelegt (vgl. II.2. § 3). Einem festen Temperaturwert wird daher eine Disjunktion von Mikrozuständen zugeordnet, die durch ihre funktionale Äquivalenz miteinander verbunden sind. Diese Sachlage ist formal genau der Fodorschen Brückenaussage (1) analog. Daraus folgt, daß vor Fodors Anforderungen auch Reduktionen in der Physik nicht bestehen können.

Des weiteren ist die von Fodor beschriebene Sachlage ohne Schwierigkeiten durch den hier formulierten Reduktionsbegriff faßbar. Die Menge D der Übersetzungsregeln wird durch Definitionen mit der Struktur

---

[62] Vgl. Fodor 1975, 22 – 23.

der Aussage (1) dargestellt; Satz (3) erhält man als Übersetzung des psychologischen Gesetzes (2) in die neurophysiologische Theorie. Hier liegt offenbar eine reguläre Tarski-Interpretation vor. Auch das Problem der möglichen Ausnahmen des psychologischen Gesetzes ist in diesem Begriffsrahmen ohne Schwierigkeiten zu behandeln, also ohne (wie Fodor) die besondere Annahme machen zu müssen, daß logische Funktionen von Artbezeichnungen keine Artbezeichnungen mehr darstellen. Dazu muß man lediglich auf das Konzept der relativen Interpretierbarkeit zurückgreifen. Offenbar ist die Geltung des psychologischen Gesetzes (2) auf das Nicht-Vorliegen von Φ_{1M} zu relativieren. Fodors Redeweise erweckt dagegen den Eindruck, als halte er korrigierende Reduktionen für ausgeschlossen und fordere für Reduktionen die Deduktion aller Gesetze der reduzierten Theorie in unveränderter Form, also unter Einschluß aller Mängel (nämlich der Ausnahmen). Jedenfalls ist im Rahmen des hier verwendeten Reduktionsbegriffs Fodors Psychophysik in zwangloser Weise und ohne alle Zusatzhypothesen ausdrückbar.

Noch ein weiterer interessanter Aspekt der Reduktion wird an Fodors Beispiel deutlich, nämlich die *Asymmetrie* der Reduktion. Zwar ist das psychologische Gesetz in der neurophysiologischen Theorie interpretierbar, aber nicht umgekehrt das neurophysiologische Gesetz in der psychologischen Theorie. Im logischen Gehalt der neurophysiologischen Theorie sind nämlich Theoreme enthalten, die kein Gegenstück im psychologischen Ansatz finden. Während in Satz (3) offenbleibt, welches der Φ_{1i} mit welchem der Φ_{2j} gesetzmäßig verknüpft ist, läßt sich genau dies aus dem neurophysiologischen Ansatz sehr wohl ableiten (wie aus Figur 2 erkennbar ist). Man erhält den Ausdruck:

$$(\Phi_{11} \rightarrow \Phi_{22}) \vee (\Phi_{12} \rightarrow \Phi_{2N}) \vee \ldots \vee (\Phi_{1N} \rightarrow \Phi_{21}) \qquad (4)$$

Dies macht deutlich, daß die neurophysiologische Theorie hier logisch stärker als die psychologische ist; jene enthält Aussagen, die sich in dieser nicht ausdrücken lassen. Auch das ist ein typisches Charakteristikum erfolgreicher Reduktionen in der Wissenschaft.

Damit ist klar, daß in Fodors Konzeption des psychophysischen Verhältnisses der partikulare Identismus nur deswegen mit einem Antireduktionismus verträglich ist, weil Fodor einen inadäquat starken Reduktionsbegriff vertritt oder (komplementär ausgedrückt) eine außerordentlich schwache Konzeption des Antireduktionismus. Paßt man die Anforderungen sinnvoll an, so ist in Fodors Modell der Psychophysik die Psychologie sehr wohl auf die Neurophysiologie reduziert. Das bedeutet aber, daß auch die partikular abgeschwächte Identitätstheorie — trotz aller gegenteiligen Beteuerungen — eine Spielart des Reduktionismus ist, also Reduktionsansprüche erheben muß, wenn sie begründet vertreten werden soll.

6. Leib-Seele-Identität und eliminativer Materialismus

§ 1   Im Rahmen der Theorie der Typenidentität (Type-Type-Identity) wird eine prädikatweise Zuordnung psychologischer und neurophysiologischer Begriffe für wahrscheinlich gehalten. Obwohl auch Feigl diese Option favorisiert, faßt er die Möglichkeit einer andersartigen Zuordnung ins Auge. Es könnte sich nämlich herausstellen, daß einem introspektiv identifizierten mentalen Ereignis mehrere physiologische Prozesse entsprechen, weil die introspektive Unterscheidungskraft begrenzt ist.[63] Was Feigl hier zur Sprache bringt, ist anscheinend die Möglichkeit der *Korrektur* der verbalisierten psychischen Erlebnisinhalte durch die Wissenschaft. Obwohl in introspektiver Betrachtungsweise zwei mentale Ereignisse von gleicher Art scheinen, könnte uns doch die Wissenschaft darüber belehren, daß sie es faktisch nicht sind. Es ist diese Möglichkeit, die vom *eliminativen Materialismus* betont und zu einer systematischen Position fortentwickelt wurde.

Der eliminative Materialismus entstand als Reaktion auf Einwände gegen eine Leib-Seele-Identifikation, die bestimmte Charakteristika mentaler Ereignisse aus logischen Gründen für unverbindbar mit materialen Merkmalen hielten.[64] Demgegenüber erklärt die Eliminationstheorie, daß, wenn etwa Sinnesqualitäten oder Intentionalität tatsächlich nicht aus materialistischer Perspektive erfaßbar sein sollten, dies der Rede von Sinnesqualitäten und Intentionalität, nicht aber der materialistischen Perspektive anzulasten sei. Im eliminativen Materialismus wird daher der Vorschlag gemacht, unsere alltägliche Art, über psychische Phänomene zu reden, durch eine bessere, materialistisch ausgerichtete Sprechpraxis zu *ersetzen*.

Dem Reden über Sinnesqualitäten kommt nach dieser Auffassung der gleiche Status zu wie Prädikaten der Art ,von Dämonen besessen'. Wie diese durch den Fortschritt der Wissenschaften als inadäquat aufgewiesen wurden, so wird auch die gegenwärtig übliche Weise, psychische

---

[63] Vgl. Feigl 1958, 381.
[64] Zu einigen dieser Einwände vgl. III.

Phänomene zu bezeichnen, überholt werden. Statt demnach von der Identität von Empfindungen und Gehirnprozessen zu sprechen, muß man korrekter von einer Identität zwischen dem, was jetzt gemeinhin ‚Empfindung' genannt wird, und Gehirnprozessen reden. Werden psychophysische Identitäten unter Verwendung alltagspsychologischer Kategorien formuliert, so führen sie auf Sätze, die den gleichen Status aufweisen wie die Aussage ‚Zeus' Donnerkeile sind (identisch mit) elektrische(n) Entladungen'. Hier wäre es angemessener zu sagen, daß es Zeus' Donnerkeile in Wirklichkeit nicht gibt, Blitze jedoch früher so genannt wurden.[65]

Der eliminative Materialismus behauptet also (in den Worten Churchlands),

> that our common-sense conception of psychological phenomena constitutes a radically false theory, a theory so fundamentally defective that both the principles and the ontology of that theory will eventually be displaced, rather than smoothly reduced, by completed neuroscience.[66]

Die alltagspsychologische Betrachtungsweise ist also grundsätzlich falsch und damit auf nichts zu reduzieren; sie ist zu eliminieren. Die Position der Churchlands sei im Folgenden näher skizziert, einschließlich der Gründe, die zu ihren Gunsten vorgebracht werden.

§ 2　Die *Alltagspsychologie* ist dadurch gekennzeichnet, daß sie (1) von intentionaler Begrifflichkeit Gebrauch macht und (2) in ihren Gesetzen über die in intentionalen Sätzen auftretenden propositionalen Einstellungen verallgemeinert. Typische alltagspsychologische Gesetze sind z. B. von folgender Gestalt:

$$\forall x \forall p \ (x \text{ hofft, daß } p) \wedge (x \text{ entdeckt, daß } p) \rightarrow (x \text{ ist erfreut, daß } p) \tag{1}$$

oder:

$$\forall x \forall p \forall q \ [((x \text{ wünscht, daß } q) \wedge (x \text{ glaubt, daß } (p \rightarrow q)) \wedge (x \text{ kann } p \text{ hervorbringen}))] \rightarrow (\text{wenn keine anderen Wünsche die Oberhand gewinnen, schickt } x \text{ sich an, } p \text{ hervorzubringen}) \tag{2}$$

Nach alltagspsychologischer Vorstellung besteht geistige Aktivität im Umgang mit propositionalen Einstellungen nach dem Muster dieser

---

[65] Vgl. Feyerabend 1963, 56−61 (dt. 200−203); Rorty 1965, 27−28 (dt. 95).
[66] P. M. Churchland 1981, 67.

Gesetzmäßigkeiten. Wesentlich für die Position des eliminativen Materialismus ist dabei die Behauptung, daß es sich bei der Alltagspsychologie tatsächlich um eine *empirische Theorie* handelt. Schließlich erklären wir menschliches Verhalten ständig durch Bezug auf dieses Modell; und die hierbei in Anspruch genommenen Sätze (wie (1) oder (2)) genügen durchaus den Kriterien der Gesetzesartigkeit. Sie sind empirisch bestätigbar und können subjunktive und irreale Konditionalsätze stützen.[67]

Die so gekennzeichnete, als empirische Theorie aufgefaßte Alltagspsychologie ist nach Meinung des eliminativen Materialismus mit hoher Wahrscheinlichkeit falsch. Für diese Einschätzung spricht zunächst ihr empirischer Mißerfolg. Die Alltagspsychologie versagt nämlich bei der Erhellung bestimmter Probleme wie der Erklärung von Geisteskrankheiten, Sinnestäuschungen oder der Natur des Gedächtnisses. Ferner ist sie heuristisch unfruchtbar, da sie seit Sophokles' Zeiten keinerlei Weiterentwicklung erfahren hat. Schließlich paßt sie sich nicht in den Rahmen der theoretischen Vereinheitlichung der physikalischen Wissenschaften ein.[68]

Wenn aber die Alltagspsychologie in dieser Weise prinzipiell verfehlt sein sollte, so kann die Empfehlung nur lauten, sie ähnlich wie andere verfehlte Theorien in der Wissenschaftsgeschichte — etwa die Aristotelische Physik oder die Alchemie — aufzugeben und durch eine bessere zu ersetzen. Eine Reduktion der Alltagspsychologie mit ihrem intentionalen Begriffsapparat auf eine künftige Neurophysiologie ist also deshalb nicht zu erwarten, weil die Alltagspsychologie in der Sicht des eliminativen Materialismus grundfalsch ist. Nicht *Theorienreduktion* kann folglich ein vernünftiges Ziel der Wissenschaftsentwicklung sein, sondern nur *Theorieersetzung*.[69]

---

[67] Zu dieser Darstellung der Alltagspsychologie vgl. P. M. Churchland 1981, 68, 70–71, 78; Horgan/Woodward 1985, 197; P. S. Churchland 1986, 299–300.

[68] Vgl. P. M. Churchland 1981, 73–76. Wir werden die Adäquatheit dieser Einschätzung in VII.4 zum Gegenstand der Diskussion machen. Für eine treffende Kritik der Argumente Churchlands vgl. Stich 1983, 212–214; Horgan/Woodward 1985, 200–204.

[69] Obwohl Wilkes mit dem eliminativen Materialismus die Auffassung vertritt, daß die Alltagspsychologie von der wissenschaftlichen Psychologie überholt wird und daher nicht sinnvoll als Ansatzpunkt für eine psychophysische Identifikation betrachtet werden kann (vgl. Wilkes 1980, 125), ist sie doch der Ansicht, daß die Alltagspsychologie nicht adäquat als empirische Theorie charakterisiert werden kann. Alltagspsychologische Begriffe dienen nämlich nicht allein deskriptiven oder prognostischen Zwecken, sie werden vielmehr auch in anderen Zusammenhängen verwandt. Vgl. Wilkes 1981,

§ 3   Allerdings ist die Eliminationstheorie nicht völlig antireduktio-
nistisch eingestellt. Nur im Verhältnis von Alltagspsychologie und (künf-
tiger) wissenschaftlicher Psychologie bestreitet sie die Möglichkeit der
Reduktion — und lastet dies der Alltagspsychologie an. Hingegen wird
mit allem Nachdruck die Auffassung vertreten, daß die zukünftige wissenschaftliche Psychologie auf die Neurophysiologie reduzierbar ist. Auf
dieser Ebene besteht Leib-Seele-Identität; hier liegt eine ontologische
Reduktion als Folge einer Theorienreduktion vor.
    Dieses Reduktionsverhältnis wird darüber hinaus eher konventionell
vorgestellt, insofern sich die Eliminationstheorie gegen das vom Funktionalismus behauptete Konzept des ‚Überkreuzens‘ psychologischer und
neurophysiologischer Konzepte wendet. Wie in II.5 dargestellt, vertritt
der Funktionalismus die Meinung, der in psychologischer Hinsicht einfachen Kategorie einer Überzeugung entspreche auf dem Niveau der Neurophysiologie eine heterogene Kollektion disparater Prozesse. Dem steht
nun die Behauptung der Eliminationstheorie gegenüber, daß sich, wenn
es sich tatsächlich bewahrheiten sollte, daß der Begriff der Überzeugung
eine psychologisch sinnvolle Kategorie darstellt, daß also die durch
einen bestimmten Gehaltsatz gekennzeichneten Überzeugungen wirklich
theoretisch bedeutsame Gemeinsamkeiten aufweisen, diese Gemeinsamkeiten auch auf der neurophysiologischen Ebene ausdrücken. So formuliert Churchland die Erwartung, daß

> if there really is a commonality of psychological state in the heads of
> all who come to believe there is a fire in the building, then there is every
> reason to expect that *at some appropriate level* of neurophysiological
> organization, this commonality corresponds to a common neurobio-
> logical configuration.[70]

Damit wird deutlich, daß der eliminative Materialismus für die
Relation zwischen wissenschaftlicher Psychologie und Neurophysiologie
eine *Reduktion durch prädikatweise Zuordnung* (also $\Psi_{eins} - \Phi_{eins}$) vorsieht.[71] Mit anderen Worten, auf dieser Ebene erhebt der eliminative
Materialismus den gleichen Anspruch wie die generelle Identitätstheorie.

---

149 – 150. Zur Bedeutung der Alltagspsychologie in nicht-deskriptiven Kontexten vgl.
   IX. § 5.
[70] P. S. Churchland 1986, 381 (Hervorhebung im Original).
[71] Auch im allgemeinen Reduktionskonzept der Churchlands wird eine prädikatweise
   Zuordnung unterstellt. Vgl. P. M. Churchland 1985, 10 – 11.

7. Monismus und Reduktionismus

§ 1 Die vorgetragene Rekonstruktion der drei Varianten des Monismus — nämlich der generellen Identitätstheorie, des Funktionalismus (in der Eingrenzung auf die partikulare Identitätstheorie) und des eliminativen Materialismus — läßt die wissenschaftstheoretische und sachliche Bedeutung des Reduktionsbegriffs erkennen. Deshalb seien hier abschließend noch einmal die wesentlichen Aspekte der von diesen Richtungen jeweils unterstellten intertheoretischen Relationen zusammengefaßt. Diese Relationen sind unter zwei Gesichtspunkten bzw. in zweierlei Beziehung zu betrachten, nämlich einerseits unter dem Gesichtspunkt des Verhältnisses von Alltagspsychologie und wissenschaftlicher Psychologie, andererseits unter dem Gesichtspunkt des Verhältnisses von wissenschaftlicher Psychologie und Neurophysiologie.

Feigl identifiziert die Größen der alltäglichen, intersubjektiven psychologischen Redeweise unbefragt und wie selbstverständlich mit den Konzepten einer empirischen Psychologie. Offenbar hat er die Möglichkeit einer Unterscheidung nicht weiter bedacht oder beachtet (vgl. II.1. § 4). Im Funktionalismus wird ebenfalls eine Identifikation vorgenommen. Psychologische Gesetzmäßigkeiten sind vielfach als Verallgemeinerungen über diejenigen propositionalen Einstellungen anzusehen, die auch alltagspsychologisch unterstellt werden (vgl. II.5. § 2). Im Gegensatz dazu nimmt der eliminative Materialismus keinerlei Identifikation vor, sondern behauptet eine Ersetzung alltagspsychologischer Begriffe durch die Kategorien einer künftigen wissenschaftlichen Psychologie (vgl. II.6. § 1 − 2).

Auf der Ebene des neuropsychologischen Verhältnisses ist der Anspruch des Funktionalismus — entgegen dem eigenen Selbstverständnis — als Reduktionsbehauptung zu rekonstruieren (vgl. II.4. § 5; II.5. § 5). Die Begriffe der künftigen Psychologie lassen sich durch logische Funktionen neurophysiologischer Begriffe derart definieren, daß die psychologischen Gesetze zu Übersetzungen neurophysiologischer Theoreme werden. Die generelle Identitätstheorie favorisiert darüber hinaus eine besondere Gestalt der möglichen Definitionen. Diese sollen nämlich eine umkehrbar eindeutige Zuordnung zwischen psychologischen und neurophysiologischen Begriffen herstellen und damit die Form einer *Äquivalenzrelation* haben (vgl. II.3. § 1).

Natürlich nimmt auch die generelle Identitätstheorie an, daß die neuropsychologische Reduktion auf gewisse Relativierungsbedingungen

beschränkt werden muß, da nicht alle neuralen Phänomene psychologisch
relevant sind. Aber innerhalb dieses durch die Relativierungsbedingungen
abgesteckten Bereiches sind die Übersetzungsregeln umkehrbar. Das
heißt, die Definitionen psychologischer Begriffe durch neurophysiologische Begriffe sind zugleich auch Definitionen neurophysiologischer Begriffe durch psychologische Begriffe. Die generelle Identitätstheorie sieht
demnach *wechselseitige Reduzierbarkeit* zwischen Neurophysiologie und
Psychologie vor. Der eliminative Materialismus übernimmt diesen ver-
schärften Anspruch der generellen Identitätstheorie (vgl. II.6. § 3).

Damit ergibt sich insgesamt die folgende Übersicht über die intertheoretischen Relationen in tabellarischer Form:

	Generelle Iden- titätstheorie	Funktionalismus	Eliminations- theorie
Neuro- physiologie			
	Wechselseitige Reduktion	Reduktion	Wechselseitige Reduktion
Wissenschaftliche Psychologie			
	Identifikation	Identifikation	Gerechtfertigte Theorieersetzung
Alltagspsychologie			

Tabelle 1

§ 2   Das wesentliche Resultat dieses Kapitels ist, daß sich alle monistischen Ansätze als *Reduktionsbehauptung* rekonstruieren lassen. Die
detaillierte – und vielleicht auch ein wenig ermüdende – Analyse
im Lichte des Reduktionsbegriffs hat sich gelohnt: Es steht jetzt ein
einheitlicher begrifflicher Rahmen für das gesamte monistische Positio-
nenspektrum zur Verfügung. Innerhalb dieses Rahmens stellt sich dann
als wichtiges Ergebnis heraus, daß sich die *Struktur* der behandelten
Positionen sehr viel stärker ähnelt, als es die jeweilige Selbsteinschätzung
dieser Positionen zu erkennen gibt. Darüber hinaus gilt, daß alle diese
monistischen Positionen nicht allein faktisch Reduktionsansprüche erheben, sondern daß sie zwangsläufig die Struktur von Reduktionsbehauptungen haben, wenn man sie begründet vertreten will. Eine erfolgreiche
Reduktion der Psychologie auf die Neurophysiologie ist der einzige
legitime Weg zur Leib-Seele-Identifikation (vgl. II.3. § 3 – 5).

III. Die Kontingenz der Leib-Seele-Identität

1. Psychophysische Identifikation und Leibniz-Prinzip

§ 1   Die Identitätsthese ist in der hier vorgenommenen Rekonstruktion als die Behauptung der ontologischen Reduzierbarkeit psychischer auf neurale Größen zu begreifen. Dieser Behauptung kommt der Status einer sinnvollen, kontingenten Aussage zu, deren Geltung nur empirisch ermittelt werden kann. Dagegen steht vielfach die Einschätzung, die Identitätstheorie lasse sich aus dem philosophischen Lehnstuhl heraus widerlegen oder beweisen. Im Folgenden wollen wir exemplarisch auf einige dieser Argumente eingehen, um unsere Behauptung des kontingenten Charakters der psychophysischen Identität zu begründen.

Dabei ist zunächst auf die *logisch-semantischen* Einwände gegen die Identitätstheorie einzugehen.[1] Unter diesen nimmt der Vorwurf von Kategorienfehlern den bedeutendsten Stellenwert ein. Er stützt sich in der Regel auf das Leibnizsche Kriterium der Identität des Ununterscheidbaren. Charakteristisch für diesen Typus der Argumentation ist der folgende Einwand von Cornman:

> In general we accept the principle of the identity of indiscernibles as the criterion of identity. [...] Thus if the Identity Theory is correct, it seems that we should sometimes be able to say truthfully that physical processes such as brain processes are dim or fading or nagging or false, and that mental phenomena such as after-images are publicly observable or physical or spatially located or swift. [...] This is surely a conceptual mistake.[2]

In moderner Rekonstruktion sieht Leibnizens *Ununterscheidbarkeitsprinzip* ('principium identitatis indiscernibilium') vor, daß die Identität zweier Größen die Gleichheit der ihnen zukommenden Eigenschaften impliziert; aus Identität folgt Ununterscheidbarkeit.[3] In logischer

---

[1] Zur Diskussion weiterer Einwände dieses Typs vgl. Smart 1959, 146 – 154; v. Kutschera 1982, 298 – 301.

[2] Cornman 1962, 490 – 491.

[3] In der Logik wird häufig der umgekehrte Fall, d. h. der Schluß von der Ununterscheidbarkeit auf die Identität, als Leibniz-Prinzip bezeichnet.

Sprache bedeutet dies, daß für mögliche Eigenschaften F gelten soll: $x = y \rightarrow \forall F\,(F\,(x) \leftrightarrow F\,(y))$.[4] Wenn zwei Größen identisch sind, und der einen von ihnen die Eigenschaft F zukommt, dann muß auch die andere diese Eigenschaft aufweisen. Daraus folgt im Umkehrschluß, daß bei fehlender Übereinstimmung der Eigenschaften auch die entsprechenden Größen nicht identisch sind. Aus Unterscheidbarkeit folgt Nicht-Identität.

Dementsprechend soll Cornmans Einwand aufzeigen, daß Leibnizens Identitätsbedingung im Falle des Leib-Seele-Verhältnisses nicht erfüllt ist. Im Gegenteil. Wollte man physiologischen Prozessen etwa die Eigenschaft der Verworrenheit zuschreiben (durch die psychische Vorgänge oft treffend gekennzeichnet sind), so wäre dies nicht einfach nur falsch, sondern ergäbe auch gar keinen Sinn. Es handelte sich um einen Kategorienfehler, vergleichbar etwa einer Lokalisierung von Abstrakta. Mit anderen Worten, von verworrenen Gehirnprozessen zu reden, wäre ebenso sinnvoll, wie den Aufenthaltsort der Nächstenliebe erkunden zu wollen. Sind die begrifflichen Bestimmungen zweier Größen aber derart disparat, so ist eine Identität dieser Größen ausgeschlossen.

Auch Polten stützt sich auf das Leibniz-Kriterium, um die Identitätstheorie zu widerlegen. Wenn man das Kriterium ernst nimmt, so Polten, dann haben Begriffe verschiedener Intension niemals die gleiche Extension; Identität der Referenz liegt nur bei Synonyma vor. Auch in Freges berühmten Beispiel der Extensionsgleichheit von ‚Abendstern‘ und ‚Morgenstern‘ ist tatsächlich eine solche Gleichheit nicht gegeben, da im ersten Falle die Venus unter bestimmten Bedingungen am Abend und im zweiten Falle die Venus unter bestimmten Bedingungen am Morgen bezeichnet wird.[5] In Poltens Modell ist jede empirische Identifizierung ausgeschlossen, da einige phänomenale Eigenschaften immer verschieden bleiben.[6]

Poltens semantische These hat mehrere unplausible Konsequenzen und macht damit (gleichsam unbeabsichtigt) deutlich, wohin eine unbeschränkte Anwendung des Leibniz-Prinzips führt. Es wird nicht nur jede ontologische Reduktion, also etwa die Identifikation von Temperatur und mittlerer kinetischer Molekülenergie, ausgeschlossen, sondern darüber hinaus auch jede Möglichkeit, sich mit verschiedenen Beschreibun-

---

[4] Das Ununterscheidbarkeitsprinzip wird von Leibniz in einer ontologischen und in einer logischen Fassung vorgetragen. Vgl. K. Lorenz 1984a, 189 – 190.

[5] Polten 1973, 28.

[6] Polten 1973, 84 – 87.

gen auf den gleichen Gegenstand zu beziehen. Aus logischen Gründen
kann etwa, wenn man Polten folgt, der Baum im Garten, wenn er von
Norden aus betrachtet wird, nicht identisch sein mit dem Baum im
Garten, wenn er von Süden aus betrachtet wird. Erst recht ausgeschlossen
sind alle Formen von *Genidentität*, die einen kontinuierlichen Entwick-
lungsprozeß ausdrücken. Der Kant der „Wahren Schätzung der lebendigen Kräfte" ist mit dem Kant des „Opus postumum" in keinem Sinne
identisch. Die Ausdrücke ‚Universität Konstanz am 30.4.1987 um 16.15
Uhr' und ‚Universität Konstanz am 30.4.1987 um 16.16 Uhr' beziehen
sich auf verschiedene Gegenstände. Es bestünde demnach eine fortwäh-
rende Transmutation aller Dinge; allein der Wandel wäre beständig.
Poltens Herakliteischer Semantik fällt nicht nur die Identitätstheorie,
sondern auch ein Großteil vernünftiger Rede zum Opfer.

§ 2   Treibt man, wie Polten, das Leibniz-Prinzip auf die Spitze, sind
unakzeptable Konsequenzen die Folge. Identitätskriterien sollten die
alltägliche Rede von der Identität von Personen und Gegenständen,
ferner die theoretischen Identifikationen der Wissenschaft rekonstruieren
und nicht abschaffen. Also muß die Geltung des Leibniz-Prinzips eingeschränkt werden; und tatsächlich ist, allgemeiner Auffassung zufolge,
sein Gültigkeitsbereich auf *extensionale* Kontexte beschränkt.

Extensionale Kontexte sind dadurch gekennzeichnet, daß die Geltung
einer zusammengesetzten Aussage unabhängig davon ist, ob eine Teilaus-
sage durch eine andere mit *gleichem Wahrheitswert* ersetzt wird. Gilt
eine solche Substituierbarkeit nicht, so ist der Kontext *intensional*; die
Geltung der entsprechenden Aussage ist nicht allein durch die Extension
der in ihr auftretenden Begriffe, sondern auch durch ihre Bedeutung,
ihre Intension bestimmt. Z. B. sind alle modalen Kontexte, die sich
auf Notwendigkeiten oder Möglichkeiten beziehen, intensional. So ist
notwendig, daß 9 = 9 ist. Ersetzt man aber ‚9' durch den extensional
äquivalenten Ausdruck ‚Zahl der Planeten', so ergibt sich, daß die Zahl
der Planeten notwendig gleich neun ist — was offenbar nicht stimmt.
In ähnlicher Weise läßt sich zwar statt vom Durchmesser oder der
Umlaufzeit der Venus vom Durchmesser oder der Umlaufzeit des Mor-
gensterns oder des Abendsterns sprechen; ersetzt man jedoch in der
Aussage ‚der Abendstern steht am Abendhimmel' das Subjekt durch den
bezugsgleichen Ausdruck ‚Morgenstern', so wird die Aussage falsch.
Offenbar liegt in diesem Falle bei der Rede von Durchmessern und

Umlaufzeiten ein extensionaler, beim Sprechen über die Beschaffenheit des Abendhimmels jedoch ein intensionaler Kontext vor.[7]

Bei theoretischen Identifikationen ist eine Einschränkung des Leibniz-Prinzips auf extensionale Kontexte zwingend. Schließlich geht es bei solchen Identifikationen stets um *extensionale Äquivalenz*, also darum, daß mehrere Aussagen von den gleichen Gegenständen gelten. Der Mensch kann bekanntlich sowohl als vernünftiges Tier als auch als ungefiederter Zweifüßler beschrieben werden; beide Charakterisierungen sind also extensional äquivalent (wenngleich der Bedeutung nach verschieden). Von genau dieser Art ist auch die logische Struktur theoretischer Identifikationen, obgleich sich diese auf andersartige Geltungsgründe stützen.

Ein besonderer Fall eines *intensionalen* Kontexts liegt bei *intentionalen* Zusammenhängen vor. Dies ist darin erkennbar, daß bei intentionalen Sätzen keine Substituierbarkeit extensional äquivalenter Aussagen besteht. Wie dargestellt (II.5. § 2 – 3), kann trotz bestehender extensionaler Äquivalenz zweier Aussagen der Wahrheitswert der entsprechenden intentionalen Sätze verschieden sein. Wenn A weiß, daß es in Konstanz eine Universität gibt, und zudem gilt, daß Konstanz die größte Stadt am Bodensee ist (also identisch mit der größten Stadt am Bodensee ist), so folgt daraus keineswegs, daß A weiß, daß es in der größten Stadt am Bodensee eine Universität gibt. Entsprechend läßt sich darin, daß die Aussage ‚B weiß, daß er eine blaue Farbwahrnehmung hat' gelten mag, obwohl die Aussage ‚B weiß, daß seine B-Fasern erregt sind', die das neurophysiologische Korrelat der Wahrnehmung ausdrücken würde, nicht gilt, kein stichhaltiger Einwand gegen eine psychophysische Identifikation erblicken.[8]

Vor diesem Hintergrund hat Fodor den Kategorienfehlereinwand, wie er sich hier in dem Argument Cornmans ausdrückt, behandelt. Fodor rekonstruiert Sinnhaftigkeits- oder Sinnlosigkeitsbehauptungen als intentionale Rede der Form ‚wir sagen, daß ...' oder ‚wir sagen nicht, daß ...'.[9] Daß es sinnvoll ist, von verworrenen Gedanken zu sprechen, aber sinnlos, sich auf verworrene neurale Prozesse beziehen zu wollen, wäre demnach nur als Besonderheit der alltagssprachlichen Redeweise

---

[7] Zu dieser Darstellung vgl. Meehl 1966, 160 – 161; Fodor 1968, 100; K. Lorenz 1984b, 257; Wolters/Schroeder-Heister 1984, 666.
[8] Vgl. Smart 1959, 146 – 147.
[9] Fodor 1968, 103 – 104.

aufzufassen, die nicht zwangsläufig auch von sachlicher Bedeutung sein müßte.

Diese Entgegnung ist bereits bei Feyerabend angelegt, der darauf aufmerksam macht, daß derartige Kategorienfehler zunächst lediglich einen Konflikt zwischen der materialistischen und der alltäglichen Sprechweise anzeigen. Um einen solchen Konflikt in ein Argument gegen den Materialismus zu verwandeln, müßte darüber hinaus gezeigt werden, daß materialistische Ausdrucksformen der alltäglichen Sprachpraxis unterlegen sind. Eine solche Demonstration ist aber nicht in Sicht.[10] In der Tat ist auch die Möglichkeit nicht von der Hand zu weisen, daß Sprechweisen, die heute noch als Kategorienfehler erscheinen, durch eine Veränderung des Sprachgebrauchs unproblematisch werden. Vielleicht wäre früheren Epochen die heute geläufige Aussage ‚gelbes Licht hat die Wellenlänge 580 nm‘ ebenfalls als Kategorienfehler erschienen, da hier die phänomenal bestimmte Farbe mit einer (offenbar farblosen) Wellenlänge identifiziert wird. Umgekehrt könnten Cornmans ‚verworrene Gehirnprozesse‘ einer künftigen Sprachpraxis ebenso unproblematisch anmuten.

Das Beispiel zeigt, daß derartige Kategorienfehler keine Besonderheit der psychophysischen Identifikation sind, sondern bei vielen theoretischen Identifikationen auftreten. Während es z. B. durchaus sinnvoll ist, von einer angenehmen Temperatur zu sprechen, müßte die Rede von einer angenehmen mittleren kinetischen Molekülenergie wohl als Kategorienfehler des erläuterten Typs gelten. Ein weiteres Beispiel läßt sich anhand der ontologischen Reduktion ferromagnetischer Phänomene auf die Kopplung von Elektronenspins bilden. So ist der Satz ‚ehemals orientierten sich Seefahrer mit dem Magnetkompaß‘ sinnvoll, sein mikrotheoretisches Gegenstück ‚ehemals orientierten sich Seefahrer mit Hilfe von Spin-Spin-Kopplungen‘ hingegen in gleichem Maße sinnlos wie die Rede von verworrenen Gehirnprozessen. Das bedeutet aber: Wenn man den Kategorienfehlereinwand gegen die psychophysische Identifikation gelten läßt, dann fallen ihm auch viele, wenn nicht gar alle theoretischen Identifikationen zum Opfer. Sollte sich dies tatsächlich als Konsequenz des Leibniz-Prinzips herausstellen, so läge hier eher eine Diskreditierung dieses Prinzips denn (zum Beispiel) ein Argument gegen den Anspruch der statistischen Mechanik, thermische Phänomene zu behandeln, vor.

§ 3   Eine weitere Argumentationsstrategie sucht aus den Besonderheiten psychischer Zustände jede Identifikation mit physischen Prozessen

---

[10] Vgl. Feyerabend 1963, 50 – 53 (dt. 195 – 197).

auszuschließen. Es ist jedoch bislang niemandem geglückt, diese Besonderheiten klar auszudrücken, also hinreichende und notwendige Bedingungen für die Kennzeichnung eines Zustands als ‚psychisch' zu entwik-
keln.[11] Das vielleicht nächstliegende Kriterium der ‚Privatheit' psychischer Ereignisse ist jedenfalls kein besonders vielversprechender Kandi-
dat. Zwar besteht in einem gewissen Sinne ein exklusiver Zugang zu
unseren eigenen psychischen Zuständen, aber dieser macht uns bestenfalls mit ihnen *bekannt*, läßt sie uns nicht *erkennen*. In dieser auf Schlick
zurückgehenden Unterscheidung wird das Kennen als anschauliches Ge-
gebensein, als Erleben, das Erkennen hingegen als Ordnen und Zuordnen
durch das Denken aufgefaßt.[12] Nur jenes, nicht auch dieses leistet Introspektion. Zu unserem eigenen Ich, bemerkt Schlick,

> stehen wir tatsächlich in dem Verhältnis, welches die Mystiker für die
> Erkenntnis sich ersehnten: dem der völligen Identität. Es ist uns im
> strengen Sinne vollständig bekannt. Wer nun den Unterschied zwischen
> Kennen und Erkennen vergißt, der muß glauben, daß wir das Wesen
> des Ich auch schlechthin vollkommen erkannt hätten. [... Aber das ist
> falsch]. Erkannt im echten Sinne des Wortes können sie [die psychi-
> schen Gegebenheiten] höchstens werden durch eine wissenschaftliche,
> d. h. klassifizierende begriffsbildende Psychologie.[13]

Ganz analog zu Schlicks Einschätzung (wenn auch ohne Bezug auf
diesen) faßt Rorty das Verhältnis von Introspektion und Erkenntnis des
Mentalen auf:

> We no more know ‚the nature of mind' by introspecting mental events
> than we know ‚the nature of matter' by perceiving tables. To know
> the nature of something is not a matter of having it before the mind,
> of intuiting it, but of being able to utter a large number of true
> propositions about it.[14]

Die Introspektion läßt uns die Natur mentaler Zustände und Ereignisse nicht erkennen; und mehr noch, häufig werden wir auf diesem
Wege nicht einmal mit ihrem Inhalt bekannt. Nicht nur die Erkenntnis
psychischer Zustände und Ereignisse ist auf introspektivem Wege nicht
erreichbar, auch deren Kenntnis läßt sich auf diese Art nicht gewähr-
listen. Wer kann schon durch Hineinhorchen in sich selbst herausfinden,
was ihn wirklich bewegt. Aus der psychologischen Forschung ist wohlbe-

---

[11] Vgl. Davidson 1970, 209–212 (dt. 294–297); Rorty 1982, 333.
[12] Vgl. Schlick 1925, 103–104.
[13] Schlick 1925, 105.
[14] Rorty 1982, 331.

kannt, daß sogenannte Introspektionsberichte häufig nur allgemein verbreitete Theorien und weithin akzeptierte Vorurteile widerspiegeln. Ferner verbindet sich Introspektion mit Retrospektion, d. h. mit Formen einer ,wiederholenden' Repräsentanz mentaler Zustände und Ereignisse: Erinnerung färbt die Selbstwahrnehmung ein.

Wie bei der Beobachtung im allgemeinen besteht dabei auch bei der Selbstbeobachtung die Neigung, nur das zu sehen, was man schon weiß. Dies gilt in besonderem Maße für die Ursachen und Beweggründe von Verhaltensweisen; das Urteil anderer mag hier treffsicherer sein als das eigene.[15] Insofern steht nicht einmal außer Zweifel, daß die Introspektion einen privilegierten Weg — und nicht bloß einen Zugang besonderer Art — zum Bereich des Mentalen bildet. Andere, die uns nahestehen, können uns besser kennen als wir uns selbst. Insgesamt bedeutet dies, daß mentale Ereignisse insofern von besonderer Art sind, als sie an oder in uns selbst vorkommen. Sie sind subjektiv primär im Sinne einer Ortsbestimmung, weniger im Sinne einer erkenntnistheoretischen Charakterisierung. Diese besondere Lokalisierung ist tatsächlich ohne gravierende epistemische Bedeutung.[16]

Ebensowenig wie die Privatheit ist die Nicht-Räumlichkeit des Mentalen ein zur Abwehr von Identifikationsbestrebungen geeignetes Merkmal. Schon Feigl betont, daß Wahrnehmungseindrücke in einem phänomenalen Raum angeordnet und in diesem Sinne räumlich sind. Farbeindrücke erscheinen uns außerhalb von uns selbst befindlich, Geschmackseindrücke im Mund und Schmerzen (zum Beispiel) im Zahn.[17] Im übrigen müssen alle Empfindungen für die Identitätstheorie auch im Kopf sein. Die Theorie führt also auf den Schluß: Das mentale Ereignis a ist im Kopf der Person A, und dieses Ereignis hat die phänomenale Eigenschaft, außerhalb des Kopfes von A zu sein. Das klingt wie ein Widerspruch, ist aber tatsächlich keiner. Im physikalischen Raum betrachtet befindet sich das Ereignis im Kopf; eine Eigenschaft dieses mentalen Ereignisses ist es, im phänomenalen Raum außerhalb des Kopfes angesiedelt zu sein.[18]

---

[15] Vgl. dazu Grünbaum 1987, 38 – 48, 121 – 122.

[16] Wir kommen auf das Privatheitsproblem im Zusammenhang mit der Diskussion des psychologischen Basisproblems in VII.1 noch einmal zurück.

[17] Vgl. Feigl 1958, 407 – 408; Rorty 1982, 333.

[18] Vgl. Meehl 1966, 161 – 162. Auch Schlick erkennt bereits das Problem des hier drohenden Widerspruchs und versucht es durch eine Unterscheidung zwischen phänomenalem und physikalischem Raum zu lösen. Allerdings räumt er dem phänomenalen Raum

§ 4   Ein anderer logisch-semantischer Einwand gegen eine psycho-physische Identifikation sucht einen Gegensatz zwischen phänomenalen *Qualitäten* und physikalischen *Quantitäten* aufzubauen und daraus die Unmöglichkeit extensionaler Übereinstimmung abzuleiten. Demgegen-über hat erneut bereits Feigl darauf verwiesen, daß zum einen phänome-nale Zustände oder Ereignisse sowohl eine ordinale Reihung (etwa Farbintensität oder Tonhöhe) als auch metrische Beziehungen (etwa bei der Schätzung von Entfernungen oder Zeitdauern) aufweisen können und in diesem Sinne *quantitativ* sind, und daß zum anderen zwischen physikalischen Größen sehr wohl *qualitative* Unterschiede auftreten (etwa zwischen Luftdruck und Stromstärke). Es ergibt einen guten Sinn, von mentalen Quantitäten und physikalischen Qualitäten zu reden.[19]

Darüber hinaus liegt dem Einwand offenbar die Vorstellung zu-grunde, einige Phänomene seien von Natur aus quantitativ, andere hinge-gen von Natur aus qualitativ strukturiert. Tatsächlich liegen jedoch nirgendwo gleichsam Zahlen zwischen den Dingen herum, so daß sie nur aufgesammelt werden müßten. Die Quantitäten kommen nicht den Phänomenen selbst, sondern allein unserer *Beschreibung* der Phänomene zu. Quantitäten scheiden nicht bestimmte Wirklichkeitsbereiche vonein-ander, sondern bestimmte Zugangsweisen zur Wirklichkeit. Verfügten wir demnach tatsächlich nur über qualitative Beschreibungen des Menta-len, so hätte dies als Aufforderung zur Entwicklung einer quantitativ operierenden Psychologie verstanden zu werden, und nicht als Anlaß, über das wesentlich Qualitative des Psychischen zu meditieren.

Auch diese zweite Argumentationsstrategie, die das Bestehen ver-meintlich exklusiver Eigenschaften des Mentalen behauptet, stützt sich wie die Gruppe der Kategorienfehlerargumente auf das Leibniz-Prinzip. Es werden Eigenschaften angegeben, die entweder nur dem Bereich des Psychischen oder nur dem Bereich der körperlichen Welt zukommen sollen, so daß auf dem Wege über das Leibniz-Prinzip eine Identifikation

---

den Vorrang ein: der Ort der Sinneswahrnehmung ist dort, wo sie erlebt wird (vgl. Schlick 1925, 339 – 343). Dies bringt Schlick zu der Feststellung: „das Psychische ist nicht im Kopfe des Menschen lokalisiert, sondern der Kopf ist selbst nur eine Vorstel-lung im Bewußtsein" (Schlick 1925, 342 – 343). Das Psychische gleichwohl *auch* im Kopf lokalisiert zu sehen, führt Kuhlenbeck zur Formulierung des ‚Gehirn-Paradoxes', demzufolge das von der Wissenschaft untersuchte Gehirn selbst eine Manifestation des Bewußtseins ist, obgleich das Bewußtsein selbst wieder vom Gehirn hervorgebracht wird. In diesem Sinne ist das Gehirn selbst ein Gehirnphänomen. Vgl. Kuhlenbeck 1982, I, 189 – 190 (dt. 25 – 26).
[19] Vgl. Feigl 1958, 410 – 411.

ausgeschlossen wäre. Die Kritik an diesen Einwänden bestand in dem Aufweis, daß der Eindruck der Verschiedenartigkeit auf einer *Täuschung* beruht und bei genauerer Betrachtung verschwindet.

§ 5   Von anderer Art als die bislang diskutierten Argumente sind der ‚Körnigkeitseinwand' (grain objection) und der ‚Konstanzeinwand'. Beide Einwände verlaufen weitgehend parallel und sollen daher auch gemeinsam analysiert werden.

Der Körnigkeitseinwand findet sich bereits bei Schlick. Dieser betont, daß psychische Erlebnisse wie die Wahrnehmung eines Tones oder einer roten Fläche *einfach* sind, während die zugeordneten physiologischen Prozesse in jedem Falle eine Unzahl molekularer Vorgänge umfassen und daher *komplex* sind. Diese gegensätzlichen Eigenschaften schließen jede Identifikation aus.[20] Schlicks Antwort auf diesen Einwand besteht dann darin, daß ein *Teilereignis* des insgesamt komplexen Gehirnprozesses mit der psychischen Empfindung zu identifizieren sei. Das physische Korrelat der Empfindung

> kann also auch ein minimaler Teilvorgang, ein Prozeß von beliebiger Einfachheit sein; und wir dürften aus dem besprochenen Einwand höchstens die Lehre ziehen, daß es in der Tat ein ganz einfacher Prozeß sein *muß*.[21]

Der komplexe Gesamtprozeß im Gehirn ist erforderlich, um das einfache physiologische Ereignis in der richtigen Weise und im richtigen Zusammenhang hervorzubringen.[22]

Schlicks Erwiderung wirkt deshalb wenig überzeugend, weil der Bezug auf ein Teilereignis *im Kontext* des Gesamtprozesses die unverändert bestehende Komplexität des physischen Korrelats nur verbal verschleiert. Offenbar ist jener neurale Kontext zur Hervorbringung des psychischen Erlebnisses doch unabdingbar und unterscheidet sich zudem sachlich wohl kaum von dem als entscheidendes Merkmal herausgegriffenen Teilereignis.

Demgegenüber versucht Feigl phänomenale Einheit und physikalische Vielfalt durch die Konstruktion besonderer neurophysiologischer Modelle miteinander zu versöhnen. Der wesentliche Aspekt dieser Modelle

---

[20] Vgl. Schlick 1925, 357 – 358. Das Argument findet sich (ohne Bezug auf Schlick) auch bei Meehl 1966, 177.

[21] Schlick 1925, 358 (Hervorhebung im Original).

[22] Ebd.

ist das Postulat der Existenz von Schwellenwerten oder Verschmelzungs-
effekten. Danach entstehen Sinnesqualitäten in einem Bereich des Gehirns, wenn die Intensität gewisser neuraler Muster in einem anderen
Bereich gewisse Schwellenwerte überschreitet. Oder ein Gehirnbereich
tastet gleichsam die neuralen Muster eines anderen ab und spiegelt nur
die Durchschnittswerte jenes anderen Bereichs wider. Dabei betont Feigl,
daß es ihm nicht um die faktische Geltung dieser Erklärungen geht;
entscheidend ist vielmehr, daß neurologische Modelle denkbar sind, die
dieses begriffliche Hindernis aus dem Wege räumen könnten.[23]

Der aus philosophischer Perspektive wesentliche Aspekt dieser Entgegnung Feigls ist, daß die Einfachheit der Sinnesqualität implizit bestritten wird. Tatsächlich, also von neuraler Warte aus, ist die Empfindung
komplex; der Anschein der Einfachheit ist trügerisch und entsteht daraus,
daß nicht alle neuralen Prozesse auch phänomenale Korrelate aufweisen,
daß also introspektiv nur die psychischen Gegenstücke einer bestimmten
Teilmenge neuraler Ereignisse (nämlich überkritische Werte oder Mittel-
werte) zugänglich sind. Die Einfachheit der Empfindung hätte demnach
als *Täuschung* zu gelten, deren Entlarvung eher ein Verdienst denn ein
Versagen der Neurophysiologie darstellte. Dieses bei Feigl eher implizit
vorgetragene Argument findet sich explizit bei Armstrong:

> I think it can be maintained that although the secondary qualities
> *appear* to be simple they are not in fact simple. Perhaps their simplicity
> is *epistemological* only, not ontological, a matter of our awareness of
> them rather than the way they are. The best model which I can give
> for the situation is the sort of phenomena which the *gestalt* psycholo-
> gists have familiarized us with. It is possible to grasp that certain
> things or situations have a certain special property but be unable to
> analyze that property. For instance it may be possible to perceive that
> certain people are all alike in some way without being able to make
> it clear to oneself what the likeness is. We are aware that all these
> people have a certain likeness to each other, but are unable to define
> or specify that likeness. Later psychological research may achieve a
> specification of the likeness, a specification which may come as a
> complete surprise to us. Perhaps, therefore, the secondary qualities are
> in fact complex, and perhaps they are complex characteristics of a
> sort demanded by Materialism, but we are unable to grasp their
> complexity in perception.[24]

Diese Entgegnung auf den Körnigkeitseinwand stimmt im Kern mit
der bereits zuvor von Feyerabend entwickelten Argumentationslinie über-

---

[23] Vgl. Feigl 1958, 457–458.
[24] Armstrong 1977, 94 (Hervorhebung im Original).

ein. Obwohl die Körnigkeit der *Grundterme* in beiden Zugangsweisen nicht zusammenfällt, muß dies für die *definierten Terme* keineswegs gelten. Komplexe Strukturen können also einfache Eigenschaften haben. So ist z. B. die Dichte eine einfache Größe, die nicht die Komplexität des atomaren Aufbaus des entsprechenden Materials wiedergibt. Das heißt, indem man Vorgehensweisen wie Mittelwertbildung heranzieht, lassen sich aus Grundtermen durchaus Begriffe eines anderen Körnigkeitsgrades definieren.[25]

Analog zum Körnigkeitseinwand ist der Konstanzeinwand konzipiert: Es gibt Sinnesqualitäten, wie sie etwa beim Betrachten eines uniformen Farbflecks oder beim Hören eines Tons konstanter Tonhöhe entstehen, bei denen sich zumindest während einer begrenzten Zeitspanne keine phänomenale Eigenschaft ändert. Diese Gleichförmigkeit der Empfindung hat jedoch kein neurophysiologisches Korrelat. Die Neurophysiologie lehrt nämlich, daß sich keine Zeitspanne und keine Hirnregion klein genug wählen lassen, so daß sich in ihr keine neurologische Eigenschaft ändert. Es hilft nicht weiter, sich hier auf Durchschnittswerte zu beziehen und darauf zu verweisen, daß irgendein komplexer physiologischer Faktor im Mittel konstant bleibe, da die phänomenale Behauptung besagt, daß *alle* Eigenschaften, nicht daß einige oder gar nur eine unverändert bleiben.[26]

Fodor sucht die Stoßkraft des Konstanzeinwands auf die Theorie der Typenidentität zu beschränken und zu zeigen, daß die partikulare Variante nicht betroffen ist. Er argumentiert, daß ein Organismus sehr wohl in einem gegebenen psychologischen Zustand verbleiben und dabei neurophysiologische Veränderungen aufweisen könne. Wesentlich sei, daß die neurophysiologischen Zustände, zwischen denen der Organismus hin und herwechselt, *funktional äquivalent* sind. Das Konstanzproblem ist dann dadurch lösbar, daß man den psychologischen Zustand mit der *Menge* der funktional äquivalenten neurophysiologischen Zustände identifiziert.[27]

Interessant ist zunächst, daß für Fodor das neurale Gegenstück zu einem psychologisch identifizierten Zustand offenbar von gänzlich anderer Art ist als für Schlick. Zielt Schlick auf ein einfaches physisches Teilereignis als den adäquaten physiologischen Ansatzpunkt einer psychophysischen Identifikation, so Fodor auf eine Klasse komplexer phy-

---

[25] Vgl. Feyerabend 1963, 53 (dt. 197 – 198).
[26] Vgl. Meehl 1966, 167 – 168. Das Argument wird dort Sellars zugeschrieben.
[27] Vgl. Fodor 1968, 118.

siologischer Vorgänge. Bedenkt man zudem, daß Schlick wie Fodor
Vertreter der partikularen Identitätstheorie sind, so ist deutlich, daß
selbst innerhalb der identitätstheoretischen Fraktionen noch erhebliche
Divergenzen und Differenzen vorliegen. Ferner ist festzuhalten, daß
Fodors Entgegnung nicht eigentlich den Einwand trifft. Dieser zielte
nämlich auf die zeitliche Variation *innerhalb* eines neuralen Gegenstücks
eines psychischen Ereignisses oder Zustands, während sich Fodors Antwort auf die Variabilität *zwischen* verschiedenen neuralen Korrelaten
eines mentalen Ereignisses oder Zustands bezieht. Auch im Rahmen der
partikularen Identitätstheorie muß ein singularer neuraler Vorgang mit
einer singularen psychischen Empfindung identisch sein; und für dieses
Paar singularer Ereignisse läßt sich der Konstanzeinwand in gleicher
Weise formulieren wie für Ereignistypen.

Erfolgversprechender ist es daher auch, auf diesen Einwand mit einer
analogen Fassung des *Täuschungsarguments* zu reagieren und zuzugeben,
daß auch im phänomenalen Ereignis ‚tatsächlich' nicht alle Merkmale
unverändert sind. Allein die mangelnde Unterscheidungskraft der Introspektion täuscht Konstanz vor, wo ‚in Wirklichkeit' Veränderung
herrscht.

§ 5   Der Rückgriff auf das Täuschungsargument hat bedeutsame
philosophische Konsequenzen. Man erkennt dies deutlicher, wenn man
Körnigkeits- und Konstanzeinwand auf andere theoretische Identifikationen anwendet. Es läßt sich nämlich auf die gleiche Weise gegen die
Identifikation der Temperatur mit der mittleren kinetischen Molekülenergie argumentieren. Schließlich kann mit gutem Recht die Temperatur
sowohl im alltäglichen Verständnis als auch im Rahmen der phänomenologischen Thermodynamik als einfache Größe betrachtet werden, während sie in der Betrachtungsweise der statistischen Mechanik als Resultat
der Wirkungen und Wechselwirkungen einer Unzahl von Mikroteilchen
aufzufassen ist. Zudem bleibt im Falle des thermischen Gleichgewichts
die Temperatur konstant, während auch dann die kinetische Energie
aller Mikroteilchen beständigen Veränderungen unterworfen ist. Der
Verweis auf die Konstanz des Mittelwerts reicht nicht aus, weil – analog
zum psychophysischen Fall – beim thermischen Gleichgewicht keine
der makroskopisch zugänglichen Größen der phänomenologischen Thermodynamik Schwankungen aufweist.

Diese Besonderheit entsteht daraus, daß die statistische Mechanik die
phänomenologische Thermodynamik nicht einfach reproduziert, sondern

korrigiert. Vom Standpunkt der statistischen Mechanik ist sowohl die Einfachheit als auch die Konstanz der Temperatur gleichsam eine Täuschung. ‚In Wirklichkeit‘, also vom Standpunkt der fortgeschrittenen Theorie aus, ist die Temperatur eine komplexe Größe und variiert auch im thermischen Gleichgewicht. Auf die psychophysische Identifikation übertragen besagt dieses Argument, daß einfach und unveränderlich scheinende Empfindungsqualitäten dies tatsächlich nicht sind. Diese Strategie fällt offenbar mit dem oben bereits ins Auge gefaßten Täuschungsargument zusammen und läuft darauf hinaus, daß die psychophysische Identifikation nur auf dem Wege einer *korrigierenden* Reduktion zustandegebracht werden kann. Die Leib-Seele-Identität wäre also als ontologische Reduktion via korrigierender Theorienreduktion aufzufassen.

Der wesentliche philosophische Aspekt dieser Interpretation ist offenbar, daß Identifikationen dieses Typs nicht zu einer Übereinstimmung aller Eigenschaften führen. Phänomenologische Temperatur und phänomenale Empfindung weisen Merkmale auf, die nicht den Größen zukommen, auf die sie ontologisch reduziert wurden bzw. werden sollen. Entsprechend stimmen auch die erlebten psychischen Zustände nicht in allen Aspekten mit ihren neurophysiologischen Gegenstücken überein. Gleichwohl verletzen Identifikationen dieses Typs das Leibniz-Prinzip nicht, da die von der jeweils fortgeschritteneren Theorie nicht reproduzierten Eigenschaften zu bloßen Täuschungen herabgestuft werden, die den betrachteten Größen tatsächlich nicht zukommen.[28]

2. Notwendige Identität und die Kontingenz der psychophysischen Identifikation

§ 1 Im Jahre 1970 entwickelte Kripke ein Argument gegen die psychophysische Identität, das seither viel Beachtung gefunden hat. Kripkes Argument weist dabei insofern den Anschein des Paradoxen auf, als es der Identitätstheorie genau das vorwirft, was diese niemals beanspruchte, daß nämlich die Leib-Seele-Identifikation bloß kontingent und nicht vielmehr notwendig sei. Dieser auf den ersten Blick recht sonderbar anmutende Einwand erhält seinen Sinn vor dem Hintergrund von Kripkes Theorie synthetischer Identifikationen, die diesen den Status notwendiger

---

[28] Insofern hält Feigl zu Recht am Leibniz-Prinzip fest. Vgl. Feigl 1958, 440, 463.

Wahrheiten a posteriori zuweist; im Gegensatz zu physikalischen Identifikationen kann der Leib-Seele-Identität eine solche Notwendigkeit nicht
zukommen. Kripkes Einwand stellt damit ein Apriori-Argument gegen
die Identitätstheorie dar.

Kripkes Modell synthetischer Identifikationen fußt auf einer Theorie
der Eigennamen. Diese sei deshalb zunächst skizziert. Anschließend
sollen dann die Auswirkungen auf theoretische Identifikationen im allgemeinen dargestellt und daraufhin die Anwendung dieses Modells auf die
Leib-Seele-Identität dargelegt und diskutiert werden.

§ 2   Kripkes zentrale Behauptung ist, daß alle wahren Identitätsaussagen *notwendige Wahrheiten* sind. Diese These wird durch ein
logisches und durch ein *semantisches* Argument begründet. Das logische
Argument stützt sich auf das Leibniz-Prinzip sowie auf den Grundsatz,
daß jede Größe notwendig mit sich selbst identisch ist ($\forall x \,\square\, (x = x)$).
Daraus läßt sich ableiten, daß dann auch die Identifikation zweier
Größen, wenn sie überhaupt zutrifft, mit Notwendigkeit gelten muß
(also $\forall x \,\forall y\, (x = y) \rightarrow \square\, ((x = y))$.[29]

Kripkes semantisches Argument beruht auf seiner Theorie der Eigennamen. Nach dieser Theorie sind Eigennamen keine Abkürzungen für
Kennzeichnungen, d. h. der Name ‚Aristoteles‘ ist nicht als Abkürzung
für eine Beschreibung der Art ‚letzter großer Philosoph der Antike‘
aufzufassen. Vielmehr haben Eigennamen überhaupt keine Intension,
sondern nur eine Extension; sie bezeichnen etwas, ohne dabei selbst
etwas zu bedeuten. Diese Extension ist für Kripke in allen möglichen
Welten dieselbe. Hätte nach Aristoteles noch ein weiterer großer antiker
Philosoph gelebt, so wäre durch den Namen ‚Aristoteles‘ nicht etwa
jener spätere Philosoph bezeichnet, sondern weiterhin derselbe Mann,
der uns als Aristoteles gilt. Dies träfe sogar dann zu, wenn Aristoteles
keines der Merkmale und Kennzeichen besessen hätte, durch die wir ihn
identifizieren. In diesem Sinne sind Eigennamen *starre Bezeichnungsausdrücke*, d. h., sie bezeichnen in allen möglichen Welten denselben Gegenstand.[30]

Kripkes Position ist weiterhin durch eine besondere Verwendungsweise der Begriffe ‚a priori‘ und ‚notwendig‘ gekennzeichnet. Apriorizität
ist nach Kripke ein erkenntnistheoretisches Merkmal und trifft auf

---

[29] Vgl. Kripke 1971, 136; Kripke 1972, 3 (dt. 9).
[30] Vgl. Kripke 1972, 3–9 (dt. 10–16).

Wahrheiten zu, die unabhängig von der Erfahrung erkannt werden können. Notwendigkeit hingegen ist eine metaphysische Eigenschaft, die ausdrückt, daß die Welt in dieser Hinsicht nicht hätte anders sein können.[31] Beide Begriffe haben nicht nur nicht die gleiche Intension, sie haben auch nicht die gleiche Extension. Wahre Identitätsaussagen zwischen Eigennamen sind nämlich notwendige Wahrheiten a posteriori. Zwar mußte erst entdeckt werden, daß der Morgenstern identisch mit dem Abendstern ist, aber nun, da diese Entdeckung einmal erfolgt ist, kann es nicht mehr anders sein.[32]

§ 3   Kripkes Notwendigkeitsthese für nominale Identifikationen ist eine schlichte Konsequenz der von ihm gewählten Terminologie. Eigennamen gelten als starre Bezeichnungsausdrücke, bezeichnen also in aller möglichen Welten dasselbe. Notwendige Wahrheiten sind solche wahren Aussagen, die in keiner möglichen Welt falsch werden.[33] Daraus folgt, daß wahre Identitätsrelationen zwischen Eigennamen notwendig wahr sind.

§ 3   Kripkes Theorie der Eigennamen ist plausibel — was allerdings auch für die Gegenposition gilt.[34] In unserem Zusammenhang sind jedoch weniger Eigennamen von Interesse als vielmehr Prädikate einer Theorie. Kripkes zentrale These ist hier, daß auch theoretische Identifikationen den Status *notwendiger Wahrheiten a posteriori* aufweisen. Es ist demnach notwendig und nicht kontingent, daß Wärme mit der mittleren kinetischen Energie von Molekülen identisch ist.[35] ‚Wärme' ist ein starrer Bezeichnungsausdruck und meint in allen möglichen Welten die mittlere kinetische Energie der Moleküle. Das heißt allerdings nicht, daß die mittlere kinetische Energie der Moleküle in jeder möglichen Welt auch für die Wärmeempfindung verantwortlich ist. Vielmehr könnte man sich eine Situation vorstellen, in der keine Wesen mit der Fähigkeit der Wärmeempfindung existierten. Diese wäre jedoch nicht als eine Situation

---

[31] Vgl. Kripke 1972, 34 – 37 (dt. 44 – 46).

[32] Vgl. Kripke 1972, 107 – 108 (dt. 124 – 125).

[33] Vgl. Kripke 1972, 109 (dt. 126).

[34] Diese ist eine fortentwickelte Variante der Frege-Russell-Theorie der Eigennamen. Sie findet sich beispielhaft erläutert in Searle 1958, 166 – 173.

[35] Es wäre in diesem Zusammenhang angemessener, sich auf die Temperatur statt auf die Wärme zu beziehen. Kripke weist dies zurück, weil er beim Bezug auf den Temperaturbegriff Schwierigkeiten wegen der Möglichkeit alternativer Skalen befürchtet (Kripke 1972, 129 (dt. 148)). Wir schließen uns in diesem Abschnitt an Kripkes Sprachgebrauch an.

zu beschreiben, in der es keine Wärme gäbe, sondern als eine Situation, in der die Wärme von niemandem empfunden würde.[36]

Dem liegt die Vorstellung zugrunde, daß die phänomenale Beschreibung von Wärme (als Ursache der Wärmeempfindung) nicht die Bedeutung von ‚Wärme' festlegt, sondern bloß die Extension dieses Begriffs. Man weiß noch nicht, was Wärme ist, wenn man nur über Wärmeempfindungen spricht; diese sind *kontingente* Eigenschaften der Wärme. Im Gegensatz dazu ist die Molekülbewegung eine *wesentliche* Eigenschaft der Wärme. Ein Phänomen, dem diese wesentliche Eigenschaft fehlte, würden wir nicht ‚Wärme' nennen:

> We have discovered a phenomenon which in all possible worlds will be molecular motion — which could not have failed to be molecular motion, because that's what the phenomenon *is*. On the other hand, the property by which we identify it originally, that of producing such and such a sensation in us, is not a necessary property but a contingent one. This very phenomenon could have existed, but due to differences in our neural structures and so on, have failed to be felt as heat.[37]

Die wissenschaftlichen Bestimmungen sind also wesentlich; sie zielen auf das Wesen des Phänomens. Ist dieses einmal erkannt, so ist keine kontrafaktische Situation denkbar, in der wir demselben Phänomen die wesentlichen Eigenschaften wieder aberkennen würden. Es handelte sich dann nämlich um ein anderes Phänomen. Insofern kommen diesem Phänomen seine wesentlichen Eigenschaften in allen möglichen Welten und damit notwendig zu. Die scheinbare Kontingenz der Identifikation von Wärme und Molekülbewegung rührt daher, daß die Extension von ‚Wärme' über ein kontingentes Merkmal (eben die Wärmeempfindung) festgelegt wird. Dies erklärt, warum trotz der faktisch bestehenden Notwendigkeit dieser Identifikation der irreführende Eindruck ihrer Kontingenz entsteht.[38]

Die Position Kripkes läßt sich durch die folgenden Grundsätze rekonstruieren:

---

[36] Vgl. Kripke 1972, 129 – 130 (dt. 147 – 149).

[37] Kripke 1972, 133 (dt. 152) (Hervorhebung im Original). Zur Argumentation insgesamt vgl. Kripke 1972, 131 – 133 (dt. 150 – 152).

[38] Diese Argumentation zeigt, daß Kripke das Leibniz-Prinzip nur auf die wesentlichen Eigenschaften anwendet. Die Trans-Welt-Identität einer Größe, also ihre Identität in allen möglichen Welten, verlangt nur, daß die wesentlichen Eigenschaften übereinstimmen, während die unwesentlichen Eigenschaften verschieden sein können. Diese Schlußfigur weist erkennbar Ähnlichkeiten mit unserer Diskussion des Täuschungsarguments auf (vgl. III.1. § 5) und macht erneut deutlich, daß das Leibniz-Prinzip nicht uneingeschränkt angewendet werden sollte.

(1) *Realismusthese*: Es gibt von Natur aus wesentliche Eigenschaften der Dinge und der Phänomene. Das Wesen der Dinge und der Phänomene ist naturgegeben.

(2) *Essentialismusthese*: Die wesentlichen Eigenschaften der Dinge und der Phänomene werden von der Wissenschaft entdeckt. Die Wissenschaft führt zu einer beständigen Anhäufung von Wissen über das Wesen der Dinge.

(3) *Kontingenzthese*: Neben den wesentlichen Eigenschaften gibt es Merkmale, die den Dingen und den Phänomenen nicht von Natur aus zukommen, sondern ihnen bloß zugeschrieben werden. Dazu zählen die phänomenalen Eigenschaften, die die Wirkung dieser Größen auf unser Sinnessystem beschreiben.

(4) *Semantische These*: Die wesentlichen Eigenschaften bestimmen die Intension; über die kontingenten Merkmale wird höchstens die Extension festgelegt.

(5) *Schluß*: Alle wesentlichen Eigenschaften und nur diese sind notwendig. Eine Änderung bei den wesentlichen Eigenschaften ist ausgeschlossen, da wir dann ipso facto über ein anderes Phänomen sprächen. Für kontingente Merkmale gilt dies gerade nicht. Es ist daher zwar notwendig, daß Wärme mit Molekülbewegung identisch ist, aber es ist nicht notwendig, daß Wärme wärmt.

Kripkes Auffassung ist nicht ohne Schwierigkeiten durchführbar. So ist die Realismusthese problematisch, und die Essentialismusthese entspricht schwerlich dem wissenschaftstheoretischen Forschungsstand. An dieser Stelle ist es jedoch nicht das Ziel, Kripkes Modell theoretischer Identifikationen zu kritisieren. Hier ist allein die Frage wichtig, warum für Kripke die psychophysische Identifikation *nicht* von diesem Typus sein kann.

§ 4 Kripke diskutiert das Problem der Leib-Seele-Identität am Beispiel der Verknüpfung des psychischen Schmerzphänomens mit seinem neuralen Korrelat, als das die Erregung von ‚C-Fasern' gelten soll. Wenn die Identitätstheorie korrekt wäre, so müßte die Erregung von C-Fasern wesentliche Eigenschaft des Schmerzes sein (wie die Molekülbewegung wesentliche Eigenschaft der Wärme ist). Das Wesen des Schmerzes würde also durch die C-Faser-Reizung bestimmt, Schmerz und C-Faser-Reizung wären notwendig miteinander identisch.

Dies ist jedoch zumindest dem Augenschein nach nicht der Fall. Schmerz und C-Faser-Reizung erscheinen unabhängig voneinander denkbar; ihre Identität ist daher bestenfalls kontingent. Nun gilt alles dies sinngemäß auch für den Fall der thermokinetischen Identifikation, da auch dort molekulare Bewegungsenergie und Wärme zumindest dem Anschein nach verschieden sind. Der entscheidende Unterschied besteht für Kripke jedoch darin, daß im thermokinetischen Fall der Anschein der Kontingenz erklärt und als Täuschung aufgewiesen werden kann. Es ist nämlich gezeigt worden, daß Wärme und kinetische Energie der Moleküle nur deshalb verschieden zu sein scheinen, ihre Identität nur deshalb kontingent zu sein scheint, weil die Referenz von ‚Wärme‘ über die kontingente Eigenschaft der Wärmeempfindung festgelegt wird. Im Falle des Schmerzes besteht diese Möglichkeit gerade nicht. Die Schmerz*empfindung* ist die *wesentliche* Eigenschaft des Schmerzes; das Wesen des Schmerzes ist durch seine phänomenale Qualität bestimmt. Anders als für die Wärme gilt für den Schmerz, daß dasjenige, was als Schmerz empfunden wird, auch Schmerz *ist*. Die Kontingenz der psychophysischen Identität kann hier also nicht mehr als Täuschung wegerklärt werden; sie besteht tatsächlich. Da aber alle wahren Identitäten notwendig sind, sind Physisches und Psychisches nicht miteinander identisch.[39]

Der entscheidende Punkt dieses Arguments ist, daß Kripke bei psychischen Phänomenen die Essentialismusthese außer Kraft setzt: Bei mentalen Ereignissen werden die wesentlichen Eigenschaften nicht durch die Wissenschaft, sondern durch die Introspektion bestimmt. Mit anderen Worten, Kripke wechselt von einem Realismus für den physikalischen Bereich in einen Phänomenalismus für den Bereich der psychischen Größen. Die Stichhaltigkeit seiner Argumentation hängt entscheidend davon ab, ob diese Verschiebung gerechtfertigt ist.

Dabei fällt zunächst auf, daß Kripkes Argument sicher nicht auf alle psychischen Zustände verallgemeinerbar ist. Insbesondere für intentionale Zustände (etwa des Glaubens oder des Wissens) ist der introspektive Zugang durchaus nicht von unbezweifelbarer Zuverlässigkeit (vgl. III.1. § 3). „For we seem to have lots of beliefs we don't *know* we have"[40], bemerkt Rorty zu Recht. Dann aber könnte man sich sehr wohl denken, daß uns gelegentlich erst das Urteil anderer oder das Urteil der Wissen-

---

[39] Zu dieser Argumentation vgl. Kripke 1972, 148 – 153 (dt. 169 – 174).
[40] Rorty 1982, 333 (Hervorhebung im Original).

schaft über das belehrt, was wir wirklich glauben. Daß, wie Kripke behauptet, die Introspektion das Wesen unseres inneren Lebens offenbart, wäre demnach höchstens für Sinnesqualitäten, nicht auch für intentionale Zustände eine stichhaltige Annahme.

Tatsächlich sind jedoch auch im Falle der Sinnesqualitäten Zweifel an Kripkes psychischem Phänomenalismus und der sich daraus ergebenden Unkorrigierbarkeitsthese für Behauptungen über Eigenpsychisches angebracht. Derartige Zweifel wurden von Vertretern der Identitätstheorie bereits artikuliert, bevor Kripke sein Argument konzipierte. Das entscheidende Bedenken ist dabei, daß die Unkorrigierbarkeitsthese unterstellt, daß die eigenen Sinnesqualitäten stets *korrekt* bezeichnet werden. Es sind jedoch Situationen vorstellbar, in denen man diese Annahme aufgeben würde, um eher neuralen Indikatoren als den eigenen Empfindungen zu trauen. So diskutiert Rorty den Fall, daß das neurale Korrelat der Schmerzempfindung (etwa durch das Feiglsche Autocerebroskop) bei einer Person aufweisbar ist, während diese Person denkt, sie habe keine Schmerzen. Der nächstliegende Verdacht wäre dann offenbar, daß diese Person nicht weiß, was Schmerzen sind, daß sie den Schmerzbegriff auf andere Weise als ihre Mitmenschen gebraucht.[41]

Die gleiche Überlegung wird von Meehl in größerem Detail angestellt. Meehl diskutiert ein fiktives autocerebroskopisches Experiment zur Farbwahrnehmung, bei dem in statistisch signifikanter Häufung Fehlbenennungen von Farben auftreten. In diesem Falle stimmt also die eigene, subjektive Einordnung einer Farbe nicht mit den neuralen Indikatoren und auch nicht mit der Einordnung dieser Farbwahrnehmung durch andere Personen überein. Obwohl man fest davon überzeugt ist, z. B. grün zu sehen, soll gelegentlich der physiologische Zustand des Sehzentrums dafür sprechen, daß man rot sieht. Weiterhin sei angenommen, daß die physiologische Untersuchung zutage fördert, daß die Verbindung zwischen dem Seh- und dem Sprechzentrum derart gestört ist, daß in signifikanter Häufung Fehlübertragungen zu erwarten sind. Obwohl also das Sehzentrum faktisch im Zustand rot ist, gelangt zum Sprechzentrum die Nachricht ,grün'; man glaubt daher fälschlich, man sähe grün:

> It is therefore literally correct to say what many philosophers have considered nonsense, namely, sometimes my raw feels seem to be green when they are in fact red.[42]

---

[41] Vgl. Rorty 1965, 43 (dt. 109); ferner Aune 1966, 22.
[42] Meehl 1966, 119; zur Argumentation vgl. Meehl 1966, 106 – 107, 116 – 119. Das gleiche Argument findet sich auch in Armstrong 1968, 108 – 110. Zur weiteren Diskussion dieses Problems vgl. VII.1.

Was Meehl hier beschreibt, stellt genau die Möglichkeit dar, die Kripke für ausgeschlossen hält, nämlich die Zurückweisung eines Phänomenalismus im Bereich der Sinnesqualitäten. Es ist demnach keineswegs absurd, diese Sachlage mit Kripkes Darstellung der thermokinetischen Identifikation zu parallelisieren und zu erklären, daß das *Kriterium* für das Vorliegen der Sinnesqualität der *neurophysiologische* Zustand sei, während die subjektive *Empfindung* auf bloß *kontingente* Weise die Referenz festlege. Auch für psychische Größen könnte man die Auffassung vertreten, daß ihr Wesen durch die Wissenschaft, also durch die Neurophysiologie entdeckt würde[43], und folglich die psychophysische Identität im Kripkeschen Sinne notwendig sei.

Dabei sei betont, daß wir selbst eine derartige Notwendigkeit nicht vertreten, sondern im Gegenteil entschieden bestreiten. Der Zweck dieser Erörterung ist allein, zu zeigen, daß, wenn man sich um des Arguments willen auf Kripkes Modell theoretischer Identifikationen einläßt, psychophysische und thermokinetische Identität in gleichem Maße rekonstruiert werden können, daß also die Behauptung ihrer grundsätzlichen Andersartigkeit nicht auf die von Kripke ins Auge gefaßte Weise gestützt werden kann.

3. *Intentionalität des Mentalen und anomaler Monismus*

§ 1   Im Gegensatz zu den bisher diskutierten Auffassungen, die die Identitätstheorie mit den Mitteln von Logik und Semantik in den Orkus verweisen wollen, steht das besonders einflußreiche Argument Davidsons, der die Theorie mit den gleichen Mitteln in den philosophischen Olymp zu erheben sucht. Gegenstand von Davidsons Apriori-Beweisversuch ist dabei nicht die generelle, sondern die partikulare Variante der Identitätstheorie: Es soll lediglich die Identität besonderer psychischer Zustände oder Ereignisse mit einzelnen physischen Zuständen oder Ereignissen aufgewiesen werden. Davidson zielt gerade nicht auf Theorienreduktion und auf die Erklärung mentaler Phänomene durch physiologische Gesetze, vielmehr schließt er Derartiges explizit aus.[44] Im Blickpunkt steht also allein die Identifikation singularer mentaler Daten mit singularen physikalischen Daten.

---

[43] In der Tat ist dies genau die Position des eliminativen Materialismus (vgl. II.6).
[44] Vgl. Davidson 1970, 207 (dt. 291).

Davidson stützt seine Argumentation auf die folgenden drei Prinzipien:

(1) Es gibt eine kausale Wechselwirkung zwischen psychischen und physischen Zuständen oder Ereignissen.

(2) Jede Kausalbeziehung muß durch ein strenges Gesetz gestützt sein.

(3) Es gibt keine strengen psychophysischen Gesetze.[45]

Aus diesen Prinzipien ergibt sich der partikulare Identismus durch die folgende Schlußkette: Angenommen, ein besonderes mentales Ereignis habe ein partikulares physikalisches Ereignis verursacht, es habe also z. B. der Wunsch nach Zitroneneis zur Einleitung von Schritten zur Verwirklichung dieses Wunsches geführt. Beide Ereignisse, also der Wunsch und der entsprechende Gang zur Eisdiele, müssen dann wegen (2) unter irgendeiner Beschreibung durch ein strenges Gesetz verknüpft sein. Dieses Gesetz kann aber wegen (3) keine psychophysische Verknüpfung sein und muß daher entweder ein psychologisches oder ein physikalisches Gesetz darstellen. Da jedoch nur die Physik, nicht die Psychologie den Anspruch auf Vollständigkeit erheben kann — da es also plausibler ist, anzunehmen, der Wunsch sei ein physikalischer Zustand, als zu vermuten, der Gang zur Eisdiele sei ein mentales Ereignis —, ist zu schließen, daß es sich tatsächlich um ein physikalisches Gesetz handelt, das mentale Ereignis also tatsächlich ein physikalisches Ereignis ist.[46]

Diese überraschende und orginelle Argumentation Davidsons sucht den Identismus gerade aus der *nomologischen Unabhängigkeit* — statt, wie sonst üblich, aus der nomologischen Abhängigkeit — mentaler und materialer Ereignisse zu begründen. Insofern kennzeichnet Davidson seine Position denn auch als *anomalen Monismus* und hält zwar alle mentalen Ereignisse für physikalisch, nicht aber für physikalisch *erklärbar*.[47] Kernstück dieser Auffassung ist offenbar das Prinzip (3), das die Unmöglichkeit psychophysischer Gesetze behauptet. Diese Unmöglichkeit beruht für Davidson darauf, daß physikalische und mentale Ereignisse nur durch wesentlich verschiedene Theoriebildungen erfaßbar sind. Diese Verschiedenartigkeit schließt jede Reduktion der Psychologie auf eine physikalisch orientierte Theorie wie die Neurophysiologie aus.

---

[45] Davidson 1970, 207 − 209 (dt. 291 − 293).
[46] Davidson 1970, 223 − 225 (dt. 314 − 317). Vgl. die Rekonstruktion der Argumentation Davidsons in McGinn 1980, 185 − 186.
[47] Vgl. Davidson 1970, 214 (dt. 300 − 301).

Bevor wir dieses Argument Davidsons näher rekonstruieren, sei zunächst auf die vielseitige Verwendbarkeit von Apriori-Argumenten dieses Typs verwiesen. So ersetzt z. B. McGinn Davidsons methodologisches Argument gegen psychophysische Gesetze durch Kripkes ontologisches Argument gegen solche Gesetze. Im Kontext von Davidsons Gedankenführung beweist dann Kripkes Argument nicht mehr den Dualismus, sondern den partikularen Identismus.[48] Bestreitet man im Davidsonschen Beweis die Prämisse der Vollständigkeit der Physik, so erhält man eine strenge Demonstration des Panpsychismus. Darüber hinaus bleibt ein parallelistischer Dualismus, der jede psychophysische Verursachung bestreitet (vgl. I.2. § 3), von Davidsons Argument völlig unbeeinträchtigt. Der Parallelist könnte die von Davidson behauptete Verschiedenartigkeit psychologischer und physikalischer Theoriebildung gerade als Stütze seiner dualistischen Überzeugungen verstehen. Damit wird deutlich, wie unspezifisch und wie ausdeutbar, wie wenig schlüssig derartige Apriori-Beweise auch dann sind, wenn an ihrer Gültigkeit keinerlei Zweifel bestünde.

§ 2   Zurück zu Davidsons Argument gegen psychophysische Gesetze. Zunächst ist festzuhalten, daß für Davidson mentale Phänomene durch *Intentionalität* gekennzeichnet sind[49]; nur insofern die Psychologie mit Größen wie Überzeugungen und Zielen befaßt ist, kann das Argument auf sie Anwendung finden.[50] Sodann muß hervorgehoben werden, daß das Argument lediglich das Bestehen *gesetzesartiger* Verbindungen ausschließen soll.[51] Akzidentelle psychophysische Verallgemeinerungen sind hingegen durchaus möglich. Die Frage, ob diese tatsächlich existieren, kann nicht Gegenstand der philosophischen Argumentation, sondern lediglich der empirischen Forschung sein. Davidsons Behauptung ist also, daß die Verknüpfung eines psychologischen Prädikats mit einem neurophysiologischen Prädikat bloß *zufällig* sein kann, also höchstens den epistemischen Status der extensionalen Äquivalenz von Wiederkäuern und Paarzehern aufweisen kann.

Die Unmöglichkeit psychophysischer Gesetze beruht für Davidson auf den

> disparate commitments of the mental and physical schemes. It is a
> feature of physical reality that physical change can be explained by

---

[48]   Vgl. McGinn 1980, 186 – 187.
[49]   Zum Begriff der Intentionalität vgl. II.5. § 1 – 2.
[50]   Vgl. Davidson 1970, 210 – 211 (dt. 295 – 296); Davidson 1973, 246 (dt. 344 – 345).
[51]   Zum Begriff der Gesetzesartigkeit vgl. II.5. § 3.

laws that connect it with other changes and conditions physically described. It is a feature of the mental that the attribution of mental phenomena must be responsible to the background of reasons beliefs, and intentions of the individual. There cannot be tight connections between the realms if each is to retain allegiance to its proper source of evidence. [...] when we use the concepts of belief, desire, and the rest, we must stand prepared, as the evidence accumulates, to adjust our theory in the light of considerations of overall cogency: the constitutive ideal of rationality partly controls each phase in the evolution of what must be an evolving theory. [...] We must conclude, I think, that nomological slack between the mental and the physical is essential as long as we conceive of man as a rational animal.[52]

Der entscheidende Aspekt dieses Arguments beruht in der Annahme eines ‚konstitutiven Ideals der Rationalität‘, das zwar die psychologische, nicht aber die physikalische Theoriebildung bestimmen soll. Wenn wir einer Person intentionale Zustände, also Einstellungen und Zielvorstellungen zuschreiben, dann müssen wir uns auf dieses Rationalitätsprinzip stützen, insofern wir uns diese Person ‚als ein vernünftiges Wesen denken‘. Bestünden hingegen gesetzesartige psychophysische Verbindungen, so wäre die Kenntnis des neurophysiologischen Zustandes hinreichend für die Zuschreibung des psychischen Zustandes. Dann aber könnte man jemandem ein mentales Ereignis beilegen, ohne auf das Rationalitätsprinzip zurückzugreifen, und hätte damit den Bereich des Mentalen verfehlt. Man bezöge sich nicht mehr auf intentionale Zustände oder Ereignisse und hätte insofern das Thema gewechselt.

Das bedeutet allgemein: Sowohl Psychologie als auch Physik sind durch bestimmte konstitutive Prinzipien charakterisiert, die in Konflikt miteinander stehen. Eine gesetzesartige Verbindung zwischen beiden würde zu einer Übertragung dieser Prinzipien in den jeweils anderen Bereich und damit zur Inkohärenz führen.[53] Wenn man nämlich ein System von Überzeugungen und Motiven aus dem Verhalten einer Person zu rekonstruieren sucht, so kann dies in angemessener Weise nur durch Rekurs auf Gründe, auf Rationalität also, nicht aber durch gleichsam blinde Anwendung physiologischer Indikatoren geschehen:

in inferring this system from the evidence, we necessarily impose conditions of coherence, rationality, and consistency. These conditions have no echo in physical theory, which is why we can look for no

---

[52] Davidson 1970, 222 – 223 (dt. 312 – 313).
[53] Wir folgen hier der Rekonstruktion von Davidsons Argument durch Kim 1985, 376 – 381.

more than rough correlations between psychological and physical phenomena.[54]

Eine Reduktion der Psychologie auf die Neurophysiologie ist unmöglich, denn dazu hätten psychologische Gesetze durch physiologische Gesetze erklärt zu werden. Dies scheitert jedoch daran, daß die Zuschreibungsbedingungen für Zustände in beiden Bereichen grundsätzlich verschieden sind, und daher der psychophysische Graben durch keinerlei Gesetzmäßigkeiten zu überbrücken ist.

Offenbar gleicht Davidsons Reduktionsbegriff dem in II.5. § 4 diskutierten Konzept Fodors darin, daß für die verknüpfenden Prinzipien der Status der *Gesetzesartigkeit* gefordert wird, während unser in II.2. § 2 entwickeltes Modell bloße *Definitionen* vorsieht. Danach wäre also eine Erklärung der Psychologie durch die Neurophysiologie auch ohne psychophysische Gesetze möglich.

Hier soll nun die Angemessenheit von Davidsons Reduktionsbegriff nicht weiter erörtert und auch die Gültigkeit der Behauptung nicht näher untersucht werden, das Mentale sei in jeder psychologischen Theorie und in allen psychologischen Gesetzen jedweder Allgemeinheitsstufe durch Intentionalität gekennzeichnet (vgl. VII.3). Stattdessen soll die Adäquatheit von Davidsons Rationalitätsprinzip ins Auge gefaßt werden.

§ 3   Die Aufgabe, die Adäquatheit von Davidsons Rationalitätsbegriff zu prüfen, wird durch den Umstand erschwert, daß dazu zunächst der *Inhalt* dieses Prinzips rekonstruiert werden muß. Davidsons eigene Ausführungen hierzu sind skizzenhaft bis nichtssagend, was dazu geführt hat, daß zahlreiche Interpreten damit beschäftigt sind, die Lücken in Davidsons Argumentation zu schließen. Das zwingt dazu, sich zu Beginn mehreren Deutungsvorschlägen im einzelnen zuzuwenden.

Einer dieser Deutungsvorschläge faßt das Rationalitätsprinzip als eine *Norm* auf: Die Zuschreibung propositionaler Einstellungen orientiert sich daran, welche Einstellungen eine Person unter der Voraussetzung anderer Einstellungen haben *sollte*, oder welche Handlungen sie unter der Vorgabe ihres Überzeugungssystems ausführen *sollte*.[55] Diese Auslegung kann sich auf eine Bemerkung Davidsons stützen:

> One way rationality is built in is transparent: the cause must be a belief and a desire in the light of which the action is reasonable.[56]

---

[54] Davidson 1974, 231 (dt. 324).
[55] Vgl. McLaughlin 1985, 355; Kim 1985, 383.
[56] Davidson 1974, 233 (dt. 327).

Demnach bedeutete ‚rational‘ also ‚vernunftgemäß‘ in einem normativen Sinne.

Ein Problem dieses Zuganges — neben der Schwierigkeit zu sagen, was der Vernunft gemäß ist — liegt darin begründet, daß es bekanntlich stets zwei Gründe für eine Handlung gibt, einen guten Grund und den wirklichen Grund. Ein normativ gedeutetes Rationalitätsprinzip liefert offenbar den guten Grund, nicht den wirklichen Grund. Es bedeutet damit eine Abkehr von der empirischen Wissenschaft und eine Hinwendung zur praktischen Philosophie. Psychologie wäre als angewandte Ethik aufzufassen.

Darüber hinaus hat Fodor darauf aufmerksam gemacht, daß die Zuschreibung propositionaler Einstellungen gelegentlich gerade umgekehrt auf der Annahme aufbaut, daß die entsprechende Person nicht gänzlich rational — im Sinne von vernunftgemäß und sachlich angemessen — denkt. Eine solche Vorgehensweise kommt immer dann zum Tragen, wenn wir unseren Mitmenschen übertölpeln oder ihm eine Falle stellen wollen (und sei es auch nur in ethisch so unbedenklichen Zusammenhängen wie dem Schachspiel). In derartigen Fällen hoffen wir nämlich, daß unser Nächster die Fußangel nicht bemerkt oder nicht versteht oder aber glaubt, es gebe keinen Ausweg. Die intentionale Rede setzt hier offenbar an der Erwartung einer Verletzung der Rationalitätsnorm an.[57]

Eine andere Rekonstruktion spezifiziert das Rationalitätsprinzip durch die Forderung der Transitivität von Präferenzen — wenn eine Person b a vorzieht und c b, dann zieht sie auch c a vor — oder verlangt, daß Entscheidungen zu Präferenzen passen, oder daß das Überzeugungssystem deduktiv geschlossen ist, daß also offenbare Konsequenzen einer Überzeugung wieder Überzeugungen sind.[58]

Nun ist die faktische (und nicht nur die ideale) Geltung dieser Grundsätze durchaus fraglich. Diese jedoch unterstellt, haben die Grundsätze nur deshalb ‚kein Echo in der physikalischen Theorie‘ (um Davidsons Formulierung aufzugreifen), weil die Physik nicht von Überzeugungen handelt. In einem allgemeiner gefaßten Sinne ist aber selbst diese

---

[57] Vgl. Fodor 1981, 106. Fodor schließt diese Überlegung mit der Bemerkung ab: „we do not play chess on the assumption that our opponent will make the optimal move; indeed (a small point) in any game much more complicated than, say, tick-tack-toe, one is unlikely to have a clue as to what the optimal move is, or even, indeed whether one exists. The intentionality of one's opponent's propositional attitudes is not thereby impugned" (ebd.).

[58] Vgl. Kim 1985, 376, 380.

Unterscheidung problematisch. Zweifellos: Physikalische Theorien sind eher deduktiv geschlossen als Überzeugungssysteme, Längenmessungen eher transitiv als Präferenzen. Und sofern nicht direkt beobachtbare Überzeugungen und Zielvorstellungen auf solche Weise zugeschrieben werden müssen, daß sie zu beobachtbaren Handlungen passen, heißt dies doch nur, daß aus theoretischen Gründen unterstellte Zustände derart zu spezifizieren sind, daß sie zu den verfügbaren Daten passen. Und dieser trivialen Forderung wird natürlich auch die Physik zu genügen suchen. Z. B. werden nicht beobachtbare Potentiale derart angesetzt, daß sie auf die beobachtbaren Feldstärken führen. Auch hierin also wird man kaum einen Grund für die Sonderstellung des Mentalen erkennen können.

Eine weitere Rekonstruktion sieht in der *Einsehbarkeit* von Handlungen den Kern von Davidsons Rationalitätsprinzip. Die Bedingung der Einsehbarkeit bestimmt die psychologische Interpretation des Verhaltens, nicht aber die neurophysiologische Beschreibung des Gehirns. Insofern strebt Psychologie ein Verständnis von Bedeutungen an und stellt in diesem Sinne ein *hermeneutisches* Unterfangen dar.[59] Auch diese Deutung kann sich unmittelbar auf Davidson stützen. Bei der Interpretation von Verhalten gilt nämlich, daß unter allen Umständen

> we would have to assume a pattern of beliefs and motives which agreed with our own to a degree sufficient to build a base for understanding and interpreting disagreements.[60]

Während physikalische Zustände durch blinde Regularitäten verknüpft sind, steht die Abfolge mentaler Ereignisse stets unter der Bedingung der vernünftigen Einsehbarkeit.

Hier wird man jedoch darauf verweisen müssen, daß die zugrundegelegte Unterscheidung zwischen dem Erklären der Natur und dem Verstehen des Menschen sowohl der Physik als auch der Psychologie nicht gerecht wird. Auch Einstein bekennt sich zu der Vorstellung einer sich in der Natur ,manifestierenden Vernunft'.[61] Nicht nur der Mensch, auch die Natur wird als vernünftig gedacht. Es ist dieser Glaube an die Vernünftigkeit alles Wirklichen, der z. B. die Hochschätzung von Variationsprinzipien durch die wissenschaftliche Gemeinschaft bestimmt. Derartige Variationsprinzipien spezifizieren Größen, die für faktisch ablau-

---

[59] Vgl. McGinn 1980, 187; Kim 1985, 383.
[60] Davidson 1973, 259 (dt. 362).
[61] Einstein 1934, 10.

fende Prozesse extremal werden (Extremalprinzipien). Von solcher Art sind z. B. das Fermatsche Prinzip (demzufolge das Licht den Weg kürzester Zeit nimmt), das Leibniz so sehr beeindruckte[62], und die Prinzipien von Lagrange, Hamilton und Jacobi, die ausdrücken, daß bestimmte Funktionen der Energie bei tatsächlich realisierten Prozessen (verglichen mit alternativen Prozeßverläufen) einen Extremwert annehmen. Variationsprinzipien formulieren eine Art Ökonomiegrundsatz für natürliche Prozesse, und dies ist vielfach als Indiz dafür betrachtet worden, daß die Natur eine vernünftige, für den Menschen einsehbare Struktur und Ordnung aufweist.

Umgekehrt ist es durchaus problematisch, die Zuschreibung psychischer Zustände notwendig durch ‚einfühlendes Verstehen' bestimmt zu sehen. Diese Auffassung ist an Diltheys Konzeption der Geisteswissenschaften orientiert, wonach die Geisteswissenschaften vor den Naturwissenschaften dadurch ausgezeichnet sind, daß sie durch den Nachvollzug seelischer Vorgänge eine unmittelbare Kenntnis der Sache selbst erlangen, während die Naturwissenschaften stets nur ‚von außen' Beziehungen zwischen Zuständen und Ereignissen feststellen.[63] Derartige Vorstellungen, die auch in anderer, methodologischer Weise problematisch sind und moderne erkenntnistheoretische Untersuchungen mehr belasten als befördern, erfassen jedoch nicht mehr die Arbeitsweise der modernen Psychologie (von der wir in V.2 einen Eindruck vermitteln wollen). Die Psychologie zielt heute auf Kausalgesetze und Verhaltensprognosen und gleicht darin durchaus den Naturwissenschaften. Zwar spielen Einsehbarkeit und Verstehbarkeit eine wichtige *heuristische* Rolle bei der Formulierung von Gesetzmäßigkeiten, doch trifft dies auch auf die Naturwissenschaften zu. Außerdem können Prinzipien wie Einsehbarkeit und Verstehbarkeit eine unabhängige Geltungsprüfung nicht ersetzen.[64]

§ 4 Bisher wurden unterschiedliche Rekonstruktionen des Davidson-Arguments durch verschiedene Davidson-Interpreten vorgestellt und auf ihre sachliche Tragweite hin untersucht. Sie scheinen uns allesamt sachlich unzureichend, um als adäquate Darstellungen der Position Davidsons gelten zu können. Daher soll im Folgenden eine andere Rekonstruktion vorgeschlagen und deren sachliche Gültigkeit diskutiert werden.

---

[62] Disc. mét. § 22 (= Leibniz 1686, 56/57); vgl. Leibniz 1875–1890, IV, 318.
[63] Vgl. dazu die differenzierte Darstellung in Patzig 1973, 45–75.
[64] Vgl. Patzig 1973, 59–61.

Unserer Auffassung nach betrachtet Davidson zwar die Psychologie als hermeneutisches Unternehmen, sieht aber ‚Hermeneutik' durch Erläuterungen wie ‚Einsehbarkeit' und ‚seelischen Nachvollzug' nur unzulänglich präzisiert. Kern der Hermeneutik ist vielmehr, daß die Interpretation von Verhalten nur möglich ist, wenn man ein Zusammenstimmen von Überzeugungen, Zielen und Handlungen voraussetzt, wenn man also ein *kohärentes System* psychischer Zustände unterstellt und darüber hinaus annimmt, daß die Überzeugungen zum großen Teil zutreffen, also *wahr* sind.

Daß solche Voraussetzungen notwendig sind, liegt darin begründet, daß wir aus jemandes Sprachverhalten (z. B. aus der Äußerung von A: ‚ich glaube, daß der Apfel rot ist') nur dann auf eine bestimmte Überzeugung (daß also A an die Röte des Apfels glaubt) schließen können, wenn wir die Bedeutungen kennen, die A seinen Begriffen beilegt. Umgekehrt sind diese Bedeutungen nur aus der Kenntnis seiner Überzeugungen erschließbar. Daraus entsteht eine Unterbestimmtheit des Überzeugungssystems durch die sprachlichen Äußerungen, und diese Unterbestimmtheit läßt sich nur durch Anwendung weiterer, die Interpretation leitender Maximen vermindern oder beseitigen.

Das Rationalitätsprinzip ist eine solche Interpretationsmaxime und hat als solche kein Gegenstück in der physikalischen Theorie. Entsprechend heißt es bei Davidson:

> Beliefs cannot be ascertained in general without command of a man's language; and we cannot master a man's language without knowing much of what he believes. [...] The reason we cannot understand what a man means by what he says without knowing a good deal about his beliefs is this. In order to interpret verbal behaviour, we must be able to tell when a speaker holds a sentence he speaks to be true. But sentences are held to be true partly because of what is believed, and partly because of what the speaker means by his words. The problem of interpretation therefore is the problem of abstracting simultaneously the roles of belief and meaning from the pattern of sentences to which a speaker subscribes over time. [...] In the case of language, the basic strategy must be to assume that by and large a speaker we do not yet understand is consistent and correct in his beliefs − according to our own standards, of course. [...] The interpretation of verbal behaviour thus shows the salient features of explanation of behaviour generally: we cannot profitably take the parts one by one (the words and sentences), for it is only in the context of the system (language) that their role can be specified. When we turn to the task of interpreting the pattern, we notice the need to find it in accord, within limits, with

standards of rationality. In the case of language, this is apparent, because understanding it is *translating* it into our own system of concepts. But in fact the case is no different with beliefs, desires, and actions.[65]

Diese Passage läßt den engen Zusammenhang deutlich werden, der zwischen Davidsons Argument gegen psychophysische Gesetze und Quines These der *Unbestimmtheit der Übersetzung* besteht.[66] Quine entwickelt diese These anhand des Problems der radikalen Übersetzung, also der Übersetzung einer zuvor gänzlich unbekannten Sprache, wie sie z. B. bei einem fernen Eingeborenenstamm gesprochen wird. In diesem Falle kann sich jede Übersetzung allein am *beobachtbaren Verhalten* orientieren; sie muß sich darauf stützen, welchen Sätzen bei welchen äußeren Reizkonstellationen ein eingeborener Sprecher zustimmt und welche er ablehnt. Eines der Ergebnisse der Quineschen Diskussion dieses Szenarios ist dann, daß auf der Grundlage dieser beschränkten Datenbasis keine eindeutige Trennung zwischen der Klärung der Bedeutung von Begriffen und der Untersuchung der sachlichen Geltung von Aussagen durchgeführt werden kann. Erst durch die Einbindung in ein Netzwerk anderer Sätze, erst durch Einfügen in ein begriffliches System oder eine Theorie erhalten Sätze Bedeutung, während umgekehrt dieses Netzwerk nur aus einzelnen Sätzen erschließbar ist.

Das sich hier andeutende Dilemma wird dadurch gemildert, wenn auch nicht vermieden, daß man für bestimmte Einzelsätze die Bedeutung weitgehend direkt aus dem beobachtbaren Verhalten erschließen kann, also des Rückgriffes auf das ganze begriffliche System nicht bedarf. Dieses Verfahren reicht jedoch nicht aus, um die Bedeutungen aller Sätze gleichsam vorab, also ohne Kenntnis ihres Zusammenhanges mit anderen Sätzen, zu spezifizieren. Man kann also nicht erst die Bedeutung klären und danach den sachlichen Gehalt untersuchen; vielmehr erschließt sich die Bedeutung oft erst aus dem Gehalt. Durch diese wechselseitige Abhängigkeit entsteht ein Spielraum in der Interpretation eines fremdartigen Begriffssystems, und Quine schlägt vor, diesen durch Annahme eines *Prinzips der Nachsicht* zu beseitigen. Dieses Prinzip drückt die Maxime

---

[65] Davidson 1974, 238 – 239 (dt. 334 – 335) (Hervorhebung im Original).

[66] Tatsächlich verweist Davidson explizit auf das Bestehen eines solchen Zusammenhangs. Vgl. Davidson 1970, 222 – 223 (dt. 312 – 313).

aus, daß im Zweifelsfall die Bedeutungszuschreibung auf solche Weise erfolgen sollte, daß die größtmögliche Zahl von Aussagen *wahr* wird.[67]

In diesem Modell Quines deutet sich eine Theorie der Hermeneutik an: Es werden Grundsätze entwickelt, aufgrund derer die *Zuschreibung von Einstellungen* erfolgen soll. Die am Phänomen der radikalen Übersetzung aufgefundenen Charakteristika finden sich nämlich (wenn auch in abgeschwächter Form) ebenso bei der Interpretation von Sprache und Verhalten im allgemeinen. So taucht bei der Interpretation von Texten — speziell von *apophantischen* Texten, d. h. Texten, in denen in systematischer Absicht Behauptungen formuliert, Geltungsansprüche erhoben und für bzw. gegen diese Geltungsansprüche argumentiert wird — typischerweise das Problem auf, welche Bedeutung ein bestimmter Autor seinen Begriffen beilegt. Diese Bedeutungen lassen sich nur aus dem Zusammenhang des Textes, also aus dem sachlichen Gehalt seiner Behauptungen, erschließen, während sich umgekehrt dieser sachliche Gehalt nur aus der Bedeutung der Begriffe ergibt.

Wenn ein Autor Thesen entwickelt, die sonderbar oder gar falsch erscheinen, so besteht die Möglichkeit, ihm entweder einen Irrtum zuzuschreiben oder aber anzunehmen, man habe ihn falsch verstanden, um daraufhin seine Begriffe umzudeuten. Hier tritt also zumindest der Tendenz nach ebenfalls die wechselseitige Abhängigkeit zwischen Bedeutung und sachlichem Gehalt auf, die für die Situation der radikalen Übersetzung kennzeichnend ist. Dies macht deutlich, daß die Datengrundlage (sei es ein Text, sei es sprachliches Verhalten generell) die Zuschreibung von Überzeugungen im allgemeinen nicht eindeutig festlegt, und daß es zur Herbeiführung einer solchen Eindeutigkeit weiterer Prinzipien bedarf. Neben dem bereits erwähnten Prinzip der Nachsicht wird dafür häufig ein *Kohärenzprinzip* herangezogen, demzufolge das zugeschriebene Einstellungssystem widerspruchsfrei und deduktiv organisiert sein soll. Es wird unterstellt, daß die Überzeugungen miteinander verträglich und miteinander verbunden, d. h. möglichst nicht gegeneinander isoliert sind.

Diese Darstellung macht die Ähnlichkeit zu der oben wiedergegebenen Position Davidsons deutlich. Davidson betont in der angeführten Passage die Analogie zwischen dem Problem der Übersetzung (d. h. hier: der Textinterpretation) und der Deutung von Verhalten. Er verweist auf die wechselseitige Abhängigkeit von Bedeutung und sachlichem Gehalt

---

[67] Vgl. Quine 1960, 9–17, 31–40, 58–60 (dt. 30–44, 66–83, 113–115). Quine formuliert seine These nur für Extensionen, da er dem Begriff der Bedeutung skeptisch gegenübersteht.

und begründet auf diese Weise, daß beide Aspekte nicht unabhängig voneinander und nacheinander betrachtet werden können. Diese wechselseitige Abhängigkeit erzeugt eine Mehrdeutigkeit, die nur durch Annahme einschränkender Bedingungen vermindert werden kann. Die Strategie der Interpretation muß daher sein, solche Einschränkungen in Form der Unterstellung weitestgehender Konsistenz und Korrektheit vorzunehmen. Das heißt, daß Davidson das Prinzip der Nachsicht *und* das Prinzip der Kohärenz zur Auszeichnung bestimmter Interpretationen heranziehen will, und es sind allem Anschein nach diese Grundsätze, die im Kern das für das Psychische konstitutive Prinzip der Rationalität ausmachen.

§ 5   Es sei nun zunächst der *Status* dieses Rationalitätsprinzips näher ins Auge gefaßt. Dazu ist wieder ein Blick auf die Naturwissenschaften hilfreich. Auch in den Naturwissenschaften begegnet man nämlich dem Problem, daß eine Theorie anhand der Tatsachen nicht eindeutig beurteilbar ist. Da falsche Prämissen wahre Konsequenzen haben können, besteht die Möglichkeit begrifflich miteinander unverträglicher, gleichwohl empirisch voneinander ununterscheidbarer Theorien. Schon Hipparch bemerkte, daß eine Exzentertheorie, die die Sonne auf einer gleichförmig durchlaufenen Kreisbahn ansiedelte, die Erde jedoch aus dem Mittelpunkt dieser Kreisbahn herausrückte, auf die gleichen astronomischen Resultate führte wie eine Epizykeltheorie, die die Erde im Zentrum der Sonnenbahn beließ, zusätzlich jedoch eine epizyklische Bewegung der Sonne einführte.[68] Ebenso waren anfangs die Lorentzsche Elektronentheorie und die Einsteinsche Spezielle Relativitätstheorie empirisch äquivalent. Wenn in solchen Fällen die Tatsachen versagen, wird der Grad der Bestätigung, das Maß der Akzeptabilität einer Theorie anhand *methodologischer Kriterien* bestimmt. Methodologische Kriterien wie Einfachheit, Exaktheit, Erklärungskraft und heuristische Fruchtbarkeit markieren also über die Tatsachenkonformität hinausgehende Anforderungen an akzeptable Theorien. Das bedeutet, daß die Geltung von Theorien zum Teil durch *transempirische* Aspekte festgelegt ist.[69]

---

[68] Vgl. Theon von Smyrna 1878, 166, 188. Dazu Duhem 1908, 6 („Hipparque semble avoir été grandement frappé de cette concordance entre les résultats de deux hypothèses très différentes"); Mittelstraß 1962, 170 – 171, 176. Ein entsprechender Hinweis auf die geometrische Äquivalenz von geozentrischen und heliozentrischen Systemen findet sich bei Leibniz in „Tentamen de motuum coelestium causis" (1689) (vgl. Leibniz 1849 – 1863, VI, 146 Anm.).

[69] Zu dieser Darstellung vgl. Carrier 1986a, 42 – 44.

Offenbar ist aber genau dies auch die Funktion von Nachsichtsprinzip und Kohärenzprinzip. Beide Prinzipien ermöglichen es erst, bestimmte Interpretationen auszuzeichnen; erst durch sie wird eine Auswahl unter Textinterpretationen oder Verhaltenserklärungen möglich, die im Lichte der verfügbaren Daten gleichberechtigt erscheinen. Damit zeigt sich aber, daß Rationalitätsprinzipien und methodologische Kriterien den gleichen Zwecken dienen und in diesem Sinne funktional analog sind. Rationalitätsprinzipien sind das hermeneutische Gegenstück zu methodologischen Kriterien. Ihrem systematischen Stellenwert oder formalen Status nach sind Rationalitätsprinzipien insofern nicht einzigartig und auf eine hermeneutisch orientierte Psychologie beschränkt, sie treten vielmehr auch in den Naturwissenschaften auf.

§ 6   Damit zur inhaltlichen *Adäquatheit* beider Rationalitätsprinzipien. Während uns das Kohärenzprinzip als eine durchaus plausible und naheliegende Maxime erscheint, halten wir das Prinzip der Nachsicht nur für eingeschränkt brauchbar. Insbesondere in der Wissenschaftsgeschichtsschreibung hat die Befolgung des Prinzips der Nachsicht häufig unglückliche Wirkungen gehabt. Ein Beispiel: Thorpe sieht im Jahre 1921 den entscheidenden Aspekt von Cavendishs Aufsatz von 1766, in dem dieser Phlogiston und Wasserstoff miteinander identifiziert, darin, daß dort die Theorie einer universellen und elementaren Luft zurückgewiesen werde. Tatsächlich findet sich von einer derartigen Distanzierung in der Arbeit wenig. Cavendish beschreibt vielmehr lediglich die verschiedenartigen Eigenschaften mehrerer Gase präziser, als dies zuvor geschehen war, ohne jedoch diese Unterschiedlichkeit der Eigenschaften erkennbar als Argument gegen die Interpretation aufzufassen, alle Gase seien nur Modifikationen der universellen Luft.

Thorpes Deutung liegt anscheinend gerade das Prinzip der Nachsicht zugrunde: Dem zu interpretierenden Autor sind so viele korrekte Ansichten wie eben möglich beizulegen. Das schließt eine Würdigung von Cavendishs Arbeit auf der Grundlage der *falschen* Phlogistontheorie aus. Vielmehr muß sich die Interpretation bemühen, in Cavendishs Arbeit zumindest keimhaft einen Aspekt auszumachen, der auch heute als zutreffend gilt. Wissenschaftsgeschichtsschreibung unter der Schirmherrschaft des Prinzips der Nachsicht deutet die Vergangenheit einseitig aus dem Blickwinkel der Gegenwart, beurteilt den Gang der Wissenschaft allein danach, ob und gegebenenfalls welche Beiträge zum heutigen Wissen geliefert wurden, sieht Wissenschaft final auf den jeweils letzten

Stand der wissenschaftlichen Dinge hin orientiert. Kurzum, das Prinzip der Nachsicht zeichnet, wenn es allein die Darstellung bestimmt, Interpretationen aus, die aus anderen, z. B. historischen, Gründen unangemessen sein können. Daher ist das Prinzip ungeeignet, als uneingeschränkter Garant von Rationalität zu dienen.[70]

Unbeschadet dieser Kritik des Prinzips der Nachsicht in wissenschaftlichen Zusammenhängen gilt in allgemeineren, darunter auch philosophischen Zusammenhängen das Prinzip, die Argumente eines Autors oder eines Textes in der Auseinandersetzung mit ihm so stark wie möglich zu machen. Auf diese Weise entgeht man der Gefahr, in der Kritik unterhalb des tatsächlichen Niveaus des kritisierten Autors oder des kritisierten Textes zu bleiben. Insofern verbindet sich ein richtig verstandenes Prinzip der Nachsicht mit dem auch hier der Darstellung des Leib-Seele-Problems und seiner Lösungsbemühungen zugrundegelegten Begriff der *Rekonstruktion*. Rekonstruktion bedeutet weder (bloß) beschreibende Analyse noch willkürliches Verlassen des zu rekonstruierenden Gegenstandes. Vielmehr liegt eine Rekonstruktion dort vor bzw. gilt dort als gelungen oder adäquat, wo eine Konstruktion K', für einen gegebenen begrifflichen Zusammenhang K substituiert, K nicht nur in allen wesentlichen Teilen korrekt wiedergibt, sondern zugleich diejenigen Intentionen, die K zu erfüllen sucht, besser – zumindest nicht schlechter – erfüllt als K. Insofern unterscheidet sich auch eine Rekonstruktion von einer Interpretation im üblichen Sinne durch die bewußte Veränderung ihres Gegenstandes, allerdings unter Beachtung seiner wesentlichen Eigenschaften. Rekonstruktionen heben, im Unterschied zu Interpretationen, die Distanz zwischen Produktion und Rezeption auf, d. h., sie setzen sich im Sinne der gegebenen Definition an die Stelle des Gegenstandes, mit dem Anspruch, er selbst, nur in anderer, klarerer Form zu sein.[71]

Daher ist auch der Versuch, einen Autor besser zu verstehen, ‚als er sich selbst versteht‘, durchaus sinnvoll. Wesentlich ist dabei, eine Auffassung so zu formulieren, daß sie in einer sich weiterentwickelnden Geschichte (Meinungs-, Philosophie- oder auch Wissenschaftsgeschichte) ‚diskutierbar‘ bleibt, ohne daß dies bedeuten würde, allein die Maßstäbe der Gegenwart auf ältere Auffassungen anzuwenden. So verstanden ist denn auch das Prinzip der Nachsicht ein *philosophisches Prinzip*, das eine ‚Hermeneutik der Wahrheit‘ zu organisieren vermag, ohne diese

---

[70] Zum angeführten Beispiel vgl. Carrier 1986b, 207–208. Für weitere Argumente gegen das Prinzip der Nachsicht vgl. McAllister 1986, 324–326.
[71] Zu diesem Begriff der Rekonstruktion vgl. Mittelstraß 1984e, 125–129 (engl. 39–93).

Wahrheit, auch in historischen Dingen, irgendwie garantieren zu können. Im Gegenteil. Wie das angeführte Beispiel lehrt, verfälscht es häufig, wenn es, bezogen auf ein gegenwärtiges Wissen, zum alleinigen Garanten der Rationalität und der historischen Analyse wissenschaftlicher Entwicklungen genommen wird, die (wissenschafts-)historische Wahrheit.

Außerdem vermag das Prinzip der Nachsicht, verbunden mit dem hier explizierten Begriff der Rekonstruktion, den Anstoß für ein weiteres hermeneutisches Problem zu geben, das gewissermaßen noch unterhalb des hier formulierten philosophischen Prinzips angesiedelt ist. Vertritt ein Autor nämlich eine für unsere Ohren absurd klingende These, so hat man sich zu fragen, ob man ihn nicht vielleicht falsch verstanden hat. Wenn Davidson etwa in einer der oben angeführten Passagen davon spricht, die Bedingungen der Kohärenz, Rationalität und Widerspruchsfreiheit hätten kein Echo in der physikalischen Theorie, so erscheint dies zunächst als offenbarer Unsinn. Schließlich gelten diese Bedingungen vielfach in den Naturwissenschaften als beispielhaft erfüllt. An dieser Stelle greift dann das Prinzip der Nachsicht, denn, wie Quine zu Recht bemerkt:

> The common sense behind the maxim [dem Prinzip der Nachsicht] is that one's interlocutor's silliness, beyond a certain point, is less likely than bad translation — or, in the domestic case, linguistic divergence.[72]

Die Anwendung des Prinzips der Nachsicht wirkt insofern bisweilen fruchtbar, als es dort ein Verständnisproblem schafft, wo sich ansonsten eine auf Mißverstehen beruhende Ablehnung ergeben könnte. Auf unseren Fall angewandt: Die Vermutung liegt nahe, daß Davidson an der angeführten Stelle seine Begriffe auf eigentümliche Weise verwendet; es ergibt sich die Aufgabe, ihre Bedeutung angemessen zu verstehen. Allerdings hängt dann die Auszeichnung einer bestimmten Deutungshypothese weniger davon ab, welche Auffassung wir selbst vertreten, als davon, welche Interpretation ‚stimmig' ist, welche am besten in das Gesamtsystem von Davidsons Theorie paßt, welche in größtem Maße kohärent ist. Das Kohärenzprinzip ist ein vernünftiger Grundsatz der Hermeneutik.

§ 7   Damit stellt sich abschließend die Frage, ob die Verwendung des Kohärenzprinzips die Sonderstellung der hermeneutisch verfahrenden Disziplinen zu begründen vermag. Schließlich ist bislang nur gezeigt

---

[72] Quine 1960, 59 (dt. 115).

worden, daß die methodologischen Kriterien in den Naturwissenschaften den hermeneutischen Prinzipien in einem *formalen* Sinne analog sind. Gleichwohl könnte der *Inhalt* des Kohärenzprinzips die Hermeneutik auszeichnen. Vieles deutet darauf hin, daß dies nicht der Fall ist, daß vielmehr auch die Naturwissenschaften ein Kohärenzprinzip als methodologische Regel befolgen. Um dies zu zeigen, ist es nützlich, sich Hempels Diskussion der Entwicklung der Methoden der Zeitmessung zu vergegenwärtigen.

Im Grundsatz könnte man, so Hempel, die Messung der Zeit auf den Pulsschlag des Dalai Lama stützen. Diese Wahl führte jedoch nicht auf Gesetze mit der Einfachheit und dem Bestätigungsgrad der klassischen Mechanik. Die Gründung der Zeitmessung auf die tägliche Rotation der Erde empfiehlt sich also deshalb, weil auf diese Weise ein kohärenter Korpus von Gesetzen möglich wird. Umgekehrt zeigt sich dann gerade auf der Grundlage dieser Gesetze, daß die Gezeitenreibung die tägliche Rotation langsam abbremst. Wollte man die Rotation als Zeitstandard beibehalten, würde dies zu einem wesentlich umständlicheren Gesetzessystem führen, dem die ursprüngliche deduktive Systematik und Kohärenz fehlte. Deshalb ist der Übergang auf einen anderen Zeitstandard angemessen – wie er heute durch die Auszeichnung einer bestimmten Lichtfrequenz realisiert ist.[73]

An dieser Schilderung springt die wechselseitige Abhängigkeit zwischen dem Einzelbegriff ‚gleiche Zeitdauer‘ und dem System der mechanischen Gesetze ins Auge – die mit der wechselseitigen Abhängigkeit zwischen der Interpretation einzelner Worte und der Interpretation des Gesamtsystems der Überzeugungen und Ziele parallelisiert werden kann. Aus der bloßen Beobachtung empirischer Prozesse läßt sich nicht ablesen, welche von ihnen gleiche Zeitdauern repräsentieren – ebensowenig wie man aus der bloßen Beobachtung des Sprachverhaltens unmittelbar die Einstellungen erschließen kann. Vielmehr stellt sich die adäquate Bedeutungszuschreibung des Einzelbegriffs erst vor dem Hintergrund der Kohärenz des Gesamtsystems heraus – wie die Verwendung der Begriffe und damit die einzelne Einstellung erst durch den Zusammenhang des Überzeugungssystems spezifiziert wird. Umgekehrt kann man das Gesetzessystem nur durch die Bildung adäquater Einzelbegriffe überhaupt formulieren – wie auch das System der Überzeugungen nur aus der

---

[73] Vgl. Hempel 1952, 74 (dt. 68). Hempels Diskussion stützt sich auf die Behandlung des Problems in Schlick 1925, 92–93.

Kenntnis der einzelnen Einstellungen erschließbar ist. Diese wechselseitige Abhängigkeit zwischen der Bedeutung der Begriffe und der Geltung
der Gesetze – der Zuschreibung eines Überzeugungssystems – erzeugt
eine Mehrdeutigkeit, die durch Annahme des Kohärenzprinzips als einschränkender Bedingung für die Bildung des Gesetzessystems – des
Überzeugungssystems – vermindert werden kann.

Zudem zeigt dieses Szenario der Koevolution von Begriff und Theorie, daß man stets auf die Möglichkeit weiterer theoretischer Modifikationen vorbereitet sein muß. Der Grundsatz der Kohärenz kontrolliert
jede einzelne Phase der Entfaltung einer Theorie – was wortgleich im
hermeneutischen Fall gilt. Diese Darstellung legt somit nahe, daß das
Verhältnis von Begriffs- und Theoriebildung in den Naturwissenschaften
genau diejenigen Charakteristika aufweisen kann, die Davidson zufolge
für die Beziehung von Begriffsbedeutung, Einzeleinstellung und Überzeugungssystem kennzeichnend sind.

Davidson würde möglicherweise entgegnen, diese Parallelisierung
vernachlässige den Unterschied, daß es im naturwissenschaftlichen Falle
um *allgemeine* Gesetze gehe, während sich die hermeneutische Situation
auf die Überzeugungen und Ziele einer *einzelnen* Person beziehe.[74] Aber
auch die Naturwissenschaften haben besondere Einzelfälle im Blick. So
versucht man z. B. bei einem astrophysikalischen Modell der Sonne aus
plausiblen Annahmen über mikroskopische Prozesse zu einer Abschätzung makroskopischer Parameter (etwa der Temperatur im Sonnenzen-
trum) zu gelangen und leitet aus diesen bestimmte Werte für beobachtbare Größen (z. B. den Neutrinofluß) ab. Zwar gelten die theoretischen
Annahmen nicht allein für die Sonne, aber das Modell insgesamt ist auf
die Erklärung dieses Einzelfalls zugeschnitten. Wenn hier ein Unterschied
verbleibt, so ist er sicher nicht bedeutsam genug, um von ihm begründet
auf die Unterschiedlichkeit der ‚konstitutiven Prinzipien‘ von Naturwissenschaft und hermeneutischer Psychologie zu schließen. Wir gelangen
also zu dem Ergebnis, daß sich auch dann, wenn man die Psychologie
tatsächlich (wie von Davidson unterstellt) als hermeneutische Disziplin
auffaßt, die von Davidson beanspruchten wesentlichen Abweichungen
von der Vorgehensweise der Naturwissenschaften nicht rekonstruieren
lassen. Davidsons Argumentation ist daher nicht schlüssig.

---

[74] Diese Differenz betont Davidson 1976, 267 (dt. 371–372).

IV. Das Ich als Steuermann

§ 1   Nachdem im vorangegangenen Kapitel die Versuche geschildert und diskutiert wurden, die Identitätstheorie mit den Mitteln apriorischer Demonstration zu begründen oder zurückzuweisen, soll nun eine moderne dualistische Version ins Auge gefaßt werden, nämlich der Interaktionismus von Popper und Eccles. Genauer handelt es sich dabei um eine erweiterte dualistische Deutung, insofern drei Welten unterschieden werden: die Welt 1 der physikalischen Körper, die Welt 2 der geistig-seelischen Zustände und Ereignisse und die Welt 3 der ,objektiven Gedankeninhalte', die in gleicher Weise (als ,drittes Reich') schon bei Frege auftritt.[1] Nach Frege sind die Gedanken

> weder Dinge der Außenwelt noch Vorstellungen. Ein drittes Reich muß anerkannt werden. Was zu diesem gehört, stimmt mit den Vorstellungen darin überein, daß es nicht mit den Sinnen wahrgenommen werden kann, mit den Dingen aber darin, daß es keines Trägers bedarf, zu dessen Bewußtseinsinhalte es gehört. So ist z. B. der Gedanke, den wir im pythagoreischen Lehrsatz aussprachen, zeitlos wahr, unabhängig davon wahr, ob irgend jemand ihn für wahr hält. Er bedarf keines Trägers. Er ist wahr nicht erst, seitdem er entdeckt worden ist, wie ein Planet, schon bevor jemand ihn gesehen hat, mit andern Planeten in Wechselwirkung gewesen ist.[2]

An anderer Stelle spricht Frege von einem ,Reich des Sinnes'[3] bzw. einem ,Gebiet des Objektiven, Nichtwirklichen'[4]. In allen Fällen ist gemeint, daß der Gedanke bzw. der Sinn von Behauptungssätzen (der Satzsinn) nicht mit der subjekten Weise des Denkens verwechselt werden darf. ,Objektivität' ist eine Eigenschaft des Gedankens, nicht der physischen und der psychischen Welt.

Eben diese Vorstellung greift Popper auf und verbindet sie einerseits mit seiner Konzeption des Erkenntnisfortschritts, andererseits, in der Behandlung des Leib-Seele-Problems, mit der Konzeption eines reduk-

---

[1] Vgl. Thiel 1980, 673; Ganslandt 1980, 499.
[2] Frege 1918/1919, 43 – 44.
[3] Frege 1923 – 1926, 77.
[4] Frege 1893, XVIII.

tionskritischen, interaktionistischen Dualismus. In ihrer erkenntnistheoretischen Charakterisierung ist die Welt 3 eine selbständige Welt, obwohl sie ein Werk des Menschen ist[5]; ihre Objekte sind reale Objekte, auf die Objekte von Welt 2 und Welt 1 nicht reduzierbar. Welt 3 wird über Problemlösungen, die die Form $P_1 \to TT \to IE \to P_2$ (P_1 das Ausgangsproblem, TT die tentative Theorie als schöpferische Vermutung, IE die Irrtumseliminierung durch rationale Kritik, P_2 die neuen Probleme, die sich aus der erreichten Problemlösung ergeben) besitzen[6], ständig erweitert und beeinflußt zugleich die Welt 2 im Sinne der angegebenen Problemlösungsform: jedes gelöste Problem schafft nicht nur neue Tatsachen (Freges ‚wahre Gedanken'), sondern auch weitere Probleme, die in der Welt 2, mit Folgen selbst für die Welt 1, bearbeitet werden. Ein Rückkopplungsprozeß charakterisiert das Verhältnis der drei Welten untereinander. Darüber hinaus verbindet Popper seine Konzeption der Welt 3, der sich Eccles anschließt, mit evolutionären Vorstellungen:

> the aim-structure of animals or men is not ‚given', but it develops, with the help of some kind of feedback mechanism, out of earlier aims, and out of results which were or were not aimed at. In this way, a whole new universe of possibilities or potentialities may arise: a world which is to a large extent *autonomous*.[7]

Diese Welt, die eine Entwicklung zeigt, insofern sie einer Wechselwirkung mit den Welten 1 und 2 unterworfen ist, hat zugleich eine phylogenetische und ontogenetische Entsprechung auch in der Entwicklung des Gehirns: eine Interaktion zwischen Welt 2 und Welt 3, gemeint ist ihre sprachliche Struktur, führt auch zu einer Veränderung von Welt 1, hier in Form des Gehirns. Eccles teilt auch diese Vorstellungen und erläutert sie ebenfalls anhand der Sprache. Nur der Mensch besitzt eine behauptende Sprache (propositional language) und

> this language can be employed only by subjects who have conceptual thought, which is essentially thought related to components of World 3. This thought transcends the perceptual present. It concerns the uniquely human development, utilizing concepts and symbols and rational arguments. By contrast the behaviour of animals is derived

---

[5] Popper 1972, 118 (dt. 136); vgl. Popper/Eccles 1977, 563 („World 3 transcends not only World 1 but also World 2. It really does exist; and not only does it exist, but it is active; it acts upon us (only, of course, by way of interaction). I conceive the relationship between World 1 and World 2 as being similar") (dt. 661).

[6] Popper 1972, 119 (dt. 136).

[7] Popper 1972, 117 – 118 (dt. 135) (Hervorhebung im Original).

from their perceptual present and their background conditioning. When confronted by a situation, they rely on trial and error rather than on the attempt to understand and to act rationally. They also rely on imitative behaviour. [...] This ideal world will be recognized as the world of the objective spirit – the third World of Popper.[8]

Die Welt 3 hat, wenn man Popper und Eccles folgt, eine Geschichte – in der Geschichte des Menschen. Sie spiegelt sich aber nicht nur in seiner Gattungsgeschichte, sondern auch (und gerade) in seiner Kultur, zu der ebenso wie Sprache und Philosophie auch die Wissenschaft gehört. Popper:

> I agree with Brouwer that the sequence of natural numbers is a human construction. But although we create this sequence, it creates its own autonomous problems in its turn. The distinction between odd and even numbers is not created by us: it is an unintended and unavoidable consequence of our creation. Prime numbers, of course, are similarly unintended autonomous and objective facts; and in their case it is obvious that there are many facts here for us to *discover*: there are conjectures like Goldbach's. And these conjectures, though they refer indirectly to objects of our creation, refer directly to problems and facts which have somehow emerged from our creation and which we cannot control or influence: they are hard facts, and the truth about them is often hard to discover.[9]

Freges Position, die vor allem an Geltungsfragen orientiert ist, wird hier evolutionistisch erweitert. Evolution, Erkenntnisfortschritt und Welt 3 hängen zusammen – nicht nur erkenntnistheoretisch, sondern auch genetisch. Aus den *logischen* Untersuchungen Freges werden teils *ontologische*, teils (sofern es hier auch um Evolutionsbiologie geht) *empirische*. So auch im Falle der Anwendung der Drei-Welten-Theorie Poppers auf das Leib-Seele-Problem.

§ 2 Gegen monistische Erklärungskonzeptionen behaupten Popper und Eccles die dualistische Selbständigkeit von psychischen und physischen Zuständen bzw. Ereignissen und Prozessen und betonen darüber hinaus die Autonomie und Identität des Ich (oder Ichbewußtseins) gegenüber seinen, auch physischen Repräsentationen – pointiert in der Wen-

---

[8] Eccles 1970, 170 (dt. 236 – 237).
[9] Popper 1972, 118 (dt. 135 – 136) (Hervorhebung im Original). Goldbachs Vermutung ist die (bis heute weder bewiesene noch widerlegte) Annahme, daß jede gerade Zahl außer 2 als Summe zweier Primzahlen dargestellt werden kann. Vgl. Wolters 1980, 790 – 791.

dung ‚das Ich und sein Gehirn' ausgedrückt. Dabei ist nach Popper dieses
Ich — im Sinne eines identitätsbildenden ‚Prozesses', nicht im Sinne einer
denkenden Substanz (wie bei Descartes) — vor allem in der Welt 3
verankert.[10] Ein Ich zu sein, „is partly the result of inborn dispositions
and partly the result of experience"[11], Ich- oder Selbstbewußtsein also
ein Produkt der Evolution. Ferner gehört nach dieser Vorstellung das
Gehirn dem Ich, nicht umgekehrt das Ich dem Gehirn. Das Ich ist
der Programmierer des Computers ‚Gehirn', der Steuermann, nicht der
Gesteuerte:

> The active, psycho-physical self is the active programmer to the brain
> (which is the computer), it is the executant whose instrument is the
> brain. The mind is, as Plato said, the pilot. It is not, as David Hume
> and William James suggested, the sum total, or the bundle, or the
> stream of its experiences.[12]

Damit ist nicht nur die Selbständigkeit des Ich in einer selbständigen
Welt (Welt 3) hervorgehoben, sondern auch der Weg gewiesen, wie man
sich eine Interaktion zwischen Welt 1, zu der auch das Gehirn gehört,
und Welt 2 zu denken hat:

> we have seen that one kind of interaction between Worlds 2 and 3
> (‚grasping') can be interpreted as a making of World 3 objects and as
> a matching of them by critical selection; and something similar seems
> to be true for the visual perception of a World 1 object. This suggests
> that we should look upon World 2 as active — as productive and
> critical (making and matching).[13]

Anders als in Poppers Konzeption hat für Eccles das selbstbewußte
Ich seinen Sitz in der Welt 2.[14] Zugleich übersetzt Eccles Poppers Vorstellung vom Ich als dem Programmierer des Computers ‚Gehirn' in eine
neurobiologische Sprache. Seine Hypothese, die Poppers Philosophie des
Ich mit neurobiologischen Theorien zu verbinden sucht, ist die folgende:

> Hitherto it has been impossible to develop any neurophysiological
> theory that explains how a diversity of brain events comes to be
> synthesized so that there is a unified conscious experience of a global

---

[10] Vgl. Popper/Eccles 1977, 108 – 109 (dt. 144).
[11] Popper/Eccles 1977, 111 (dt. 146).
[12] Popper/Eccles 1977, 120 (dt. 156 – 157).
[13] Popper/Eccles 1977, 48 (dt. 75). Zur (erkenntnistheoretischen) Problematik des Begriffs
der Passung (‚matching') vgl. Wolters 1988b, 133 – 136.
[14] Vgl. Popper/Eccles 1977, 359 – 360 (dt. 433). Allerdings gehört nach Eccles das Gedächtnis zur Welt 3, was sich ebenfalls mit Poppers Konzeption nicht verträgt.

or gestalt character. The brain events remain disparate, being essentially the individual actions of countless neurones that are built into complex circuits and so participate in the spatiotemporal patterns of activity. This is the case even for the most specialized neurones so far detected, the feature detection neurones of the inferotemporal lobe of primates [...]. Our present hypothesis regards the neuronal machinery as a multiplex of radiating and receiving structures: *the experienced unity comes, not from a neurophysiological synthesis, but from the proposed integrating character of the self-conscious mind.* We conjecture that in the first place the self-conscious mind is developed in order to give this unity of the self in all of its conscious experiences and actions.[15]

Nach dieser Hypothese kontrolliert und interpretiert das Ich die Neuronenprozesse „by virtue of a two-way interaction across the interface between World 1 and World 2".[16] Es sucht aktiv nach Hirnereignissen, die in seinem Interessenbereich liegen, und integriert sie zu einer vereinheitlichten und bewußten Erfahrung. Es tastet ständig kollektive Interaktionen unzähliger Neuronen (‚kortikale Moduln') ab, die gegenüber einer Wechselwirkung mit der Welt 2 offen sind (‚Liaison-Hirn'). Unter den 10^6 Moduln sucht er wie ein Sondiergerät die jeweils für ihn offenen und beeinflußt ihr Verhalten. Dabei hält sich dieses wahrhaft geschäftige Ich bzw. der selbstbewußte Geist vorwiegend in der linken Hemisphäre des Gehirns auf, womit zugleich deren Dominanz begründet wäre. Hinzu kommen andere Leistungen, z. B. der Aufbau eines Bereitschaftspotentials für Willkürbewegungen (durch Koordination der modulen Aktivitäten) und dessen Konzentration an einer geeigneten Stelle. Die Einheit der bewußten Erfahrung, so Eccles' zentrale These,

> is provided by the self-conscious mind and not by the neural machinery of the liaison areas of the cerebral hemisphere.[17]

Mit anderen Worten, der Geist bedient sich des Liaison-Hirns, um den psychophysischen Graben zu überbrücken und auf den in der Welt 1 beheimateten Gehirnmechanismus Einfluß zu nehmen.

§ 3   Damit zu den von Popper und Eccles angeführten Gründen zugunsten ihrer dualistischen Theorie. Popper stützt sich auf eine *Antireduktionismusthese*, d. h. auf die Behauptung, daß sich unterschiedliche

---

15 Popper/Eccles 1977, 362 (dt. 436 – 437) (Hervorhebung im Original).
16 Popper/Eccles 1977, 355 – 356 (dt. 429).
17 Popper/Eccles 1977, 362 (dt. 436).

Wirklichkeitsbereiche (etwa Physik, Chemie, Biologie, Ökologie/Soziologie)[18] nicht aufeinander reduzieren lassen. Diese Behauptung wird (1) durch ein wissenschaftshistorisches Analogieargument, (2) durch den Verweis auf emergente Eigenschaften und (3) durch ein darwinistisches bzw. evolutionistisches Argument begründet.

Zum ersten Argument erklärt Popper, es gebe in der Wissenschaftsgeschichte so gut wie keine erfolgreichen Reduktionen. Der einzige bekannte Fall dieser Art sei die Reduktion von Fresnels Optik auf Maxwells Elektrodynamik, während etwa die Reduktion der phänomenologischen auf die statistische Thermodynamik nur ,unvollständig' sei.[19] Diese Argumentationsweise macht deutlich, daß für Popper die *Korrektur* der Gesetze der reduzierten Theorie durch die reduzierende Theorie, also die Erfüllung von Nagels ,informellen Bedingungen' (vgl. II.2. § 1), das Vorliegen einer reduktiven Beziehung von vornherein ausschließt. In der Tat ist in aller Regel eine Reduktion mit einer Berichtigung der reduzierten Theorie verbunden. Wenn diese Eigentümlichkeit für Popper bereits die Reduzierbarkeit beseitigt, dann hat er mit seiner Behauptung recht, daß es kaum erfolgreiche Reduktionen gibt.

Allerdings trägt dieses Argument nicht weit genug. Zum einen führt es auf die Konsequenz, daß auch innerhalb der Naturwissenschaften die Überzahl der theoretischen Identifikationen unberechtigt ist. Wie in II.2. § 3 dargestellt, erfolgt z. B. die ontologische Reduktion der Temperatur auf die mittlere kinetische Molekülenergie auf dem Wege einer *korrigierenden* Theorienreduktion. Weist man hier den Reduktionsanspruch ab, so wird man zu der grob unplausiblen Folgerung geführt, daß die statistische Mechanik keine thermischen Phänomene behandelt. Die Annahme von Poppers Reduktionsbegriff hätte damit wahrhaft revolutionäre Konsequenzen für die physikalische Ontologie.

Selbst wenn man bereit wäre, diesen Preis zu zahlen, so bliebe doch zum anderen der dadurch erlangte Gegenwert gering. Schließlich wird durch den Popperschen Reduktionsvorbehalt nicht ausgeschlossen, daß die Neurophysiologie die Psychologie aus ihrer Rolle als Theorie des Verhaltens verdrängt. Poppers Argument läßt vielmehr durchaus zu, daß die Neurophysiologie die Psychologie verbessert und eben deshalb *ersetzt*. Nur korrigierende Reduktionen fallen dem Popperschen Vorbehalt zum Opfer, korrigierende Theorieersetzungen hingegen nicht. Insofern

---

[18] Vgl. Popper/Eccles 1977, 16–17, 20 (dt. 38, 42).
[19] Vgl. Popper/Eccles 1977, 18–19 (dt. 39–40).

läßt sich Poppers Argument gegen eine identitätstheoretische Deutung leicht als Argument zugunsten eines eliminativen Materialismus einsetzen (vgl. II.6. § 1). Den ihm zugedachten Zweck erfüllt es nicht.

Hinzu kommt, daß Popper in anderem Zusammenhang den besonderen Wert korrigierender Reduktionen durchaus zu schätzen weiß:

> I suggest that whenever in the empirical sciences a new theory of a higher level of universality successfully explains some older theory *by correcting* it, then this is a sure sign that the new theory has penetrated deeper than the older ones. The demand that a new theory should contain the old one approximately [...] may be called (following Bohr) the *‚principle of correspondence‘*.[20]

Offenbar drückt das Poppersche Korrespondenzverhältnis gerade Nagels Beziehung der fruchtbaren Reduktion aus (die ihrerseits wieder ein Spezialfall unserer relativen Interpretierbarkeit ist (vgl. II.2. § 1 – 2). Während Popper aber hier die ‚Ergründung des Tiefen‘ preist, ist im antireduktionistischen Kontext nur noch von ‚Unvollständigkeit‘ die Rede. Kurzum, Poppers Reduktionsvorbehalt erreicht nicht nur nicht den angestrebten Zweck, sondern steht auch im Gegensatz zu Poppers eigenen Vorstellungen.

§ 4   Poppers zweites Argument stützt sich auf das Auftreten von *Emergenz*. Als emergent im *logischen* Sinne gelten solche Eigenschaften von Systemen oder Ganzheiten, die sich aus den Gesetzen, die für ihre Komponenten und deren Wechselwirkung gelten, nicht vorhersagen lassen. Daneben ist die Verwendung von ‚emergent‘ im *temporalen* Sinne gebräuchlich. In diesem Verständnis sind emergente Eigenschaften solche, die ab einem bestimmten Zeitpunkt in einer Entwicklung in Erscheinung treten. Z. B. bedeutet im Rahmen einer evolutionären Kosmogonie Emergenz das Auftreten wirklich neuartiger Sachverhalte (etwa die Entstehung des Lebens aus einer anorganischen Welt). Den Gegensatz zu einer Emergenztheorie im temporalen Sinne bildet nicht der Reduktionismus, sondern eine Präformationstheorie, die etwa darauf bestünde, alle Erscheinungen lediglich als räumliches Umarrangement von Partikeln aufzufassen.[21] Beide Emergenzbegriffe sind logisch voneinander unabhängig.

---

[20] Popper 1972, 202 (dt. 226) (Hervorhebung im Original).
[21] Vgl. E. Nagel 1961, 367 – 368, 374 – 375. Bereits Feigl trennt zwischen beiden Emergenzbegriffen. Vgl. Feigl 1958, 415. Gerade die neuere Entwicklung der irreversiblen Thermodynamik zeigt, wie die Entstehung neuartiger Strukturen aus kurzreichweitigen Wechselwirkungen der Komponenten und globalen Randbedingungen des jeweils be-

So mag eine vorhersehbare Eigenschaft erst zu einem bestimmten Zeitpunkt in Erscheinung treten (wenn nämlich die Bedingungen ihrer Realisierung erfüllt sind); und eine im logischen Sinne unvorhersehbare Eigenschaft mag immer schon vorhanden sein.[22]

Auch Popper trennt zwischen beiden Emergenzbegriffen[23], reiht jedoch die Behauptung einer ‚schöpferischen Evolution‘, also das Bestehen temporaler Emergenz, derart nahtlos unter die Gründe seiner Antireduktionismusthese ein, daß man meinen könnte, er hielte diese ‚Kreativität‘ für ein stichhaltiges Argument gegen den Reduktionismus, also für logische Emergenz.[24]

Zudem ist eine weitere Unterscheidung zwischen zwei Typen logischer Emergenz angebracht. Sie betrifft den Unterschied zwischen der bloß *faktischen* Nicht-Ableitbarkeit der Systemeigenschaften aus den Komponentengesetzen und der *prinzipiellen* Nicht-Ableitbarkeit.[25] Faktische Nicht-Ableitbarkeit beruht auf der Unkenntnis der hierzu erforderlichen Gesetzmäßigkeiten, prinzipielle Nicht-Ableitbarkeit auf deren Nicht-Existenz. Ein wirkungsvolles antireduktionistisches Argument benötigte Gründe dafür, daß die emergenten Eigenschaften nicht aus *Wechselwirkungen* zwischen den Elementen der jeweils darunterliegenden Ebene entstanden sein können. Setzt man etwa in einen Stromkreis alternativ eine Spule oder einen Kondensator ein, so ist von einem Schwingungsverhalten des Stromes nichts zu bemerken. Setzt man hingegen Spule und Kondensator zugleich ein, tritt eine Schwingung der Stromstärke auf. Emergenz oder Unvorhersehbarkeit liegt hier offenbar nur für den vor, der die Gesetze der Wechselwirkung nicht kennt.

Ohne weitere Abklärung nährt die Beschwörung der Emergenz nur den Verdacht, daß es lediglich um die Einfriedung eines asylum ignorantiae geht. Popper tut nichts, um diesen Verdacht zu zerstreuen.[26] Dies

---

handelten Systems zu erklären ist. Auch das ‚Werden‘ (also temporale Emergenz) ist der physikalischen Theoriebildung zugänglich, wenn diese nur ausreichend komplex ist. Vgl. Prigogine 1980, 103 – 130 (dt. 115 – 162). Dies gilt auch für die Evolution. Wie neuere Arbeiten (etwa von Eigen) zeigen, waren das Auftreten evolutiver Prozesse und die Herausbildung komplexer molekularer Strukturen aus diesen Prozessen im Grundsatz vorhersehbar.

[22] Vgl. E. Nagel 1961, 375. Auch dies bemerkt bereits Feigl. Vgl. Feigl 1958, 415 – 416.
[23] Vgl. Popper/Eccles 1977, 16 (dt. 37).
[24] Vgl. Popper/Eccles 1977, 14 – 18 (dt. 35 – 40).
[25] Diese Unterscheidung trifft schon Feigl. Vgl. Feigl 1958, 424.
[26] Popper führt die Beugung an einem Gitter oder Kristall als Beispiel der Wirkung einer irreduziblen Struktur an. Vgl. Popper/Eccles 1977, 18 – 19 (dt. 40). Er übersieht dabei offenbar, daß die Beugungswirkung aus der Anordnung der Komponenten durchaus

wäre jedoch schon deshalb dringend geboten, weil der Emergenzbegriff auch innerhalb monistischer Zugangsweisen verwendet wird. Sowohl Bunge[27] als auch Feigl betonen das Bestehen emergenter Eigenschaften. Feigls Argumentationsstrategie läuft darauf hinaus, Emergenz als weit-verbreitete Eigenschaft auch anorganischer Systeme nachzuweisen und damit zu entschärfen.[28] Emergenz ist also nur bei sorgfältiger Handha-bung als Stütze für den Dualismus tauglich.

Insgesamt bedeutet dies, daß Emergenz im faktischen Sinne ‚Netz-werkeigenschaft' meint und die Ableitbarkeit des entsprechenden Merk-mals aus einer umfassenden Theorie des jeweiligen Systems beinhaltet. Emergenz im prinzipiellen Sinne meint dagegen (in der Präzisierung Churchlands), daß eine Eigenschaft zwar gemeinsam mit einem von einer Theorie T_N beschriebenen Merkmal auftritt, nicht aber in deren Rahmen erklärt werden kann:

> a property F will be said to be an *emergent* property (relative to T_N) just in case
>
> (1) F is definitely real and instantiated;
>
> (2) F is co-occurrent with some feature or complex circumstance recognized in T_N; but
>
> (3) F cannot be *reduced* to any property postulated by or definable within T_N.[29]

Die Eigenschaft F unterliegt Gesetzmäßigkeiten, die nicht aus T_N ableitbar sind. Emergenz im prinzipiellen Sinne ist damit eine *relative* Eigenschaft; sie ist stets auf eine bestimmte Theorie bezogen und beinhal-

---

erklärbar ist. Ein zweites Argument stützt sich auf vermutlich stets ve-bleibende Ungenauigkeiten in der Erklärung der Halbwertzeiten von Atomkernen, obwohl zuge-standen wird, daß eine näherungsweise Erklärung möglich ist (vgl. Popper/Eccles 1977, 27 – 28 (dt. 51)). Wenn man aber die Notwendigkeit des Rückgriffs auf Näherungen bereits als hinreichend für die Kennzeichnung einer Eigenschaft als emergent betrachtet, dann wird dieser Begriff völlig trivialisiert. Schon das Heliumatom ist quantenmecha-nisch nur noch mit Näherungsmethoden zu behandeln und wäre damit relativ zur Quantenmechanik emergent. Ein derart schwacher Emergenzbegriff vermag für die Begründung eines Dualismus nichts mehr zu leisten. Es wäre dann ja auch zulässig, das Verhältnis von Leib und Seele der logischen Beziehung zwischen einem Wasserstoff-atom und einem Heliumatom zu analogisieren, und dies wäre wohl mit jeder Form des Materialismus verträglich.

[27] Vgl. Bunge 1980, passim. Bunge versucht im übrigen ebensowenig wie Popper eine genauere Klärung des Emergenzbegriffs.

[28] Vgl. Feigl 1958, 414 – 415. Man erkennt, daß Poppers Argument in Anmerkung 26 dieser Strategie zum Opfer fällt.

[29] P. M. Churchland 1985, 12 (Hervorhebung im Original).

tet Nicht-Reduzierbarkeit. Zugunsten eines Dualismus kann in erster Linie nur Emergenz dieses Typs ins Feld geführt werden. Faktische Emergenz taugt zu diesem Zweck allein dann, wenn gezeigt werden kann, daß unsere Unkenntnis der einschlägigen Gesetzmäßigkeiten prinzipieller Natur ist, so daß zwar der Sache nach Reduzierbarkeit bestehen mag, die Reduktion jedoch für uns grundsätzlich nicht durchführbar ist. Dies wäre als Emergenz im gleichsam prinzipiell-faktischen Sinne zu bezeichnen. Wir werden in VIII.2 ein Argument zugunsten dieser Option als Stütze für den Dualismus anbieten.

§ 5 Ein drittes Argument Poppers zugunsten seiner Interpretation des Leib-Seele-Verhältnisses zielt darauf ab, die Identitätstheorie als mit einer darwinistischen Sichtweise unvereinbar darzustellen. Aus darwinistischer Perspektive ist nämlich nicht zu verstehen, so Popper, daß sich bei Geltung der Identitätstheorie psychische Prozesse überhaupt herausgebildet haben. Popper argumentiert, daß die Identitätstheorie darauf bestehen muß, alle kausalen Wirkungen von der Welt 2 auf die Welt 1 in physikalischen Begriffen, also Begriffen der Welt 1, zu erklären. Psychische Prozesse dürfen dem Identitätstheoretiker nicht als legitime Erklärungsgrundlage gelten. Das würde implizieren, daß psychische Prozesse kausal überflüssig sind, daß die Welt auch ohne sie auskommt. Demnach hätte aber die Herausbildung psychischer Prozesse keinerlei Selektionsvorteil zur Folge, so daß das Entstehen von Bewußtsein auf der Grundlage des Darwinismus unerklärbar bliebe.[30]

Zur Einschätzung dieses Arguments muß zunächst darauf hingewiesen werden, daß es als Einwand gegen die partikulare Identitätstheorie untauglich ist. Wie in II.5. § 3 dargestellt, betont das Modell des funktionalen Materialismus gerade die Eigenständigkeit der psychologischen Begriffsbildung und verweist auf deren Unerläßlichkeit für die Erklärung von Verhalten. Poppers Argument kann daher höchstens auf ein $\Psi_{eins} - \Phi_{eins}$ – Modell des psychophysischen Verhältnisses, also auf die Theorie der Typenidentität Anwendung finden. Aber auch dort scheint die Tragweite des Popperschen Einwandes begrenzt zu sein. So ist zu betonen, daß die Identitätstheorie (im Gegensatz zu Poppers Formulierung) gerade keine kausale Wirkung der Welt 2 auf die Welt 1 annimmt, sondern die Identität der Welt 2 mit der Welt 1 unterstellt. Psychische Prozesse sind physikalische Ereignisse, nur aus einer anderen Perspektive

---

[30] Vgl. Popper/Eccles 1977, 96 (dt. 129).

betrachtet. Daher sind psychische Prozesse auch nicht kausal überflüssig; schließlich sind sie identisch mit kausal wirksamen physikalischen Prozessen. Recht betrachtet besteht der Kern der von Popper beschriebenen Schwierigkeit demnach in der Frage, wie es möglich ist, daß man für bestimmte physiologische Prozesse noch eine andere, eben eine psychologische, Beschreibung angeben kann. Diese Frage aber weist keinen erkennbaren Bezug mehr zum Darwinismus auf.

Darüber hinaus läßt sich Poppers Argument auch gegen bestimmte theoretische Identifikationen in den Naturwissenschaften wenden. So könnte man etwa bei der Identifikation von Farben mit besonderen Frequenzbereichen des elektromagnetischen Spektrums einen Verstoß gegen die Grundsätze des Darwinismus erblicken. Da nämlich unter der Voraussetzung einer solchen Identität nur elektromagnetische Wellen (also Größen der Welt 1), nicht aber Farben (also Größen der Welt 2) kausal wirksam scheinen, ist es gänzlich unverständlich, wie sich Farbwahrnehmungen evolutiv überhaupt herausgebildet haben können. Poppers Einwand hätte also zur Folge, daß die Reduktion der Optik auf die Elektrodynamik im Widerspruch zum Darwinismus steht. Angesichts derartiger Konsequenzen wird man wohl nicht diese Reduktion, sondern eher Poppers Argument als ungeeignet ansehen.

§ 6 Anders als Popper sucht Eccles den Dualismus durch neurophysiologische Argumente zu stützen.[31] Diese Argumente sind bereits durch MacKay als unzureichend nachgewiesen worden. Eccles' physiologische Indizien für das Eingreifen eines selbständigen Ich lassen sich allesamt auch innerhalb einer monistischen Position verstehen.[32] Im übrigen trägt es wenig zur Stärkung der Glaubwürdigkeit dieser Position bei, wenn Eccles bei ihrer Ausarbeitung mit solch abenteuerlichen Erfindungen wie ,Liaison-Hirnen' operiert. Dieser Rückgriff auf pseudo-physiologische Hypothesen — der im übrigen gelegentlich auch auf monistischer Seite anzutreffen ist — gehört zu den eher ärgerlichen Aspekten der zeitgenössischen Debatte über das Leib-Seele-Verhältnis. Mit Recht ist in diesem Zusammenhang daher auch darauf hingewiesen worden, daß sich innerhalb dieser Konzeption keine zusätzlichen Ungereimtheiten ergeben, „wenn man für den selbstbewußten Geist versuchsweise Gott, den Weltgeist, das Unbewußte, eine Entelechie oder das transzendentale Ich

---

[31] Vgl. Popper/Eccles 1977, 362 – 406 (dt. 436 – 486).
[32] Vgl. MacKay 1978, 604 – 605.

einsetzt"[33]. Nur handelt es sich in diesem Falle nicht um klassische Metaphysik, sondern um eine besondere Form von science fiction (der Geist und sein Liaison-Hirn). Wer wie Eccles argumentiert, ist über Descartes' Zirbeldrüsenhypothese oder die Vorstellung vom Gespenst in der Maschine der Sache nach wenig hinausgelangt.

Trotz dieser Kritik sollte nicht unerwähnt bleiben, daß wir im Rahmen der Popper/Eccles-Konzeption Poppers Interpretation des Leib-Seele-Verhältnisses in manchen Aspekten zustimmen − wenn auch mit erheblicher Skepsis gegenüber einer Hypostasierung der Welt 3. Die Zustimmung gilt auch für die methodische Idee, psychische Zustände und Ereignisse als Erklärungshypothesen einzuführen, die einer empirischen Überprüfung zugänglich sind:

> we can introduce, in psychology, conscious and unconscious mental events and processes, if these are helpful in explaining human behaviour, such as verbal behaviour. In this case, the attribution of a mind and of subjective conscious experiences to every normal human person is an explanatory theory of psychology of about the same character as the existence of relatively stable material bodies in physics. In both cases [...] our theories are well testable: in physics, by the experiments of mechanics; in psychology, by certain experiments which lead to reproducible verbal reports.[34]

Abweichungen betreffen in erster Linie die *Begründungen,* die Popper für seine Auffassung gibt. Aber auch hier sei hervorgehoben, daß insofern Übereinstimmung mit den Grundlinien der Popperschen Argumentationsstrategie herrscht, als auch Popper die Identitätsthese als eine sinnvolle, kontingente, aber empirisch unplausible Behauptung auffaßt. Popper sucht sinnvollerweise keine Apriori-Argumente gegen die Leib-Seele-Identität und für den Interaktionismus, sondern fragt nach der Plausibilität der Leib-Seele-Identität im Lichte wissenschaftstheoretischer Positionen und wissenschaftlich akzeptierter Auffassungen. Diese Fragestellung ist auch für den hier vertretenen Ansatz charakteristisch. Die beiden folgenden Kapitel suchen dementsprechend eine inhaltlich andersgeartete Begründung für den Dualismus zu entwickeln.

---

[33] Vollmer 1981, 63; vgl. Cohen 1979, 303. Ferner Dennett 1979, 95 („Eccles simply has no overarching *psychological* theory at all. His interactionism, which he touts as a ‚radical hypothesis ... that is essentially a new philosophy of perception' (271), is an unrivaled example of the invocation of a *deus ex machina.* Whenever a truly difficult theoretical issue arises, such as the ‚integration' or ‚interpretation' of the multifarious neural ‚signals', Eccles passes the buck to ‚the self-conscious mind', about whose apparently wonderful powers he is conveniently silent" (Hervorhebung im Original)).

[34] Popper/Eccles 1977, 62 − 63 (dt. 91).

V. Wissenschaft und Geist:
Verhaltenserklärungen und mentalistische Sprache

Das Verhältnis zwischen mentalen Zuständen und Gehirnprozessen ist nicht allein durch Analysen logischer, semantischer oder begrifflicher Natur zu klären; es bedarf darüber hinaus der Interpretation der empirischen Wissenschaft, d. h. empirischer Forschungsstrategien. Jede Position in der Leib-Seele-Debatte vertritt Ansprüche, die zumindest teilweise nur empirisch einlösbar sind, trifft also sachhaltige Behauptungen und bewegt sich nicht bloß im weiten Reich der logischen Möglichkeit und der widerspruchsfreien Denkbarkeit. Daher ist es auch ungerechtfertigt, wenn etwa Bieri alle Fragen nach der empirischen Plausibilität einer Leib-Seele-Identifikation abweist und den Leitgedanken der Diskussion allein in dem Problem der kohärenten Formulierbarkeit einer solchen Identifikation erblickt.[1]

Nun ist auch hier die Identitätstheorie gegen diejenigen Einwände in Schutz genommen worden, die ihr die Sinnhaftigkeit abzusprechen suchen. Allerdings wird man nicht dadurch schon zum Anhänger einer Auffassung, daß man sie für widerspruchsfrei hält. Schließlich würde man auch die logische Möglichkeit der Phlogistonchemie oder der calorischen Wärmetheorie nicht bestreiten, ohne deswegen gleich auf der Seite dieser Theorien zu stehen. Gerade weil es sich bei der Identitätstheorie um eine sinnvolle, kontingente These handelt, ist sie der Stützung durch empirische Befunde fähig, aber eben auch bedürftig. Ohne empirische Plausibilität käme ihr lediglich der Status einer Behauptung wie derjenigen zu, daß sich in lauen Mondscheinnächten auf Waldlichtungen Feen und Elfen zum Tanz versammeln. Tatsächlich ist der Anspruch der Identitätstheorie auch auf empirische Bestätigung gerichtet. So erklärt z. B. Feigl, es gehe darum, zu zeigen, daß der Monismus „very plausible on scientific grounds"[2] sei, und behauptet:

> Normal inductive extrapolation from the successes of psychophysiology to date makes it plausible that an adequate theory of animal and human behavior can be provided on a neurophysiological basis.[3]

---

[1] Bieri 1981, 37.
[2] Feigl 1958, 483.
[3] Feigl 1958, 382.

Im Folgenden sei zu zeigen versucht, daß ein solcher Anspruch
schlecht begründet ist. Dabei geht es an dieser Stelle vor allem um eine
Skizze der Gründe für die Einführung mentaler Begriffe in die Theorien
des Verhaltens, während dann in VII die philosophischen Konsequenzen
dieses Mentalismus diskutiert werden sollen.

Zunächst ist zu fragen, ob die neuere Entwicklung der Psychologie
den Erfolg von Reduktionsprogrammen nach Art der Identitätstheorie
wahrscheinlich macht. Es wird in einem ersten Abschnitt ein wissenschaftshistorisches Analogieargument mit antireduktionistischer Aus-
richtung entwickelt, das spezifisch auf den Bereich der Psychologie
zugeschnitten ist und nicht wie das oben zurückgewiesene entsprechende
Argument Poppers global gegen Reduktionen antritt. Im zweiten Abschnitt dieses Kapitels soll dann die Struktur einiger psychologischer
Theorien erläutert werden, um deutlich zu machen, auf welche Weise
mentale Begriffe in Verhaltenserklärungen eingehen, in welchem Sinne
also ein Mentalismus wissenschaftlich gerechtfertigt ist (und warum die
entsprechenden Reduktionsprogramme scheiterten). Ferner soll hier die
sachliche Grundlage für die wissenschaftstheoretische Diskussion der
Psychologie in den folgenden Kapiteln geschaffen werden.

1. Reduktionsprogramme in der Psychologie: Behaviorismus und James-Lange-Theorie

§ 1   Eine Reduktion der Psychologie auf die Neurophysiologie ist
nicht in Sicht. Zwar lassen sich bestimmte psychische Vorkommnisse
mit Ereignissen im EEG korrelieren (sogenannte evozierte Potentiale),
doch gibt es beim gegenwärtigen Forschungsstand kein *psychophysisches
Gesetz* in dem Sinne, daß sich spezifische mentale Ereignisse mit besonderen neurophysiologischen Prozessen verläßlich verknüpfen ließen. Niemand kann gegenwärtig die neuralen Mechanismen, die einzelnen psychischen Zuständen entsprechen, zuverlässig angeben. So erklärt der Neurophysiologe Schmidt:

> Über die Entstehung neuronaler Impulsmuster, die von Handlungsan-
> trieben zu Bewegungsentwürfen führen [...], ist so gut wie nichts
> bekannt. Wenn aber Gedanken zu Handlungen führen, ist der Neuro-
> physiologe gezwungen anzunehmen, daß durch Denken die neuronale

Aktivität des Gehirns geändert werden kann [...]. Diese Umsetzung von Denken und Wollen in corticale Impulsmuster bleibt allerdings derzeit weit außerhalb unseres Verständnisses.[4]

Es gehört zu den betrüblichen Begleiterscheinungen dieses Umstandes, daß Vertreter der Identitätstheorie diesem Mangel gelegentlich durch ein wenig science fiction abzuhelfen trachten (in ähnlicher Weise, wie dies im Falle einer dualistischen Theorie bei Eccles anzutreffen ist). So überbrückt z. B. Bunge, dessen ‚emergentistischer Materialismus‘ tatsächlich eine Variante der Identitätstheorie darstellt[5], die Kluft zwischen Psychologie und Neurophysiologie allein mit der Kraft seines Geistes und läßt in visionärer Schau ein weites Panorama von ‚Psychonen‘ und ähnlichen Gebilden einer imaginären kognitiven Neurophysiologie vor uns entstehen.[6] Paßt die Theorie nicht zu den Tatsachen, so muß man eben, so scheint die Devise hier zu lauten, die bestätigenden empirischen Daten selbst bereitstellen. Wenn aber Wissenschaftsphilosophen, die doch mit dem Anspruch philosophischer und wissenschaftlicher Seriosität auftreten, bei der Schilderung der Details alle einschlägigen Fakten hinter sich lassen und sich nurmehr auf Fiktionen stützen, wenn sie das Gewand des Märchenonkels überstreifen und ihrer ‚wissenschaftlichen‘ Phantasie freien Lauf lassen, dann sind sie es gleich selbst, die das Urteil über die Stichhaltigkeit ihrer Ideen sprechen. Wir haben gegenwärtig einfach keine Vorstellung davon, welche Form eine eventuelle Reduktion der Psychologie auf die Neurophysiologie annehmen könnte.

Dem könnte auch der Anhänger eines identitätstheoretischen Monismus zustimmen und dennoch Monist bleiben, nämlich im Sinne der behaupteten Durchführbarkeit eines Reduktions*programmes*. Genau dies kommt auch in der Feiglschen Rede von der ‚Extrapolation‘ des Wissensstandes zum Ausdruck (vgl. V. Einleitung). Feigls Anspruch wäre demnach als die Behauptung zu rekonstruieren, der Identismus sei ein erfolgversprechendes Reduktionsprogramm.

Nun gibt es keine Kriterien für erfolgversprechende Reduktionsprogramme; das Schicksal anderer Reduktionsprogramme in der Psychologie sollte jedoch zur Vorsicht mahnen. Daß einige Reduktionsprogramme in der Physik von spektakulärem Erfolg gekrönt waren, darf nicht den Umstand vergessen lassen, daß die Geschichte der Psychologie voll ist von enttäuschten Hoffnungen dieser Art. Vom Glanz der physikalischen

---

[4] Schmidt 1987, 200.
[5] Vgl. Bunge 1980, X (dt. XIV).
[6] Vgl. Bunge 1980, 155 – 159 (dt. 196 – 199).

Reduktionserfolge geblendet, übersieht man die Unebenheiten des eigenen Geländes. Hier stimmt Wittgensteins Diagnose:

> Eine Hauptursache philosophischer Krankheiten – einseitige Diät:
> man nährt sein Denken mit nur einer Art von Beispielen.[7]

Im Folgenden sei kurz das Schicksal zweier Reduktionsprogramme in der neueren Psychologie dargestellt: das Scheitern des Skinnerschen Behaviorismus und der glanzlose Abgang der James-Lange-Theorie der Emotion.

§ 2   Der *Behaviorismus* strebt die Beseitigung des mentalistischen Vokabulars aus der Psychologie an und sucht nach einer Erklärung menschlichen Verhaltens durch ausschließlichen Rekurs auf die äußeren Bedingungen und Folgen dieses Verhaltens. Psychische Zustände sind für Verhaltenserklärungen überflüssig:

> The objection to inner states is not that they do not exist, but that
> they are not relevant in a functional analysis.[8]

Natürlich kann man, so Skinner, stets auf innere Zustände als Wirkungen äußerer Umstände oder als Ursachen von Verhaltensweisen zurückgreifen; jedoch stellt ein derartiger Rückgriff nur einen umständlichen Umweg dar, der sich vermeiden läßt, wenn man das Verhalten (die abhängige Variable) direkt mit den äußeren Bedingungen (der unabhängigen Variable) in Beziehung setzt.[9] Theorien innerer Zustände sind, wenn sie funktionieren, überflüssig und daher zu verwerfen, und wenn sie nicht funktionieren, falsch und daher erst recht zu verwerfen.[10] Skinners Ansatz stellt damit das Programm einer Reduktion der mentalistischen Psychologie auf eine Theorie dar, die Verhalten allein als Funktion seiner äußeren Begleitumstände zu erklären sucht. In diesem Sinne ist das behavioristische Reduktionsprogramm dem identistischen völlig analog.

Es ist heute unumstritten, daß das behavioristische Reduktionsprogramm gescheitert ist. Unabhängig von allen seinen empirischen Defekten

---

[7] Wittgenstein 1958, § 593.

[8] Skinner 1953, 35 (dt. 41).

[9] Vgl. Skinner 1953, 35 – 36 (dt. 41 – 42). Zu Skinners gegen hypothetisch-deduktive Theorien gerichteter Vorstellung vgl. auch Hilgard/Bower 1966, 142 – 143 (dt. 167 – 168).

[10] Skinners Argumentation ist hier genau in die Form gebracht, die Hempel (unter ausdrücklicher Bezugnahme auf Skinner) als das ‚Dilemma des Theoretikers‘ (‚the theoretician's dilemma‘) bezeichnet hat. Vgl. Hempel 1958, 186.

haben zu dieser Einschätzung vor allem die beiden folgenden Einwände geführt:

(1) Behavioristische Reiz-Reaktions-Verknüpfungen sind nur dann gültig, wenn sie eine ceteris-paribus-Klausel enthalten. Diese Zusatzbedingung muß jedoch notwendig mentalen Charakter haben.[11]

(2) Putnams Argument des ‚Superspartaners' macht darauf aufmerksam, daß man sich eine Gemeinschaft von Personen vorstellen kann, die z. B. kein Schmerzverhalten zeigen, obwohl sie von Schmerzen geplagt sind.[12]

Diese schematische Anführung möge an dieser Stelle genügen, zumal wir gleich (in V.2) auf das Verhältnis von behavioristischer und kognitiver Psychologie noch einmal ausführlich zurückkommen werden. Da sich unsere zentralen Argumente zugunsten eines psychophysischen Dualismus auf die Struktur der modernen kognitiven Psychologie stützen, muß diese ohnehin noch detailliert zur Sprache kommen.

§ 3 Das zweite gescheiterte Reduktionsprogramm in der Psychologie ist die *James-Lange-Theorie* der Emotion, entwickelt gegen Ende des 19. Jahrhunderts. Diese Theorie identifiziert sogenannte viszerale Prozesse, d. h. somatische, nicht gehirnphysiologische Vorgänge, mit Emotionen. Im Gegensatz zur alltäglichen Auffassung, die z. B. davon spricht, jemand sei körperlich erregt, weil er emotional erregt sei, wird für die James-Lange-Theorie die emotionale Erregung gerade umgekehrt durch die physiologische Reaktion kontrolliert. Die Emotion *ist* die Wahrnehmung somatischer Prozesse. Auch hier liegt offenbar ein Reduktionsprogramm vor, das dem identistischen aufs Haar gleicht.

Auch die James-Lange-Theorie ist inzwischen vom Experiment gerichtet. Sie impliziert nämlich, daß es eine umkehrbar eindeutige Verknüpfung zwischen verschiedenen Emotionen und verschiedenen physiologischen Zuständen gibt. Dagegen sprechen jedoch bereits empirische Befunde aus den 20er Jahren dieses Jahrhunderts. So führt die künstliche Stimulation innerer Organe durch Adrenalingabe nur zu ‚Als-ob'-Emo-

---

[11] Bieri 1981, 33; Davidson 1970, 50 (dt. 82). Beide führen diese Argumentation auf eine Arbeit Chisholms aus dem Jahre 1957 zurück. Tatsächlich findet sich diese jedoch bereits bei Feigl. Vgl. Feigl 1951, 197 – 199.
[12] Vgl. Putnam 1963, 332 – 334.

tionen (Beispiel: ‚es ist, als ob ich zornig wäre'), nicht zu wirklichen
Emotionen. Dieser Umstand ist durch neuere Untersuchungen bestätigt
worden. Im Experiment von Schachter/Singer (1962) wurden verschiedene Gruppen von Versuchspersonen wiederum durch Adrenalingabe
in den gleichen physiologischen Erregungszustand versetzt, wobei sie
unterschiedliche Informationen über die zu erwartende Wirkung des
verabreichten Mittels erhielten. Die solcherart verschieden informierten
Versuchspersonen reagierten emotional völlig uneinheitlich. Das aber
spricht deutlich gegen die James-Lange-Theorie und stützt die Annahme,
„daß die Qualität emotionaler Zustände von kognitiven Faktoren bestimmt wird."[13]

Das Experiment von Schachter und Singer demonstriert die Möglichkeit der Änderung von Emotionen durch Änderung der Kognitionen,
unabhängig von der physiologischen Erregung. Wie im Falle des Behaviorismus hat sich also auch bei der Theorie der Emotion die Selbständigkeit
einer mentalistischen Begrifflichkeit durchgesetzt.[14]

§ 4   Der Hinweis auf gescheiterte psychophysische Reduktionsprogramme mag den Eindruck erwecken, nur in der Psychologie seien
derartige Unternehmungen zweifelhaft, während die Physik hier erfolgreicher sei. Aber auch am Wege der Physik stehen die Ruinen gescheiterter
Reduktionsprogramme. So sei nur an das Descartes-Boyle-Programm
der Reduktion aller Wechselwirkungen auf Druck und Stoß von Teilchen
erinnert, ein Programm, das seinerzeit mit derselben Hoffnung auf wissenschaftlichen Erfolg vorgetragen wurde wie heute der Identismus.
Ferner seien an dieser Stelle das mechanistische Programm der Reduktion
der Elektrodynamik auf die Mechanik und Plancks Programm einer
Reduktion der Quantenmechanik auf die Boltzmannsche statistische
Mechanik erwähnt. Alle diese Programme sind (aus rückblickender Perspektive) durch eine Sicht der Dinge gekennzeichnet, die die Komplexität
der Sachlage nicht durchschaut.

---

[13] Ruch/Zimbardo 1975, 302.
[14] Zu dieser Darstellung der James-Lange-Theorie vgl. Ruch/Zimbardo 1975, 299 – 302;
Lefrancois 1972, 49 – 52 (dt. 30 – 32). In die gleiche Richtung weisen Befunde der
modernen psychosomatischen Forschung. So wurde z. B. früher angenommen, es
bestünde eine Verbindung zwischen Depression und gestörter Schilddrüsenfunktion.
Dies ist jedoch nicht der Fall. Vgl. Glatzel 1973, 70.

2. Das Beispiel der kognitiven Psychologie: Mentale Ereignisse und Verhalten

§ 1 Es gehört zu den Besonderheiten der gegenwärtigen Diskussion über das Leib-Seele-Problem, daß die Entwicklung der modernen Psychologie nur selten Berücksichtigung findet. Die Argumentation bewegt sich vornehmlich im Rahmen von Neurobiologie und gleichsam alltäglichen psychischen Erfahrungen. Sie vernachlässigt vielfach die Beiträge der aktuellen psychologischen Forschung.

In diesem Abschnitt soll daher versucht werden, die bislang lediglich in allgemeiner Form vorgetragene Argumentation zur Notwendigkeit mentaler Termini mit konkretem, forschungsbezogenem Inhalt zu füllen. Eine kognitive Psychologie[15], die auf der Irreduzibilität mentalistischer Begrifflichkeit besteht, darf sich nicht darauf beschränken, allgemeine Vorbehalte gegen reduktionistische Programme zu machen und ihr unbestimmtes Unbehagen zu Protokoll zu geben; sie muß es vielmehr zu besseren Problemlösungen als ein reduktionistischer Ansatz bringen. Dabei beschränken sich die hier vorgetragenen Überlegungen auf eine Diskussion des behavioristischen Reduktionsprogramms, mit dem Ziel, aufzuzeigen, inwiefern kognitive Begriffe gegenüber einem behavioristischen Reduktionsanspruch Bestand haben, in welchem Sinne sie fruchtbar oder gar unvermeidlich sind.

Natürlich ist es beim gegenwärtigen Stand der Dinge nicht erforderlich, die Adäquatheit des Mentalismus zu verteidigen. Dieser ist allgemein akzeptiert; es macht wenig Sinn, Wasser in den Bodensee zu tragen. Die Ziele dieses Abschnitts sind daher auch von spezifischerer Natur. Es soll gezeigt werden, (1) daß für den Mentalismus empirische Argumente sprechen, und (2) daß die Relationen zwischen psychologischen Theorien nicht von grundsätzlich anderer Art als diejenigen zwischen physikalischen Theorien sind. Das heißt, es soll deutlich werden, wie kognitive

---

[15] Wir verwenden im Folgenden den Ausdruck ‚kognitive Psychologie' als Synonym für ‚mentalistisch orientierte Psychologie', d. h. für eine Psychologie, die interne Zustände als Zwischenglieder für Reiz-Reaktions-Verknüpfungen einführt. Dagegen wird der Ausdruck ‚kognitive Psychologie' vielfach auch in einem engeren Sinne verwendet und bezeichnet dann bestimmte abstrakte Modellbildungen zur Beschreibung von Wahrnehmung und Denken. Ferner wird der Ausdruck ‚kognitive Psychologie' gelegentlich als Übersetzung des Ausdrucks ‚cognitive science' verwendet und bezieht sich dann auf denjenigen Ansatz, den wir mit dem Terminus ‚Kognitionswissenschaft' bezeichnen (vgl. VII.2). Die Kognitionswissenschaft stellt ein philosophisches Programm zur Interpretation der kognitiven Psychologie im weiteren Sinne dar.

Theorien eigentlich funktionieren, und in welcher Weise (genau) sie
ein behavioristisches Reduktionsprogramm scheitern lassen. Die hier
auftretenden Analogien zwischen sozial- und naturwissenschaftlichen
Mustern der Theoriendynamik ergänzen die in VI.1 zu entwickelnde
These, daß auch bei den Grundsätzen der Begriffsbildung und der
Theorienstruktur bemerkenswerte konzeptionelle Ähnlichkeiten zwischen den Erklärungen für menschliches Verhalten und den Erklärungen
für natürliche Prozesse bestehen. Schließlich soll (3) ein Überblick über
die Inhalte psychologischer Theoriebildungen gegeben werden, um sie
im weiteren Verlauf der Argumentation zur Illustration heranziehen zu
können.

§ 2   Es ist im Rahmen unserer Themenstellung unmöglich und zudem wenig sinnvoll, eine erschöpfende Übersicht über den Stand der
psychologischen Forschung zu geben. Die Konzentration auf einige wenige (wie wir hoffen repräsentative) Beiträge ist unvermeidlich. Inhaltlich
soll dies für den Bereich der *Lern- und Sozialpsychologie* gelten, da es
der behavioristische Ansatz mit der Theorie Skinners auf diesem Felde
zu seinen unzweifelhaft größten Erfolgen gebracht hat. Wir beginnen
daher mit einem kurzen Abriß der Skinnerschen Lerntheorie und zeigen
dann auf, wie dieser Ansatz durch die kognitive Lerntheorie Banduras
und die Motivationstheorie Atkinsons, Weiners und Heckhausens überholt wurde.

In der Lerntheorie vor Skinner wurde Verhalten in der Regel als
Reaktion auf eine vorangehende oder gleichzeitig bestehende Reizsitua-
tion begriffen und die Beeinflussung des Verhaltens durch derartige
Stimuli untersucht. In dieser Tradition stehen etwa Pawlows Theorie der
klassischen Konditionierung und Thorndikes Verbindungslehre. Demgegenüber behauptet Skinner, daß der größte Teil menschlichen Verhaltens
spontan erfolgt, also nicht respondent, wie zuvor unterstellt, sondern
in sogenannter operanter Weise. Skinner sieht Verhalten durch seine
Konsequenzen bestimmt, durch die Reaktionen, die auf das Verhalten
folgen. Das zentrale Konzept dieser Theorie ist dabei der Begriff der
Verstärkung (reinforcement). Als Verstärker gelten solche äußeren Umstände, die die Wahrscheinlichkeit des Auftretens eines Verhaltens erhöhen. Die zentrale Aussage der Theorie ist, daß Verstärker der Handlung
zeitlich nachfolgen. Eine durch Verstärkungen bewirkte Verhaltensänderung heißt *operante Konditionierung*. Die empirischen Untersuchungen
Skinners gelten dann im wesentlichen der Erforschung der Wirkung

verschiedener Verstärkungspläne, also der Frage, durch welche Verstärkungsmuster sich maximale Lerngeschwindigkeit und maximale Stabilität des gelernten Verhaltens erreichen lassen.[16]

Wie bereits erwähnt, haben in Skinners Modell kognitive Faktoren keinen Platz. Menschliche Verhaltensweisen werden gleichsam blind geäußert und anschließend durch ihre Konsequenzen geformt. Dieser Ansatz wird jedoch bereits durch Untersuchungen zum Spracherwerb bei Kindern problematisch. So entwickelt sich das kindliche Sprachvermögen weitgehend unabhängig von elterlichen Verstärkungsmustern.[17] Ferner hat das klassische Experiment von Bandura, Ross und Ross (1963) zum Imitationslernen deutlich gemacht, daß (1) Lernen auch bei lediglich stellvertretender Verstärkung oder gar (2) ohne jede Verstärkung auftreten kann.[18] Bandura und seine Mitarbeiter spielten einer Kindergruppe Filmszenen vor, in denen ein Kind deutlich aggressives Verhalten zeigte. Es ergab sich, daß die Rate der spontanen Imitationen dieses aggressiven Verhaltens signifikant davon abhing, ob das aggressive Modell im Film für sein Verhalten gelobt oder bestraft wurde. Bei den zuschauenden Kindern wurde demnach Verhalten offenbar nicht durch die Auswirkungen des eigenen Handelns beeinflußt, sondern durch die Beobachtung der Auswirkungen des Handelns anderer. Eine Verhaltensänderung erfolgte durch *Information* über mögliche Verhaltenskonsequenzen.[19]

In einem zweiten Teil des Experiments wurden alle Kinder explizit aufgefordert und durch Belohnungen bestärkt, das Verhalten des aggressiven Filmhelden zu imitieren. Es zeigte sich, daß diese induzierte Imitationsrate *unabhängig* davon war, welche Version des Films die Kinder gesehen hatten, ob also das Modell im Film für sein Verhalten gelobt oder bestraft worden war. Das aber macht deutlich, daß auch diejenigen Kinder, die — wegen der fehlenden stellvertretenden Verstärkung — das beobachtete Verhalten nicht spontan imitiert hatten, dieses sehr wohl gelernt hatten. Anderenfalls hätten sie es auf Aufforderung hin nicht zeigen können. Dementsprechend ist zwischen dem Erwerb und der Ausführung eines Verhaltens zu unterscheiden und festzuhalten, daß der Rekurs auf Verstärkungen den Erwerb, also das Lernen im eigentlichen

---

[16] Zur ausführlichen Darstellung der Theorie Skinners vgl. Hilgard/Bower 1966, 107 – 145 (dt. 129 – 170).

[17] Vgl. Ruch/Zimbardo 1975, 182 – 184; Bandura 1977, 18 – 20 (dt. 27 – 28).

[18] Zur folgenden Darstellung vgl. Bandura/Ross/Ross 1963, 601 – 607 (dt. 61 – 74); Heckhausen 1974a, 112 – 113.

[19] Vgl. auch Bandura 1977, 22 (dt. 31).

Sinne, gerade nicht erklären kann.[20] Lernen am Modell ist ein Lernen ohne äußere Verstärkung.

Nun ist unbestreitbar, daß Verstärkungen vielfach verhaltenswirksam sind. Die Frage ist aber, auf welche Weise deren Wirkungen zustandekommen. Hierzu sind einige Experimente zu kognitiven Einflüssen auf die Wirkung von Verstärkungsmustern aufschlußreich. So wurde einer Gruppe von Versuchspersonen mitgeteilt, daß auf einen bestimmten Reiz gelegentlich ein Schock folgen werde. Abgesehen von einer probeweisen Vorführung geschah dies tatsächlich jedoch kein einziges Mal. Trotzdem wirkten die zuvor neutralen Reize zunehmend angsterregend.[21] Offenbar hatte hier eine ausschließlich kognitiv vermittelte klassische Konditionierung stattgefunden. In die gleiche Richtung weisen die Ergebnisse eines Experiments, in dem verschiedene Versuchspersonengruppen für die Ausführung bestimmter Tätigkeiten nach dem objektiv gleichen Verstärkungsplan belohnt wurden, während man sie in unterschiedlicher Weise über die herrschenden Verstärkungsbedingungen informierte. Es zeigte sich, daß der Einfluß der angenommenen Verstärkungsmuster größer war als der der tatsächlich vorliegenden, daß also die Überzeugungen wichtiger als die tatsächlich erfahrenen Handlungskonsequenzen sind.[22] Skinnersche Verstärkung wirkt folglich nicht auf dem Wege über ein mechanisches Eingewöhnen. Vielmehr dienen Verstärker als *Information* über die Auswirkungen eines Verhaltens, haben also prognostische Funktion; und sie wirken als *Motivation*, schaffen also Anreize für ein Verhalten:

> In the social learning analysis, so-called conditioned reactions are considered to be largely self-activated on the basis of learned expectations rather than evoked automatically. The critical factor, therefore, is not that events occur together in time, but that people learn to foresee them from predictive stimuli and to summon up appropriate anticipatory reactions.[23]

Skinners Theorie – soweit sie es zu gültigen Resultaten gebracht hat – funktioniert tatsächlich *kognitiv*. Ihre hier erfolgte Darstellung läßt es naheliegend erscheinen, statt die Psychologie auf eine behavioristische Zugangsweise einzuschränken, umgekehrt davon zu sprechen, daß

---

[20] Vgl. Bandura 1977, 28, 35 (dt. 37, 45).
[21] Vgl. Bandura 1977, 70 (dt. 76).
[22] Vgl. Bandura 1977, 155 – 156 (dt. 167).
[23] Bandura 1977, 68 – 69 (dt. 75).

die kognitive Psychologie die Resultate der behavioristischen Theorie auszudrücken und zu korrigieren gestattet.

§ 3   Neben dem Lernen am Modell und den externen Verstärkungen läßt sich noch eine dritte verhaltensmodifizierende Größe aufweisen, die ebenfalls kognitiver Natur ist. Dabei handelt es sich um die *selbsterzeugten* Verstärkungen. In diesem Falle setzt man sich selbst bestimmte Verhaltensstandards und reagiert entsprechend der Erfüllung dieser Standards mit Selbstbelohnung oder Selbstbestrafung. Die Details dieses Prozesses werden in der Motivationstheorie beschrieben. In dieser Theorie haben Motive den begrifflichen Status eines hypothetischen Konstrukts und stellen sich dar als verallgemeinerte Erwartungs- und Wertungsdispositionen für Grundsituationen. Motive bezeichnen also andauernde individuelle Besonderheiten.[24] Beispiele solcher Motive sind etwa das Leistungs- oder das Anschlußmotiv (die Neigung zu sozialem Anschluß). Motivstrukturen sind Ergebnis langandauernder Erfahrung. Je nach Art dieser individuellen Erfahrung ist die Ausprägung des Motivsystems eher aufsuchend oder vermeidend, mehr durch Hoffnung auf Befriedigung oder durch Furcht vor Nichtbefriedigung bestimmt. Jedes Motiv gliedert sich also in zwei Teiltendenzen; die relative Stärke dieser Teiltendenzen ist individuell verschieden.[25]

Motive führen nicht unmittelbar zu Handlungen, sondern bedürfen der Anregung durch Situationsbedingungen. Damit lassen sich Situationen experimentell realisieren, in denen zwei Motive in konfliktträchtiger Weise aktiviert werden. Walker und Heyns benutzten diesen Umstand für einen experimentellen Test der Motivationstheorie.[26] Sie maßen bei einer Gruppe von Versuchspersonen die jeweils individuelle relative Stärke von Anschluß- und Leistungsmotiv[27], konstruierten dann Situationen, die beide Motive gleichermaßen anregten, und sagten auf der Grundlage der relativen Kräfteverhältnisse beider Motive das individuelle Verhalten voraus. Diese Prognose bestätigte sich.

---

[24] Vgl. Heckhausen 1974b, 142 – 143.
[25] Vgl. Heckhausen 1974b, 146 – 147.
[26] Vgl. Walker/Heyns 1962, 54 – 68 (dt. 123 – 137).
[27] Das Standardverfahren zur Messung des Leistungsmotivs ist der sogenannte Thematische-Auffassungs-Test (TAT) (zu seiner Beschreibung vgl. Weiner 1972, 175 – 179, 184 – 192 (dt. 18 – 22, 28 – 36)). Für eine Messung des Anschlußmotivs benutzten Walker und Heyns ein dem TAT analoges Verfahren. Vgl. Walker/Heyns 1962, 57 – 59 (dt. 126 – 128).

Über die Spezifizierung von Motivstrukturen hinaus versucht die Motivationstheorie, den Einfluß der Motive auf das Verhalten präzise zu rekonstruieren. Hier ist zunächst die Theorie der *kognitiven Dissonanz* zu erwähnen, die im wesentlichen von Festinger entwickelt wurde. Dabei geht es um die Klärung eines besonderen Motivierungsprozesses und seiner Auswirkungen auf das Verhalten. Die Theorie nimmt an, daß kognitive Dissonanz ein Motivierungszustand ist, der immer dann eintritt, wenn ein psychischer Konflikt, z. B. zwischen zwei miteinander unverträglichen Überzeugungen oder zwischen Meinung und Verhalten, vorliegt. Dieser Motivierungszustand induziert Verhaltensweisen, die die Verminderung der Dissonanz herbeiführen sollen. Bei einem Konflikt zwischen Einstellung und Verhalten wird also entweder die Einstellung oder das Verhalten so angepaßt, daß wieder Einklang zwischen beiden entsteht.

Das Ausmaß der kognitiven Dissonanz hängt dabei nicht allein vom Grad des Gegensatzes zwischen Überzeugung und Handlung ab, sondern wird wesentlich von der Verfügbarkeit rechtfertigender Gründe bestimmt. Kann man etwa für eine Verhaltensweise, die den eigenen Überzeugungen widerstreitet, gute äußere Gründe geltend machen, so vermindert sich die Tendenz, diese Überzeugungen dem Verhalten anzupassen. Diese zentrale Prognose der Dissonanztheorie konnte z. B. von Brehm/Cohen (1962) experimentell bestätigt werden. Brehm und Cohen forderten Studenten auf, Aufsätze zu schreiben, die mit ihrer zuvor festgestellten wirklichen Meinung im Widerspruch standen, und belohnten sie für ihre Mühe mit Geldbeträgen unterschiedlicher Höhe. Anschließend füllten die Versuchspersonen einen vorgeblich anonymen Fragebogen aus, in dem noch einmal ihre wirkliche Meinung erhoben wurde.

Dissonanztheoretisch liegt hier ein Konflikt zwischen Meinung und Verhalten vor, wobei das Verhalten durch die Versuchsbedingungen vorgegeben ist. Eine Dissonanzreduktion könnte in diesem Falle also allein über eine Änderung der Einstellung erfolgen. Die Theorie prognostiziert dann, daß, je weniger überzeugend die rechtfertigenden Gründe für das konfliktträchtige Verhalten sind, desto stärker weicht die im Fragebogen ausgedrückte (also durch das Experiment beeinflußte) Meinung von der ursprünglich vertretenen ab. Diese rechtfertigenden Gründe bestehen hier aber in dem ausgezahlten Geldbetrag. Das führt zu der Vorhersage, daß, je geringer die bezahlte Summe ist, desto größer wird die experimentell induzierte Meinungsänderung sein. Diese Vorhersage bestätigte sich.[28] Das Experiment führt offenbar auf die Deutung, daß die herbeigeführten Wirkungen um so beträchtlicher sind, je geringer die Belohnung, also die Skinnersche Verstärkung, ausfällt. Die Dissonanztheorie verweist damit auf das Bestehen gleichsam anti-Skinnerscher Regularitäten.

§ 4 Kognitive Dissonanz stellt nur einen Typus motivierender Einflüsse dar. Auch andersartige Motive und Motivierungsprozesse werden von der Motivationstheorie beschrieben. Als Beispiel sei das Leistungsmotiv angeführt, da dieses am eingehendsten untersucht wurde. Bahnbrechend auf diesem Gebiet war Heckhausens Prozeßmodell.[29] Danach sind die folgenden beiden Phasen zu unterscheiden: (1) Die Aufforderungsgehalte der Situation regen das überdauernde Leistungsmotiv an; die Folgen einer Handlung werden antizipiert und eingeschätzt (*Motivierung*). (2) Auf die Ausführung der Handlung folgt die Phase der *Selbstbewertung*. Die Motivationstheorie strebt die Klärung dieser kognitiven Zwischenprozesse, also der Motivierung und der Selbstbewertung, an.

Wie alle Motive liegt auch das Leistungsmotiv in zwei Teiltendenzen vor, dem Erfolgsmotiv und dem Mißerfolgsmotiv, also der allgemeinen Hoffnung auf Erfolg und der generalisierten Furcht vor Mißerfolg. Personen mit dominierendem Erfolgsmotiv suchen bevorzugt Situationen mit leistungsthematischen Inhalten auf, in der Hoffnung, Erfolg zu haben; Mißerfolgsmotivierte streben nach Vermeidung leistungsthematischer Situationen. Die Tendenz, leistungsthematische Situationen mit der Hoffnung auf Erfolg aufzusuchen, wird ausgedrückt durch das Produkt der Stärke des Erfolgsmotivs und der Motivierungstärke. Letztere wiederum wird als Produkt der subjektiven Anreizwerte und der subjektiven Eintretenswahrscheinlichkeit aufgefaßt.[30] Die subjektiven Anreizwerte bestimmen sich aus der Antizipation und Bewertung der Leistungshandlung sowie aus dem wahrgenommenen Schwierigkeitsgrad der Aufgabe. Bei Erfolgsmotivierten ist der Anreizwert bei mittlerem wahrgenommenen Schwierigkeitsgrad maximal, bei Mißerfolgsmotivierten minimal.

Die Selbstbewertung einer Leistungshandlung ist eine Funktion zweier Faktoren. Für eine positive Selbstbewertung ist es zum einen erforderlich, daß die entsprechende Person auf dem entsprechenden Gebiet über einen verbindlichen Gütestandard, ein Anspruchsniveau,

---

[28] Zu dieser Darstellung der Theorie vgl. Lefrancois 1972, 57−62 (dt. 35−38).
[29] Zum Folgenden vgl. Heckhausen 1974b, 149−158.
[30] Dazu auch Weiner 1972, 195 (dt. 39−40).

verfügt, und daß dieses Anspruchsniveau erreicht oder übertroffen
wurde. Zum anderen ist es notwendig, daß sie das positive Resultat auf
eigene Einflüsse zurückführt. Diese Prüfung der Urheberschaft wird
als *Kausalattribuierung* bezeichnet. Dabei werden im allgemeinen vier
Faktoren herangezogen, nämlich Begabung, Anstrengung, Aufgaben-
schwierigkeit und Zufall. Erfolgs- und Mißerfolgsmotivierte zeichnen
sich durch verschiedene charakteristische Attribuierungsmuster aus. Er-
folgsmotivierte führen Erfolg auf hohe Begabung und/oder hohe Anstrengung zurück (sie attribuieren internal), Mißerfolg hingegen auf mangelnde Anstrengung oder Zufall. Mißerfolgsmotivierte zeigen bei Erfolg
keine eindeutige Attribuierungsstrategie, schreiben jedoch Mißerfolg
stets mangelnder Begabung zu.

Sowohl die dargestellten Einzelheiten des Motivierungsprozesses als
auch die Unterscheidung zwischen Erfolgs- und Mißerfolgsmotivierten
im gekennzeichneten Sinne ließen sich experimentell bestätigen.[31] Besonders beeindruckend ist dabei die motivationstheoretische Umdeutung des
sogenannten *Pygmalion-Effekts*. Dieser geht auf das Experiment von
Rosenthal/Jacobson (1968) zurück, in dem die Einstellung von Lehrern
zu bestimmten Schülern systematisch manipuliert und die Auswirkungen
auf die Schülerleistung untersucht wurde. Den Lehrern wurde mitgeteilt,
in einem Test der geistigen Leistungsfähigkeit hätten bestimmte Schüler
(die tatsächlich nur zufällig ausgewählt waren) besonders gut abgeschnit-
ten, und von diesen sei in nächster Zukunft eine bedeutsame Steigerung
ihrer schulischen Leistung zu erwarten. Sowohl Schüler als auch Eltern
wurden über diese Prognose nicht unterrichtet. Acht Monate später
wiesen die solcherart herausgehobenen Schüler tatsächlich verbesserte
Schul- und Intelligenzleistungen auf.

Rosenthal und Jacobson führten dieses überraschende Resultat auf
die induzierte Ausbildung günstiger Verstärkungsmuster auf seiten des
Lehrers zurück: Der Lehrer wendet dem herausgehobenen Schüler ver-
mehrte Aufmerksamkeit zu, bemerkt auf diese Weise gute Leistungen
schneller und verstärkt sie deutlicher.[32] Allerdings ließ sich in Nachunter-
suchungen die Erhöhung der Schulleistungen nur beschränkt und die
Steigerung der Intelligenz gar nicht reproduzieren.[33]

Entgegen der an Skinner orientierten Deutung durch Rosenthal und
Jacobson interpretiert die Motivationstheorie den Pygmalion-Effekt als

[31] Vgl. Schneider 1976, 33–59.
[32] Vgl. Weinert 1974, 33–35.
[33] Vgl. Heckhausen 1974c, 571.

Änderung des Attribuierungsmusters auf seiten des Schülers, induziert durch eine entsprechende Änderung auf seiten des Lehrers. Der Lehrer schätzt die Fertigkeiten des Schülers nun höher ein und führt daher Mißerfolg nicht mehr auf fehlende Begabung, sondern auf mangelnde Anstrengung zurück. In dem Maße, in dem sich der Schüler diese Umorientierung des Lehrers zueigen macht, verbessert sich seine Lernmotivation und daraufhin auch seine schulische Leistung. Diese Interpretation führt zu der Vorhersage, daß ein Pygmalion-Effekt nur bei solchen Schülern zu erwarten ist, bei denen die Ergebnisse von Intelligenztests höhere schulische Leistungen als die tatsächlich gezeigten erwarten lassen (sogenannte ‚Underachiever‘), und diese Diskrepanz auf einer Mißerfolgsmotivierung beruht. Erhebt man demnach die Motivstruktur und die Lernfähigkeit, so läßt sich prognostizieren, bei welchen Schülern ein Pygmalion-Effekt zu erwarten ist, vor allem aber, bei welchen er − im Gegensatz zur Rosenthal/Jacobson-Erklärung − *nicht* zu erwarten ist. Diese Vorhersage ließ sich bestätigen.[34] Die Motivationstheorie erklärt damit die Mißerfolge der behavioristischen Interpretation (nämlch die mangelhafte Reproduzierbarkeit des Pygmalion-Effekts) und sagt eine neuartige Gesetzmäßigkeit voraus (nämlich das Auftreten des Effekts nur unter bestimmten Voraussetzungen).

§ 5   Unser Streifzug durch einige Gebiete der modernen Psychologie macht trotz seiner aspekthaften Kürze deutlich, daß der Behaviorismus aus empirischen Gründen überholt ist. Diese Beurteilung läßt sich anhand einer Anwendung von Lakatos' Methodologie der Forschungsprogramme auf die dargestellte Entwicklung der psychologischen Theoriebildung stützen und konkretisieren. Lakatos stellt sich die Wissenschaft als eine Konkurrenz von Forschungsprogrammen vor. Ein Forschungsprogramm ist eine Abfolge von Theorien (von Programmversionen), die durch gemeinsame Grundpostulate (den ‚harten Kern‘ von Forschungsprogrammen) und gemeinsame inhaltliche Leitlinien für die theoretische Weiterentwicklung (‚positive Heuristik‘) gekennzeichnet sind. Ein methodologisch qualifiziertes (‚progressives‘) Forschungsprogramm weist dabei die folgenden Merkmale auf: (1) Die faktische Programmentwicklung steht im Einklang mit den Vorgaben der positiven Heuristik. (2) Jede Programmvariante reproduziert die erfolgreichen Erklärungsleistungen der vorangehenden Version und sagt (3) neuartige und unerwartete

---

[34] Vgl. Heckhausen 1974c, 571 − 573.

Gesetzmäßigkeiten voraus. (4) Von diesen Prognosen sind zumindest einige tatsächlich experimentell zu bestätigen.[35] Wenn die in diesem Sinne progressive Erklärungsleistung eines Programms die progressive Erklärungsleistung eines weniger glücklichen Alternativprogramms übersteigt, wird dieses von jenem überholt.[36]

Wenn man diese Kriterien auf die Konkurrenz zwischen Behaviorismus und kognitiver Psychologie anwendet, so wird deutlich, daß die kognitive Psychologie die Wirksamkeit Skinnerscher Verstärkungsmechanismen erklären kann (indem sie Verstärker als Information und Motivation auffaßt), und daß sie insofern die behavioristischen Erklärungsleistungen reproduziert. Darüber hinaus prognostiziert sie neuartige, vor dem Hintergrund der Skinnerschen Theorie unerwartete oder von ihr ausgeschlossene Phänomene, die sich tatsächlich empirisch bestätigen lassen. Zu nennen sind (1) der Aufweis einer ausschließlich kognitiv vermittelten klassischen Konditionierung, (2) die aus der Theorie der kognitiven Dissonanz abgeleitete Vorhersage, daß die induzierte Verhaltensänderung mit abnehmender Verstärkungsintensität wächst, (3) die Prognose einer korrigierten Version des Pygmalion-Effekts, bei der zugleich die Gründe für das Versagen der behavioristischen Deutung dieses Effekts offenbar werden. Die kognitive Psychologie erklärt damit alles das, was der Behaviorismus erklären konnte; sie erklärt zudem, warum der Behaviorismus an einzelnen Stellen versagte, und führt darüber hinaus zu empirisch bestätigten Gesetzesprognosen. Im Lichte der von Lakatos spezifizierten Kriterien für wissenschaftlichen Fortschritt ist daher der Behaviorismus durch die kognitive Psychologie überholt.

§ 6   Es bleibt zu klären, ob es sich bei der Ablösung des Behaviorismus durch die kognitive Psychologie um eine Reduktion des ersteren auf die letztere oder um nicht-reduktive Theorieersetzung handelt. Im einen Falle läge eine ontologische Reduktion vor. Resultat der vorangegangenen Diskussion wäre, daß Skinnersche Verstärkungen in anderer Weise funktionieren, als Skinner es sich selbst vorstellte. Im Falle nicht-reduktiver Theorieersetzung hingegen hätte man als Resultat anzunehmen, daß es so etwas wie Skinnersche Verstärkung gar nicht gibt.

---

[35] Die Forderung nach einer Prognose neuartiger Phänomene wird später zwar abgeschwächt, doch auch im Lichte schwächerer Kriterien erhöhen solche Vorhersagen die empirische Stützung eines Forschungsprogramms in besonderem Maße. Zur Diskussion dieser verschiedenen Kriterien vgl. Carrier 1988, 205 – 216.

[36] Vgl. Lakatos 1970, 116 – 125, 132 – 138 (dt. 113 – 122, 129 – 134).

Um die Frage der Reduzierbarkeit zu klären, muß die Möglichkeit der relativen Interpretierbarkeit untersucht werden. Dabei zeigt sich, daß die kognitive Psychologie die Wirksamkeit von Verstärkungen keineswegs bestreitet. Skinners Verhaltensgesetze finden insofern durchaus ihren Platz in der modernen Psychologie. Allerdings wird ihre Geltung an bestimmte Voraussetzungen gebunden. So bestehen zum einen zusätzlich Verstärkungseinflüsse anderer Art (z. B. stellvertretende Bekräftigung), zum anderen werden alle Verstärkungseinflüsse in einer von der Skinnerschen Auffassung abweichenden Weise, nämlich als Information und Motivation, gedeutet. Letzteres hat zur Folge, daß Verstärker zur Kenntnis genommen werden müssen, um wirksam zu sein; sie vermögen nicht gleichsam blind das Verhalten zu formen. Dies bedeutet, daß die Relativierungsbedingungen hier im Fehlen besonderer Reizkonstellationen, wie sie etwa für das Modellernen typisch sind, bestehen, und daß ferner bestimmte kognitive Faktoren, z. B. bewußte Wahrnehmung von Verstärkungsmustern, vorliegen müssen. Sind diese Bedingungen realisiert, wirken Verstärker tatsächlich in der von Skinner beschriebenen Weise. Dieser (zugestandenermaßen groben) Analyse zufolge besteht also in der Tat relative Interpretierbarkeit der Skinnerschen Verhaltenstheorie in der kognitiven Lern- und Motivationspsychologie.[37]

Schließlich ist zu fragen, wie es um die Geltung der Relativierungsbedingungen im Anwendungsbereich der Skinnerschen Theorie steht. Entsprechend der grundsätzlichen Erörterung des Reduktionsbegriffs in II.2. § 6 bleibt hier ein gewisser Ermessensspielraum. Immerhin ist die Annahme nicht unplausibel, daß nicht-Skinnersche Verstärkungseinflüsse das menschliche Verhalten nicht dominieren, sondern nur in einer Minderheit von Fällen von Bedeutung sind.[38] Gleiches gilt sicher für die vorausgesetzten kognitiven Faktoren.

Man darf unterstellen, daß wir über die vorherrschenden Verstärkungsmuster meist korrekt informiert sind, so daß kognitiv antizipierte und faktisch realisierte Verstärkungsmuster zusammenfallen. Wenn diese

---

[37] Man mag einwenden, daß hier nicht gezeigt wurde, daß eine kognitive Ableitung der Skinnerschen Verhaltensgesetze – wie: minimale Verhaltensextinktion (d. i. ,Vergessen') läßt sich durch variable Quotenverstärkung erreichen – möglich ist. Tatsächlich gelingt eine solche Ableitung jedoch nicht einmal im Rahmen der Skinnerscher Theorie selbst. Vielmehr handelt es sich bei diesen Gesetzen um Regularitäten, die auf der Grundlage der Skinnerschen Begrifflichkeit experimentell aufgefunden wurden.

[38] Zudem ließe sich darauf hinweisen, daß der primäre Geltungsanspruch der Theorie das tierische Verhalten ist. Jedenfalls wurde das Modell vor allem anhand von Experimenten mit Tauben und Ratten entwickelt.

Annahmen zutreffen, wäre es angemessen, von einer Reduktion des Behaviorismus auf die kognitive Psychologie zu sprechen. Demnach existierten Skinnersche Verstärkungen, wären aber von anderer Natur als von Skinner unterstellt — ähnlich wie im Falle psychophysischer Reduktion mentale Ereignisse zwar existierten, aber von anderer Natur wären als vielfach angenommen.

Diese Darstellung zeigt, daß die Wissenschaften vom menschlichen Verhalten speziell auf sie zugeschnittener methodologischer Standards nicht bedürfen. Schließlich bringt es die Psychologie zu präzisen, experimentell testbaren Aussagen, ja sogar zur Vorhersage neuartiger Gesetzmäßigkeiten. Wir betrachten dies als Indiz für die methodische Einheit aller empirischen Wissenschaften und als Stütze unserer Argumentation gegen Davidsons Proklamation eines Sonderstatus des psychologischen Diskurses. Damit dürfte deutlich geworden sein, daß (1) allgemeine methodologische Standards auch in der Psychologie greifen, und daß (2) die aus dem Blickwinkel dieser Standards besten verfügbaren Theorien menschlichen Verhaltens mit mentalen Begriffen operieren.

VI. Philosophie und Geist:
Der psychophysische Dualismus

1. *Der logische Status psychologischer Begriffe*

§ 1   Der kurze Abriß einiger theoretischer Entwicklungen in der neueren Psychologie läßt die Art und Struktur der mentalistischen Begrifflichkeit erkennen, mit der die besten verfügbaren Theorien menschlichen Verhaltens operieren. Nunmehr sollen einige Charakteristika dieser Begrifflichkeit und der psychologischen Theoriebildung insgesamt erörtert werden.

Dabei fällt auf, daß in allen diskutierten Fällen die psychologischen Begriffe eine *intentionale* Beschaffenheit aufweisen. Z. B. sind Motive Erwartungs- und Zielvorstellungen und als solche auf bestimmte Inhalte gerichtet. Gleiches gilt für Kausalattribuierungen, die Überzeugungen von kausaler Urheberschaft ausdrücken. Insofern arbeiten die hier skizzierten Modelle mit einem Vokabular, das den traditionellen Kriterien für mentale Kategorien genügt. Was die begriffliche Struktur betrifft, ist daher die psychologische Theoriebildung (soweit sie hier diskutiert wurde) konservativer als der Behaviorismus oder auch eine mögliche Neuropsychologie, deren Grundbegriffe allesamt nicht-intentional sind bzw. zu sein hätten. In diesem Zusammenhang läßt sich fragen, ob auch ein nicht-intentionaler Mentalismus Sinn hat, oder ob eine kognitive Psychologie zwangsläufig auf ein intentionales Vokabular festgelegt ist. Wir werden auf diese Frage im Rahmen von VII.3 zurückkommen.

Des weiteren läßt die Skizze psychologischer Theorienkonstruktionen erkennen, daß psychologische Gesetze eine andere Struktur als gelegentlich angenommen aufweisen. So stößt man mitunter auf die Einschätzung, die Individualität der Menschen, d. h. die Vielfalt und Variabilität ihrer Verhaltensweisen, schließe psychologische Regelmäßigkeiten nach Art naturwissenschaftlicher Gesetze aus. Bestenfalls könne man grobe Durchschnittswerte, Regeln für mittleres Verhalten angeben, von denen im Falle des einzelnen Individuums stets beträchtliche Abweichungen möglich seien.

Dieser Einwand setzt voraus, daß psychologische Gesetze in *klassifikatorischen* Begriffen formuliert sind. Klassifikatorische Begriffe drücken die Zugehörigkeit eines Gegenstandes zu einer bestimmten Klasse aus. Eine psychologische Regularität dieser Art hätte etwa die Gestalt: ‚Extrovertierte mögen Zitroneneis‘. Im Gegensatz dazu drücken *komparative* Begriffe eine ordinale Reihung zwischen Gegenständen aus und sind insofern aussagekräftiger und differenzierter als klassifikatorische Begriffe. Ein solches in komparativen Begriffen formuliertes Gesetz hätte z. B. die Form: ‚Je extrovertierter ein Mensch ist, desto ausgeprägter ist seine Vorliebe für Zitroneneis‘. In dieser differenzierteren Fassung kommen individuelle Unterschiede besser zur Geltung als in der klassifikatorischen Version, die keinerlei Grade, sondern nur Alternativen kennt. Von solcher Art sind aber die Gesetze in den oben diskutierten Theoriebildungen. So hängt z. B. in dem Experiment von Walker und Heyns das prognostizierte Verhalten von der relativen Stärke der verschiedenen Motive ab; und der Pygmalion-Effekt ist um so markanter, je stärker die vor dem Experiment vorhandene Mißerfolgsmotivierung ist. Insofern ist menschliche Individualität mit der strengen Gültigkeit psychologischer Gesetze verträglich.

§ 2　Im Folgenden sei der Status mentaler Begriffe, wie er sich aus einer Analyse der kognitiven Psychologie ergibt, rekonstruiert und dabei insbesondere die schon mehrfach erhobene Behauptung präzisiert und begründet, daß es sich dabei um *theoretische Begriffe* im Sinne der Wissenschaftstheorie der Naturwissenschaften handelt. Die These ist also, daß wir genau hier jene Ebene theoretischer Begriffe vorfinden, die Feigl zu Recht für die Psychologie anstrebt und zu Unrecht bei der Neurophysiologie sucht (vgl. II.1. § 1). Kognitive, nicht neurophysiologische Begriffe sind die adäquaten hypothetischen Konstrukte für die Psychologie.

Wie bereits in II.1. § 1 grob skizziert, gelten als theoretische Begriffe solche Begriffe, die ihre Bedeutung primär der Einbindung in eine theoretische Struktur, nicht der Anbindung an Observablen verdanken. Das bedeutet, theoretische Begriffe werden nicht einzeln nacheinander durch Verknüpfung mit bestimmten Beobachtungen oder Meßprozessen eingeführt:

> Rather, the constructs used in a theory are introduced jointly, as it were, by setting up a theoretical system formulated in terms of them and by giving this system an experiential interpretation, which in turn confers empirical meaning on the theoretical constructs.[1]

---

[1] Hempel 1952, 32 (dt. 37).

Das heißt, theoretische Begriffe werden durch die Grundpostulate der zugehörigen Theorie eingeführt; sie bezeichnen keine direkt beobachtbaren Größen. Eine empirische Deutung erhält die Theorie dadurch, daß einigen der in ihr eingeführten theoretischen Begriffe empirische Indikatoren zugeordnet werden. Diese Zuordnung erfolgt durch sogenannte *Korrespondenzregeln*, die zumindest je einen theoretischen Begriff und einen Beobachtungsbegriff miteinander verknüpfen. Dabei mögen einem theoretischen Begriff auch mehrere Korrespondenzregeln, also mehrere empirische Indikatoren, zugeordnet sein; auch kann sich diese Zuordnung im Laufe der Wissenschaftsentwicklung ändern. Mit anderen Worten, die Wissenschaftsentwicklung mag dazu führen, daß bestimmte empirische Indikatoren eines theoretischen Zustandes gestrichen und andere hinzugefügt werden.[2]

Die Verwendungsweise theoretischer Begriffe wird also durch zwei Faktoren bestimmt; durch ihre Rolle im Netzwerk der Theorie und durch ihre Anbindung an die empirische Basis; oder, in den Worten Feigls, ihre Bedeutung wird durch ,Triangulation im logischen Raum‘ fixiert.[3] Theoretische Begriffe enthalten damit eine dem Funktionszusammenhang der zugehörigen Theorie entstammende ,Überschußbedeutung‘, d. h. eine Bedeutung über ihren operationalen Gehalt hinaus. Es sind ,offene‘ Begriffe, deren zugeordnete Beobachtungsindikatoren sich im Verlaufe des Wissenschaftsprozesses ändern mögen. Die Einführung theoretischer Begriffe beruht dabei auf der Einsicht, daß eine derart flexible Begrifflichkeit zur möglichst einfachen Systematisierung empirischer Regelmäßigkeiten besser geeignet ist als starr mit bestimmten Indikatoren verknüpfte Begriffe. Es sind in erster Linie nicht erkenntnistheoretische, sondern methodologische Gründe, die den Rückgriff auf theoretische Begriffe nahelegen.

Der besondere Charakter theoretischer Begrifflichkeit und ihre Funktion in der Formulierung von Theorien sei hier anhand zweier Anwendungsfälle diskutiert, nämlich einem psychologischen und einem physikalischen Beispiel. Dabei soll insbesondere aufgezeigt werden, daß theoretische Begriffe mit den ihnen zugeordneten Indikatoren nicht synonym sind, daß sie nicht in diese Indikatoren übersetzbar sind. Das Vorliegen der Indikatoren ist nicht logisch hinreichend für einen Schluß auf die Anwendbarkeit des entsprechenden Begriffs.[4] Konkret bedeutet dies, daß

---

[2] Zum Konzept der Korrespondenzregeln vgl. Wolters 1984b, 480–481.
[3] Vgl. Feigl 1963, 321.
[4] Darauf hat schon Carnap aufmerksam gemacht. Vgl. Carnap 1956, 69 (dt. 578).

die Anwendungsbedingungen für theoretische Begriffe nicht ausschließlich in Beobachtungsbegriffen, sondern zumindest teilweise selbst wieder
durch theoretische Begriffe spezifiziert werden.

Die Analyse der Beispiele soll zum einen zeigen, daß sich die Sachlage
im physikalischen wie im psychologischen Fall sehr ähnlich darstellt.
Dies unterstützt unsere These, daß das mentalistische Vokabular in der
Psychologie als legitime theoretische Begrifflichkeit aufzufassen ist. Zum
anderen soll aus dieser wissenschaftssprachlichen Untersuchung deutlich
werden, daß mentale Begriffe eine eigenständige Sprachebene darstellen,
d. h., daß sie in die ihnen zugeordneten physischen oder physiologischen
Indikatoren nicht übersetzbar sind. Die Analyse des psychologischen
Beispiels schließt dabei an Feigls Plädoyer gegen einen reduktionistischen
Behaviorismus an (vgl. II.1. § 1, V.1. § 2); im physikalischen Beispiel
untersuchen wir das Verhältnis von Begriff und Indikator in der Elektrodynamik.

§ 3   Wenn man einen psychischen Zustand, z. B. einen bestimmten
Motivationszustand, mit bestimmten Verhaltensindikatoren verknüpfen
will, besteht die Schwierigkeit darin, den Einfluß anderer psychischer
Zustände abzuschätzen, die das Verhalten ebenfalls beeinflussen könnten.
So mag z. B. ein bestimmter Motivationszustand Ψ_M faktisch vorliegen,
die Ausprägung des zugeordneten Verhaltens durch gleichzeitige Präsenz
des Angstzustands Ψ_A aber verhindert werden. Um also über das Vorliegen von Ψ_M entscheiden zu können, muß man wissen, ob Ψ_A realisiert ist.
Allgemein gesprochen bedeutet dies, daß für eine adäquate Zuschreibung
eines psychischen Zustandes dessen *Wechselwirkung* mit anderen psychischen Zuständen bekannt sein muß. Jeder Schluß vom beobachteten
Verhalten V_M auf den mentalen Vorgang Ψ_M setzt voraus, daß andere
psychische Zustände Ψ_i, die auf die Verknüpfung von Ψ_M und V_M
Einfluß ausüben können, nicht unkontrolliert schwanken. Psychologische
Begriff-Indikator-Verknüpfungen gelten also nur unter der Voraussetzung
einer ceteris-paribus-Klausel, die selbst von mentalen Termini Gebrauch
machen muß. Die Korrespondenzregeln sind mit Vorbehalten zu formulieren, die in mentalistischem Vokabular ausgedrückt werden. Diese
mentalistische ceteris-paribus-Klausel ist experimentell aber nur dann
überprüfbar, wenn den möglichen Störgrößen Ψ_i ihrerseits verläßliche
Indikatoren zugeordnet sind, wobei diese Zuordnung wiederum den
Einfluß anderer Störungen (darunter möglicherweise Ψ_M) in Betracht
ziehen muß.

Derartige Eigenarten bei der Verwendung theoretischer Begrifflichkeit sind gemeint, wenn oben von theoriespezifizierten Anwendbarkeitsbedingungen solcher Begriffe gesprochen wurde. Die Messung theoretisch bestimmter psychischer Zustände ist entscheidend von derjenigen Theorie beeinflußt, in deren Rahmen sie auftreten. Das heißt, in die Verknüpfung von Begriff und Indikator, in die Korrespondenzregeln also, gehen selbst Gesetze ein. Diese Gesetze stiften zum einen allererst bestimmte Verknüpfungen, indem sie den Schluß von einem Verhalten V_X (z. B. einer Meinungsänderung im Dissonanzexperiment) auf einen psychischen Zustand Ψ_X (das Vorliegen kognitiver Dissonanz) erlauben. Sie begrenzen zum anderen aber deren Geltung, indem sie die Anwendbarkeit dieser Verknüpfungen an besondere mentalistische ceteris-paribus-Klauseln koppeln (wie etwa die Nichtverfügbarkeit einer Rechtfertigungsstrategie). In diesem Sinne wird die Bedeutung theoretischer Begriffe von ihrer Rolle, von ihrem ‚Funktionieren‘ in einer Theorie beeinflußt; die Formulierung besonderer Korrespondenzregeln für einen theoretischen Begriff ist von der gesetzmäßigen Anbindung dieses Begriffs an andere theoretische Begriffe abhängig.

Allen wesentlichen Zügen des psychologischen Beispiels begegnet man auch bei physikalischen Theorien. So läßt sich etwa die elektrische Feldstärke E durch die Beschleunigung a eines Teilchens mit der Ladung q und der Masse m anhand der Gleichung $E = ma/q$ messen. Die Beschleunigung (oder die Kraft ma) stellt also den empirischen Indikator für die theoretische Größe ‚elektrisches Feld‘ dar. Entscheidend ist dabei, daß es wenig Sinn hat, diesen theoretischen Begriff als durch den Indikator definiert zu betrachten. Man erhält nämlich aus den gemessenen Beschleunigungen die elektrische Feldstärke nur dann, wenn nicht gleichzeitig Beschleunigungen anderer Art, etwa solche, die durch ein magnetisches Feld hervorgerufen werden, die Ergebnisse verzerren. Hierin zeigt sich, wie in die Verknüpfung von Begriff und Indikator eine weitere theoretische Größe hineinwirkt, so daß diese Verknüpfung nur bei einer ceteris-paribus-Klausel, die auf weitere theoretische Begriffe Bezug nimmt, Bestand hat. Um also die Feldstärke aus den Beschleunigungen zu bestimmen, bedarf es der Auszeichnung der *relevanten* Beschleunigungen; und was relevant ist, vermag erst eine Theorie des elektrischen Feldes zu klären.

Ferner zeigt sich, daß man auf diese Weise nur ein empirisches Maß für das Produkt aus Ladung und Feldstärke erhält; ein separater Zugang zur Feldstärke bedarf der Annahme der Konstanz der Ladung (die ebenfalls als theoretische Größe aufzufassen ist). Will man demnach die elektrische Feldstärke messen, so benötigt man gesetzmäßige Annahmen über andere elektromagnetische Größen (nämlich elektrische Ladung und magnetische Feldstärke), die auf oder auf die die gesuchte Größe wirkt. Die Verknüpfung von Begriff und Indikator ist auch hier wesentlich gesetzesbestimmt.

Das Ergebnis der Analyse dieser Beispiele ist, daß mentale Begriffe in der Psychologie die gleiche Rolle spielen und die gleichen Charakteristika aufweisen wie theoretische Begriffe in der Physik. Sowohl der Umstand, daß die Korrespondenzregeln Einschränkungen enthalten, die selbst in theoretischen Begriffen ausgedrückt sind, als auch die Eigenart, daß in die Korrespondenzregeln selbst wieder Gesetze eingehen, treten in beiden Fällen in gleicher Weise in Erscheinung. Wir schließen daraus, daß mentale Begriffe in der Psychologie theoretische Begriffe sind.

§ 4　Die Einführung theoretischer Begriffe ist erkenntnistheoretisch nicht geboten; auch eine strikte Zuordnung, also eine Identifizierung von Begriff und Indikator läßt sich durch ein konventionalistisches fiat erreichen. Auch Feigl betont diese Möglichkeit, weist jedoch auf den methodologischen Preis der verminderten Prognose- und Erklärungskraft hin, den man bei einer solchen Strategie zu zahlen hätte:

> A strict one-to-one correspondence of indicator variables and intervening variables [d. s. theoretische Begriffe] can be achieved by arbitrary definition – but the severely limited success of the prediction and explanation of behavior on this basis shows convincingly that we must search by whatever means available for a more complete frame of concepts and laws.[5]

Daß der Schaden, der von einer Absage an theoretische Begriffe hervorgerufen würde, vor allem methodologischer Natur wäre, ist auch eine der zentralen Einsichten von Hempels bahnbrechender Studie zur Definierbarkeit theoretischer Begriffe durch Beobachtungsbegriffe.[6] Hempel betont hier ebenfalls den Verlust der erklärenden und prognostischen Leistung, den das Bestehen auf der strikten Anbindung aller Begriffe an die Beobachtungsbasis mit sich brächte, und verweist darüber hinaus auf die Einschränkungen der heuristischen Fruchtbarkeit von Theoriebildungen, die von einer solchen Strategie herbeigeführt würden.[7]

---

[5] Feigl 1951, 199 – 200.
[6] Hempel 1958.
[7] Vgl. Hempel 1958, 213 – 219.

Die Zulassung theoretischer Begrifflichkeit wird also letztlich von der Verpflichtung auf gewisse methodologische Kriterien (etwa Erklärungskraft) bestimmt.

Kognitive Begriffe in der Psychologie sind demnach als *Erklärungskonstruktionen* aufzufassen, denen als Indikatoren Verhaltensweisen, Berichte über innere Zustände und neurophysiologische Phänomene zugeordnet sind. Kognitive Begriffe und ihre Indikatoren sind nicht synonym. Verhaltensweisen oder neurophysiologische Zustände *zeigen* die Anwendbarkeit kognitiver Konzepte *an*, sie *verweisen auf* das Vorliegen des entsprechenden psychologischen Phänomens, sind jedoch mit diesem nicht identisch. Während also bei Feigl eine umkehrbar eindeutige Zuordnung von phänomenalem Prädikat P, psychologischem Prädikat Ψ und neurophysiologischem Prädikat Φ unterstellt wird (P ↔ Ψ ↔ Φ) (vgl. II.1. § 4), stellt sich für uns die Sachlage folgendermaßen dar:

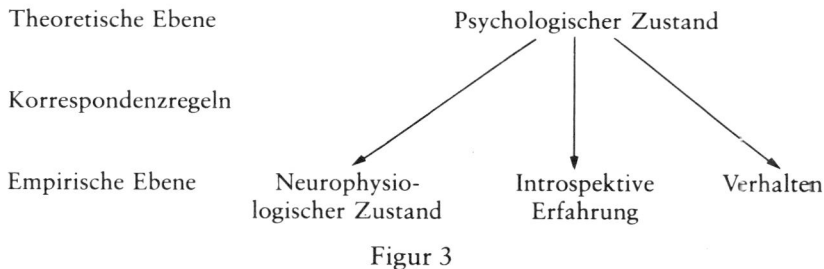

Figur 3

In dieser Rekonstruktion ist der neurophysiologische Zustand demnach bloßes *Anzeichen*, nicht etwa (wie für die Identitätstheorie) *Kriterium* für einen entsprechenden psychologischen Zustand.[8]

---

[8] Fodor sucht auf die Einstufung psychologischer Zustände als erschlossener Größen (also als theoretisch bestimmter Zustände) ein Argument für den Materialismus zu gründen. Da nämlich Verhaltensweisen als hinreichende Anwendungsbedingungen für derartige Begriffe ausscheiden, kommen nur neurologische Prozesse dafür in Frage. Diese bilden wegen des Ausschlusses anderer Möglichkeiten das einzig verbleibende, plausible hinreichende Beobachtungskriterium für die Zuschreibung mentaler Ereignisse (vgl. Fodor 1968, 99). Fodors Argument setzt voraus, daß für alle sinnvollen theoretischen Begriffe zumindest eine hinreichende Anwendungsbedingung in Beobachtungsbegriffen formuliert sein muß. Wie oben ausführlich dargelegt — und von Carnap bereits früher in besonderem Hinblick auf theoretische Begriffe in der Psychologie betont (vgl. Carnap 1956, 71–72 (dt. 580–581)) —, ist dies jedoch unzutreffend. Eines der besonderen Charakteristika theoretischer Begriffe ist gerade, daß über ihre Anwendbarkeit niemals anhand von Observablen allein schlüssig entschieden werden kann.

2. *Der ontologische Status mentaler Zustände*

§ 1   Nachdem der *logische* Status mentaler Begriffe rekonstruiert und dabei gezeigt wurde, daß mentale Begriffe legitim als theoretische Begriffe aufgefaßt werden können, seien nun die *ontologischen* Konsequenzen dieses Ergebnisses diskutiert. Die Kriterien für die Festlegung einer Ontologie haben sich im Verlaufe der letzten Jahrhunderte grundlegend gewandelt. Während man zuvor davon ausging, die Ontologie müsse durch allgemeine Grundsätze metaphysischer oder erkenntnistheoretischer Herkunft festgelegt und der Wissenschaft vorgegeben werden, hat sich in der jüngeren neuzeitlichen Entwicklung die Vorstellung durchgesetzt, die Beantwortung ontologischer Fragen folge der wissenschaftlichen Theoriebildung. Diese Veränderung in der philosophischen Optik sei kurz am Beispiel der Diskussion über die Natur des Raumes verdeutlicht. Anschließend sollen die Konsequenzen dieser Umorientierung auf die psychophysische Ontologie herausgestellt werden.

§ 2   Als die beiden grundlegenden Theorien des Raumes können eine *relationale* und eine *substantielle* Auffassung gelten. Die relationale Theorie hält nur räumliche Relationen zwischen Ereignissen für existent und den Raum als eine von den Gegenständen losgelöste Größe für eine unzulässige Hypostasierung. Die substantielle oder Behälter-Auffassung nimmt demgegenüber eine von allen Ereignissen unabhängige und ihnen ontologisch vorausliegende räumliche Ordnung an. Für den Relationisten konstituieren die Gegenstände den Raum, für den Behälter-Theoretiker sind die Gegenstände im Raum.

Zu den klassischen Vertretern der relationalen Auffassung gehört Leibniz. Leibniz stützt die Verteidigung des Relationismus gegen den Begriff des *absoluten* oder Behälter-Raumes, der in der Newtonschen Mechanik der Definition der absoluten Bewegung und damit der Trägheitsbewegung dient[9], auf die beiden Prinzipien des zureichenden Grundes und der Identität des Ununterscheidbaren. Wäre der Raum substantiell, so argumentiert Leibniz, dann könnte eine Sachlage eintre-

---

[9] Newton 1687, 5 (Scholium). Newton sucht zu zeigen, daß die bei Rotationsbewegungen auftretenden Zentrifugalkräfte nicht auf Relativdrehungen zurückgeführt werden können und folglich als ‚wahre‘ Rotationen, also als Rotationen gegen einen absolut unbeweglichen Raum, aufgefaßt werden müssen. Der Begriff des absoluten Raumes hätte auf diese Weise auch einen experimentellen Gehalt. Vgl. dazu und zur Geschichte des Raumbegriffs Janich/Mittelstraß 1973, 1160 – 1161.

ten, für die man unmöglich einen zureichenden Grund anzugeben vermöchte: Alle Raumpunkte sind von vornherein gleichberechtigt. Gälten diese nun als selbständige Größen außerhalb der Ordnung der Gegenstände, so wären zwei Zustände, in denen die relativen Lagen aller Objekte völlig unverändert, die Richtungen (also etwa Ost und West) jedoch vertauscht wären, als verschiedene Zustände zu betrachten. Es gibt aber keinerlei Grund, warum eher der eine als der andere Zustand eintreten sollte.[10] Gelten hingegen beide ununterscheidbaren Zustände als identisch (wie es eine relationale Theorie vorsieht), so bleibt das Prinzip des zureichenden Grundes unangetastet. Der relationale Raum wird in der Leibnizschen Analyse zum ‚abstrakten Raum' als der ‚Ordnung aller als möglich angenommenen Stellen' (gemeint sind die Lagebeziehungen physikalischer Körper).[11]

Während Leibniz den Relationismus auf metaphysische Grundsätze stützt, führt Mach erkenntnistheoretische Prinzipien zu seinen Gunsten an. Bewegungen eines Körpers in einem ontologisch primären, substantiellen Raum sind völlig unerkennbar, weshalb der absolute oder Behälter-Raum empirisch unzugänglich ist. Wenn wir von der Bewegung eines Körpers sprechen, so wird dies zu einer bestimmten Angabe erst durch den Bezug auf Referenzkörper: „Wir erkennen [...] eigentlich eine Beziehung des Körpers K zu [den Referenzkörpern] A, B, C ...“[12] Daß wir diese Bezugskörper wechseln können, erzeugt die Illusion, man könnte von ihnen absehen. Tatsächlich würde uns dann aber

> jedes Mittel fehlen, das Benehmen des Körpers K zu beurteilen und unsere Aussage zu prüfen, welche demnach keinen naturwissenschaftlichen Sinn hätte.[13]

Machs Relationismus fußt also auf erkenntnistheoretischen Erwägungen über die Prüfbarkeit von Aussagen.

Gemeinsames Kennzeichen beider Vorgehensweisen ist, daß sie den Relationismus durch Argumente zu stützen suchen, die jeder besonderen Theoriebildung vorausgehen. Terminologie und Ontologie der Wissen-

---

[10] 3. Schreiben an Clarke, Leibniz/Clarke 1715/1716, 53 (= Leibniz 1875–1890, VII, 363–364).

[11] 5. Schreiben an Clarke, Leibniz/Clarke 1715/1716, 171 (= Leibniz 1875–1890, VII, 415). Dazu die bekannte Definition des relationalen Raumes aus dem Brief vom 16.6.1712 an des Bosses: „der Raum ist die Ordnung gleichzeitig existierender Dinge, wie die Zeit die Ordnung des Aufeinanderfolgenden“ (Leibniz 1875–1890, II, 450).

[12] Mach 1883, 224.

[13] Ebd. Zur Kritik Machs an Newtons Konzeption und zur Formulierung des Machschen Trägheitsprinzips vgl. Wolters 1987, 37–49.

schaft werden also vorab eingeschränkt. Was die Wissenschaft sinnvoll als existierend annehmen darf, wird ohne Bezugnahme auf wissenschaftliche Ergebnisse festgelegt. Die moderne Alternative zu dieser Argumentationsstrategie besteht dann darin, ontologische Fragen unter Bezugnahme auf die besten verfügbaren Theorien zu diskutieren. Dabei werden nicht einzelne, isolierte Begriffsbildungen, sondern Theorien insgesamt an bestimmten methodologischen Anforderungen gemessen, um anschließend die ontologischen Konsequenzen derjenigen Theorien zu untersuchen, die diesen Anforderungen genügen.

So wäre etwa die Adäquatheit des Relationismus anhand einer Interpretation der Einsteinschen Feldgleichungen der Gravitation zu beurteilen. Man könnte z. B. argumentieren, die Tatsache, daß diese Gleichungen Schwingungen des metrischen Feldes (Gravitationswellen) als *Vakuum*lösungen enthalten, zeige, daß auch dort Raum (eben ein metrisches Feld) sein könne, wo es keine Materie gebe. Dies implizierte dann die Inadäquatheit einer relationalen Position. Zu dem gleichen Resultat gelangt man, wenn man berücksichtigt, daß in der Allgemeinen Relativitätstheorie die Beschleunigung wie in der Newtonschen Mechanik eine vom jeweiligen Bezugssystem unabhängige Größe ist. Beschleunigungen sind daher nicht (oder zumindest nicht ohne weiteres) als Relativbeschleunigungen aufzufassen, wie es von der relationalen Raumtheorie zu fordern wäre.[14]

§ 3 Diese Wende in der ontologischen Diskussion ist vor allem durch Quine herbeigeführt worden. Nach Quine gibt es für eine Theorie diejenigen Gegenstände, die sie für ihre Geltung voraussetzen muß, diejenigen Gegenstände also, auf die mindestens ein Prädikat der Theorie zutreffen muß, damit sie gilt. Mit den Worten Quines:

> To be assumed as an entity is, purely and simply, to be reckoned as the value of a [quantified] variable. [...] The variables of quantification, ‚something‘, ‚nothing‘, ‚everything‘, range over our whole ontology, whatever it may be; and we are convicted of a particular ontological presupposition if, and only if, the alleged presuppositum has to be reckoned among the entities over which our variables range in order to render one of our affirmations true.[15]

---

[14] Natürlich müßte eine solche Diskussion wesentlich subtiler geführt werden. Das dargestellte Argument soll nur ein Beispiel für den Argumentations*typ* liefern.
[15] Quine 1953, 13 (dt. 19 – 20).

Wenn wir etwa von Kreuzungen zoologischer Gattungen reden, dann müssen wir Gattungen als existierende Größen anerkennen, es sei denn, es gelänge, die entsprechenden Aussagen derart zu paraphrasieren, daß der Bezug auf Gattungen verschwände. Insgesamt gilt damit:

> a theory is committed to those and only those entities to which the bound variables of the theory must be capable of referring in order that the affirmations made in the theory be true.[16]

Die von Quine herbeigeführte wissenschaftstheoretische Wende in der ontologischen Debatte ist inzwischen zur Position des sogenannten *wissenschaftlichen Realismus* weitergeführt worden. Danach gilt die Zweckmäßigkeit eines Begriffsapparates als Kriterium dafür, ob dessen theoretische Begriffe faktische Referenz aufweisen, also tatsächlich existierende Gegenstände bezeichnen. Dies bedeutet, daß insbesondere den theoretischen Begriffen unserer erfolgreichsten Theorien faktische Referenz zukommt. Als zwei der grundlegenden Ansprüche des wissenschaftlichen Realismus werden von Leplin die Behauptungen genannt:

> The central terms of the best current theories are genuinely referential. [...] Scientific theories make genuine, existential claims.[17]

Da z. B. unsere besten Theorien der Materie mit Elektronen operieren, gibt es Elektronen. Der entscheidende Punkt für den hier gegebenen Zusammenhang ist, daß genau vor diesem Kriterium auch mentale Begriffe Bestand haben. Unsere besten verfügbaren Theorien des Verhaltens benutzen als theoretische Begriffe kognitive Begriffe. Demnach gibt es die solcherart bezeichneten psychischen Zustände.

Nun ist der wissenschaftliche Realismus keineswegs unumstritten. Die Frage, ob theoretischen Begriffen sinnvoll faktische Referenz zugeordnet werden kann, harrt noch der Klärung. Es ist aber auch gar nicht unser Anliegen, für diese Position einzutreten. Im Gegenteil, wir ziehen es vor, von *Erklärungskonstruktionen* statt von Entdeckungen theoretischer Entitäten zu sprechen.

Tatsächlich verpflichtet auch eine Argumentation wie die hier vorgetragene keineswegs auf den wissenschaftlichen Realismus. Zwar geht auch sie davon aus, daß empirisch und methodologisch qualifizierte Theorien ein gut gestütztes Bild des von ihnen beschriebenen Phänomen-

---

[16] Quine 1953, 13 – 14 (dt. 20). Vgl. ferner Quine 1960, 240 – 243 (dt. 415 – 419) und Quine 1969, 93 – 98 (dt. 129 – 136).
[17] Leplin 1984, 1 – 2.

bereichs zu liefern vermögen, doch wird dabei nicht vergessen, daß es sich hier um ein *Bild* handelt, das wir entworfen haben, das also nicht einfach die Ordnung der Dinge wiedergibt. Unser Argument legt uns nicht auf die Deutung fest, daß die Wissenschaft das Wesen der Dinge aufdeckt, das unabhängig von allen menschlichen Bemühungen besteht. Vielmehr halten wir den Wissenschaftler ebensosehr für einen Erfinder oder Konstrukteur wie für einen Entdecker: Er konstruiert die begrifflichen Mittel der Weltbeschreibung, stellt sie her, entnimmt sie nicht einfach der Welt oder der Natur; weshalb sich auch in diesen begrifflichen Mitteln stets das menschliche Antlitz spiegelt.

Auch im Rahmen einer in diesem Sinne konstruktivistischen oder instrumentalistischen Orientierung ist jedoch festzustellen, daß einige Theorien unser Bild von der Natur beeinflussen und andere nicht. ‚Ontologisch relevant' bedeutet in diesem Falle: ‚relevant für unser Bild von der Natur'. Es geht folglich auch nicht darum, daß dieses Bild einer von allen menschlichen Aktivitäten losgelösten wahren Welt oder Natur entspricht. Die weitergehenden Ansprüche eines wissenschaftlichen Realismus werden nicht geteilt.

Es müssen demnach zwei Reflexionsebenen voneinander unterschieden werden. Auf der einen Ebene geht es darum, daß ontologische Fragen auf der Grundlage der besten verfügbaren wissenschaftlichen Theorien diskutiert werden — worin wir mit dem wissenschaftlichen Realismus übereinstimmen. Auf der anderen Ebene geht es darum, daß alle ontologischen Aussagen nicht als Behauptung der Existenz einer von allen menschlichen Aktivitäten losgelösten Welt hinter den Phänomenen aufgefaßt werden können — worin wir uns vom wissenschaftlichen Realismus unterscheiden. Dieser Unterschied zur Auffassung des wissenschaftlichen Realismus ist allerdings für die hier anstehende Frage auch ohne Belang. Für diese ist allein entscheidend, daß sich die Existenz psychischer Entitäten aus denselben Kriterien wie die Existenz theoretisch bestimmter physikalischer Entitäten ergibt. Also: wenn Elektronen existieren, dann existiert auch ein Mißerfolgsmotiv. Oder, etwas vergröbert gesagt: wenn es Materie gibt, dann gibt es auch den Geist.

§ 4 Unser Argument zur Einführung der Rede über psychische Zustände und Ereignisse behandelt diese Zustände und Ereignisse als *theoretisch erschlossen*. Der Rekurs auf sie ist gerechtfertigt, weil mit ihrer Hilfe die besten Erklärungen von Verhaltensweisen und introspektiven Berichten zu erreichen sind. Die Datengrundlage dafür, anderen Menschen psychische Zustände und Ereignisse zuzuschreiben, ist also wesentlich intersubjektiv. Diese Zugangsweise ist damit auch strikt von jenem Verfahren zu trennen, das induktiv-analogisierend von den eigenen mentalen Zuständen und Ereignissen auf geistige Phänomene bei anderen Personen schließt. Ein derartiges analogisierendes Vorgehen, wie es z. B. noch von Feigl vertreten wird[18], ist methodisch in hohem Maße fragwürdig, da seine Datengrundlage bloß subjektiv und zudem überaus schmal ist, sich nämlich nur auf eine einzige Person bezieht.[19]

Unser Argument zugunsten des psychophysischen Dualismus hat damit im Kern die Gestalt eines *Schlusses vom Mentalismus auf den Dualismus*. Dieser Schluß beruht (1) auf der Annahme, daß es die Wissenschaft ist, die uns über die Natur dessen aufklärt, was es gibt, und (2) auf der Berücksichtigung des Umstandes, daß menschliches Verhalten beim gegenwärtigen Stand der Forschung (und seiner überschaubaren Fortschreibung) am besten durch Rückgriff auf psychische Zustände und Ereignisse erklärt werden kann. Er beruht schließlich (3) auf der Abkehr von dem von Quine beklagten „double talk, which would repudiate an ontology while enjoying its benefits"[20]. Jede Diskussion des Leib-Seele-Problems und jede Position in dieser Debatte, wo immer sie auch zwischen interaktionistischem Dualismus und eliminativem Materialismus angesiedelt sei, handelt im Grunde von Existenz und Ontologie. Unser Plädoyer ist, daß eine solche ontologische Debatte die Konsequenzen der wissenschaftlichen Forschung anerkennt und diese nicht beiseitewischt.

Dabei muß der Deutlichkeit halber hinzugefügt werden, daß der hier vertretene Dualismus in keiner Weise als Zwei-Substanzen-Lehre zu verstehen ist. In unserer Konzeption sind nicht, wie Descartes noch meinte, Eigenschaften untrennbar mit Substanzen verbunden. Descartes schien nämlich

> gewiß, daß ein Denken nicht möglich ist ohne ein denkendes Ding, wie überhaupt eine Tätigkeit oder ein Accidens nicht möglich ist ohne eine Substanz, der dies einwohnt.[21]

Wir fassen hier keinen substantiellen Gegensatz von res cogitans und res extensa ins Auge und argumentieren auch nicht in der Tradition der Fluidaltheorien des 18. Jahrhunderts, in der man Phänomene wie Wärme,

---

[18] Vgl. Feigl 1958, 380; ferner II.1. § 4.

[19] Zur Unterscheidung zwischen einem ‚inferred-entity-approach‘ und einem ‚analogy-approach‘ vgl. Fodor 1968, 93 – 94; P. M. Churchland 1981, 69.

[20] Quine 1960, 242 (dt. 417).

[21] Descartes 1641, 159 (= Descartes 1897 – 1910, VII, 175 – 176). Vgl. I.2. § 1.

Elektrizität und Magnetismus durch Einführung besonderer Fluida, Substanzen eben, erklärte. Hier wird keiner unräumlichen Geistsubstanz das Wort geredet; vielmehr geht es allein um die Anerkennung der Eigenständigkeit mentaler Zustände und Ereignisse. Nicht Substanzen, sondern Prozesse stehen im Zentrum unserer Argumentation. Hierin folgen wir Kant, der bereits Descartes' Hypostasierung von Prozessen kritisierte und einen empirischen, nicht-metaphysischen Dualismus vertrat (vgl. I.2. § 5).

Ferner ist zu betonen, daß zwischen psychischen Prozessen wiederum qualitative Unterschiede bestehen (wie analog zwischen physikalischen). So hat etwa das Hoffen auf wärmeres Wetter mit dem Denken an Einsteins Feldgleichungen ebensowenig gemein wie die Entropie mit der elektrischen Feldstärke. Insofern wäre aber auch die hier vertretene Position angemessener als *psychophysischer Prozeß-Pluralismus* zu kennzeichnen. Schon Schlick spricht diese qualitative Vielgestalt an:

> jede verständige und aufrichtige Weltanschauung [muß] pluralistisch sein, denn das Universum *ist* eben bunt und mannigfaltig, ein Gewebe unendlich vieler Qualitäten, von denen keine der andern genau gleicht.[22]

Was hier von Schlick als ‚pluralistische Weltanschauung' bezeichnet und etwa auch von Whitehead in die Formel ‚the universe is more various, more Hegelian'[23] gefaßt wird, hat nicht nur eine ontologische, sondern auch − und in unserem Zusammenhang in erster Linie − eine methodologische Bedeutung: Phänomene, die dem Augenschein und der Erfahrung nach verschieden sind, sollten solange auch als verschiedenartig behandelt werden, bis ihre Zusammengehörigkeit oder Identität mit experimentellen oder theoretischen Mitteln nachgewiesen ist. Ein derartiger Pluralismus entspricht dann in der Tat auch der Farbigkeit und Vielgestalt der Welt besser als ein Bekenntnis zum Einen des Parmenides.

3. Der Dualismus und seine Probleme

§ 1   Ein derartiger Schluß auf den Dualismus ist natürlich nur dann gerechtfertigt, wenn die entsprechende Deutung des psychophysischen

---

[22] Schlick 1925, 372 (Hervorhebung im Original).
[23] Whitehead 1947, 118. Zum Hegelianismus Whiteheads, der sich in dieser Formel Ausdruck verschafft, vgl. Kambartel 1965, 72 – 98.

Verhältnisses nicht aus anderen Gründen diskreditiert ist. Zuvor wurde darauf verwiesen, daß auch im Rahmen eines insgesamt instrumentalistischen Zugangs zwischen ontologisch relevanten und ontologisch irrelevanten Theorien sinnvoll unterschieden werden kann (vgl. VI.2. § 3). Stellte es sich heraus, daß es gewichtige, unabhängige Gründe gegen eine dualistische Interpretation gibt, so wäre die ontologische Signifikanz der kognitiven Psychologie nicht gegeben. In diesem Falle wären mentale Begriffe als bloß nützliche Instrumente zur Verhaltenserklärung und Verhaltensvorhersage aufzufassen. Faktisch bezeichneten sie nichts.

Eine derartige Situation ist aus der Physik nicht unbekannt. So greift man etwa in der Hydrodynamik (z. B. bei der Untersuchung von Flüssigkeitsströmungen) oder in der technischen Mechanik (z. B. bei der Analyse von Balkenbiegungen) beliebige Volumenelemente der entsprechenden Materialien heraus und betrachtet die auf diese wirkenden Kräfte. Beide Ansätze haben demnach die Form einer Kontinuumstheorie; sie sehen von der atomaren Struktur der Materie ab. Trotz des empirischen Erfolges dieser Theorien — der sich etwa darin dokumentiert, daß unsere Brücken in aller Regel nicht einstürzen — würde man doch den Schluß auf einen kontinuierlichen Aufbau der Materie nicht ziehen. Folglich sind die Grundgrößen nicht aller erfolgreichen Theorien als ontologisch relevant einzustufen.

Tatsächlich liegt eine Auffassung dieser Art gerade der funktionalistischen Deutung psychologischer Gesetzmäßigkeiten zugrunde (vgl. II.4. § 2). Danach kommt psychologischen Artbezeichnungen der Status von Ausdrücken wie ‚Ventilheber‘ oder ‚Mausefalle‘ zu, die nicht selbst auch physikalische Arten bezeichnen. Es ergibt jedoch wenig Sinn, Theorien, die eine derartige Begrifflichkeit verwenden, ontologische Relevanz zuzubilligen. Sinnvoll als existierend einzustufen, sind nur in besonderer Weise realisierte Ventilheber oder Mausefallen, die als physikalische (oder technische) Artbezeichnungen gelten können. Die funktionale Kategorie selbst ist hingegen ein Abstraktum und damit ohne ontologische Signifikanz.

Wenn der Funktionalismus psychologische Gesetze korrekt interpretierte, wäre unser Schluß vom Mentalismus auf den Dualismus in der Tat ungültig. Aber dazu müßte zunächst die Angemessenheit der funktionalistischen Deutung selbst gezeigt werden, und dies bedarf der Einlösung eines multiplen Reduktionsanspruchs. Wie die Diskussion in II.4. § 7 deutlich gemacht hat, ist ein solcher Anspruch einerseits auf den ersten Blick unplausibel, andererseits faktisch unerfüllt. Daher sehen wir hierin auch keinen stichhaltigen Einwand gegen die hier entwickelten Vorstellungen.

Gleiches gilt für eine konkretisierte Version dieses Einwandes: Bei der Beschreibung der Prozesse in Computern benutzen wir arithmetische oder logische Begriffe. Wollte man unsere Interpretation psychologischer Begriffe auf diesen Fall übertragen, so müßte man sagen, daß es in Computern tatsächlich Zahlen oder Implikationen gibt. Diese Deutung wäre aber ersichtlich unangemessen. Was also ist dann der Unterschied zwischen der Interpretation psychologischer Begriffe und der Interpretation von Computer-Prozessen? Im Falle des Computers ist im Gegensatz zur Interpretation psychologischer Begriffe die funktionalistische Interpretation interner Zustände durchaus berechtigt. Der gleiche interne Zustand (also der gleiche Programmzustand) ist auf verschiedene Weise technisch realisierbar. Der Grund für die funktionalistische Interpretation interner Computer-Zustände besteht gerade darin, daß hier der Anspruch multipler Reduktion einlösbar ist. Wir verstehen, wie ein Programmzustand in physikalische Prozesse umgesetzt wird. Aus diesem Grund verpflichtet aber die hier vorgetragene Argumentation zugunsten eines dualistischen Verständnisses psychischer Zustände und Ereignisse nicht darauf, auch Rechenmaschinen ein eigenständiges geistiges Leben zuzubilligen.

Allerdings könnte es auch noch andere Gründe geben, mentalistischen Erklärungen eine bloß instrumentelle Bedeutung zuzuschreiben. Läßt sich nämlich ein Dualismus mit unabhängigen Argumenten, die sich etwa auf mögliche interne Inkohärenzen oder methodische Unzulänglichkeiten stützen, kritisieren, oder umgekehrt ein Monismus mit unabhängigen Plausibilitätserwägungen begrifflicher oder methodischer Art stützen, so wäre jede Ontologisierung psychologischer Größen auch dann unangebracht, wenn die empirische und methodologische Qualifikation der entsprechenden psychologischen Theorien außer Frage stünde und deren Reduzierbarkeit auf neurophysiologische Ansätze nicht in Sicht wäre. Im Folgenden soll daher geprüft werden, ob sich im Falle des psychophysischen Verhältnisses Hinweise auf die Angemessenheit einer solchen (gleichsam nicht-Quineschen) Vorgehensweise ergeben. Dabei werden zunächst mögliche Ausschlußgründe auf seiten des Dualismus untersucht und in VI.4 mögliche unabhängige Argumente zugunsten einer monistischen Deutung ins Auge gefaßt.

§ 2   Das Schwergewicht der antidualistischen Einwände liegt auf *methodologischem* Felde. Einer dualistischen Behandlung des psychophy-

sischen Verhältnisses, so lautet das in mannigfachen Versionen vorgetragene Argument, fehlt es an wesentlichen Merkmalen einer methodisch
angemessenen, wissenschaftlich akzeptablen Vorgehensweise. Die Berechtigung eines solchen Einwandes hängt dabei entscheidend davon ab,
gegen welche dualistische Variante er sich richtet. Wenn der Geist als
etwas wesentlich Subjektives, Qualitatives, nicht durch Gesetze Bestimmtes aufgefaßt und der Materie gegenübergestellt wird, so sind sicher
Zweifel angebracht, ob es sich hier um eine methodisch unanfechtbare
Strategie handelt. Insofern also psychische Zustände als launenhafte und
flüchtige Wesen eingeführt werden, ist das Mißtrauen ihnen gegenüber
berechtigt. Gleiches gilt, wenn man (mit Bunge) den Dualismus auf eine
umgangssprachliche Beschreibung des Psychischen festgelegt sieht. Daß
ein dualistischer Zugang unter dieser Voraussetzung als Fremdkörper im
Begriffsrahmen der Wissenschaft empfunden wird, ist nicht verwunder-
lich.[24]

Obwohl derartige Vorhaltungen gegen andere dualistische Positionen
berechtigt sein mögen, so bilden sie doch keinen stichhaltigen Einwand
gegen die von uns entwickelten Vorstellungen. Unser Argument beruht
gerade nicht auf der Anomalie des Mentalen, sondern darauf, daß
psychische Größen *besonderen* Gesetzen unterworfen sind; es fußt gerade
nicht auf der Betonung eines allen Meßprozeduren entfliehenden Wesens
des Geistigen, sondern darauf, daß mentale Ereignisse mit *besonderen*
Meßverfahren aufgewiesen werden können. Die von uns unterstellten
psychischen Größen sind die Zustände der kognitiven Psychologie. Der
Psychologe, der Ängstlichkeit, räumliches Vorstellungsvermögen oder
die Ausprägung des Leistungsmotivs testet, mißt psychische Zustände;
psychologische Gesetze handeln von solchen Zuständen. Die Meßverfahren sind intersubjektiv anwendbar, ihre Resultate reproduzierbar, die
Gesetze prüfbar. Angesichts dieser Umstände dürfte es voreilig sein, einer
derartigen Zugangsweise die Wissenschaftlichkeit abzusprechen und alles
Heil in einer Neuropsychologie zu suchen.[25]

---

[24] Vgl. Bunge 1980, 4, 33 (dt. 10, 46).

[25] Bunges Plädoyer für eine solche Neuropsychologie hat im übrigen recht bedenkliche
Konsequenzen, wenn man berücksichtigt, daß die Psychologie auch einen psychothera-
peutischen Zweig hat. Bunge erklärt explizit, alle psychischen Erkrankungen seien
neuronale Erkrankungen (Bunge 1980, 75, 79 (dt. 97, 102)), so daß wirkungsvolle
Psychotherapie medikamentöse Therapie sein muß: „sick neurons call for a biochemical
(or psychopharmacological) approach instead of logotherapy: cells do not listen"
(Bunge 1980, 79 (dt. 102), ferner 18 (dt. 28)). Bedenkt man jedoch, daß eine ausschließlich medikamentöse Therapie in aller Regel geringere Erfolgschancen als eine psycho-

Auch der Vorwurf mangelnder Einfachheit ist nicht überzeugend. Bunge etwa erklärt, der Dualismus benötige zwei Zustandsräume, einen für physische und einen für psychische Zustände, und diese Verdopplung „would go against the grain of contemporary science"[26]. Natürlich ist es methodologisch empfehlenswert, die Zahl der Grundgrößen möglichst klein zu halten. Es ist aber ebenfalls methodologisch geboten, mit Hilfe dieser Grundgrößen möglichst präzise Aussagen in einem möglichst großen Erfahrungsbereich zu machen. Eine neurophysiologische Psychologie hat damit zwar den Vorzug größerer begrifflicher Sparsamkeit; diese ist jedoch auf der Ebene der empirisch gehaltvollen Resultate in Geiz umgeschlagen. Zwar wird oben weniger hineingesteckt, aber dafür kommt unten auch nichts mehr heraus. Die Theorie wird schon vereinfacht, bevor es sie eigentlich gibt.

Dieser Umstand vermindert auch die Plausibilität des heuristischen Argumentes zugunsten eines Monismus. So spricht Bunge davon, der Dualismus hemme die Entwicklung der Psychologie, der Materialismus hingegen fördere sie, da er das Zusammenspiel zwischen Psychologie und Biologie begünstige.[27] Tatsächlich hat sich jedoch die mentalistische Heuristik in den letzten Jahrzehnten als wesentlich förderlicher erwiesen als die materialistische. Schließlich ist im Rahmen einer Neuropsychologie ein kognitiver Mechanismus nur dann akzeptabel, wenn ihm ein neurales Gegenstück zugeordnet werden kann. Wäre man daher der materialistischen Heuristik konsequent gefolgt, hätte dies die gesamte Entwicklung der kognitiven Psychologie blockiert. Feigls ‚Extrapolation' der Wissenschaftsentwicklung (vgl. V. Einleitung) führt damit allem Anschein nach in eine andere Richtung als von Feigl angenommen: sie läßt eher weitere Erfolge einer kognitiven als einer neurophysiologischen Psychologie erwarten. Danach ist gerade umgekehrt der Schluß auf die heuristische Fruchtbarkeit eines mentalistischen Ansatzes naheliegend.

§ 3   Die traditionelle Schwierigkeit einer dualistischen Interpretation liegt in einer plausiblen Rekonstruktion des Status *psychophysischer* Gesetze. In der Regel besteht zwischen einem theoretisch umschriebenen

---

therapeutische Behandlungsmethode (mit medikamentöser Symptombehandlung) aufweist (für den Fall Asthma bronchiale vgl. dazu Bräutigam/Christian 1981, 166), und daß medikamentöse Therapieformen im allgemeinen von erheblichen Nebenwirkungen begleitet sind, so dürfte die Unangemessenheit der Bungeschen Empfehlung deutlich werden.

[26] Bunge 1980, 33 (dt. 46).

[27] Bunge 1980, 19, 24 (dt. 29, 36).

Zustand und seinen Indikatoren ein Kausalverhältnis. Z. B. ist das elektrische Feld die Ursache der Beschleunigung geladener Teilchen; der Quantensprung eines gebundenen Elektrons ist die Ursache der Lichtemission. Allerdings ist auch eine nicht-kausale gemeinsame Variation zweier Größen möglich, wie sie etwa bei kinematischen Regularitäten wie dem Fallgesetz realisiert ist. Bei diesem stehen Fallweg und Fallzeit in einem gesetzmäßigen Verhältnis zueinander, ohne daß die eine Größe sinnvoll als die Ursache der anderen Größe aufgefaßt werden könnte.

Offenbar entsprechen diesen beiden Möglichkeiten im Falle des Leib-Seele-Problems gerade die interaktionistische und die parallelistische Position. Wir selbst neigen einer interaktionistischen Deutung zu. Auf den ersten Blick ist dies sicher auch die nächstliegende Annahme: Mentale Ereignisse wie Zielvorstellungen und Überzeugungen beeinflussen zumindest dem Augenschein nach unsere Handlungen; und umgekehrt erweckt auch die Abhängigkeit der psychischen Befindlichkeit von neurophysiologischen und somatischen Einwirkungen den Eindruck eines Kausalverhältnisses. Eine parallelistische Interpretation müßte jedoch darauf bestehen, daß psychische Prozesse allein durch Rekurs auf andere psychische Prozesse erklärbar sind (vgl. I.2. § 3). Sie hätte die Auffassung zu vertreten, daß der Anschein psychophysischer Wechselwirkung auf einer Täuschung beruht, daß sich also bei genauerer Betrachtung jeweils innerpsychische bzw. innerphysische Ursachen für jene scheinbare Wechselwirkung ausmachen lassen. Z. B. müßten alle (sogenannten) psychosomatischen Leiden tatsächlich durch ausschließlichen Bezug auf körperliche Phänomene erklärbar sein. Die Annahme einer derartigen Autonomie des physischen und des psychischen Bereichs ist jedoch gegenwärtig durch nichts gestützt und muß als unplausibel gelten.

Die Schwierigkeit einer parallelistischen Interpretation besteht zudem darin, daß bei Naturprozessen die gemeinsame Variation von Größen ohne gegenseitige Verursachung nur dann aufzutreten scheint, wenn diese Größen Wirkungen einer gemeinsamen Ursache sind (wie beim Beispiel der Fallbewegung). Wir haben aber keinerlei Vorstellung davon, welcher Art eine gemeinsame Ursache im Falle des psychophysischen Verhältnisses sein könnte; schließlich kann Spinozas göttliche Substanz kaum länger Plausibilität für sich in Anspruch nehmen. Und die Annahme eines Parallelismus ohne jegliche Einbeziehung einer Kausalrelation ist ohne Parallele in der Natur. Dann wäre die Leib-Seele-Beziehung tatsächlich einzigartig, unvergleichbar und damit nicht weiter analysierbar (wie etwa von Shaffer unterstellt[28]). Eine derartige resignative Strategie kann wohl nur die letzte Zuflucht nach dem Scheitern aller Alternativen sein. Daher sei hier auch zunächst gefragt, wie weit ein psychophysischer Interaktionismus tragfähig ist.

In der traditionellen Diskussion gilt als die grundlegende Schwierigkeit der Annahme einer Leib-Seele-Wechselwirkung die fundamentale Verschiedenartigkeit von Körper und Geist; über den ontologischen Graben von Physischem und Psychischem hinweg kann keine Verknüpfung bestehen. Dieser Vorstellung liegt die Auffassung zugrunde, nur Gleichartiges könne aufeinander wirken; Kausalität verlange, daß Wirkung und Ursache ihrer Natur nach einander ähnlich sind. Ihren historischen Ursprung hat diese Auffassung bei Empedokles, der alles Geschehen auf die Wechselwirkung verwandter Stoffe zurückführt:

> So Süßes nach Süßem griff, Bitteres auf Bitteres losstürmte, Saures auf Saures stieg und Heißes ritt auf Heißem.[29]

Diese in der Antike und bis in die Neuzeit hinein außerordentlich einflußreiche Kausalvorstellung, derzufolge Gleiches nur auf Gleiches wirkt, findet sich auch bei Demokrit. Dieser, so Aristoteles,

> behauptet, Wirkendes und Leidendes müßten dasselbe und einander ähnlich sein. Denn es gehe nicht an, daß andersgeartete und verschiedene Dinge aufeinander einwirkten, nein, auch da, wo andersartige aufeinander wirkten, täten sie es nicht, sofern sie von anderer Art seien, sondern von gleicher.[30]

Diese Kausaltheorie findet sich noch in der Leibnizschen Auffassung der Gleichheit von Ursache und Wirkung sowie, von begrifflicher Kontinuität zeugend, in der Formel ‚causa qualis, talis esse semper effectus solet‘[31]. Auch in der Prinzipienchemie des 17. und 18. Jahrhunderts ging man noch von der besonderen Anziehung des Gleichartigen aus und erklärte so den Zusammenhalt der Stoffe. „Gleich und gleich schickt sich zusammen", versichert Stahl im Jahre 1703.[32]

---

28 Shaffer 1967, 345 (vgl. oben Einleitung).
29 VS 31 B 90; vgl. B 62, erkenntnistheoretisch gewendet: B 109 („Denn durch Erde schauen wir die Erde, durch Wasser das Wasser, durch Äther den göttlichen Äther, aber durch Feuer das vernichtende Feuer; die Liebe ferner durch unsere Liebe und den Haß durch unseren traurigen Haß").
30 De gen. et corr. A7.323b10 – 15 (= VS 68 A 63) (dt. Gohlke 1958, 224). Vgl. Demokrit, VS 68 B 164, A 37, A 38, A 99a; Leukipp, VS 67 A 1 (τὰ ὅμοια πρὸς τὰ ὅμοια).
31 Gruter 1625, 142. Zu Leibniz vgl. Leibniz 1676. Dazu Breger 1984, 118.
32 Stahl 1703, 38. Für einen kurzen Abriß der Bindungstheorie der Prinzipienchemie vgl. Carrier 1986c, 333 – 337.

Es ist heute unumstritten, daß sich auf die Verschiedenheit von Geist und Körper kein stichhaltiges Argument gegen eine psychophysische Wechselwirkung gründen läßt. Im modernen Verständnis der Kausalität spielen Gleichartigkeit oder Verschiedenartigkeit von Ursache und Wirkung keine Rolle. Stattdessen stehen (mit Hume) das regelmäßige gemeinsame Auftreten oder (mit Mach) die funktionale Abhängigkeit von Ereignissen im Mittelpunkt. Mit dem Fall jener alten Kausalitätsdoktrin fällt auch der Verschiedenartigkeitseinwand. Schon Schlick bemerkt:

> Gesetzt [...], das Physische und das Psychische wären tatsächlich zwei verschiedene Bereiche des Wirklichen, so mögen sie noch so ungleichartig sein: niemals könnte darin ein ernstliches Hindernis für das Bestehen einer Kausalrelation zwischen ihnen gefunden werden. Denn wir kennen kein Gesetz, wonach Dinge, die aufeinander wirken sollen, gleichartig sein müßten; die Erfahrung zeigt vielmehr überall, daß das Allerverschiedenste in Abhängigkeit voneinander, also in Wechselwirkung steht.[33]

Die Forderung nach einer ontologischen Ähnlichkeit kausal wirksamer Größen ist unplausibel.

Damit läßt sich allerdings nicht umgekehrt die Einschätzung begründen, die psychophysischen Wechselwirkungen seien keiner weiteren Erklärung bedürftig. So argumentiert Ducasse, nur Kausalverknüpfungen zwischen räumlich entfernten Ereignissen bedürften der Erklärung durch vermittelnde Prozesse. Bei einer Nahverursachung, wie im Falle psychophysischer Interaktion, nach Zwischenschritten zu fragen, laufe hingegen auf einen Kategorienfehler hinaus.[34] Gegen eine derartige Vorstellung ist wohl eher Feigls Auffassung beizupflichten, der in der Frage der logischen Natur psychophysischer Korrelationsgesetze das zentrale Rätsel des Leib-Seele-Problems erblickt.[35] An dieser Stelle besteht tatsächlich ein philosophischer Klärungsbedarf; Bedenken gegen eine Zulässigkeit derartiger Gesetze sind ernstzunehmen und sorgfältig zu erwägen.

---

[33] Schlick 1925, 337. Im gleichen Sinne argumentieren Shaffer 1967, 341; Puccetti 1985, 49.

[34] Ducasse 1960, 88. Tatsächlich ist dies genau die These von Newton/Clarke gegen Leibniz. Für Newton/Clarke wird bei Wahrnehmungsprozessen die psychophysische Kluft durch die Präsenz des Geistes überbrückt: „the Mind of Man, by its immediate presence to the pictures or Images of things, form'd in the Brain by the means of the Organs of Sensation, sees those Pictures as if they were the Things themselves" (Leibniz/Clarke 1715/ 1716, 29–30 (= Leibniz 1875–1890, VII, 353), vgl. 48. 70, 113 (= Leibniz 1875–1890, VII, 360, 369, 386)). Zu Leibnizens Erwiderung: Leibniz/ Clarke 1715/1716, 37, 55, 95 (= Leibniz 1875–1890, VII, 356–357, 365, 375–376).

[35] Vgl. Feigl 1958, 416.

§ 4   Ein solches Bedenken gegen den Interaktionismus stützt sich
auf die *mangelnde Bestimmtheit* der Gesetze einer psychophysischen
Wechselwirkung. So erklärt Feigl, ein Interaktionismus beinhalte die
Behauptung, daß mit einem neurophysiologischen Zustand mehrere psychologische Zustände verknüpft sind (daß also eine psychophysische
Relation der Art $\Psi_{\text{viele}} - \Phi_{\text{eins}}$ oder $\Psi_{\text{viele}} - \Phi_{\text{viele}}$ realisiert ist).[36] Das
bedeutet aber, so Feigl, daß mentale Ereignisse aus physikalischen Prozes-
sen nicht eindeutig erschlossen werden können. Bestenfalls subjektiv
seien vom interaktionistischen Standpunkte aus die psychischen Anfangsbedingungen für präzise Erklärungen und Prognosen ermittelbar, während keine objektiv zugänglichen Daten prognostisch relevante psychische Zustände zu erschließen gestatteten.[37] Dies sind für Feigl entscheidende methodologische Gründe gegen den Interaktionismus:

> The fundamental methodological reason for the rejection of interac-
> tionism, or the (equivalent) adoption of Ψ-Φ-one-one (or one-many)
> correspondence as a working hypothesis or research program, however,
> is this: If the Ψ's are not inferable on the basis of intersubjectively
> accessible (observed, or usually, inferred) Φ's, then their role is suspi-
> ciously like that of a *deus ex machina*.[38]

Feigls Argument besagt grob gesagt, daß unter der Voraussetzung des
Interaktionismus mehrere psychische Größen mit einer physiologischen
Variablen verknüpft sind, wodurch die Kenntnis dieser noch nicht die
Bestimmung jener gestattet. Mentale Zustände und Ereignisse weisen
demnach keine hinreichenden Beobachtungsindikatoren auf; und dies
läßt sie methodologisch suspekt erscheinen.

Diese Befürchtung ist jedoch unbegründet. Zunächst ist zu betonen,
daß theoretischen Begriffen in aller Regel keine hinreichenden Indikatoren zugeordnet sind. Dieser Mangel betrifft nicht allein mentale Zustände
oder Ereignisse, sondern (wie in VI.1. § 3 erläutert) z. B. auch elektromagnetische Felder. Insbesondere geht es bei Feigls Argument darum, daß
verschiedene mentale Zustände oder Ereignisse bestimmte Indikatoren
gemeinsam haben können. Aber dies bedeutet nur, daß verschiedene
Ursachen auf die gleichen Wirkungen führen mögen, und Derartiges tritt
im physikalischen Bereich in gleicher Weise auf.

Sodann setzt Feigls Rekonstruktion des Interaktionismus die Akzente
an der falschen Stelle. Zwar ist eine Wechselwirkungstheorie mit der

---

[36] Vgl. Feigl 1958, 381.
[37] Vgl. Feigl 1958, 383–384.
[38] Feigl 1958, 383.

Relation $\Psi_{viele} - \Phi_{eins}$ verträglich, erzwingt sie aber nicht. Auch eine umkehrbar eindeutige Verknüpfung von mentalen und physikalischen Zuständen oder Ereignissen wäre interaktionistisch akzeptabel (vgl. II.3. § 4). Der entscheidende Aspekt einer psychophysischen Kausaldeutung ist überhaupt nicht darin zu suchen, wieviele psychologische mit wievielen physiologischen Größen verknüpft sind, sondern darin, auf welcher Ebene die *kausale Wirksamkeit* angesiedelt wird. Nach interaktionistischer Auffassung ist es möglich, daß der Grund dafür, daß auf den physiologischen Zustand Φ_1 der Zustand Φ_2 folgt, der ist, daß die psychologischen Zustände Ψ_1 und Ψ_2 gesetzmäßig miteinander verknüpft sind. Das beinhaltet die Behauptung, daß in solchen Fällen die Verknüpfung von Φ_1 und Φ_2 nicht durch neurophysiologische Kausalgesetze gestiftet ist, sondern auf psychologischen Gesetzen beruht. Nicht die Eindeutigkeit gesetzmäßiger psychophysischer Bindungen wird daher aus interaktionistischer Sicht bestritten, sondern die Vollständigkeit der physikalischen Kausalverknüpfung bei neurophysiologischen Prozessen.

Gerade dies bildet für Schlick den wesentlichen Stein des Anstoßes. Der Wechselwirkungstheorie zufolge, so Schlick,

> wäre es dann auch unmöglich, alle Hirnprozesse selbst physikalisch verständlich zu machen, d. h. aus physikalischen Ursachen zu erklären, denn ihre Ursachen würden ja zum Teil in den psychischen Prozessen zu suchen sein, die eben durch physikalische Begriffe nicht darstellbar wären – die physische Kausalität hätte Lücken, und dies würde auf Begriff und Formulierung der Naturgesetze einen schlechthin umstürzenden Einfluß haben.[39]

Nun stellt dies sicher eine übertriebene Einschätzung dar. Wie Averill und Keating gezeigt haben, widerspricht ein psychophysischer Interaktionismus nicht der Physik, bedeutet also insbesondere keine Verletzung physikalischer Erhaltungssätze. Physikalisch ist es nämlich allein geboten, Energie- und Impulsänderungen auf äußere Einflüsse zurückzuführen; es ist hingegen nicht zwingend, daß diese äußeren Einflüsse selbst wieder physikalischer Natur sind.[40] Nicht die Durchbrechung physikalischer Gesetze, sondern deren mangelnde Vollständigkeit steht zur Debatte. Daß aber die Kausalität auf der physikalischen Ebene für eine vollständige Erklärung neurophysiologischer Abläufe nicht hinreicht, besagt keineswegs, daß die Kausalität insgesamt Lücken aufwiese. Vielmehr werden

---

[39] Schlick 1925, 335.
[40] Vgl. Averill/Keating 1981.

in interaktionistischer Sicht die Unzulänglichkeiten der physikalischen Kausalität gerade durch psychologische Kausalgesetze überbrückt. Demnach besteht insgesamt sowohl die logische als auch die physikalische Möglichkeit psychophysischer Verursachung. Allerdings ist zu bedenken, daß es für Lücken in den physikalischen Kausalabläufen neurophysiologischer Prozesse keinerlei überzeugende, positive empirische Hinweise gibt.

§ 5   Ein weiterer Einwand gegen interaktionistisch konzipierte psychophysische Gesetze besteht in dem Vorwurf ihrer *fehlenden Erklärbarkeit*. Sie gelten Feigl als ‚methodologische Irrläufer‘, insofern es ihnen (wie oben diskutiert) an der Möglichkeit intersubjektiver Bestätigung fehlt, und insofern sie darüber hinaus nicht aus umfassenden Theorien ableitbar sind:

> these correlation laws would, unlike other correlation laws in the natural sciences, be (again *ex hypothesi*) absolutely underivable from the premises of even the most inclusive and enriched set of postulates of any future theoretical physics or biology.[41]

In ähnlicher Weise bemerkt McGinn:

> one does not see *how*, by what mechanism, the mental and physical properties are so correlated. Because of the categorial difference between mental concepts (for sensations and thoughts) and physical concepts one is at a loss properly to *explain* the observed correlations: they remain, in a certain sense, brute.[42]

Nun ist natürlich richtig, daß vom dualistischen Standpunkt aus psychophysische Korrelationen physikalisch nicht ableitbar sind. Eine derartige Forderung wäre aber auch unbillig, da auf diese Weise das Leib-Seele-Problem bereits zugunsten einer monistischen Deutung vorentschieden wäre. Feigls Fragestellung ist daher zu eng gefaßt und muß im Sinne der Formulierung McGinns erweitert werden. Die Frage ist, ob psychophysische Korrelationen aus *irgendwelchen* umfassenderen Theorien abgeleitet werden können. Unserer Rekonstruktion zufolge kann die hier einschlägige Theorie nur die Psychologie sein. Es kommt folglich darauf an, zu prüfen, ob psychophysische Regularitäten den Status empirischer Verallgemeinerungen behalten müssen oder ob sie auch durch psychologische Theorien gestiftet werden können.

---

[41] Feigl 1958, 428.
[42] McGinn 1980, 189 (Hervorhebung im Original).

Hinter Feigls Forderung nach Ableitbarkeit psychophysischer Gesetze steht die methodologische Vorstellung, daß eine adäquate Theorie fähig sein sollte, ihre Bestätigungsgrundlage mit eigenen Begriffen und Gesetzen zu behandeln. Die meisten Theorien benötigen zur Interpretation ihrer Datengrundlage andere Theorien, nämlich Beobachtungstheorien. So muß sich z. B. die Neurophysiologie, um die elektrischen Potentiale an Nervenbahnen messen zu können, auf die Theorie des Elektromagnetismus stützen. Diese dient hier als Beobachtungstheorie und stellt die Verknüpfung zwischen dem neurophysiologischen Zustand und dem meßtechnischen Indikator her.

Für Feigl sind nun solche Theorien in besonderer Weise methodologisch qualifiziert, die für eine derartige Verknüpfung nicht auf andere Theorien zurückgreifen müssen, sondern diese selbst herzustellen vermögen, die also die ihren theoretischen Begriffen zugeordneten Meßverfahren mit eigenen Mitteln analysieren können. Während z. B. der Gebrauch des Kompasses anfangs auf einer bloß empirischen Regelmäßigkeit beruhte, erklärte die elektromagnetische Theorie seine Funktionsweise und korrigierte seine Resultate (Mißweisung). Mit anderen Worten, die Anwendung der Theorie auf das Meßgerät machte klar, warum gerade diese Meßanordnung einen (in Grenzen) verläßlichen Indikator für das Vorliegen eines theoretischen Zustandes (hier eines Magnetfeldes) liefert. Ähnlich sind z. B. die meisten Thermometertypen mit den Methoden der statistischen Thermodynamik behandelbar. Die Stellung des Thermometers als Indikators thermischer Zustände ist damit nicht bloß empirisch, sondern theoriegestützt. Eine Theorie sollte sich also nicht auf Größen verlassen müssen, die ihrem Begriffsrahmen fremd sind.

Dieses Charakteristikum konstituiert für Feigl gleichsam eine Kopernikanische Revolution:

> It consists in the derivation, with corrections coming from the theoretical scheme, of the peculiarities of the very basis of confirmation. [...] As long as a science has not attained a very high level of explanation the process of indication may not be deducible from theoretical premises. This corresponds to the [...] theory of acids and bases in chemistry at a time when the process involved in the well known litmus paper test was not itself logically derivable. [...] The behavior of such thermometric substances as alcohol or mercury was not theoretically deducible until the kinetic (molecular) theory of heat put these indicator processes on a par with countless other thermodynamic processes *as interpreted* on the micro-level. [...] The Copernican turn then consists in relating the observer to the observed, the indicator to

the indicated, – not epistemically, – but so to speak cosmologically.
What epistemically must be looked at as the confirmation bases of the
hypothetical construction, will in the fullfledged theory be given a
place within the cosmos of which the theory treats.[43]

Wir wollen diese Eigenschaft (mit Bezug auf eine ähnliche Bemerkung
Einsteins[44]) als *Einstein-Feigl-Vollständigkeit* bezeichnen. Bei Einstein-
Feigl-vollständigen Theorien fallen Beobachtungstheorie und explanato-
rische Theorien zusammen.[45] Feigls antidualistisches Argument besteht
demnach in dem Einwand, daß eine dualistisch konzipierte Theorie des
Leib-Seele-Verhältnisses nicht Einstein-Feigl-vollständig werden könne.

Um die Tragweite dieses Arguments richtig einschätzen zu können,
sei betont, daß auch in der Physik Einstein-Feigl-*un*vollständige Theorien
ein auskömmliches Dasein haben. Man erkennt dies z. B. an dem oben
diskutierten Fall der Messung der elektrischen Feldstärke. Wie erläutert,
treten hier Beschleunigungen als Indikatoren für elektromagnetische
Größen auf (d. h. in die Indikatorenzuordnung geht die Newtonsche
Bewegungsgleichung ein), obwohl der Beschleunigungsbegriff kein elek-
trodynamischer, sondern ein mechanischer Begriff ist, und obwohl sich
die Mechanik nicht auf die Elektrodynamik reduzieren läßt. Auch hier
werden also Indikatoren benutzt, die nicht allein mit den Mitteln der
explanatorischen Theorie behandelbar sind. Gleiches gilt z. B. für die
Astrophysik, bei der die meisten Beobachtungsindikatoren mit Hilfe der
Optik oder der Radio-Optik, also nicht durch die astrophysikalische
Theorie selbst spezifiziert werden. Man mag dies durchaus als Defekt
auffassen, nur besteht dieser Defekt dann eben nicht allein bei dualistischen Theorien der Leib-Seele-Beziehung. Hierin also einen Grund für
eine Zurückweisung des Interaktionismus zu erblicken, hieße, physikalistischer zu sein als die Physik selbst.

Gleichwohl besteht eine Chance, die Psychologie zu einer Einstein-
Feigl-vollständigen Theorie zu entwickeln. In diesem Falle ginge es
darum, die Zuordnung bestimmter Indikatoren, etwa Verhaltensweisen,
zu bestimmten psychischen Zuständen nicht auf dem Niveau bloß beob-
achteter Regularitäten zu belassen, sondern diese Verknüpfungen durch
die zugehörige psychologische Theorie selbst zu stützen. Der Schlüssel
zum Erreichen dieses Zieles ist die sogenannte *Konstruktvalidität*. Validi-

---

[43] Feigl 1950, 40 – 41 (Hervorhebung im Original).
[44] Einstein 1949, 58 (dt. 22).
[45] Zu dieser Begriffsbildung und der weiteren Diskussion der Einstein-Feigl-Vollständigkeit vgl. Carrier 1989.

tät bezeichnet ein Kriterium der psychologischen Testtheorie und gibt die Genauigkeit an, mit der ein Test dasjenige psychische Merkmal, das er messen soll, auch tatsächlich mißt.[46] Das Validitätskriterium beurteilt also die Adäquatheit der Zuordnung gewisser Indikatoren zu einer theoretischen Größe.

Für die Bestimmung der Validität gibt es mehrere Verfahren, von denen in unserem Zusammenhang die Konstruktvalidität von besonderem Interesse ist. Hier liefern nämlich die Gesetze der psychologischen Theorie eine Spezifizierung der adäquaten Testverfahren. So müssen z. B. die Testergebnisse für verschiedene Konstrukte (also die Indikatorenzuordnung für verschiedene theoretische Zustände) in einer Weise miteinander korrelieren, wie dies von der Theorie vorausgesagt wird. Das bedeutet, ein Test mißt z. B. Ängstlichkeit, wenn die akzeptierte Theorie der Angst diejenigen Einflüsse als für die Ängstlichkeit relevant spezifiziert, mit denen der Test tatsächlich positive Korrelationen ausweist (also etwa ,Angespanntheit' oder die Ausprägung der durch einen elektrischen Schock induzierbaren intellektuellen Ausfallserscheinungen), und wenn die Theorie dort keine Korrelationen prognostiziert, wo auch der Test keine auffindet (also z. B. soziale Stellung oder persönliches Wertgefüge). Im gleichen Sinne müssen konstruktvalide Tests mit Außenkriterien, die von der Theorie selbst festgelegt werden, hoch bzw. niedrig korrelieren. Das bedeutet etwa, daß die Testresultate in verschiedenen Versuchspersonengruppen in bestimmter Weise verteilt sein müssen, wobei die Kriterien der Gruppenaufteilung von der Theorie selbst festgelegt werden.[47]

Konstruktvalidität stützt also die Indikatorenzuordnung für theoretische Begriffe gerade auf die Einbindung dieser Begriffe in ein nomologisches Netz und weist insofern eine tiefgreifende Verwandtschaft zur Einstein-Feigl-Vollständigkeit auf. Allerdings ist bei Einstein-Feigl-vollständigen Theorien die Indikatorenfestlegung unzweifelhaft präziser und bestimmter als bei konstruktvaliden Tests. Zudem ordnen derartige Tests den theoretischen Größen lediglich gewisse Verhaltensweisen, nicht aber neurophysiologische Prozesse zu. Überträgt man jedoch dieses Modell auf das Verhältnis von Psychologie und Neurophysiologie, so bedeutet dies, daß die Psychologie diejenigen neurophysiologischen Prozesse spezifiziert, die bestimmten psychologischen Zuständen zugeordnet sind, und es bedeutet ferner, daß auch die Psychologie in einem gewissen Sinne

---

[46] Vgl. Lienert 1969, 16.
[47] Vgl. Lienert 1969, 261 – 265; Cronbach/Meehl 1956, 176 – 177, 182 – 183.

neurophysiologische Abläufe erklärt (statt daß umgekehrt die Neurophysiologie psychologische Gesetze begründet).

Faktisch ist eine Einstein-Feigl-vollständige *Psychoneurologie* nicht in Sicht. Und doch scheint eine solche Psychoneurologie im Lichte unserer Betrachtung nicht gänzlich ausgeschlossen zu sein, weil es nicht unmöglich ist, daß auch eine mentalistisch-dualistisch konzipierte Psychologie Einstein-Feigl-Vollständigkeit erreicht. Insofern besteht aber keinerlei Rückstand gegenüber einer monistischen *Neuropsychologie*, bei der Einstein-Feigl-Vollständigkeit ebensosehr denkbar und ebensowenig realisiert ist. Die Diskussion ausgewählter methodologischer Einwände gegen den Dualismus führt damit zu dem Ergebnis, daß gegen eine dualistische Interpretation des psychophysischen Verhältnisses keine derart schwerwiegenden Bedenken formuliert worden sind, daß ihre Zurücknahme naheläge oder gar aus sachlichen Gründen geboten wäre.

4. Dualismus, Physikalismus und die Einheit der Wissenschaft

§ 1   Auch wenn keine *internen* begrifflichen oder logischen Gründe dagegen sprechen, die ontologischen Verpflichtungen einer Theorie ernstzunehmen, wird man ihr gleichwohl dann die ontologische Signifikanz absprechen müssen, wenn *externe*, aus dem Verhältnis zu anderen akzeptierten Theorien stammende Gründe dies nahelegen. Eine solche Situation ist typischerweise gegeben, wenn eine Theorie aus praktischen Gründen in einem begrenzten Anwendungsbereich beibehalten und verwendet wird, obwohl sie durch eine bessere Theorie überholt und ersetzt wurde.

So rechnen die Astronomen bei einigen Problemstellungen mit einem geozentrischen Modell, und der Großteil der mechanischen Probleme wird weiterhin im Rahmen der Newtonschen Mechanik gelöst, ohne daß damit eine Absage an die Bewegung der Erde, an Quantenmechanik und Relativitätstheorie impliziert wäre. Dies ist deshalb angemessen, weil die fortgeschrittenere Theorie selbst zu bestimmten Näherungen berechtigt, also erkennen läßt, daß unter bestimmten, eingeschränkten Bedingungen die an der Vorgängertheorie angebrachten Korrekturen vernachlässigbar sind. Eine solche Beschreibung trifft auch auf das in VI.3. § 1 angeführte Beispiel der technischen Mechanik zu: Die akzeptierte Theorie der Materie macht deutlich, daß bei der Behandlung bestimmter Fragen in guter Näherung die körnige Materiestruktur vernachlässigt werden kann. Insgesamt wird dadurch klar, daß eine instrumentalistische Deutung einer Theorie jedenfalls dann geboten ist, wenn eine bessere, aber andersartig aufgebaute Theorie desselben Phänomenbereichs zur Verfügung steht. Dies ist bei der Psychologie erkennbar nicht der Fall.

Das populärste externe Argument zugunsten eines Monismus stützt sich auf den Grundsatz der *Vollständigkeit der Physik*. Fodor z. B. begründet den partikularen Identismus durch Rekurs auf die ‚Allgemeinheit der Physik‘ und die Behauptung, die Physik sei die ‚einzige grundlegende Wissenschaft‘.[48] Im gleichen Sinne argumentiert Davidson auf der Grundlage einer unterstellten ‚Vollständigkeit der Physik‘.[49] Den gleichen Gedanken drückt offenbar Schlicks ‚Prinzip der geschlossenen Naturkausalität‘ aus, „vermöge dessen das physische Universum den gesamten Raum für sich beansprucht"[50]. Dieses Prinzip tritt bei Bieri als Grundsatz der ‚kausalen Geschlossenheit der physischen Welt‘ wieder in Erscheinung:

> Diesen Gedanken kann man auch als ein regulatives Prinzip empirischer Forschung formulieren: Ein physisches Phänomen gilt erst dann als erklärt, wenn wir eine *physische* Ursache dafür gefunden haben.[51]

Auf gleicher Linie erklärt Stich:

> with the advance of the physical and biological sciences, it has become increasingly plausible that the physical world is a closed system.[52]

Eine Verschärfung dieses Anspruchs findet sich wiederum bei Fodor:

> it is presumably a sufficient condition for something to be a physical event that it be implicated in causal transactions.[53]

In dieser Form ist das Prinzip der kausalen Geschlossenheit (anders als in der Fassung Bieris) nicht als Aufforderung zur Suche nach physischen Ursachen gemeint; es drückt vielmehr die Behauptung aus, daß Ursächlichkeit Physikalität beinhaltet. Daraus schließt Fodor dann, daß der Dualismus in Form des Interaktionismus inkohärent sei, da er psychische Verursachung annehme, während er in Form des Parallelismus

---

[48] Fodor 1975, 13.
[49] Davidson 1970, 223 – 224 (dt. 314).
[50] Schlick 1925, 339.
[51] Bieri 1981, 6 (Hervorhebung im Original).
[52] Stich 1983, 13.
[53] Fodor 1968, 59.

Ockhams Rasiermesser zum Opfer fiele.[54] Schließlich wird nach dieser Bedingung ein Ereignis in einem Kausalzusammenhang ipso facto zu einem physikalischen Ereignis und psychische Verursachung damit zu einem Kategorienfehler. Wenn aber in einer parallelistischen Zugangs-weise psychische Verursachung gerade bestritten wird, sind mentale Zustände oder Ereignisse überflüssig und ohne Nutzen.

Das Prinzip der Vollständigkeit der Physik oder der kausalen Ge-schlossenheit der physischen Welt ist offenbar Ausdruck *physikalistischer* Überzeugungen. Dabei hängt die Stichhaltigkeit einer solchen Überzeu-gung bzw. eines solchen Prinzips entscheidend davon ab, welche Form die Idee des Physikalismus annimmt. Die oben dargestellten Versionen des Prinzips lassen bereits die Möglichkeit recht unterschiedlicher Präzi-sierungen erkennen. Deshalb seien hier auch am Beispiel einiger Autoren mehrere Varianten des Prinzips herausgearbeitet und systematisch an-geordnet, bevor es um die Prüfung ihrer Angemessenheit geht.

§ 2   Für Schlick beruht die Geltung des Geschlossenheitsprinzips darauf, daß die Naturwissenschaft „aus ihrer abschließenden Begriffsbil-dung die Sinnesqualitäten verbannen muß"[55]. Ein Zugang zum Bewußt-sein gelingt daher nicht durch eine introspektive, sondern nur durch eine physiologische, naturwissenschaftliche Psychologie; nur durch Bezug auf Physisches ist Psychisches erkennbar.[56] Schlicks Begriff des Physischen ist dabei an der naturwissenschaftlichen Theoriebildung orientiert:

> ‚Physisch' bedeutet [...] nicht eine besondere Art des Wirklichen, sondern eine besondere Art der Bezeichnung des Wirklichen, nämlich die zur Wirklichkeitserkenntnis notwendige naturwissenschaftliche Be-griffsbildung. [...] Die Physik ist das System exakter Begriffe, welches unsere Erkenntnis allem Wirklichen zuordnet. *Allem* Wirklichen, denn nach unserer Hypothese im Prinzip ist die *gesamte Welt* der Bezeich-nung durch jenes Begriffssystem zugänglich. Natur ist alles, alles Wirk-liche ist natürlich.[57]

Der Anspruch der Naturwissenschaften auf Erklärung des Wirklichen ist umfassend und ausnahmslos; der Jurisdiktion der Physik kann sich nichts Wirkliches entziehen.

Der Bezug auf die *Natur*wissenschaften ist für Schlicks Position we-sentlich. Schlick verlangt nicht allein, daß psychische Phänomene mit den

---

[54] Fodor 1968, 59–60.
[55] Schlick 1925, 339.
[56] Vgl. Schlick 1925, 332.
[57] Schlick 1925, 331 (Hervorhebung im Original).

Mitteln der Wissenschaft erforscht werden sollen; es müssen auch die physikalischen Wissenschaften sein, die zu diesem Zweck herangezogen werden. Der Grund für diese Einschränkung ist in Schlicks Begriff der Erkenntnis zu suchen. Für Schlick ist nämlich alles Erkennen ein Wiedererkennen: man erkennt ein Phänomen, indem man dieses Phänomen oder bestimmte seiner Aspekte mit anderen Geschehnissen in Beziehung setzt. Ein Phänomen wird *als* etwas erkannt, so daß in der Erkenntnis zwei verschiedene Phänomene durch eine Gemeinsamkeit verbunden werden. Z. B. erkennt man das Licht, indem man in den Lichterscheinungen Verhältnisse wiedererkennt, die für Wellenphänomene charakteristisch sind.[58]

Auf das psychophysische Verhältnis bezogen bedeutet dies, daß man psychische Zustände oder Ereignisse nur dann erkennen kann, wenn man sie auf andere, d. h. nicht-psychische Zustände oder Ereignisse zu beziehen vermag. Da Erkenntnis Bezug auf anderes bedeutet, würde eine Schranke zwischen Physischem und Psychischem eine prinzipielle Grenze der Erkenntnis beinhalten. Erkenntnis verlangt ein einheitliches Begriffssystem.[59]

> Die bunte Wirklichkeit wird eben überall von *denselben* Gesetzen beherrscht, denn sonst ließe sie sich nicht überall durch dieselben Begriffe bezeichnen: sie wäre nicht erkennbar. Erkennen heißt ja das Auffinden des Einen im Anderen, des Gleichen im Verschiedenen. Soweit die Welt erkennbar ist, ist sie einheitlich.[60]

Die Reduzierbarkeit der Psychologie auf die Naturwissenschaft ist für Schlick also die Bedingung der Möglichkeit der Erkenntnis des Psychischen. Erkenntnis erfordert nicht nur ein in formaler oder methodologischer Hinsicht ausgezeichnetes System von Begriffen und Sätzen, sondern auch ein durch inhaltliche Gleichförmigkeit qualifiziertes Gesetzessystem.

Schlicks physikalistische Position kann in der Terminologie von Meehl und Sellars durch die Behauptung charakterisiert werden, daß alle Ereignisse ‚physikalisch$_2$' sind. Meehl und Sellars unterscheiden zwischen den folgenden beiden Begriffen von ‚physikalisch':

Physical$_1$: an event or entity is *physical*$_1$ if it belongs in the space-time network.

Physical$_2$: an event or entity is *physical*$_2$ if it is definable in terms of theoretical primitives adequate to describe completely the actual states though not necessarily the potentialities of the universe before the appearance of life.[61]

---

[58] Vgl. Schlick 1925, 22 – 26.
[59] Vgl. Schlick 1925, 336.
[60] Schlick 1925, 372 (Hervorhebung im Original).
[61] Meehl/Sellars 1956, 252 (Hervorhebung im Original).

Ein Physikalismus im zweiten Sinne (‚physikalisch₂') behauptet demnach, daß die Begriffe und Gesetze einer vollständigen Theorie der anorganischen Welt zur Beschreibung aller Phänomene (einschließlich der biologischen und psychologischen) hinreichen. Und dies ist gerade die Auffassung Schlicks.

Ähnlich wie Meehl und Sellars unterscheidet auch Feigl zwischen zwei verschiedenen Physikalismusbegriffen, nämlich (im Anschluß an Carnap) zwischen einem *konfirmatorischen* und einem *explanatorischen* Physikalismus. Der konfirmatorische Physikalismus vertritt die Idee der Einheit der Wissenschaftssprache und der wissenschaftlichen Methode. Ungeachtet aller inhaltlichen Differenziertheit weisen die wissenschaftlichen Teildisziplinen einen gemeinsamen Kern semantischer und methodologischer Verpflichtungen auf. Diese Gemeinsamkeiten umfassen etwa die Forderung nach intersubjektiver Prüfbarkeit aller sinnvoll erhebbaren Geltungsansprüche und entsprechend den Ausschluß von Behauptungen, die sich nur durch Rückgriff auf private, allein subjektiv zugängliche Quellen bestätigen lassen. Der konfirmatorische Physikalismus billigt demnach alle diejenigen Behauptungen, die mit wissenschaftlichen Methoden testbar sind.[62]

Im Gegensatz zum konfirmatorischen Physikalismus beinhaltet der explanatorische Physikalismus den (stärkeren) Anspruch, daß die Gesetze aller Wissenschaften aus den theoretischen Annahmen der Physik abgeleitet werden können. Hierbei bedarf der Terminus ‚Physik' jedoch der genaueren inhaltlichen Erläuterung. Deren Schwierigkeit besteht für Feigl darin, daß zwei gleichermaßen inadäquate Präzisierungen zu vermeiden sind. So sollte ‚physikalisch' nicht allein die Grundbegriffe der gegenwärtig akzeptierten Physik meinen. Eine derart enge Anbindung an den aktuellen Forschungsstand wäre angesichts der terminologischen Umbrüche und Verwerfungen innerhalb der überschaubaren Wissenschaftsgeschichte insofern unplausibel, als sie ähnliche Entwicklungen für die Zukunft ausschlösse. Definiert man ferner umgekehrt ‚physikalisch' nurmehr als das, wovon mehr oder weniger umfassende, methodologisch qualifizierte Theorien handeln, so bricht die Unterscheidung zwischen explanatorischem und konfirmatorischem Physikalismus zusammen; beide werden synonym.[63]

---

[62] Feigl 1963, 302 – 304, 336.
[63] Feigl 1963, 302, 316, 325.

Die von Feigl demgegenüber vertretene Alternative besteht darin, den explanatorischen Physikalismus durch einen in bestimmter Weise inhaltlich eingeschränkten konfirmatorischen Physikalismus zu präzisieren. ‚Physikalisch' in diesem Sinne meint die Erklärbarkeit aller Phänomene durch die Theorie der anorganischen Welt oder die Biologie, erwartet jedoch darüber hinaus, daß sich auch biologische Theorien auf die Theorie des Anorganischen reduzieren lassen, daß also auch die Biologie ‚physikalisch$_2$' im Sinne von Meehl und Sellars ist. Der solcherart verstandene Physikalismus schließt neben einem teleologischen Vitalismus auch den Interaktionismus aus.[64]

§ 3   Die hier explizierten Physikalismusbegriffe seien nunmehr systematisch zusammengestellt und dabei in der Ordnung abfallender Strenge aufgereiht:

(1) Die strengste Fassung des Physikalismus verpflichtet alle wissenschaftliche Theoriebildung auf die Begriffe der *gegenwärtig akzeptierten Physik*. Im Rahmen dieser Auffassung ist z. B. zu verlangen, daß sich allen Prozessen oder Gegenständen ein bestimmtes Quantum Energie zuordnen läßt.

(2) Eine schwächere Variante des Physikalismus fordert die Vollständigkeit der *jeweiligen*, also dem historischen Wandel unterworfenen *Physik*. Diese Physikalismusauffassung erhebt einen umfassenden Geltungsanspruch für die Theorie des Anorganischen und behauptet, daß alle (also auch die biologischen und psychologischen) Größen physikalisch$_2$ im Sinne von Meehl und Sellars sind.

(3) Eine weitere Verminderung der Anforderungen an den Physikalismusbegriff ergibt sich daraus, nurmehr die *jeweilige Naturwissenschaft insgesamt* für umfassend und vollständig zu erklären. Dies schließt insbesondere die Möglichkeit ein, daß die Biologie nicht auf die Theorie des Anorganischen reduzierbar ist, sondern auf besondere Gesetzmäßigkeiten zurückgreifen muß. In dieser Form des Physikalismus, die Feigl für die schwächste akzeptable (wenn auch von ihm selbst nicht akzeptierte) Variante hält, sind emergente Begriffe und Gesetze im Grundsatz zulässig.

(4) Eine zusätzliche Abschwächung der Anforderungen an den Physikalismusbegriff besteht lediglich darauf, daß alle Phänomene der *Wis-*

---

[64] Vgl. Feigl 1958, 377; Feigl 1963, 326, 336.

senschaft zugänglich sind, also durch Theorien, die vor den akzeptierten *methodologischen Standards* Bestand haben, erklärt werden können. Dieser Physikalismusbegriff stimmt im groben mit Feigls konfirmatorischem Physikalismus überein; er dürfte jedoch (im Gegensatz
zu Feigls Auffassung) einer inhaltlichen Ausgestaltung fähig sein.
Aufgrund der Erfahrungen mit akzeptierten Theoriebildungen in der
Geschichte der Wissenschaft und aufgrund der Natur der methodologischen Kriterien, die die Theoriewahl üblicherweise leiten, ist es
naheliegend, zu erwarten, daß durch diesen Physikalismusbegriff
sowohl theologische als auch irreduzibel teleologische Erklärungen
ausgeschlossen werden. Das heißt, daß z. B. die Erklärung eines
Ereignisses durch seine heilsgeschichtliche Bedeutsamkeit oder eines
Prozesses durch ein Ziel, dem er zustrebt, inakzeptabel ist.[65] In dieser
Version des Physikalismus werden damit keine positiven Reduktions-
maximen vertreten; die inhaltliche Ausgestaltung wird durch einen
negativen Ausschlußkatalog von Erklärungsmustern erreicht.

(5) Die schwächste Variante des Physikalismus fordert allein die *intersubjektive Bestätigungsfähigkeit* wissenschaftlich zulässiger Aussagen, setzt also nur die objektive Beschreibbarkeit von Zuständen
und Ereignissen voraus. Diese Fassung dürfte dem Meehl/Sellars-
Begriff ‚physikalisch$_1$‘ (also der Möglichkeit der Einordnung in ein
Raum-Zeit-Gefüge) entsprechen. Danach hätten alle Ereignisse wissenschaftlich (also intersubjektiv) *beschreibbar* zu sein; sie müßten
jedoch nicht durch wissenschaftliche (also empirisch bestätigte und
methodologisch qualifizierte) Theorien *erklärbar* sein.

Die fünf aufgeführten Physikalismusbegriffe lassen eine Rangordnung
zunehmender begrifflicher Flexibilität und abnehmender inhaltlicher Bestimmtheit erkennen. Es ist naheliegend, diese Begriffe in zwei Gruppen
einzuteilen und im Falle der ersten drei von einem *inhaltlichen Physikalismus*, im Falle der letzten zwei von einem *formalen Physikalismus* zu
sprechen. Im Rahmen des inhaltlichen Physikalismus werden bestimmte
Grundlagentheorien explizit benannt und Reduzierbarkeit aller anderen
Theorien auf diese Grundlagentheorien verlangt. Im Rahmen des formalen Physikalismus stehen hingegen bestimmte formale Anforderungen an

---

[65] Der Rekurs auf Zielvorstellungen zur Erklärung menschlicher Handlungen ist davon
nicht betroffen, da Ziele ihre psychologisch relevante Wirksamkeit *vor* der Ausführung
der Handlung entfalten. In diesem Zusammenhang ist also nur von üblicher Kausalität
die Rede.

akzeptable Theoriebildungen im Mittelpunkt, während sich inhaltliche Festlegungen erst derivativ ergeben.

Es ist von grundlegender Bedeutung, zu sehen, daß ein *Dualismus* mit allen Fassungen des *formalen Physikalismus* verträglich ist. Wesentliches Moment der Argumentation in den vorausgegangenen Abschnitten war gerade, deutlich zu machen, daß mentale Zustände und Ereignisse intersubjektiv beschreibbar sind und durch Theorien erklärt werden können, die den üblichen methodologischen Kriterien entsprechen. Sowohl die Entwicklungsmuster als auch die begriffliche Struktur kognitiv-psychologischer Theorien bewegen sich im Rahmen der aus der Wissenschaftstheorie der Naturwissenschaften bekannten Modelle (vgl. V.2. § 5 – 6, VI.1. § 3 – 4). Die mentalistische Psychologie ist damit im Lichte der üblichen Beurteilungsstandards als Wissenschaft bestätigt; sie hat vor den Forderungen der (hier favorisierten) Physikalismusvariante (4) Bestand. In diesem Sinne kann auch ein Dualismus als physikalistisch orientierter Ansatz gelten.

§ 4   Die Unterscheidung zwischen einem inhaltlichen und einem formalen Physikalismus läßt den Fehler in Fodors Schluß vom Physikalismus auf den Monismus deutlich werden. Wenn Fodor Kausalität als hinreichende Bedingung für Physikalität vorsieht, ist dies offenbar im Sinne eines *formalen* Physikalismus gemeint, da in dessen Rahmen der Begriff der regelmäßigen, nomologischen Verknüpfung seinen Platz hat. Wenn andererseits der Physikalismus den Dualismus ausschließen soll, kann dies nur im Sinne eines *inhaltlichen* Physikalismus gemeint sein. Fodors Argument hat damit die Struktur eines Schlusses vom formalen auf den inhaltlichen Physikalismus, und ein solcher Schluß ist ungültig.

Ähnlich problematisch ist auch Schlicks erkenntnistheoretische Begründung eines inhaltlichen Physikalismus. Wenn alles Erkennen auf Wiedererkennen beruht, und dieses Wiedererkennen in der Rückführung auf anderes besteht, so sind alle Grundprinzipien, also auch die Grundprinzipien einer möglichen umfassenden physikalischen Theorie, unerkennbar. Schließlich sind Grundprinzipien per definitionem nicht mehr auf weitere Grundsätze zurückführbar. Das bedeutet: Im Rahmen einer selbständigen psychologischen Theoriebildung sind psychische Phänomene auf psychologische Grundsätze zurückführbar (und damit im Schlickschen Sinne erkennbar), während diese Grundsätze selbst im Schlickschen Verständnis unerkennbar sind. Nach einer physikalistischen

Reduktion wären dann diese Grundsätze zwar doch erkennbar, aber die physikalischen Prinzipien, auf denen das ganze Erkenntnisgebäude errichtet wurde, wären selbst der Erkenntnis entzogen. Dieses Modell, das alles Wissen auf die Unwissenheit gründet, stellt schwerlich ein überzeugendes Argument zugunsten eines inhaltlichen Physikalismus dar. Eher wird man von der Inadäquatheit des Schlickschen Erkenntnisbegriffs reden dürfen.

Wenn aber nicht auf die Weise Schlicks, wie dann läßt sich ein inhaltlicher Physikalismus begründen? Tatsächlich gibt es nur wenige Versuche einer solchen Begründung, was die Vermutung nahelegt, daß der inhaltliche Physikalismus eher durch monistische Intuitionen als durch stichhaltige Gründe gestützt wird. Dabei dürfte es voreilig sein, den Anspruch ganzer Wissenschaftszweige auf ontologische Relevanz aufgrund bloßer Intuitionen infrage zu stellen. Schließlich ist zu bedenken, daß ein inhaltlicher Physikalismus bestimmte Reduktionsansprüche erhebt, deren Einlösbarkeit er selbst nicht zu garantieren vermag, deren Erfüllung er aber zur Vorbedingung der Sinnhaftigkeit einer Theorie (oder zumindest ihrer ontologischen Relevanz) macht. Solche Reduzierbarkeitsbehauptungen bedürfen, um plausibel zu sein, positiver Argumente, und solche sind nicht erkennbar.

Tatsächlich läßt die Wissenschaftsgeschichte umgekehrt daran zweifeln, ob es klug ist, die Reduzierbarkeit bestimmter Theorien auf andere zwingend vorzuschreiben. Ein Blick auf die Entwicklung der Elektrodynamik in der zweiten Hälfte des 19. Jahrhunderts ist hier lehrreich. Für die Elektrodynamik wurde nämlich anfangs ein ähnlicher Reduktionsanspruch erhoben: Elektromagnetische Felder galten als Zustände eines den Gesetzen der Newtonschen Mechanik gehorchenden Äthers; jede akzeptable Theorie der Elektrodynamik mußte auf die Mechanik reduzierbar sein. In der Tat entwickelte Maxwell zunächst (1861/1862) ein mechanisches Modell für die (heute so genannten) Maxwellschen Gleichungen, erkannte jedoch wenig später, daß diese mechanische Deutung wegen verschiedener interner Schwierigkeiten unhaltbar war. Daraufhin wechselte er die Strategie und stellte die elektrodynamischen Gleichungen selbst an die Spitze der Theorie (ohne diese also durch ein mechanisches Modell zu interpretieren). Obwohl Maxwell zeit seines Lebens an der Überzeugung festhielt, daß es irgendeine mechanische Interpretation seiner Gleichungen geben müsse, vertrat er doch gleichsam implizit eine nicht-mechanische Deutung, indem er im allgemeinen elektromagnetische Größen als grundlegend behandelte und Feldern damit implizit eine unabhängige Realität zuschrieb.[66]

Der von Maxwell eingeleitete Prozeß der theoretischen Verselbständigung des Feldes wurde von Einstein vollendet. In der Speziellen Relativitätstheorie wird der Äther überflüssig, da ihm keinerlei mechanische Eigenschaften (nicht einmal mehr ein Bewegungszustand) zukommen; das elektromagnetische Feld erhält den Status einer selbständigen und unabhängig existierenden Größe. Das Feld ist nicht mehr ein mechanischer Materiezustand, sondern ein Zustand eigener Art; Mechanik und Elektrodynamik stehen auf gleicher Stufe.[67] Das wesentliche methodologische Moment dieser Veränderung ist, daß der durch Maxwell und Einstein zustandegebrachte Fortschritt in der Elektrodynamik eine Kritik von Reduktionsansprüchen mit sich führt. Anders ausgedrückt, das Bestehen auf der Einlösung von Reduktionsansprüchen hätte sich als Hemmschuh der Wissenschaftsentwicklung erwiesen. Wie läßt sich garantieren oder auch nur plausibel machen, daß die Reduktionsansprüche eines inhaltlichen Physikalismus nicht ebenso wirken?

Derartige Bedenken werden noch verstärkt, wenn man ältere Konkretisierungen des inhaltlichen Physikalismus ins Auge faßt. So führt Hobbes das folgende Argument zugunsten eines inhaltlichen Physikalismus ins Feld:

> All which qualities, called *sensible*, are in the object, that causeth them, but so many several motions of the matter, by which it presseth our organs diversely. Neither in us that are pressed, are they any thing else, but divers motions; for motion produceth nothing but motion.[68]

Weil Bewegung nur Bewegung hervorbringt, kann die äußere Bewegung im Gegenstand nur Bewegung im Wahrnehmenden hervorbringen, so daß alle Sinnesqualitäten solche inneren Bewegungen sind (vgl. I.3. § 1).

Mit diesem Argument läßt sich auch gegen einen eigenständigen Feldbegriff streiten: Es wäre unzulässig, daß das Feld (und nicht bewegte Materie) andere Materie in Bewegung setzt. Hobbes' Argument verpflichtet die Physik darauf, im Sinne der mechanistischen Richtungen des 17. und 18. Jahrhunderts alle Wechselwirkung auf Druck und Stoß von

---

[66] Zu diesem wissenschaftshistorischen Beispiel vgl. Berkson 1974, 148 – 184 (,Maxwell's Field Theory'); Nersessian 1984, 76 – 83.

[67] Vgl. Nersessian 1984, 121, 126, 131 – 134.

[68] Leviathan I 1 (= Hobbes 1839 – 1845, III, 2) (Hervorhebung im Original).

Teilchen zurückzuführen. Offenbar wurden also bestimmte Formen des Physikalismus durch die Physik selbst überholt; hätte man sie beibehalten, wäre die Weiterentwicklung der Wissenschaft behindert worden. Es ist folglich dafür Sorge zu tragen, daß sich durch eine zu strikte Formulierung des Physikalismus Ähnliches nicht an anderer Stelle wiederholt.

Nun ist eine Behinderung des Forschritts der *Natur*wissenschaften durch möglicherweise ungerechtfertigte Reduktionsansprüche in der schwächsten Fassung des inhaltlichen Physikalismus, nämlich (3), in der Tat ausgeschlossen. Diese Variante fordert lediglich Reduzierbarkeit aller Theorien auf die Naturwissenschaft und unterwirft naturwissenschaftliche Theoriebildungen selbst keinerlei Einschränkungen. Für die Wissenschaft insgesamt, also unter Einschluß etwa der Sozialwissenschaften, sieht gleichwohl auch diese liberale Fassung inhaltliche Direktiven vor, die eine Behinderung der Wissenschaftsentwicklung zur Folge haben könnten.

Dabei handelt es sich nicht um ein bloß abstraktes Bedenken. Gedacht ist an die Lösung des funktionalistischen Trivialisierungsproblems durch die Bedingung der Turing-Formulierbarkeit. Wie dargestellt, entsteht dieses Problem daraus, daß die Erklärung einer jeden Eigenschaft durch eine Disposition zu dieser Eigenschaft (also etwa der Auflösung durch die Löslichkeit) als einwandfreie funktionale Erklärung zu gelten hätte, es sei denn, man schlösse derartige Prozeduren durch zusätzliche Forderungen aus. Als Forderung dieser Art wird die Bedingung eingeführt, daß zulässige psychologische Dispositionen als Programme für Turing-Maschinen formulierbar sein müssen (vgl. II.4. § 3).

Diese Lösung des Trivialisierungsproblems ist erkennbar durch einen inhaltlichen Physikalismus inspiriert. Zunächst stehen offenbar zwei Optionen für eine solche Lösung offen. So lassen sich *formale* Anforderungen an die methodologische und empirische Qualifikation von Theorien stellen. Wenn man z. B. verlangt, daß die Erklärungskraft einer Theorie möglichst groß ist, daß sie also mit einer möglichst geringen Zahl unabhängiger Annahmen einen möglichst großen Bereich von Phänomenen möglichst präzise erklärt, dann schneidet eine Konzeption, die für jedes Phänomen eine besondere Ursache postuliert, erbärmlich schlecht ab. Auf diese Weise lassen sich also funktionale Trivialgesetze ohne Schwierigkeiten abweisen. Die andere Möglichkeit besteht darin, *inhaltliche* Vorgaben zu machen, also Bedingungen an diejenigen Sachverhalte zu stellen, auf die sich eine funktionale Erklärung legitimerweise stützen darf. Mit der Forderung nach Turing-Formulierbarkeit beschreitet der Funktionalismus diesen zweiten Weg. Das ist dadurch begründet, daß bei Turing-Mechanismen die physikalische Realisierbarkeit garantiert ist. Eine auf diese Weise ausgedrückte psychologische Theorie genügt daher in jedem Falle den Vorstellungen eines inhaltlichen Physikalismus.

Das Beispiel macht deutlich, daß eine Festlegung auf einen inhaltlichen Physikalismus selbst in dessen schwächster Fassung der Wissenschaft ohne Not bestimmte inhaltliche Leitlinien vorschreibt. Eine Behinderung des Fortschritts der Wissenschaft ist aber nur dann verläßlich auszuschließen, wenn man auf alle inhaltlichen Vorgaben verzichtet. Jede Form eines inhaltlichen Physikalismus läuft im Grunde darauf hinaus, daß der Philosoph der Wissenschaft die Ontologie verordnet und dabei beständig Gefahr läuft, dem wissenschaftlichen Fortschritt Hindernisse in den Weg zu legen. So hat auch Rescher recht, wenn er darauf verweist, daß die Inhalte der Wissenschaft ohne Einschränkungen dem Wandel unterworfen sind, und daß daher Wissenschaftlichkeit nicht durch inhaltliche Festlegungen, sondern durch die wissenschaftliche Methode bestimmt werden muß.[69]

> The contention that this or that explanatory resource is inherently unscientific should always be met with instant scorn. For the unscientific can only lie on the side of process and not that of product — on the side of *modes* of explanation and not its *mechanisms*; of arguments rather than phenomena.[70]

Wir schließen daraus, daß ein inhaltlicher Physikalismus vermieden werden sollte und die Beschränkung auf einen formalen Physikalismus (unter dieser oder einer anderen Bezeichnung) vorzuziehen ist.

§ 5   Die bislang diskutierten Gründe dafür, eine nicht-Quinesche Vorgehensweise zu empfehlen und die ontologischen Verpflichtungen einer Theorie zurückzuweisen, stützten sich auf den Aufweis von Konflikten mit anderen theoretischen Überzeugungen. Während zu Beginn der Konflikt mit fortgeschritteneren Theorien desselben Wirklichkeitsbereichs angesprochen wurde, läuft die Physikalismus-Diskussion auf den Konflikt einer dualistischen Interpretation mit einer bestimmten ‚Weltanschauung‘ hinaus. Ein dritter Konflikt dieser Art entsteht, wenn eine Theorie mit akzeptierten wissenschaftlichen Erklärungsmustern eines

---

[69] Rescher 1984, 104 (dt. 189–190).
[70] Rescher 1984, 108 (dt. 195) (Hervorhebung im Original).

anderen Wirklichkeitsbereiches schwer verträglich oder gar unvereinbar ist.

Konflikte dieses Typs werden von Laudan als ,externe begriffliche Probleme' bezeichnet. Laudan diskutiert als Beispiel die Schwierigkeit, die Cartesische Physiologie mit der Newtonschen Dynamik zu versöhnen. Die Cartesische Physiologie führt alle physiologischen Vorgänge auf Kollisionsprozesse, auf Druck und Stoß von Teilchen zurück, während in der Newtonschen Dynamik Teilchenwechselwirkungen durch Kräfte vermittelt sind. Das Akzeptieren der Newtonschen Physik macht daher die Cartesische Physiologie unplausibel.[71] Ein ähnlicher Fall liegt vor, wenn eine Theorie auftaucht, von der man zunächst erwartet, daß sie eine andere Theorie positiv stützt, von der sich dann jedoch herausstellt, daß sie mit dieser bloß verträglich ist. So erwartet man vielfach von biologischen Theorien, daß sie chemische Begriffe verwenden, und von chemischen Theorien wiederum wird verlangt, daß sie möglichst von quantenmechanischen Begriffen Gebrauch machen. Z. B. würde eine Theorie der Vererbung, die mit der Chemie bloß verträglich wäre, ohne sich auf sie auch stützen zu können, Mißtrauen erregen.[72] Daher sei an dieser Stelle auch der Frage nachgegangen, ob sich einer dualistischen Interpretation des Leib-Seele-Verhältnisses derartige externe begriffliche Probleme in den Weg stellen, oder anders ausgedrückt, ob die ontologische Relevanz der Psychologie durch externe Inkohärenzen ausgeschlossen wird.

Dabei sei gleich betont, daß externe Inkohärenzen kein zwingendes Argument gegen eine Theorie darstellen. Derartige Schwierigkeiten sind Ergebnis bestimmter Erwartungen der wissenschaftlichen Gemeinschaft, ohne daß damit die Berechtigung dieser Erwartungen außer Frage stünde. Die konsequente Anwendung des Kriteriums der externen Kohärenz als Beurteilungsmaßstab für Theorien hätte nämlich zur Folge, daß neuartige Erklärungsansätze häufig von vornherein diskreditiert würden. Tatsächlich durchbricht denn auch der wissenschaftliche Fortschritt nicht selten die von diesem Kriterium gesetzten Schranken.

So waren z. B. die Lorentzsche Elektronentheorie und die Einsteinsche Spezielle Relativitätstheorie anfangs empirisch äquivalent, während sich Lorentz' Modell durch größere externe Kohärenz (dokumentiert durch die Beibehaltung des Äthers und der Galileischen Kinematik) auszeich-

---

[71] Laudan 1977, 52.
[72] Vgl. Laudan 1977, 53–54.

nete. Gerade die von Einstein vorgeschlagene Revision der üblichen Kinematik widersprach deutlich den Erwartungen der damaligen wissenschaftlichen Gemeinschaft, die eine Lösung der anstehenden Probleme eher durch eine Modifikation der Newtonschen Dynamik erwartete. Trotz ihrer externen Inkohärenz setzte sich jedoch die Spezielle Relativitätstheorie durch; der Einklang mit dem theoretischen Umfeld wurde im Zuge dieser Durchsetzung gerade durch die Umgestaltung derjenigen Theorien herbeigeführt, die mit der Einsteinschen Neuerung schwer vereinbar waren.[73] Externe Kohärenz als Beurteilungsmaßstab für neuartige Theorien hat damit eher kontra-innovative Wirkungen und ist aus diesem Grunde mit Vorsicht und Zurückhaltung zu verwenden.

Gleichwohl sollte die Unverträglichkeit eines Modells mit gut bestätigten und methodologisch qualifizierten Theorien anderer Wirklichkeitsbereiche nicht auf die leichte wissenschaftliche Schulter genommen werden. Es wäre tatsächlich ein schwerwiegender Einwand gegen eine dualistische Deutung des Leib-Seele-Verhältnisses, wenn diese der Evolutionstheorie widerspräche (wie etwa Bunge behauptet).[74] Dem ist jedoch nicht so. Schon Popper hat darauf verwiesen, daß das Ich ein Produkt der Evolution sei (vgl. IV. § 2); und der hier vertretenen interaktionistischen Interpretation liegt gerade die Vorstellung zugrunde, daß psychische Vorgänge von physischen (und damit auch evolutiven) Prozessen beeinflußt werden. Zudem sollte auch an dieser Stelle noch einmal hervorgehoben werden, daß die vorgelegte dualistische Interpretation keine Durchbrechung physikalischer Gesetze bedeutet, also mit der Geltung der Physik verträglich ist (vgl. VI.3. § 4).

Gleichwohl sei nicht verschwiegen, daß der Dualismus tatsächlich ein externes begriffliches Problem aufwirft. Dieses ist vom zweiten Laudan-Typ — besteht also darin, daß dort nur Kompatibilität vorliegt, wo man positive Stützung erwartet hätte — und bezieht sich auf das Verhältnis von Dualismus und Neurophysiologie. Wie bereits in VI.3. § 4 erwähnt, beinhaltet eine dualistische Deutung, daß die physikalische Kausalität auf der Ebene neuraler Prozesse zur Erklärung neurophysiologischer Gesetzmäßigkeiten nicht hinreicht. Eine derartige Erwartung ist bislang empirisch nicht bestätigt. Obwohl also an dieser Stelle der Dualismus einer positiven Stützung durch die Neurophysiologie fähig wäre, fehlt eine solche Stützung bisher. Hier liegt zweifellos ein unerledigtes Problem

---

[73] Für weitere Details vgl. Schaffner 1970, 341 – 342, 345, 347 – 348.
[74] Vgl. Bunge 1980, 18 (dt. 27).

vor. Jedoch läßt sich dieses schwerlich als derart gravierend einstufen, daß dadurch eine dualistische Deutung grob unplausibel würde. Auch eine Prüfung der Verträglichkeit mit dem theoretischen Umfeld richtet sich nicht gegen den Dualismus, weshalb dieser auch aus theorieexternen Gründen nicht aufgegeben werden muß.

VII. Psychologie und Bewußtsein

Bisher stand in der Darstellung vor allem das Problem des Verhältnisses von Psychologie und Neurophysiologie im Vordergrund. Es ging um die Frage, ob es logisch sinnvoll und empirisch plausibel ist, anzunehmen, die psychologische Begrifflichkeit sei durch neurophysiologische Kategorien adäquat ausdrückbar. Das Leib-Seele-Problem umfaßt jedoch mehr als nur diesen Aspekt. Es betrifft auch die Frage, in welcher Beziehung die erlebten Bewußtseinszustände bzw. die alltagssprachlich ausgedrückten psychischen Phänomene zu den Begriffen der Neurophysiologie stehen.[1]

Feigls Behandlungsweise folgend wurde diese komplexe Problemstellung in zwei Teilprobleme zerlegt, nämlich in die Frage nach dem Verhältnis von Psychologie und Physiologie und in die Frage nach dem Verhältnis von Psychologie und Bewußtseinszuständen − also das Seele-Seele-Problem, wie wir es genannt haben (II.1. § 4). Das zweite Verhältnis soll nunmehr genauer ins Auge gefaßt und gefragt werden, worauf sich die Begriffe der Psychologie eigentlich beziehen. Schließlich ist die psychophysische Identitätstheorie nur dann sinnvoll zu vertreten, wenn sich sowohl physiologische mit psychologischen als auch psychologische mit bewußten Ereignissen identifizieren lassen. In der Tat ist diese doppelte Identifizierbarkeit gerade Feigls Behauptung (vgl. II.1. § 4). Es geht also um den Sinn und die Plausibilität des zweiten Teiles dieser Doppelthese.

Zunächst muß zwischen *singularen* und *generellen* Sätzen über Bewußtseinsphänomene unterschieden werden. Das Problem der singularen Sätze betrifft die Frage nach der Datengrundlage psychologischer Theorien. Hierbei geht es um die Struktur der *empirischen Basis* psychologischer Modelle, wobei inhaltlich das Problem der *Sinnesqualitäten* im Vordergrund steht. Bei den generellen Sätzen ist vor allem die Frage nach der Geltung und der Fruchtbarkeit *alltagspsychologischer Gesetzmäßigkeiten* (wie in II.6. § 2 spezifiziert) angesprochen. Inhaltlich handelt

---

[1] Vgl. Feigl 1958, 446.

es sich um die Klärung des Status *propositionaler Einstellungen* und intentionaler Rede. Wir beginnen mit dem Basisproblem, um dann in VII.2 bis VII.4 das Problem der Intentionalität näher zu untersuchen.

1. Die empirische Basis der Psychologie

§ 1   Die Geltung psychologischer Gesetzmäßigkeiten wird oft anhand von öffentlich beobachtbarem Verhalten, anhand von Reaktionen auf bestimmte Reizkonstellationen geprüft. In dieser Hinsicht ist die empirische Basis psychologischer Theorien offenbar von gleicher Art wie die Datengrundlage physikalischer Modelle. Im Folgenden soll es jedoch nicht um Verhaltensweisen, sondern um den Status von *Introspektionsberichten* gehen. Hierzu sei zunächst die Schilderung der Position Feigls wieder aufgegriffen (vgl. II.1. § 2 – 3).

Für Feigl bildet das Erlebnis von Sinnesqualitäten die Bestätigungsgrundlage von Wissensansprüchen; es repräsentiert *das Gegebene*. Die gegenwärtige Wahrnehmung von Qualitäten (wie Farben, Tönen oder Schmerzen) bildet den Grundstock der phänomenalen Welt, und diese Qualitäten sind wesentlich privater Natur. Trotz ihrer Subjektivität und Privatheit lassen sich jedoch derartige psychische Zustände oder Ereignisse in einer öffentlichen, intersubjektiven Sprache beschreiben. Diese Möglichkeit ist dadurch gegeben, daß die Begriffe, die der Beschreibung dieser Zustände dienen, auf eine intersubjektiv kontrollierte Weise gelernt werden. Schließlich erfolgt der Erwerb mentaler Begriffe im Kindesalter im sozialen Kontext, indem nämlich dem Kind psychische Zustände durch andere Personen zugeschrieben werden. Das Kind lernt, was ,Kopfschmerz' heißt, weil ihm seine Bezugspersonen aufgrund bestimmter Verhaltensweisen den Zustand des Kopfschmerzes zuschreiben. Der introspektiv wahrnehmbare Zustand des Kopfschmerzes wird ursprünglich in der intersubjektiven, öffentlichen Sprache bezeichnet.

Damit ist es durchaus plausibel, anzunehmen, daß die gleichsam in der ersten Person ausgedrückten mentalen Zustände oder Ereignisse mit den gleichsam in der zweiten Person formulierten psychischen Zuständen oder Ereignissen (also den anderen Menschen zugeschriebenen Zuständen oder Ereignissen) zusammenfallen. Mentale Begriffe bezeichnen danach subjektive Größen; aber die Verwendungsregeln dieser Begriffe sind intersubjektiv verfügbar.[2] In diesem Modell sind die erfahrenen Bewußtseinszustände mit den alltagspsychologisch unterstellten mentalen Phänomenen deshalb identisch, weil jene nach der Vorgabe dieser bezeichnet und konzeptualisiert werden.

Darüber hinaus ist jedoch auch eine Sprachform vorstellbar, in der nicht allein die Denotata, sondern auch die Verwendungsregeln privater Natur, also allein subjektiv verfügbar sind. Mit den Mitteln eines derartigen Symbolismus beschriebene Zustände sind für andere unzugänglich; sie dienen allein dem solitären Denker zur Kennzeichnung seiner Wahrnehmungsqualitäten. Obgleich logisch möglich, ist eine solche Sprachform jedoch wissenschaftlich unfruchtbar; sie vermag keiner Mitteilung zu dienen.[3]

In beiden Zugangsweisen sind Aussagen über psychische (Erlebnis-) Zustände nicht unbezweifelbar und nicht unkorrigierbar. Um nämlich zwei zeitlich getrennten Erfahrungen zu Recht dieselbe Bezeichnung zuzuordnen, muß man sich zumindest auf die Zuverlässigkeit des Gedächtnisses verlassen; andernfalls hätte die Beschreibung solcher Erfahrungen lediglich als Einführung des bezeichnenden Prädikats durch ostensive Definition zu gelten. Diese Voraussetzung der Gedächtniszuverlässigkeit läßt sich aber durchaus in Frage stellen.[4]

§ 2   Es ist interessant und aufschlußreich, das psychologische Basisproblem mit dem *physikalischen* Basisproblem zu vergleichen. In den 30er Jahren fand eine Debatte über den Status der grundlegenden Erfahrungssätze statt, die viele Aspekte der Diskussion um die fundamentalen Sätze des mentalen Diskurses bereits enthält. Dabei fällt auf, daß die beiden hier von Feigl ins Auge gefaßten Möglichkeiten der Formulierung der psychologischen Basis von Carnap für die Etablierung der physikalischen Basis, nämlich der *Protokollsätze*, diskutiert werden (wobei Carnaps Analysen allerdings umfassender und präziser sind). Carnap unterscheidet zwischen zwei Sprachformen, von denen die erste die grundlegenden Wirklichkeitsbehauptungen außerhalb der öffentlichen Sprache,

---

[2] Vgl. Feigl 1958, 391 – 393, 397 – 399; ferner Aune 1966, 26 – 28. Bereits Carnap führt die Intersubjektivität von Introspektionsberichten auf das Erlernen der entsprechenden Begriffe in einer intersubjektiven Sprachpraxis zurück. Vgl. Carnap 1932/1933, 141 – 142. Die Einführbarkeit mentaler Prädikate in einer öffentlichen Sprache ist auch von Lorenzen vertreten und (mit Blick auf Begründungen ethischer Grundsätze) systematisch erörtert worden. Vgl. Lorenzen 1969, 76 – 79.

[3] Vgl. Feigl 1958, 400 – 403.

[4] Vgl. Feigl 1958, 404 – 405.

also in einer fremdartigen, etwa einer Privatsprache ansiedelt. Diese Behauptungen sind dann als bloße Signale aufzufassen, die zu ihrer weiteren Nutzbarmachung der Übersetzung in eine intersubjektive Sprache bedürfen. Während sich dabei nicht sinnvoll von falschen Signalen sprechen läßt, diese also unkorrigierbar und allem Zweifel entzogen sind, gilt dies für die Übersetzungsregeln nicht. In der Deutung der Signale kann man sich sehr wohl irren. Die zweite Sprachform formuliert dann die empirische Basis bereits mit den Mitteln der intersubjektiven Sprache. Hierbei wird die singulare Beobachtung mit Hilfe der allgemein verfügbaren Kategorien ausgedrückt, was dazu führt, daß auch Beobachtungsaussagen prüfbar und revidierbar sind. In beiden Modellen gibt es also keine Aussagen, die zugleich sinnvoll verwendbar und unwiderruflich wären.[5]

Ergänzt man Feigls Konzeption um die Idee einer Übersetzung der Privatsprache in die öffentliche Sprache, so wird die starke Ähnlichkeit zwischen Feigls Analyse der psychologischen Basis und Carnaps Analyse der physikalischen Basis offenkundig. Beide unterscheiden zwischen einer privaten, phänomenalistisch ausgerichteten Struktur der empirischen Basis und einer Formulierung dieser Basis, die sich an intersubjektiv beobachtbaren Zuständen oder Ereignissen orientiert. Dem Anschein nach sind folglich die Unterschiede zwischen der Subjektivität des Mentalen und der Objektivität des Physischen weit weniger ausgeprägt, als man vielfach unterstellt. Das gilt insbesondere für die oftmals behauptete Unkorrigierbarkeit introspektiver Berichte. Auch bei diesen nämlich trifft man auf das Problem der korrekten Anwendung eines Begriffs bzw. der adäquaten Spezifizierung einer Übersetzungsregel. Auf diesen Umstand ist bereits (ohne erkennbaren Bezug auf Carnap) von Meehl hingewiesen worden:

> in philosophical conversation, I may imagine myself to be experiencing green, and the impulse is to say exasperatedly, ‚But surely I couldn't be wrong about *that*!' The trouble is that this imagery of green leads me to think that *if* I were to call *that* imaged green ‚green', I could not conceivably be mistaken. And if my image is green, this is certainly true, being tautologous when set forth propositionally; i. e., if I am experiencing green, it cannot be a mistake to call it ‚green'. The trick is in the imagery, whereby I subtly introduce the hypothesis that I *am correctly labeling my experience*.[6]

---

[5] Vgl. Carnap 1931/1932, 216 – 220, 222, 224 (= Schleichert 1975, 82 – 86, 88, 90).
[6] Meehl 1966, 119 – 120 (Hervorhebung im Original). Im gleichen Sinne auch Rorty 1965, 43 – 44 (dt. 109); Aune 1966, 22. Dasselbe Problem wurde hier bereits im Zusammenhang der Diskussion des Kripkeschen Einwandes angesprochen (vgl. III.2. § 4).

Das Problem der *korrekten* Bezeichnung des phänomenalen Wahrnehmungseindrucks entsteht also im physikalischen wie im psychologischen Fall.

§ 3   Angesichts dieser Sachlage mag man einwenden, die Analogien zwischen Physischem und Psychischem seien trügerisch, weil es sich um Analogien zwischen *Aussagen* über Psychisches und *Aussagen* über Physisches handele. Durch die Verlagerung des Problems auf die sprachphilosophische Ebene verfehle man aber die Eigentümlichkeit des Mentalen. So argumentiert z. B. Nagel. Er sieht das Bewußtsein durch einen besonderen Typus von *Erlebnissen* charakterisiert, der sich der sprachlichen Ausdrucksfähigkeit entzieht. Bewußtseinsqualitäten sind wesentlich subjektiv und daher an eine bestimmte Perspektive gebunden, die von der objektiven Warte einer physikalischen Theorie aus nicht eingenommen werden kann. Um den Zugang zu ihnen zu finden, muß man selbst in der Position desjenigen sein, der diese Qualitäten erfährt; zumindest muß man ihm in relevantem Sinne ähnlich sein. Insofern sind psychische Erlebnisse jenseits der Fassungskraft intersubjektiver Begriffe angesiedelt.[7]

Es erübrigt sich an dieser Stelle, den Sinn der Nagelschen Ineffabilia zu erörtern. Alles Nötige ist bereits bei Rorty und Churchland gesagt.[8] Der Grund, warum hier die Position Nagels bei der Betrachtung des psychologischen Basisproblems dennoch erwähnt wird, besteht darin, daß sich auch für sie ein Analogon unter den Interpretationen des physikalischen Basisproblems findet. Gemeint ist die Auffassung Schlicks. Schlick sucht das Fundament der Erkenntnis in den sogenannten *Konstatierungen*, die Ausdruck eigener, gegenwärtiger Wahrnehmungen sind und sich eines hinweisenden Vokabulars bedienen. Konstatierungen haben die Gestalt ,hier jetzt blau' oder ,hier jetzt Schmerz'; sie bilden die Berührungspunkte mit der Wirklichkeit und sind unerschütterlich gewiß. Allerdings können sie wegen ihres ostensiven Charakters keine dauerhafte und verläßliche Grundlage der Erkenntnis bilden. Wenn man eine Konstatierung schriftlich fixiert, wird die Bedeutung der hinweisenden Worte verfälscht. Strenggenommen gilt dies bereits für das Aussprechen einer Konstatierung, denn auch diese benötigt eine gewisse Zeit. Insofern bilden die Konstatierungen ein Fundament, auf dem wenig ruht.[9]

---

[7] T. Nagel 1974, 436 – 440 (dt. 262 – 265).
[8] Vgl. Rorty 1982, 339 – 344; P. M. Churchland 1985, 17 – 28.
[9] Vgl. Schlick 1934, 96 – 98.

Die Parallele zwischen den Positionen Nagels und Schlicks besteht in der beiden gemeinsamen Ansicht, daß man beim Kontakt mit der Wirklichkeit an die Grenzen der Sprache stößt. Schlicks Konstatierungen sind im eigentlichen Sinne nicht Teil der intersubjektiven Sprache; sie sind spontaner Ausdruck gegenwärtigen Erlebens und als solcher nur begrenzt mitteilbar. Bei der Übersetzung in die öffentliche Sprache verlieren die Konstatierungen ihren herausgehobenen Status; sie werden zu bloßen Berichten und damit fehlbar und unsicher. In den Konstatierungen drückt sich die Berührung mit dem Faktischen aus. Wegen ihrer Flüchtigkeit sind sie aber als Grundlage der Erkenntnis ungeeignet; das Gegebene, so verstanden, ist nur unvollkommen verbalisierbar.

Im übrigen ist Nagels Anspruch wesentlich umfassender als derjenige Schlicks. Nagels Bewußtseinstatsachen sind nicht einmal begrenzt in Worte zu fassen; sie sind in keiner Form Gegenstand einer begrifflichen Erkenntnis. Damit taugen sie aber auch nicht als Ausgangspunkt einer systematischen Rede über Natur und Geist – es macht wenig Sinn, sich wortreich über das Unaussprechliche zu verbreiten. Oder anders ausgedrückt: Philosophie ist auf Begrifflichkeit angewiesen; auf Ineffabilia läßt sich keine fruchtbare Philosophie des Geistes gründen.

§ 4   Entgegen dieser Deutung, in deren Rahmen die fundamentalen psychischen Tatsachen ein begrifflich unvermitteltes Wissen durch Bekanntheit darstellen, betont eine dritte Richtung die *Theoriegeladenheit* auch mentaler Beschreibungen und weist die Sinnhaftigkeit der Vorstellung eines Gegebenen selbst für den Bereich des Psychischen ab. In dieser auf Sellars zurückgehenden Konzeption sind alle mentalen Prädikate (einschließlich der für introspektive Berichte verwendeten Bezeichnungen) anfangs als hypothetische Konstrukte zur Verhaltenserklärung eingeführt worden. Beobachtbares Verhalten wird als Endprodukt einer Kette unbeobachtbarer innerer Ereignisse vorgestellt und solcherart verstanden. Später ist das mentalistische Vokabular zunehmend in Berichte über dieses Verhalten eingegangen, so daß eine Begrifflichkeit, die ursprünglich als Mittel der theoretischen Deutung konzipiert war, in der Folge zur Beschreibung von Erlebnissen genutzt wird und auf diese Weise den Anschein der Unmittelbarkeit erhält: „What began as a language with a purely theoretical use has gained a reporting role."[10]

---

[10] Sellars 1956, 320.

Der systematisch bedeutsame Aspekt dieser fiktiven Entstehungsgeschichte liegt in der These, daß der subjektive Eindruck, mit Introspektionsberichten das unmittelbar Gegebene zu beschreiben, trügerisch ist. Tatsächlich werden diese Berichte in einer Sprache abgefaßt, die eine Theorie mentaler Zustände einschließt und auf diese Weise auch das Bild unseres geistigen Lebens formt. Introspektionsberichte sind daher theoriegeladen.[11] Dieser Gedanke ist vor allem von Churchland aufge-

---

[11] Es sei hier erwähnt, daß Sellars' Argumentationsstrategie die semantische Variante eines verbreiteten Ansatzes zur Normenbegründung darstellt. Dieser Ansatz sucht die Berechtigung normativer Behauptungen dadurch zu erweisen, daß er sie als Ergebnisse einer vernünftigen, systematisch rekonstruierten Entwicklung auffaßt (wobei diese Entwicklung nicht mit der faktischen Entwicklung, z. B. historischen Prozessen, übereinstimmen muß). Traditionelles Beispiel dieser Vorgehensweise ist die vertragstheoretische Begründung politischer Strukturen im 17. und 18. Jahrhundert. Diese rekonstruierte die Staatsbildung als Ergebnis eines Vertrages zwischen sozial ungebundenen Einzelpersonen und beschränkte entsprechende die legitimen Machtansprüche des Staates gegenüber dem einzelnen auf solche Bereiche, die der einzelne bei einem derartigen fiktiven Vertragsabschluß vernünftigerweise (d. h. bei vernünftiger Abwägung eigener Interessen) der staatlichen Regelung übertragen hätte. Zwei moderne Versionen dieses Verfahrens sind Lakatos' *rationale Rekonstruktion* zur Begründung methodologischer Kriterien und Lorenzens *normative Genese* zur Rechtfertigung von Bedürfnissen. Bei Lakatos' Verfahren der rationalen Rekonstruktion wird die Adäquatheit methodologischer Kriterien danach beurteilt, ob die anhand dieser Kriterien systematisierte Wissenschaftsgeschichte mit den faktischen historischen Abläufen im groben übereinstimmt. Hierbei geht es darum, daß sich z. B. Theorien, die im Lichte solcher Kriterien qualifiziert und damit theoretischen Alternativen methodologisch überlegen sind, auch tatsächlich historisch durchgesetzt haben. Methodologische Kriterien spezifizieren also ein bestimmtes Muster rationalen Fortschritts und werden daran gemessen, in welchem Maße dieses Muster mit der tatsächlichen Geschichte übereinstimmt. Vgl. Lakatos 1971, 101 – 107 (dt. 74 – 85). – Lorenzens normative Genese betrifft die Untersuchung, ob bestimmte Kulturbedürfnisse als aus bestimmten vorausgesetzten Grundbedürfnissen (kulturinvarianten Bedürfnissen) entstanden rekonstruiert und damit gerechtfertigt werden können. Dazu stellt sich einen fiktiven Diskurs vor, in dem zunächst nur die Grundbedürfnisse unumstritten sind. Daraufhin wird geprüft, ob ein vorgegebenes Bedürfnis aus diesen Grundbedürfnissen durch eine systematische Entwicklungsgeschichte ableitbar ist. Im einzelnen bedeutet dies, daß ein System von Kulturbedürfnissen $(K_1, \ldots, K_n)$ dadurch gerechtfertigt wird, daß es sich aus einem einfacheren System $(K'_1, \ldots, K'_{n-1})$ durch Hinzufügen eines Bedürfnisses K'_n begründen läßt (wobei für das System $(K'_1, \ldots, K'_{n-1})$ seinerseits eine begründete (normative) Genese aus einem ihm wiederum vorausliegenden System, gegebenenfalls auch einem System von Grundbedürfnissen, angenommen bzw. rekonstruiert wird): $(K'_1, \ldots, K'_{n-1}) \Rightarrow (K'_1, \ldots, K'_{n-1})$, $K'_n \Rightarrow (K_1, \ldots, K_n)$ oder, im einfacheren Falle, $(K'_1) \Rightarrow (K'_1), K'_2 \Rightarrow (K_1, K_2)$. Dabei bezeichnet ,$\Rightarrow$' die Relation der normativ-genetischen Begründung. Vgl. Lorenzen 1969, 85 – 89; Lorenzen 1974, 41 – 43. – Ersichtlich fußt auch Sellars' Argumentationsstrategie auf einer derartigen Rekonstruktion historischer Entwicklungen. Allerdings geht es Sellars nicht um die Begründung von Sätzen, sondern um die Bedeutung von Begriffen. Die Bedeutung mentaler Begriffe wird anhand einer systematisierten Entwicklungsgeschichte mentaler Beschreibungen bestimmt.

griffen und fortgeführt worden. Churchland betont, daß introspektive
Unterscheidungen zum großen Teil gelernt werden und daß die Fähigkeit
zur Beschreibung der inneren Geschehnisse durch die Aneignung eines
psychologischen Begriffssystems erworben werden muß. Unsere Alltagssprache enthält ein solches Begriffssystem, das demnach auch die Introspektionsberichte in bedeutsamer Weise vorstrukturiert.[12]

Das hat zur Folge, daß Introspektionsberichten keine unbezweifelbare
Dignität zukommt, sondern daß ihre Adäquatheit entscheidend von der
Angemessenheit der Theorie abhängt, in deren Rahmen sie formuliert
werden. Da es sich hierbei um eine Alltagstheorie handelt, ist durchaus
damit zu rechnen, daß sie durch ein besseres, wissenschaftliches Modell
ersetzt, und damit auch der Gebrauch ihrer Konzepte in Beobachtungssätzen aufgegeben wird:

> introspective judgments about one's own case turn out not to have any
> special status or integrity anyway. On the present view, an introspective
> judgment is just an instance of an acquired habit of conceptual response
> to one's internal states, and the integrity of any particular response is
> always contingent on the integrity of the acquired conceptual frame-
> work (theory) in which the response is framed. Accordingly, one's
> *introspective* certainty that one's mind is the seat of beliefs and desires
> may be as badly misplaced as was the classical man's *visual* certainty
> that the star-flecked sphere of the heavens turns daily.[13]

Im Rahmen dieser Interpretation besteht demnach die Möglichkeit
einer *Korrektur* des alltagspsychologischen Begriffssystems, zumindest
insofern es in Beobachtungssätze eingeht. Es ist daher aber auch durchaus
vorstellbar, daß Introspektionsberichte eines Tages in neurophysiologischer Sprache abgefaßt werden.[14]

§ 5   Dieses Modell der psychologischen Basis ist von grundlegender
Bedeutung. Es orientiert sich an der Entwicklung der Konzeption der
Beobachtungssprache in der Theorie der Naturwissenschaften, die ihrerseits aus einer wechselseitigen Befruchtung von Philosophie und Psychologie erwachsen ist. Wesentlich dabei ist, daß die Möglichkeit von
systematischen Fehlern auf der Ebene der Beobachtungssprache in Betracht gezogen wird. Auch im Rahmen der ersten hier vorgestellten
Auffassung wird die Möglichkeit introspektiver Beobachtungsfehler zu-

---

[12] P. M. Churchland 1985, 15 – 16.
[13] P. M. Churchland 1981, 70 (Hervorhebung im Original).
[14] Vgl. Feyerabend 1963, 55 (dt. 199); P. M. Churchland 1985, 16.

gestanden. Dabei handelt es sich jedoch stets um gleichsam *zufällige Fehler*, um Irrtümer bei der Verwendung eines Wortes, die in der unzutreffenden Anwendung des Regelsystems der betreffenden Sprache beruhen. Es geht um Sprach- und Schreibfehler, um Verwechslung von Worten oder Phänomenen. Die im Rahmen der dritten vorgestellten Auffassung ins Auge gefaßten Möglichkeiten des Irrtums sind dagegen von grundlegenderer Natur; sie beruhen auf Mängeln des sprachlichen Regelsystems insgesamt. Weil begriffliche Beschreibung stets eine Vorstrukturierung des entsprechenden Gegenstandsbereiches beinhaltet, mag der Fall eintreten, daß zwar alle Begriffe korrekt und regelgemäß verwendet wurden, die Beschreibung aber gleichwohl völlig inadäquat ist. Konkret gesprochen, hier wird darauf verwiesen, daß Aussagen wie ‚ich sehe jetzt blau‘ oder ‚ich fühle jetzt Schmerzen‘ in ihrem Status Beobachtungssätzen wie ‚hier wird jetzt Schwefel zu Schwefelsäure dephlogistiziert‘ oder ‚Mars bewegt sich jetzt entgegengesetzt zur Umlaufrichtung seines Deferenten‘ gleichen mögen.

Diese auf den ersten Blick unzweifelhaft kontraintuitive Zugangsweise verdankt ihre Plausibilität der Entwicklung analoger Vorstellungen in der Theorie der Naturwissenschaften. In dieser ist nämlich die Brüchigkeit des Gegebenen inzwischen weithin akzeptiert. So zeigt sich, daß in beide als Beispiel angeführten Beobachtungssätze allgemeine Theorien eingehen − die Phlogistonchemie im ersten, die Ptolemaiische Astronomie im zweiten Falle. Beobachtungsaussagen drücken insofern bereits interpretierte Daten aus, wobei dieser Interpretationsprozeß oftmals mit dem Wahrnehmungsprozeß zusammenfließt und nicht säuberlich von diesem abgelöst werden kann. Der routinierte Phlogistonchemiker sah die Dephlogistizierung im gleichen Sinne, in dem ein heutiger Elementarteilchenphysiker in Nebelkammeraufnahmen unmittelbar Protonen und Elektronen zu identifizieren vermag.

Hier liegt der Einwand nahe, Derartiges möchte in der Psychologie seine Parallele finden bei Sätzen wie ‚A durchlebt jetzt eine kognitive Dissonanz‘ oder ‚dieser Reiz regt Bs Leistungsmotiv an‘, bei denen man sinnvoll davon sprechen könnte, daß theoretische Begriffe in Beobachtungsaussagen eingehen. Gewöhnliche Wahrnehmungssätze wiederum seien von anderer Art. Die Behauptung ist aber, daß *alle* Wahrnehmungssätze dieser Art sind. Dieser vor allem auf den Psychologen Bruner und den Wissenschaftstheoretiker Hanson zurückgehenden Deutung zufolge hat alle Wahrnehmung die Struktur eines Prozesses des *Urteilens* und der *Hypothesenbildung*, insofern bestimmte physiologische Reize auf bestimmte Klassen von Dingen oder Ereignissen, also auf begriffliche Kategorien, bezogen werden. Bei der Wahrnehmung wird ein Gegenstand *als* etwas wahrgenommen und damit in eine Gattung eingeordnet. Dabei laufen die hier relevanten Prozesse unbewußt ab, d. h., die bewußte Wahrnehmung steht am Ende eines solchen Kategorisierungsprozesses. Wahrnehmungen sind daher bereits Schlüsse aus der Erfahrung.[15]

Nach dieser Auffassung werden im Wahrnehmungsprozeß bestimmte physikalische oder physiologische Reizkonstellationen bestimmten Kategorien zugeordnet; die Stimuli wirken als Hinweisreize für die Anwendbarkeit der entsprechenden Kategorie. Der wesentliche Aspekt dabei ist, daß die verwendeten Kategorien im allgemeinen und die Relevanz einzelner Kategorien im besonderen anhand genereller Annahmen bestimmt werden. Welche Kategorien überhaupt zu verwenden sind, und welche Stimuli als Hinweisreize für die Anwendbarkeit welcher Kategorien gelten, hängt von der akzeptierten Theoriebildung ab. Es ist das solcherart spezifizierte Modell der Theoriegeladenheit der physikalischen Tatsachen, das dieser Deutung des psychologischen Basisproblems zugrundeliegt.

Für eine derartige Auffassung sprechen theoretische und methodische Gründe, weshalb auch wir sie für adäquat halten. Die Einheit der wissenschaftlichen Methode — also das Prinzip des formalen Physikalismus (vgl. VI.4. § 3) — legt die Forderung einer möglichst einheitlichen Behandlung des Basisproblems nahe. Die hier skizzierte Interpretation der empirischen Basis der Psychologie stützt sich aber gerade auf die fortgeschrittenste verfügbare Theorie der Datengrundlage physikalischer Theorien und ist daher zu bevorzugen. Introspektionsberichte haben demnach die *gleiche Struktur* wie physikalische Beobachtungsaussagen. Der Unterschied besteht allein darin, daß die relevanten Hinweisreize innere und nicht äußere Ereignisse sind. Damit führt diese methodische Perspektive zu dem gleichen Resultat, das bereits in III.1. § 3 formuliert wurde: Die Eigentümlichkeiten des Psychischen sind nicht durch unmittelbare Bekanntheit gegeben, sondern aus der theoretischen Beschreibung zu erschließen.

---

[15] Zur Entwicklung dieser Auffassung vgl. Bruner 1957, 686 – 691; Hanson 1958, 4 – 30. Eine exzellente Darstellung dieser Auffassung gibt Papineau 1979, 18 – 33. Auch Fodor schließt sich dieser Wahrnehmungstheorie an. Vgl. Fodor 1975, 42 – 48.

2. Intentionalität und Kognitionswissenschaft

§ 1 Die Behandlung des psychologischen Basisproblems führt auf die allgemeinere Frage nach dem Verhältnis zwischen bewußt erfahrenen oder alltagspsychologisch identifizierten mentalen Zuständen und Ereignissen auf der einen Seite und den von der wissenschaftlichen Psychologie spezifizierten kognitiven Zuständen und Ereignissen auf der anderen Seite. Als charakteristisches oder gar definitorisches Merkmal des alltagspsychologischen Verständnisses des Mentalen gilt weithin die *Intentionalität*, in der sich die Sonderstellung und Eigenart psychischer gegenüber rein physikalischen Phänomenen dokumentieren soll (vgl. II.5. § 1). Als Alltagspsychologie wird (wie in II.6. § 2 erörtert) eine Theorie bezeichnet, die sich (1) intentionaler Begrifflichkeit bedient, und deren Gesetzmäßigkeiten sich (2) auf die in diesen intentionalen Sätzen auftretenden propositionalen Einstellungen sowie auf die Gehalte dieser Einstellungen beziehen. Wenn daher gefragt wird, ob Alltagspsychologie und wissenschaftliche Psychologie auf die gleichen Größen Bezug nehmen, so geht es um die Berechtigung der Zuschreibung von Überzeugungen, Wünschen und Zielen und der Stützung von Verhaltenserklärungen auf Gesetze des Typs: Wenn eine Person A das Ziel a erreichen will und glaubt, daß die Handlung b dazu geeignet ist, dann beginnt A mit der Ausführung der Handlung b (vgl. II.6. § 2).

Eine Identifikation zwischen den Zuständen der Alltagspsychologie und denen der kognitiven Psychologie ist durchaus nicht selbstverständlich; schließlich schreiben wir anderen Personen alltagspsychologisch zwar gewisse Überzeugungen und Wünsche, keinesfalls jedoch Mißerfolgsmotive und kognitive Dissonanzen zu. Ob und gegebenenfalls in welchem Sinne hier eine Identität der Referenz besteht, kann nur die genauere Analyse zeigen.

Wir müssen damit unsere Rekonstruktion des Status psychologischer Begriffe ergänzen. In Figur 3 (VI.1. § 4) fehlt nämlich jeder Bezug auf alltagspsychologische Begriffe, die offenbar ihren Platz zwischen den Begriffen der kognitiven Psychologie und den Begriffen der introspektiven Beschreibung finden müssen. Es ist also die mittlere Spalte von Figur 3 nunmehr differenzierter in den Blick zu nehmen. Dabei gehen wir nach der Diskussion des Status von Introspektionsberichten in II.1. § 2, III.1. § 5 – 6 und VII.1 davon aus, daß die anderen Personen zugeschriebenen und die introspektiv berichteten mentalen Zustände oder Ereignisse dem Typus nach miteinander identisch sind. Mit anderen Worten, die Alltagspsychologie behandelt diejenigen Zustände, die wir in der üblichen Redeweise ‚bewußt' nennen. Das *Seele-Seele-Problem* ist dann durch die weitergehende Frage bestimmt, ob diese bewußten Zustände mit den von der kognitiven Psychologie unterstellten psychischen Zuständen identisch sind oder bloß ein Anzeichen für deren Vorliegen bilden. Es geht also darum, welche der beiden folgenden Möglichkeiten realisiert ist (wobei ‚→' wiederum die Verknüpfung durch Korrespondenzregeln und ‚↔' die Identität bezeichnet):

$$\text{Zustand der kognitiven Psychologie}$$
$$\updownarrow \quad \text{oder} \quad \downarrow$$
$$\text{Zustand der Alltagspsychologie}$$
$$\updownarrow$$
$$\text{Wahrnehmungsqualitäten}$$

Figur 4

Wenn hier eine Indikatorbeziehung besteht, so ist anzunehmen, daß die alltagspsychologisch beschriebenen, also bewußt wahrgenommenen geistigen Zustände uns kein vollständiges Bild unserer inneren Psychodynamik vermitteln.

Wir wollen im Folgenden zwei Interpretationsweisen der kognitiven Psychologie diskutieren und in deren Rahmen jeweils den Status intentionaler Redeweisen beleuchten. Dabei soll zunächst die *Kognitionswissenschaft* (cognitive science) erörtert werden, die als Weiterentwicklung und Fortführung des Funktionalismus betrachtet werden kann. Ihre Diskussion konzentriert sich dabei weitgehend auf die ihr von Fodor und Pylyshyn gegebene Gestalt. Diese ist repräsentativ für das Spektrum kognitionswissenschaftlicher Zugangsweisen, so daß eine solche Beschränkung der Sache nach angemessen ist. Im nächsten Abschnitt wird dann die *syntaktische Theorie des Geistes* untersucht, die sich als Umsetzung des Programms des eliminativen Materialismus rekonstruieren läßt. Im Rahmen dieser von Stich vertretenen Konzeption wird intentionale Rede als methodologisch fragwürdig und sachlich inadäquat eingeschätzt. Es folgen Untersuchungen zur Psychosemantik und weiterführende Überlegungen zum Seele-Seele-Problem.

§ 2 Die Kognitionswissenschaft geht davon aus, daß die alltagspsychologischen Gesetzesschemata zumindest näherungsweise gültig sind.
Es ist im Grundsatz korrekt, menschliches Verhalten durch Rekurs auf
Überzeugungen, Erwartungen, Ziele oder Motive zu erklären. Mentale
Zustände dieser Art sind offenbar durch bestimmte Gehalte gekennzeichnet, d. h., sie werden durch intentionale Begriffe beschrieben. Diese
Gehalte sind zudem für die Verhaltenserklärung wesentlich, d. h., mentale Zustände unterschiedlichen Gehalts führen in aller Regel auf unterschiedliche Verhaltensweisen. Wenn jemand glaubt, es regne, so wird er
sich beim Verlassen seines Hauses wahrscheinlich anders verhalten, als
wenn er der Überzeugung ist, es scheine die Sonne. Wenn jemand also
beim Verlassen des Hauses zum Regenschirm greift, so würde dies
alltagspsychologisch dadurch erklärt, daß man ihm die Überzeugung
zuschreibt, es regne. Die Erklärung erfolgt durch die Annahme mentaler
Zustände mit bestimmten Gehalten, d. h., sie bedient sich intentionaler
Begriffe.

Es ist eine der zentralen Behauptungen der Kognitionswissenschaft,
daß dieser Typus von Erklärungen das erfolgreichste verfügbare Modell
für Verhaltenserklärungen darstellt. Das bedeutet, intentionale Begriffe
sind im Bereich der Psychologie physikalischen Begriffen bei weitem
überlegen, und der Grund dieser Überlegenheit besteht darin, daß sich
in ihnen Gesetzmäßigkeiten ausdrücken lassen, die in physikalischen
Begriffen nicht adäquat formulierbar sind.

Angenommen, eine Person A wird Zeuge eines schweren Unfalles
und eilt daraufhin zur nächsten Telefonzelle, um den ärztlichen Notdienst
herbeizurufen. Dieses Verhalten fällt offenbar unter die alltagspsychologische Regelmäßigkeit: Wenn jemand bemerkt, daß ein anderer verletzt
wird, entsteht der Wunsch, dem Verletzten zu helfen. Wenn wir also
wissen, daß A Zeuge eines Unfalles geworden ist, so können wir auf
der Grundlage dieses intentional formulierten Gesetzes sein weiteres
Verhalten vorhersagen: A wird versuchen, Hilfe zu holen. Eine derartige
Prognose wäre nicht möglich, wenn man sich allein auf die physikalischen Umstände der Situation stützte. Zum einen kann es nämlich
physikalisch identische Situationen geben (wie einen bloß gespielten
Unfall in der Aufnahme eines Fernsehfilms), die einen Beobachter durchaus nicht veranlassen würde, Hilfe herbeizuholen. Zum anderen läßt
sich eine physikalisch andersartige Situation vorstellen (A wurde selbst
nicht Zeuge des Unfalles, ihm wurde das Geschehen bloß mitgeteilt), die

dasselbe helfende Verhalten auslösen würde.[16] Die intentional formulierte psychologische Verallgemeinerung ist demnach durch ausschließlichen Rückgriff auf die äußeren Begleitumstände einer Handlung nicht zu erfassen:

> Physical and neurophysiological terms taxonomize the world in ways that do not permit us to express such generalizations. They often distinguish aspects of the world and of behavior that are equivalent with respect to their psychological import, and sometimes fail to make distinctions that are psychologically relevant. For this reason, descriptions cast in such terms typically fail to capture important psychological generalizations concerning human behavior.[17]

Wenn demnach Verhalten nicht als bloße Reaktion auf eine physikalisch beschriebene Situation aufgefaßt werden kann, so könnte man doch versuchen, intentionale Sätze auf andere Weise durch physikalische Aussagen zu paraphrasieren und damit letztlich doch zu vermeiden. Die Kognitionswissenschaft hält dies nicht für sinnvoll möglich. In diesem Zusammenhang diskutiert Fodor die ‚Fusions-Theorie' der Intentionalität, die die Zuschreibung von Gehalten zu vermeiden sucht. Nach dieser Theorie wäre der intentionale Satz ‚A glaubt, daß es regnet' als ‚A glaubt-daß-es-regnet' zu rekonstruieren. Der rekonstruierende Satz enthält ein nicht weiter auflösbares Prädikat und entspricht damit einem Satz über physische Tätigkeiten des A (wie ‚A trinkt').

Die Fusionstheorie verschmilzt also ein psychologisches Verb mit seinem Objekt (dem Gehaltsatz) zu einem amorphen Gesamtausdruck (wodurch der Gehaltsatz offenbar verschwindet). Fodor wendet gegen eine solche Rekonstruktion ein, daß sie Eigentümlichkeiten, die im Rahmen des Intentionalitätsansatzes folgerichtig erscheinen, zu bloßen Zufälligkeiten macht. Z. B. ist es ein bloßer Zufall, daß in zwei verschiedenen propositionalen Einstellungen mit gleichem Gehaltsatz (wie ‚A wünscht, daß es regnet' und ‚A fürchtet, daß es regnet') ein gemeinsamer Teilsatz vorkommt. Beide Einstellungen sind sachlich völlig unabhängig voneinander. Gleichermaßen ist es ein purer Zufall, daß nach psychologischen Verben gerade Aussagesätze als grammatische Objekte auftreten. Die Sätze ‚A glaubt-daß-es-regnet' und ‚es regnet' weisen keinerlei Beziehungen zueinander auf. Aber, so schließt Fodor aus diesen (und weiteren) Merkwürdigkeiten: „It's the mark of a bad theory that it makes the data

---

[16] Zu diesem Beispiel vgl. Pylyshyn 1984, 7 – 8.
[17] Pylyshyn 1984, 17.

look fortuitous."[18] Der Verzicht auf intentionale Begrifflichkeit ist zwar möglich, aber methodologisch unzweckmäßig.

Für die Kognitionswissenschaft hat diese Betrachtung insgesamt zur Folge, daß propositionale Einstellungen wie Überzeugungen und Ziele ernstzunehmende Größen sind, und daß es methodologisch gerechtfertigt ist, Personen solche propositionalen Einstellungen zuzuschreiben. Man hat davon auszugehen, daß die Gehalte propositionaler Einstellungen in irgendeiner Weise im kognitiven System einer Person dargestellt sind. Kognitive Systeme enthalten demnach *mentale Repräsentationen*, die mögliche Sachverhalte oder Situationen darstellen und Präferenzordnungen zwischen diesen Sachverhalten herstellen. Wenn A glaubt, daß a, dann ist a in der kognitiven Struktur des A dargestellt; und wenn B die Sachlage b den Umständen c vorzieht, dann drückt sich dies durch eine intern repräsentierte Präferenzordnung aus. Bei Fodor erfolgt diese Repräsentation in einer privaten ‚Sprache des Denkens‘, die in das jeweilige kognitive System gleichsam eingebaut ist. Das heißt, die mentale Repräsentation hat die Struktur eines Satzes; sie ist ein Satz der mentalen Sprache.

Diese Idee einer *internen Sprache* verdankt ihre Plausibilität der Computer-Analogie: Auch Rechner benutzen nämlich mindestens zwei Sprachen, eine zur Kommunikation mit der Umgebung und eine andere zur Durchführung ihrer Operationen. In diesem Modell sind propositionale Einstellungen auf mentale Repräsentationen, auf Vorstellungen gerichtet, die selbst nicht in der öffentlichen, sondern in einer systeminternen Sprache formuliert sind. Propositionale Einstellungen sind Relationen zwischen Personen und Sätzen.[19]

§ 3 Das zentrale Problem, das die Kognitionswissenschaft zu lösen sucht, besteht nun darin, daß nach dem Gesagten die Gehalte mentaler Zustände einerseits unzweifelhaft verhaltenswirksam sind, daß jedoch andererseits nicht von vornherein klar ist, wie sie überhaupt verhaltenswirksam sein können. Es ist schließlich alles andere als ausgemacht, wie der Inhalt einer Vorstellung physikalisch faßbare Wirkungen haben kann. Zur Lösung dieser Schwierigkeit zieht die Kognitionswissenschaft die *Computer-Analogie* heran, die eine Weiterführung der Bedingung der Turing-Formulierbarkeit ausdrückt (vgl. II.4. § 3). Durch die Computer-

---

[18] Fodor 1981, 180–181. Zur Argumentation insgesamt vgl. Fodor 1981, 179–181.
[19] Vgl. Fodor 1975, 28–33, 55–56, 65–66; Pylyshyn 1984, 1–21.

Analogie wird das oben erwähnte Modell der internen Sprache weiter ausgeführt. Der Grund dafür, hier Computer heranzuziehen, besteht darin, daß diese tatsächlich Operationen mit semantisch interpretierten Größen wie etwa Zahlen durchführen, und man daher in der Art und Weise dieser Durchführung ein Vorbild und Modell für die entsprechenden mentalen Operationen sehen kann. Die Computer-Analogie stellt in diesem Zusammenhang die einzige ausgearbeitete Hypothese darüber dar, wie Bedeutungsunterschiede physikalisch feststellbare Differenzen zur Folge haben können.[20]

Die Kognitionswissenschaft unterscheidet beim Computer drei Ebenen: die physikalische Realisierung, die syntaktische Struktur und die semantische Interpretation. Auf der Ebene der *physikalischen* Realisierung werden Computerzustände durch ein Muster von Spannungszuständen in integrierten Schaltkreisen beschrieben. Auf der *syntaktischen* Ebene werden diese Zustände durch bestimmte formale Zeichenfolgen charakterisiert, und eine Abfolge solcher Zustände wird durch Transformationsregeln für die Zeichenfolgen gekennzeichnet. Eine solche Transformationsregel hat z. B. die Gestalt: Wenn Speicher 1 in einem Zustand ist, der durch die Zeichenfolge xox beschrieben wird, und Speicher 2 einen durch xxo charakterisierten Zustand annimmt, dann wechselt Speicher 3 in einen Zustand, der xoxx entspricht. Hierbei handelt es sich um eine bloß syntaktische Beschreibung, da den einzelnen Zeichen keine Bedeutung zukommt. Es sind diskrete atomare Zeichen, die als Teil einer formalen Sprache eingeführt werden. Insofern sind Zeichenfolgen auf dieser Beschreibungsebene nur durch syntaktische Korrektheit (oder fehlende syntaktische Korrektheit) gekennzeichnet, d. h., sie sind (oder sind nicht) durch Anwendung der Bildungsregeln der formalen Sprache erzeugt worden. Entsprechendes gilt sinngemäß für die Transformation von Zeichenfolgen.

Ein syntaktisch beschriebener Zustand entspricht dabei einer Vielzahl physikalischer Realisierungen, d. h., dieselbe formale Zeichenfolge kann auf vielfache Weise technisch umgesetzt werden. Auf der Ebene der *semantischen* Interpretation schließlich wird einer solchen syntaktischen Zeichenfolge Bedeutung zugeordnet. So kann man etwa die oben angegebene formale Transformation von Zeichenfolgen als binäre Codierung der Addition $9 + 10 = 19$ auffassen. Durch diese Interpretation der Zeichenfolgen als Zahlen und des Zustandswechsels des Speichers 3 als

---

[20] Vgl. Pylyshyn 1984, 7, 26 – 27.

Addition erhalten diese anfangs nur formal charakterisierten Größen eine semantische Deutung.[21]

Damit ist klar geworden, wie Computer semantisch interpretierte Operationen mit semantisch interpretierten Größen durchführen können. In diesen Maschinen werden Gehalte derart syntaktisch codiert, daß der Code die relevanten semantischen Unterschiede widerspiegelt. Zudem ist ein solcher syntaktischer Zustand als Äquivalenzklasse physikalischer Zustände aufzufassen, weshalb auch Sequenzen syntaktischer Zustände durch physikalische Kausalgesetze beschrieben werden können.[22] Die Kausalität ist daher nicht auf der semantischen Ebene angesiedelt. Vielmehr werden semantisch gedeutete Größen in einen syntaktischen Code übertragen, der seinerseits wieder physikalisch realisiert ist. Die Transformationsregeln dieses Codes sind so gestaltet, daß sie einerseits die semantischen Merkmale der ursprünglichen Ausdrücke berücksichtigen und andererseits durch physikalische Verknüpfungen von Maschinenzuständen dargestellt werden können:

> The physics of the machine thus guarantees that the sequences of states and operations it runs through in the course of its computations respect the semantic constraints on formulae in its internal language.[23]

So sind z. B. beim automatischen Beweisen die Maschinenzustände $M_1, \ldots, M_N$ mit semantisch interpretierten Sätzen $S_1, \ldots, S_N$ solcherart verknüpft, daß $M_1, \ldots, M_N$ genau dann durchlaufen wird, wenn $S_1, \ldots, S_{N-1}$ einen Beweis für S_N bilden. Der Beweis kommt hier nicht kraft der semantischen Eigenschaften der S_i, sondern kraft der physikalischen Eigenschaften der M_i zustande, denen selbst wiederum syntaktische Kennzeichen zugeordnet sind. Es ist die Zuordnung zwischen diesen Merkmalstypen (im vorliegenden Falle auf der Bauweise der Maschine und der Konzeption des Programmes beruhend), die es zuläßt, die physikalische Zustandsfolge als Beweis zu interpretieren.[24]

Der entscheidende Schritt der Kognitionswissenschaft besteht darin, dieses Modell auf die Arbeitsweise des Gehirns zu übertragen. Wie beim Computer, so kann man auch im Falle einer neurophysiologischen Zustands- oder Ereigniskette diese sowohl von einem physikalischen oder syntaktischen als auch von einem psychologischen oder semantischen

---

[21] Vgl. Pylyshyn 1984, 59 – 62.
[22] Vgl. Pylyshyn 1984, 39.
[23] Fodor 1975, 66.
[24] Vgl. Fodor 1975, 66 – 67, 73.

Standpunkt aus beschreiben. In der physikalischen Beschreibung bzw. in physikalischer Perspektive stehen diese Zustände oder Ereignisse in *Kausalbeziehungen* miteinander, während in der psychologischen Beschreibung bzw. in psychologischer Perspektive dieselben Ereignisse durch *logische Relationen* miteinander verknüpft sind:

> In short, the organic events which we accept as implicated in the etiology of behavior will turn out to have two theoretically relevant descriptions if things turn out right: a physical description by virtue of which they fall under causal laws and a psychological description by virtue of which they constitute steps in the computation from the stimulus to the response.[25]

Die Kognitionswissenschaft unterstellt also eine Art Ko-Variation zwischen syntaktisch-kausalen und semantisch-logischen Relationen bei der gleichen Zustands- oder Ereigniskette.

Für die Psychologie stellt sich die Sachlage damit in folgender Weise dar. Mentale Zustände sind selbst *semantisch interpretierte Größen*; sie drücken bestimmte Inhalte aus und weisen insofern semantische Attribute wie Wahrheitswerte oder Referenz auf. Neben den semantischen Merkmalen kommen mentalen Zuständen ferner *syntaktische* oder *formale* Eigenschaften zu, die alle diejenigen ihrer Charakteristika umfassen, die von ihrer Bedeutung unabhängig sind. Die zentrale Idee der Kognitionswissenschaft drückt sich dann in der sogenannten *Formalitätsbedingung* aus: Alle mentalen Operationen und Prozesse setzen ausschließlich an den formalen Eigenschaften mentaler Zustände an. Wenn Unterschiede im semantischen Gehalt mentaler Zustände psychologisch relevant sein sollen, dann müssen sich diese Unterschiede auch anhand der syntaktischen Differenzen zwischen diesen Zuständen ausmachen lassen.[26]

§ 4   Es liegt auf der Hand, daß die Kognitionswissenschaft im allgemeinen und die Formalitätsbedingung im besonderen von materialistischen Überzeugungen inspiriert sind. Das Problem, wie semantische Gehalte physikalisch feststellbare Wirkungen haben können, entsteht in erster Linie für den, dem propositionale Einstellungen im besonderen und mentale Zustände im allgemeinen nicht als ernsthafte Kandidaten für eine ontologische Deutung gelten. Die kognitionswissenschaftliche

---

[25] Fodor 1975, 74.
[26] Vgl. Fodor 1975, 32; Fodor 1981, 226 – 227, 240 – 241. Zur näheren Darstellung dieses Schlüsselkonzepts vgl. Sayre 1987, 247 – 251.

Lösung dieses Problems besteht dann darin, zwar einen singularen menta-
len Zustand für wirklich und kausal wirksam zu halten (weil dieser
Zustand eben unmittelbar physikalisch realisiert ist), psychologischen
Zustandstypen jedoch einen bloß instrumentellen Status zuzubilligen.

Die Kognitionswissenschaft vertritt damit einen *Realismus* für einzelne propositionale Einstellungen, aber einen *Instrumentalismus* für
Typen propositionaler Einstellungen. Diese Deutung psychologischer
Zustandstypen entspringt einer Verpflichtung auf den funktionalen Materialismus, der seinerseits eine Spielart der partikularen Identitätstheorie
darstellt (vgl. II.4. § 4). Der Sache nach ist diese monistische Orientierung
jedoch nicht zwingend. Im Gegenteil, wie der Funktionalismus im allgemeinen, so ist auch seine kognitionswissenschaftliche Ausformung ontologisch neutral und daher auch mit einem Dualismus verträglich (vgl.
II.4. § 4). Es ist nämlich keineswegs unerläßlich, in neurophysiologischen
Prozessen das ausschließliche Medium der kausal relevanten syntaktischen Operationen zu sehen.

Für den Dualismus sind dann die Akzente der kognitionswissenschaftlichen Sichtweise anders zu setzen. Es geht hier offenbar nicht
darum, intentionale Beschreibungsweisen auch für diejenigen akzeptabel
zu machen, die meinen, die Welt sei durch die Physik erschöpfend
analysierbar, sondern darum, den Mechanismus intentional charakterisierter Prozesse zu verstehen. Mit anderen Worten, die Kognitionswissenschaft ist als Programm zur Erklärung der Gesetzmäßigkeiten der kognitiven Psychologie zu betrachten.

So läßt sich z. B. im Prozeßmodell der Motivationspsychologie (vgl.
V.2. § 4) erkennen, daß die dort herangezogenen mentalen Prozesse (wie
die Beurteilung von Situationen oder der Vergleich von Handlungen mit
Zielvorstellungen) durch bestimmte Gehalte charakterisiert und insofern
intentionaler Natur sind (der Grund ist, daß in relevanter Hinsicht
inhaltlich verschiedene Sachverhalte verschieden dargestellt und gegebenenfalls verschieden beurteilt werden). Man versteht aber die Verhaltens-
wirksamkeit intentionaler mentaler Zustände noch nicht, wenn man (wie
wir) der Auffassung ist, daß diese Zustände nicht nur in methodologischer, sondern auch in ontologischer Hinsicht Berücksichtigung verlangen. Eine dualistische Interpretation ist nicht der Verpflichtung enthoben,
eine Erklärung dafür zu liefern, wie mentale Zustände verschiedenen
Inhalts zu unterschiedlichen Handlungen führen können. Die kognitionswissenschaftliche Zugangsweise scheint aber gegenwärtig als einzige
eine aussagekräftige Theorie darüber bereitzustellen, wie mit semantisch

interpretierten Größen operiert werden kann, ohne bereits wieder auf intentional charakterisierte Prozesse Bezug zu nehmen. Sie stellt insofern einen nicht unplausiblen Erklärungsansatz dafür dar, wie wir es anstellen, aus Gründen zu handeln und Ziele zu verfolgen.

§ 5   Im Rahmen der kognitionswissenschaftlichen Deutung geistiger Aktivität verdient der Status intentional charakterisierter Zustände und Merkmale besonderes Interesse. Hierbei ist zunächst wichtig, daß die Kognitionswissenschaft psychologische Prozesse als *formale Operationen an semantisch interpretierten Größen* auffaßt. Jeder propositionalen Einstellung soll demnach eine formale Relation zwischen einem Organismus und einem Ausdruck seines internen Repräsentationssystems entsprechen. Zwar ist dieser Ausdruck selbst semantisch interpretiert, aber die Relation greift nicht an dessen semantischen, sondern an dessen syntaktischen Merkmalen an. Diese Eigentümlichkeit charakterisiert gerade die Formalität jener Relation. Die entscheidende Frage dabei ist, welcher Status der semantischen Interpretation des mentalen Zustandes, also den Gehalten der propositionalen Einstellungen, im Rahmen dieser Zugangsweise zukommt.

An dieser Stelle wird Fodor gelegentlich unterstellt und vorgeworfen, er strebe eine syntaktische Definition dieser semantischen Merkmale an.[27] Das dürfte jedoch eine unzutreffende Rekonstruktion sein. Fodor hat eine syntaktische Theorie mentaler Operationen im Auge, nicht hingegen eine syntaktische Theorie der Objekte dieser Operationen (nämlich der Gehalte von propositionalen Einstellungen). So weist er ausdrücklich darauf hin, daß bei einem Computer die Beschreibung der Zustandsfolge mit den Mitteln der internen Maschinensprache (also der Syntax) keinen Aufschluß über den Inhalt des durchlaufenen Programms gibt. Dieselbe formal beschriebene Befehlsfolge kann nämlich auf mehrfache Weise semantisch interpretiert werden. Die gleiche maschinensprachliche Zustandssequenz könnte z. B. sowohl eine Simulation des Sechs-Tage-Krieges als auch ein Schachspiel darstellen.[28]

Fodors Argument führt zu dem Ergebnis, daß die Betrachtung der Verknüpfungen zwischen formal gekennzeichneten mentalen Zuständen noch keine semantische Interpretation dieser Zustände bereitzustellen vermag. Bei diesem Ergebnis handelt es sich um ein Korollar einer

---

[27] Vgl. Sayre 1987, 254 – 255; Mendonça 1987, 196 – 197.
[28] Vgl. Fodor 1981, 207.

Einsicht, die bereits im Zusammenhang der Diskussion von Hilberts Konzeption einer Definition durch Axiome zu Beginn dieses Jahrhunderts gewonnen wurde. In dieser Konzeption sollten mathematische Begriffe dadurch definiert sein, daß sie den Grundannahmen, also den Axiomen, der entsprechenden mathematischen Theorie genügen, wobei diese Axiome selbst als formale, uninterpretierte Aussageformen aufgefaßt wurden. Das Problem einer derartigen Vorgehensweise aber besteht darin, daß ein solches System formaler Aussageformen mehrere inhaltliche Interpretationen zuläßt. Das formale System stellt eine abstrakte Struktur dar, die im allgemeinen mehrere erfüllende Modelle besitzt.

So enthält z. B. das formale System der Peano-Axiome die natürlichen Zahlen als ein Modell neben anderen.[29] Analoges gilt für Hilberts formalisierte Version der Axiome der Euklidischen Geometrie, die nicht allein von den üblichen hier einschlägigen Größen (wie Punkten, Geraden und Ebenen) erfüllt wird, sondern auch von dem sogenannten Wellsteinschen Kugelgebüsch, das mit (in besonderer Weise angeordneten) Kugelflächen statt Ebenen und Großkreisen statt Geraden operiert. Darüber hinaus kann man z. B. in der Geometrie der Ebene statt von Punkten von Zahlenpaaren und statt von Geraden von linearen Funktionen sprechen. Diese inhaltlich verschiedenen Größen genügen alle den Euklidischen Axiomen.[30] Die Möglichkeit multipler inhaltlicher Deutung der gleichen formalen Struktur schließt aber gerade aus, daß der semantische Gehalt der hierbei auftretenden Begriffe durch diese Struktur bestimmt wird. Zwar stellen formale Strukturen einschränkende Bedingungen für eine semantische Interpretation dar, da nicht beliebige Sachverhalte als erfüllende Modelle taugen, sie zeichnen aber eine solche Interpretation nicht eindeutig aus.

Für die Kognitionswissenschaft bedeutet dies, daß es unmöglich ist, die Gehalte mentaler Zustände aus der Analyse syntaktischer Zustandsverknüpfungen zu erschließen. Eine an der Formalitätsbedingung ausgerichtete Psychologie, die die semantischen Merkmale mentaler Zustände explizit außer Betracht läßt, kann nicht zur Klärung der semantischen Merkmale mentaler Zustände beitragen. Die Behauptung ist gerade, daß die interne Psychodynamik von semantischen Eigenschaften nicht beeinflußt wird. Der Ablauf der (kausal relevanten) syntaktischen Operationen soll gerade nicht davon abhängen, ob (und gegebenenfalls auf

---

29 Vgl. Wolters 1984c, 911–912.
30 Zur multiplen Interpretierbarkeit vgl. Schlick 1925, 49–55.

welche Weise) die verarbeiteten Zeichenfolgen inhaltlich interpretiert
sind. Zwar haben mentale Zustände semantische Kennzeichen, aber
mentale Operationen finden keinen Zugang zu diesen. Die Kognitionswissenschaft erklärt insofern die Natur kognitiver Prozesse, indem sie
diese auf syntaktische Verfahrensabläufe, auf algorithmische Prozeduren
zurückführt; sie erklärt in diesem Sinne die Natur der Intelligenz. Aber
sie liefert keinerlei Theorie des Symbolcharakters mentaler Repräsentationen; sie hat keinen Zugang zu den Gehalten mentaler Zustände. Sie
erklärt mentale Operationen, nicht mentale Repräsentationen.[31] Eine
kognitionswissenschaftlich orientierte Psychologie greift zwar auf intentionale Redeweisen zurück, erklärt jedoch Intentionalität nicht. Die
Kognitionswissenschaft stellt keine Theorie der Psychosemantik bereit.[32]
     Allerdings sieht das Programm der Kognitionswissenschaft eine
Zuordnung zwischen syntaktisch-formalen und semantisch-inhaltlichen
Merkmalen vor. Inhaltlich verschiedene mentale Zustände sollen sich
gerade auch anhand ihrer formalen Kennzeichen unterscheiden, so daß
rein syntaktische Operationen auf eine Weise ablaufen können, die die
semantischen Eigenschaften der entsprechenden Zustände berücksichtigt.
Dieses Programm verlangt also, daß es möglich ist, semantische Gehalte
anhand syntaktischer Merkmale zu erkennen oder zu identifizieren; es
verlangt nicht, semantische Gehalte anhand formaler Kennzeichen zu
definieren. Es wird nur eine einseitige Korrelation zwischen Semantik und
Syntax postuliert: Semantische Differenzen müssen sich in syntaktischen
Unterschieden widerspiegeln, aber nicht notwendig umgekehrt.[33] Die
Semantik ist also *supervenient* relativ zur Syntax.[34] Dieser subtile Aspekt
des kognitionswissenschaftlichen Programms ist bislang nicht hinreichend beachtet worden; er hat gleichwohl beträchtliche Auswirkungen
auf den Status intentionaler Rede im Rahmen dieses Programms.
     Dabei darf nicht übersehen werden, daß die Existenz hinreichender
syntaktischer Merkmale für semantische Gehalte bislang nur postuliert,
nicht jedoch gezeigt wurde. Die Formalitätsbedingung hat den Status
einer empirischen Hypothese. Der Forschungsstand auf diesem Gebiet
läßt sich dabei in der Weise zusammenfassen, daß wir über eine adäquate
syntaktische Theorie gegenwärtig nicht verfügen, also mentale Zustände
anhand formaler Kriterien nicht zu identifizieren vermögen. Allerdings

---

[31] Vgl. Fodor 1981, 20 – 24, 232 – 233.
[32] Zum Problem der Psychosemantik vgl. VII.4.
[33] Vgl. Pylyshyn 1984, 31, 74; Marras 1987, 121 – 122.
[34] Zum Begriff der Supervenienz vgl. II.3. § 4.

gibt es fruchtbare Ansätze zu einer Lösung dieses Problems. Es ist
folglich zumindest nicht ausgeschlossen, daß eine Durchführung des
kognitionswissenschaftlichen Programms in absehbarer Zeit tatsächlich
gelingt.[35] Im Folgenden sei die Einlösung der kognitionswissenschaftlichen Ansprüche unterstellt und nach den Konsequenzen für die Philosophie des Bewußtseins gefragt.

§ 6   Es ist zweckmäßig, zu Beginn zu wiederholen, daß (1) die
Kognitionswissenschaft die Bedeutsamkeit intentional beschriebener
mentaler Zustände, also inhaltlich spezifizierter Vorstellungen betont.
Zudem bestreitet sie (2), daß intentionale Kategorien durch syntaktische
Merkmale definierbar sind. Semantischen Eigenschaften (wie Wahrheitswert oder Referenz) läßt sich auf diese Weise nicht Rechnung tragen.
Gleichwohl kann man (3) die Anwendung oder die Handhabung intentionaler Aussagen anhand der syntaktischen Eigenschaften der durch sie
bezeichneten Sätze der mentalen Sprache sinnvoll steuern und regulieren.
Deshalb können Mechanismen, die für die semantische Interpretation
von Ausdrücken blind sind, mit diesen Ausdrücken doch so operieren,
als ob ihnen diese Interpretation zugänglich wäre.

Für die kognitionswissenschaftliche Deutung trifft das alltagspsychologische Verständnis psychischer Phänomene in einer Hinsicht zu: Alltagspsychologische Zustände wie Überzeugungen und Ziele im besonderen oder introspektiv (also dem Bewußtsein) zugängliche mentale Zustände im allgemeinen sind tatsächlich kausal wirksam; sie verursachen
menschliches Verhalten und stehen mit anderen psychischen Zuständen
in Wechselwirkung. Jedoch besteht diese kausale Wirksamkeit nicht
kraft derjenigen Merkmale, die wir ihnen alltagspsychologisch oder
introspektiv zuschreiben. Das bedeutet, die Überzeugung, daß a der Fall
ist, ist in der Tat verhaltenswirksam, aber nicht aufgrund ihres Gehaltes
a, sondern weil sie im Gehirn in eine semantisch uninterpretierte Zeichenfolge übersetzt wird, der wiederum eine physiologische Umsetzung entspricht. Die subtile Pointe dieser Deutung ist also, daß zwar Bewußtseins-
zustände kausal relevant sind, nicht aber die dem Bewußtsein zugänglichen *Eigenschaften* (nämlich die Gehalte) dieser Zustände.

Da umgekehrt die kausal irrelevanten, semantischen Merkmale auf
formale Weise nicht definierbar sind, kann die intentionale Begrifflichkeit
nicht zugunsten einer ausschließlich syntaktischen Redeweise aufgegeben

---

[35] Vgl. Sayre 1987, 260 – 266.

werden. Semantische oder intentionale Kennzeichen sind daher als *emergente Eigenschaften* im Sinne von IV. § 4 aufzufassen: sie treten gemeinsam mit formalen Merkmalen auf, sind aber durch diese nicht faßbar.

Im Rahmen der Kognitionswissenschaft besteht daher *kein Primat der Syntax*. Vielmehr läßt sich (in Anknüpfung an das Selbstverständnis der Kognitionswissenschaft) von einer Parallelität zwischen syntaktischen Prozessen und semantischen Operationen sprechen.[36] Allerdings darf Parallelität dann nicht als 1 – 1-Verknüpfung syntaktischer und semantischer Merkmale verstanden werden, sondern nur in dem schwächeren Sinne einer Zuordnung syntaktischer Unterschiede zu Gehaltunterschieden. Betrachtet man darüber hinaus die syntaktische Spezifizierung mentaler Zustände als Kennzeichen der wissenschaftlichen Psychologie und sieht alltagspsychologische Zustandstypen durch Gehalte mentaler Zustände festgelegt, so führt die kognitionswissenschaftliche Deutung auf eine gleichsam parallelistische Sichtweise des Seele-Seele-Verhältnisses. Syntaktische Merkmalsdifferenzen entsprechen semantischen Merkmalsdifferenzen; und in diesem Sinne besteht ein *psychopsychischer Eigenschaftsparallelismus*.

Das hat zur Folge, daß intentionale Begrifflichkeit bzw. alltagspsychologisch bestimmte Bewußtseinszustände wesentliches Beschreibungsmittel mentaler Zustände bzw. wichtiges Kennzeichen psychologischer Gesetze bleiben, dabei jedoch aus ihrer zentralen Stellung herausrücken. Zwar haben Brentano und Chisholm recht mit ihrer These, daß eine adäquate physikalische Definition intentionaler Konzepte nicht gelingt (vgl. II.5. § 1), aber die Bedeutung dieses Umstandes ist doch weit geringer, als von Brentano und Chisholm vermutet. Durch Intentionalität ist das Mentale nämlich nur unvollständig gekennzeichnet; einen Zugang zur kausalen Verknüpfung psychischer Zustände erhält man auf diesem Wege gerade nicht. Intentionalität bestimmt zwar gleichsam die Psychokinematik, nicht aber die Psychodynamik.

Die Tragfähigkeit des kognitionswissenschaftlichen Ansatzes ist letztlich daran zu messen, ob auf seiner Grundlage eine Rekonstruktion der von der kognitiven Psychologie vorausgesetzten intentionalen Prozesse gelingt. Bislang sind auf diesem Felde keine überzeugenden Erfolge zu verzeichnen. Insofern handelt es sich bei der Kognitionswissenschaft denn auch um ein Programm zur Erklärung mentaler Operationen, dem eine substantielle empirische Stützung noch fehlt. Immerhin weist dieses

---

[36] Vgl. Pylyshyn 1984, 40.

Programm den Vorzug auf, die Erklärung mentaler Operationen an Prozessen zu orientieren, die im Grundsatz einer technischen oder konstruktiven Realisierung zugänglich sind.

Natürlich überträgt sich die mangelnde empirische Stützung der kognitionswissenschaftlichen Interpretation auf die Beurteilung der Konsequenzen einer solchen Interpretation für eine Philosophie des Bewußtseins. Insofern wurde hier auch eine bloße Option für eine Philosophie des Bewußtseins erörtert; deren faktische Adäquatheit nachzuweisen, ist eine noch unerledigte Aufgabe. Unabhängig davon dürfte es jedoch problematisch sein, die wissenschaftliche Psychologie auf die Gesetzmäßigkeiten der Alltagspsychologie festzulegen, also zu erwarten, daß der Fortschritt der Psychologie bestenfalls eine Verfeinerung dessen zustandebringt, was gute Menschenkenner immer schon wußten (vgl. VII.3 – VII.4). Darüber hinaus halten wir es für zweifelhaft, ob Fodors Fixierung auf satzartige Strukturen als Träger psychischer Operationen angemessen ist. Mehrere Autoren haben bereits vor einer Unterschätzung prälingualer mentaler Fertigkeiten gewarnt; und auch uns erscheint das bildhaft-assoziative Denken im Rahmen dieses Programms ungerechtfertigt außer acht gelassen. Alle Denkprozesse auf das Modell des diskursiven Argumentierens hin auszurichten, ist wohl eine Idee, auf die nur Philosophen verfallen können.

3. Intentionalität und syntaktische Psychologie

§ 1   Die Unangemessenheit der kognitionswissenschaftlicher Zugangsweise wird von der *syntaktischen Theorie* des Geistes behauptet, wie sie vor allem von Stich vertreten wird. Stich bestreitet den kognitionswissenschaftlichen Eigenschaftsparallelismus und hält es für ausgeschlossen, Gehaltdifferenzen syntaktisch zu reproduzieren. Das Formalitätspostulat ist danach also falsch. Der überraschende Aspekt liegt dabei darin, daß für die syntaktische Theorie dieser Defekt nicht zu Lasten der Syntax, sondern zu Lasten der Semantik geht. Das heißt, die semantische Interpretation mentaler Zustände soll nicht etwa ihre vertraute Rolle als Prinzip mentaler Verursachung wieder einnehmen; im Gegenteil, die semantische Interpretation mentaler Zustände gilt als ungeeignet und konzeptionell überholt. Mentale Repräsentationen sind vielmehr durch ihre *syntaktischen* Merkmale *vollständig gekennzeichnet*.

Zur Debatte steht damit die Rolle intentionaler Begriffe, wobei sich Stichs Argumentation vor allem auf die Probleme der begründeten Zuschreibung von Überzeugungen konzentriert. Es geht Stich primär um den Status von Sätzen wie ‚A glaubt, daß a‘. Seine These ist, daß derart intentionale Sätze (1) aus methodischen Gründen in einer wissenschaftlichen Psychologie keine Rolle spielen sollten, und daß sie (2) tatsächlich in der kognitiven Psychologie auch keine Rolle spielen. Die alltagspsychologische Strategie, einen mentalen Zustand oder ein mentales Ereignis durch einen Gehaltsatz (also a) zu kennzeichnen, ist nach Stich grundsätzlich inadäquat; kognitive Psychologie und intentionale Begriffe passen nicht zueinander. Daraus schließt Stich, daß die von der Alltagspsychologie angenommenen mentalen Zustände oder Ereignisse in Wirklichkeit nicht existieren. Faktisch gibt es so etwas wie Überzeugungen nicht.

Stichs zentrales Argument gegen die Formalitätsbedingung besteht in der Behauptung, daß die Individuationskriterien für Überzeugungszustände, also die Merkmale zur Festlegung von Überzeugungen gleichen Gehalts oder von Überzeugungsklassen, in der Alltagspsychologie gravierend von denen für respektable theoretische Zustände abweichen. Reguläre theoretische Begriffe erhalten ihre Bedeutung durch ihre Einbindung in das zugehörige theoretische Netzwerk (vgl. VI.1. § 2). Wenn Überzeugungen als reguläre mentale Zustände eingeschätzt werden sollen, dann müssen sie durch ihre Verknüpfungen mit anderen psychischen Zuständen, mit Sinnesreizen und Verhaltensreaktionen, also anhand ihrer Inferenzbeziehungen individuiert werden. Zwei mentale Zustände sind daher vom gleichen Typ oder bilden Instanzen der gleichen Art, wenn ihre solcherart bestimmte Verknüpfungsstruktur gleich ist. Bei alltagspsychologisch bestimmten Überzeugungszuständen erfolgt jedoch die Identifikation auf andere Weise. Stich wirbt für diese Einschätzung mit mehreren Argumenten, von denen hier nur eines näher ins Auge gefaßt werden soll.

§ 2 Wenn Überzeugungen angemessen als theoretisch bestimmte Zustände zu kennzeichnen wären, dann müßten sie sich durch ihre Rolle in der mentalen Struktur identifizieren lassen. In einem ersten Schritt muß daher rekonstruiert werden, von welcher Gestalt die Identifikationskriterien für Überzeugungsgehalte unter dieser Voraussetzung zu sein hätten. Dabei ist zu bedenken, daß nicht allein die Wechselwirkung mit tatsächlich vorhandenen anderen Überzeugungen der entsprechenden Person für eine Gehaltzuschreibung herangezogen werden darf, sondern daß hierfür die Berücksichtigung *möglicher* Überzeugungen erforderlich ist.

Nehmen wir an, zwei Personen A und B drückten ihre Überzeugung aus, daß alle Menschen sterblich seien. A glaubt nun darüber hinaus, daß Sokrates ein Mensch ist, was ihn zu der Konsequenz führt, auch Sokrates sei sterblich. B hingegen hat noch niemals etwas von Sokrates gehört. Offenbar sind dann die faktischen kausalen Verknüpfungen von ‚alle Menschen sind sterblich' in beiden Fällen verschieden. Gleichwohl würden wir A und B Überzeugungen gleichen Gehalts zuschreiben. Gleichheit von Überzeugungsgehalten verlangt daher nicht Gleichheit der tatsächlichen, sondern Gleichheit der möglichen Wechselwirkungen. Wenn B wüßte, wer Sokrates war, würde auch seine Überzeugung von der Sterblichkeit aller Menschen die Folgerung der Sterblichkeit des Sokrates ergeben:

> The essential point is that [...] the type identity of a mental state is determined by its *potential causal interactions* with other mental states, with stimuli, and with behavior. Its type identity does not depend on the other mental states the subject happens to be in at the moment in question.[37]

Das bedeutet insgesamt: Wenn Überzeugungen theoretisch bestimmte Zustände sind, dann muß ihre Identität durch ihre möglichen kausalen Anbindungen, durch ihr *kausales Potential* bestimmt und von den faktisch bei einer Person realisierten Wechselwirkungen mit anderen Überzeugungen unabhängig sein.

Betrachten wir demgegenüber den Fall von Mrs. T, die in ihrer Jugend von der Ermordung des Präsidenten McKinley im Jahre 1901 tief betroffen war, die im Alter jedoch an zunehmendem Gedächtnisverlust litt und zwar noch sehr genau zu sagen wußte, daß McKinley einem Attentat zum Opfer gefallen war, aber nicht mehr erklären konnte, was ein Attentat ist oder was der Tod ist, ja nicht einmal mehr wußte, ob sie selbst noch lebte oder schon gestorben war. In *intuitiver* Einschätzung, also aus der Sichtweise der Alltagspsychologie, würden wir hier zweifellos urteilen, daß Mrs. T über keine Überzeugung der Art verfügte, daß McKinley ermordet worden war. Sie wußte nicht, was sie sagte. Gleichwohl hat der entsprechende Satz nichts von seinem kausalen *Potential* verloren. Wenn man das Gedächtnis von Mrs. T kurieren könnte, würde der nun isolierte Überzeugungssatz seine früheren Bezie-

---

[37] Stich 1983, 54 (Hervorhebung im Original).

hungen zu anderen Überzeugungen wieder herstellen. Aus dem kausalen
Individuationskriterium hätte man also zu schließen, daß Mrs. T nach
wie vor von der Ermordung McKinleys überzeugt war. Beispiele wie
dieses führen Stich zu dem Schluß, daß die alltagspsychologische Taxonomie beträchtlich von der durch das kausale Potential bestimmten Taxonomie abweicht. Wenn demnach Überzeugungszustände als theoretische
Zustände aufgefaßt werden, lassen sich deren intuitive Identifikationskriterien nicht reproduzieren.[38]

§ 3 Tatsächlich sind die alltagspsychologischen Identifikationskriterien auch von gänzlich anderer Art. In Stichs Rekonstruktion der Alltagspsychologie erfolgt die Zuschreibung einer Überzeugung bestimmten
Inhalts zu anderen Personen durch einen Vergleich mit uns selbst. Wenn
wir jemandem einen Gehaltsatz zuordnen, dann charakterisieren wir die
Überzeugung dieser Person durch eine mögliche eigene Überzeugung:

> When A says, ‚S believes that p‘, he is saying that S has a mental token
> of a sentence stored in the way characteristic of beliefs, and this token
> is content-identical to the one which he (A) expresses by uttering ‚p‘.[39]

Wesentliches Mittel der Alltagspsychologie zur Kennzeichnung von
Überzeugungsgehalten ist nach Stich also die *Ähnlichkeit* dieser Gehalte
mit eigenen Überzeugungsgehalten. Eine derartige Strategie stößt jedoch
an ihre Grenzen, wenn es gilt, die Überzeugungen von Menschen zu
identifizieren, deren Auffassungen und Denkstrukturen von den unseren
in starkem Maße abweichen. So wird man auf solche Weise kaum zu
einer adäquaten Charakterisierung der Überzeugungen von Kindern,
psychisch Kranken und Angehörigen fremder Kulturen gelangen:

> A sort of Protagorean parochialism is thus built into intentional folk
> psychological concepts, since when it comes to ascribing content, men
> and women *like us* are the measure of all things.[40]

Während also im ersten Argumentationsschritt die beträchtliche *Differenz* zwischen alltagspsychologischer und kausaler Überzeugungsindividuation herausgearbeitet werden sollte, wird im zweiten Schritt die
methodologische Unterlegenheit der alltagspsychologischen Vorgehensweise behauptet. Die Alltagspsychologie, so lautet im Kern Stichs metho-

---

[38] Zu dieser Argumentation und zu diesem Beispiel vgl. Stich 1983, 51 – 56.
[39] Stich 1983, 76.
[40] Stich 1983, 7 (Hervorhebung im Original).

dologisches Argument, leidet an einem provinziellen, auf uns fixierten Zugang, der die Eigentümlichkeiten andersartiger mentaler Strukturen verfehlt.[41]

§ 4   Die Wurzel des Übels sieht Stich darin, daß überhaupt semantisch interpretierte, gehaltvolle Repräsentationen in einer wissenschaftlichen Psychologie verwendet werden. Die Psychologie sollte die Identifikation ihrer Begriffe anhand des kausalen Profils vornehmen, aber auf jede *semantische* Interpretation dieser Begriffe (etwa als Überzeugung eines bestimmten Gehalts) verzichten. Der Kern der syntaktischen Theorie des Geistes besteht demnach in der Vorstellung, daß sich die kausalen Verbindungen zwischen mentalen Zuständen oder Ereignissen in den formalen Relationen einer ausschließlich syntaktisch bestimmten Struktur widerspiegeln sollen:

> The basic idea of the STM [Syntactic Theory of the Mind] is that the cognitive states whose interaction is (in part) responsible for behavior can be systematically mapped to abstract syntactic objects in such a way that causal interactions among cognitive states, as well as causal links with stimuli and behavioral events, can be described in terms of the syntactic properties and relations of the abstract objects to which the cognitive states are mapped. More briefly, the idea is that causal relations among cognitive states mirror formal relations among syntactic objects.[42]

Damit ist deutlich, daß syntaktische Theorie und Kognitionswissenschaft das *gleiche Bild der mentalen Operationen* entwerfen. Die psychologische Theorie ordnet kognitiven Zuständen formale Größen auf solche Weise zu, daß die Kausalverhältnisse zwischen jenen Zuständen den logischen Relationen zwischen diesen Größen entsprechen. Mit anderen Worten, die Kausalität greift an den syntaktischen Merkmalen an. Dieses Modell der psychologischen Theoriebildung orientiert sich am Vorbild naturwissenschaftlicher Erklärungen, bei denen ebenfalls (1) die Korrespondenz von kausalen und logischen Verknüpfungen auftritt[43] und zudem (2) letztere als formale, mathematische Operationen aufgefaßt

---

[41] Vgl. Stich 1983, 100 – 104, 135 – 148.

[42] Stich 1983, 149.

[43] Diese Zuordnung von Kausalität und Logik wird bereits von Hertz als der eigentliche Kern wissenschaftlicher Erklärungen verstanden: „Wir machen uns innere Scheinbilder oder Symbole der äußeren Gegenstände, und zwar machen wir sie von solcher Art, daß die denknotwendigen Folgen der Bilder stets wieder die Bilder seien von den naturnotwendigen Folgen der abgebildeten Gegenstände" (Hertz 1894, 1).

werden. Einigkeit besteht also in dem Ziel, *Wirkungen* durch *formale Folgerungen* auszudrücken. Die Differenzen treten erst bei der Frage auf, welche Merkmale den Gegenständen der mentalen Operationen adäquat zuzuschreiben sind, welche Eigenschaften mentale Repräsentationen besitzen.

Die Kognitionswissenschaft fordert insgesamt eine doppelte Korrespondenz von Beschreibungsebenen: eine Entsprechung von kausalen und syntaktischen Relationen (und diese Zuordnung bestimmt das Bild der mentalen Operationen) sowie eine Entsprechung von syntaktischen und semantischen Merkmalen (wodurch die intentionale Begrifflichkeit ihren Platz in der Psychologie erhält). Die syntaktische Theorie bestreitet nur die Angemessenheit des zweiten, nicht des ersten Postulates. Das von ihr entworfene Bild der Psychodynamik verbleibt demnach im Rahmen kognitionswissenschaftlicher Vorgaben. Allein die Intentionalität, die vielfach als definitorisches Merkmal mentaler Sprache gilt, wird aus der Psychologie verbannt.

Stichs Argument für eine ausschließlich *syntaktische* Deutung mentaler Zustände ist in Anlehnung an Fodors Abgrenzung gegen eine formale Definition semantischer Gehalte konzipiert. Wie in VII.2. § 5 dargestellt, weist Fodor zu Recht darauf hin, daß eine syntaktisch charakterisierte Zeichensequenz einer mehrfachen inhaltlichen Deutung fähig ist. Entsprechend führt eine psychologische Theorie, die Typen mentaler Zustände anhand eines bloßen Wechselwirkungsprofils spezifiziert, auf keine semantische Bestimmung der von ihr angenommenen mentalen Zustände.[44] Dies ist der Grund für Stichs überraschendes Manöver, nicht etwa für eine vom üblichen Verständnis abweichende Semantik zu plädieren, sondern gleich jegliche Psychosemantik zurückzuweisen.

§ 5   Es sei nun die Tragfähigkeit von Stichs Argumentation geprüft und dabei zunächst die Behauptung untersucht, daß eine wissenschaftliche Psychologie die alltagspsychologisch individuierten Überzeugungszustände nicht reproduzieren könne.

Stichs Begründung seiner These, zwischen der alltagspsychologischen und der kausalen Taxonomie bestünden unüberbrückbare Divergenzen, beruht auf einer inadäquaten Charakterisierung der kausalen Identifikationskriterien für Überzeugungen. Stichs Argumentation stützt sich nämlich auf eine Ambiguität des Begriffs der Möglichkeit. Sein Plädoyer für

---

[44] Vgl. Stich 1983, 108.

die Berücksichtigung möglicher Wechselwirkungen mit anderen Überzeugungen – und seine komplementäre Vernachlässigung der Einbettung in das tatsächliche Überzeugungssystem einer Person – bezieht seine Plausibilität aus dem Fallbeispiel der Sterblichkeit aller Menschen, in dem einer der Partner (B) zufällig noch nichts von Sokrates gehört hatte, aber natürlich jederzeit über diesen informiert werden könnte. Hier hätte man in der Tat die faktische Unwissenheit des B außer acht zu lassen und bei der Überzeugungsindividuation die Möglichkeit der Weiterbildung zu berücksichtigen. Anders hingegen im Falle von Mrs. T. Dort steht es offenbar nicht in der Macht irgendeines Gesprächspartners, Mrs. T ein Wissen über Attentate und deren begriffliches Umfeld zu vermitteln. Die hierfür relevanten Überzeugungszustände sind für Mrs. T faktisch unzugänglich und nicht bloß zufällig nicht realisiert.

Wir wollen diesen Unterschied so ausdrücken, daß die Wechselwirkungen mit den angesprochenen Überzeugungszuständen bei B *technisch möglich* (nämlich tatsächlich herbeiführbar), bei Mrs. T hingegen bestenfalls *physikalisch möglich* (wenn nämlich eine Heilung des Gedächtnisverlustes ohne Verletzung der Naturgesetze möglich wäre) oder nur *logisch möglich* (nämlich ohne Widerspruch denkbar) ist.[45] Fehlende faktische Wechselwirkung ist für die Identifikation von Überzeugungen plausiblerweise aber nur dann irrelevant, wenn eine solche Wechselwirkung jederzeit technisch möglich wäre. Wenn also Überzeugungen anhand des kausalen Potentials individuiert werden, dann ist diese Bestimmung als technisch einlösbares kausales Potential zu präzisieren. Nach einer solchen Festlegung sind aber Stichs Beispielfälle ohne Schwierigkeiten rekonstruierbar.

Stichs Argumentation reicht also nicht hin, um die Unerfüllbarkeit der kognitionswissenschaftlichen Formalitätsbedingung zu zeigen, d. h., um auszuschließen, daß Überzeugungszustände durch ihre Einbettung in ein Netzwerk anderer Überzeugungen adäquat bestimmbar sind.[46] Diese Beurteilung ist durch die vorausgegangenen Untersuchungen in VI.1

---

[45] Die Unterscheidung zwischen technischer, physikalischer und logischer Möglichkeit wurde im Rahmen des Logischen Empirismus entwickelt, um die Grundsätze der Verifikationssemantik zu präzisieren. Nach dieser Verifikationssemantik sind nur verifizierbare Sätze sinnvoll. ‚Verifizierbarkeit‘ heißt aber gerade ‚Möglichkeit der Verifikation‘; und in diesem Zusammenhang wurde die hier benutzte Differenzierung eingeführt.

[46] Zu diesem Resultat gelangt ebenfalls (wenn auch aus anderen Gründen) Marras 1987, 118–119. Allerdings stehen einer solchen Bestimmung noch weitere Schwierigkeiten im Wege, die in VII.4 systematisch zur Sprache kommen.

gestützt, deren wesentliches Ziel es gerade war, zu zeigen, daß die intentionalen Konzepte der kognitiven Psychologie legitimerweise als theoretische Begriffe aufgefaßt werden können. Es ist demnach nicht bereits durch Erwägungen allgemeiner Art auszuschließen, daß sich Überzeugungen als respektable theoretische Zustände herausstellen. Dies gilt auch dann, wenn man mit Stich die Vorgehensweise der Alltagspsychologie durch analogisierende Prozeduren gekennzeichnet sieht. Selbst wenn intuitive Verhaltenserklärungen von derart hermeneutischen Verfahren beherrscht sein sollten, kann doch allein die bloße Verwendung intentionaler Begriffe nicht auf die Methode der Hermeneutik verpflichten.

Aus der Darstellung der kognitiven Psychologie in V.2 darf nämlich der Schluß gezogen werden, daß die Anwendung intentionaler Begriffe eines analogisierenden Einfühlens nicht bedarf; sie kann vielmehr anhand intersubjektiv fixierbarer Kriterien erfolgen. Unabhängig davon ist hervorzuheben, daß auch das Bestehen derartiger methodischer Abweichungen nicht bereits die faktische Verschiedenheit des unterschiedlich Bezeichneten erzwingt. Man kann auf verschiedenen Wegen zu den gleichen Entitäten gelangen; eine epistemologische Differenz führt nicht zwangsläufig auf einen ontologischen Unterschied.

§ 6   Nachdem in einem ersten Schritt Stichs Begründung seiner These grundsätzlicher Divergenzen zwischen einer Taxonomie nach Gehalten und einer Taxonomie nach Inferenzbeziehungen untersucht und zurückgewiesen wurde, soll jetzt die Haltbarkeit von Stichs Argumenten zugunsten einer ausschließlich *syntaktischen* Verwendung psychologischer Begriffe zur Sprache kommen. Hier ist zunächst Stichs (an Fodors Darstellung angelehnte) Behauptung, die Betrachtung der Verknüpfungen zwischen formal gekennzeichneten Zuständen führe noch nicht auf eine semantische Interpretation dieser Zustände, korrekt. Das überrascht auch nicht, handelt es sich dabei doch (wie gesagt) lediglich um die Reformulierung einer alten Einsicht (vgl. VII.2. § 5). Allerdings läßt sich eine solche Interpretation in aller Regel dadurch erreichen, daß man bestimmten Ausdrücken der syntaktischen Struktur bestimmte Beobachtungsmerkmale zuordnet. Nachdem man z. B. einer lediglich formal charakterisierten Größe in den Hilbertschen Axiomen die beobachtbaren Eigenschaften einer Geraden als Indikatoren beigelegt hat, wird die Euklidische Geometrie als erfüllendes Modell ausgezeichnet und das Axiomensystem daher mit einer semantischen Deutung versehen. Mit anderen Worten, die Spezifizierung der Inferenzbeziehungen (also des kausalen Potentials) vermag *gemeinsam* mit der Anbindung an eine Beobachtungsbasis sehr wohl eine semantische Interpretation einer Struktur herbeizuführen.

Diese Strategie ist gerade kennzeichnend für die in VI.1. § 2 beschriebene Vorgehensweise zur inhaltlichen Deutung theoretischer Begriffe: Eine Theorie wird durch die in ihr ausgedrückten formalen Begriffsvernetzungen *und* durch die Verknüpfung einiger ihrer theoretischen Begriffe mit Beobachtungsindikatoren mit einer semantischen Interpretation ausgestattet. Eine empirisch angewandte Struktur ist demnach ipso facto eine semantisch interpretierte Struktur.

Nun bemerkt auch Stich, daß zwischen einer psychologischen Theorie und Fodors syntaktischen Maschinenzuständen ein Unterschied insofern besteht, als bei psychologischen Begriffen auch eine Anbindung an Sinnesreize und Verhaltensreaktionen (und nicht allein an andere syntaktische Größen) besteht. Er bestreitet jedoch die Relevanz dieses Umstandes mit folgendem Gedankenexperiment: Wenn allen Kindern unmittelbar nach der Geburt optische Geräte vor die Augen montiert würden, die alle Farben systematisch vertauschten, so würde etwa ein grüner Sinnesreiz zu der Überzeugung führen, einen roten Gegenstand zu sehen. Das heißt, daß auch bei Einbeziehen von Reizen und Reaktionen das kausale Profil keine Semantik bestimmt.[47]

Aber diesen Schluß läßt Stichs Beispiel keineswegs zu. Es zeigt lediglich, daß eine unterschiedliche Anbindung an die empirische Basis (nämlich einmal auf übliche Weise, das andere Mal mit Color-Inversion) zu einer unterschiedlichen semantischen Deutung der deskriptiven Termini führt. Tatsächlich hat in beiden Fällen jede Farbbezeichnung eine wohlbestimmte Referenz[48], und das Begriffssystem insgesamt eine (wenn auch jeweils verschiedene) semantische Interpretation. Analog ist auch in Fodors Beispiel der Mehrdeutigkeit syntaktischer Maschinenzustände die Unbestimmtheit dadurch auflösbar, daß man die empirische Anbindung (und das heißt in diesem Falle: die respektiven Bildschirminhalte) in die Betrachtung einbezieht. Auf dieser Ebene bestehen nämlich sehr wohl

---

[47] Vgl. Stich 1983, 108 – 109.

[48] Diese Referenz ist im übrigen auch den unglücklichen Bewohnern der farbinvertierten Welt durchaus zugänglich, da sie die Inversionsgeräte wahrnehmen und zutreffend analysieren können (wie es uns in gleichem Maße mit unseren Sinneswahrnehmungssystemen gelingt).

Unterschiede zwischen einer Simulation des Sechs-Tage-Krieges und einem Schachspiel.

Diese Überlegung führt damit insgesamt auf folgendes Resultat: Bei einer psychologischen Theorie müssen zwangsläufig einige ihrer Begriffe mit empirischen Merkmalen verknüpft sein; andernfalls läge lediglich ein mathematischer Kalkül, nicht aber eine psychologische Theorie vor. Nach dem Gesagten ist aber deutlich, daß diese empirische Anbindung bereits eine semantische Interpretation der deskriptiven Begriffe beinhaltet. Eine *rein syntaktische* Psychologie stellt daher *keine kohärent formulierbare Idee* dar. Allerdings besteht hierbei eine bedeutsame Besonderheit darin, daß eine Interpretation des deskriptiven Vokabulars nicht bereits eine erschöpfende Deutung der Gehalte mentaler Zustände bereitzustellen vermag.[49]

§ 7   Wie erwähnt (vgl. VII.3. § 1), sucht Stich seine syntaktische Option nicht allein anhand allgemeiner methodologischer Erwägungen, sondern auch durch die Behauptung zu stützen, intentionale Begrifflichkeit spiele in der kognitiven Psychologie faktisch keine Rolle. Demnach wären intentionale Begriffe nicht allein aus methodologischen Gründen, sondern auch empirisch zweifelhaft. Dieses Urteil sucht Stich durch den Nachweis zu begründen, daß die Alltagspsychologie — für die intentionale Redeweisen charakteristisch sind — mit der kognitiven Psychologie in fundamentaler Weise kollidiert.

Für diese Behauptung bedient sich Stich zweier Argumente. Das erste bezieht sich auf die kognitive Dissonanz (vgl. V.2. § 3). Stich weist darauf hin, daß in den einschlägigen Untersuchungen keine der Versuchspersonen auf die Frage nach den Gründen ihres Verhaltens über die von der Theorie postulierten Dissonanzreduktionsprozesse berichtete, sondern Gründe anderer Art anführte. Gleichwohl konnte das Verhalten der Versuchspersonen durch Rekurs auf diese Prozesse ausgezeichnet erklärt werden. Dies legt die Deutung nahe, daß wir über zwei kognitive Systeme verfügen, von denen das eine für unser verbales, das andere für unser nicht-verbales Verhalten verantwortlich ist, und daß beide Systeme weitgehend voneinander isoliert sind. Eine solche Hypothese dualer Kontrolle ist für Stich jedoch mit der Alltagspsychologie unvereinbar. Dieser zufolge haben nämlich die durch Ähnlichkeit identifizierten Überzeugungen bestimmte Funktionen. Sie sind sowohl die Grundlage von Äußerungen

---

[49] Zu diesem wichtigen Umstand vgl. VII.4.

als auch die Grundlage von Handlungen. Es ist daher anzunehmen, daß es so etwas wie Überzeugungen nicht gibt:

> What is striking about the results [die die duale Hypothese stützen] [...] is that they strongly suggest that *our* cognitive system keeps two sets of books [Untersysteme] in this way. And this is a finding for which folk psychology is radically unprepared. If it is true, then states similar to the one underlying our own ordinary utterance of ‚p' do *not* also participate in the production of our nonverbal behavior. In those cases when our verbal subsystem leads us to say ‚p' and our nonverbal subsystem leads us to behave as though we believed some incompatible proposition, there will simply be no saying which we believe. Even in the (presumably more common) case where the two subsystems agree, there is no saying which state is the belief that p. If we really do have separate verbal and nonverbal cognitive storage systems, then the functional economy of the mind postulated by folk theory is quite radically mistaken. And under those circumstances I am strongly inclined to think that the right thing to say is that *there are no such things as beliefs.*[50]

Stichs zweites empirisches Argument bezieht sich auf Theorien des Gedächtnisses. Um der Alltagspsychologie genüge zu tun, müßte man Modularität der Gedächtnistheorie verlangen, d. h., die alltagspsychologischen Gehaltzuschreibungen müßten als Inhalte des Gedächtnisspeichers identifizierbar sein. Nur solche Gedächtnistheorien sind also mit der Alltagspsychologie verträglich, die eine satzweise Speicherung annehmen. In einigen der gegenwärtig diskutierten Modelle ist dies jedoch nicht realisiert. Eines von diesen legt vielmehr die Deutung nahe, daß

> none of the distinct units or parts of the mental model ‚have meanings in themselves' and thus none can be identified with individual beliefs, desires, etc. Modularity [...] is violated in a radical way since meaning or content emerges only from ‚great webs of structure' and no natural part of the system can be correlated with ‚explicit' or verbally expressible beliefs.[51]

Stichs empirische Argumente sind von Horgan und Woodward diskutiert worden. Diese weisen darauf hin, daß im Falle der Dissonanztheorie tatsächlich keinerlei Schwierigkeiten einer Überzeugungszuschreibung bestehen, da man sich auf *unbewußte* Überzeugungen beziehen kann. So ist die übliche psychologische Interpretation dieser Befunde keinesfalls

---

[50] Stich 1983, 231 (Hervorhebung im Original). Zur vollständigen Argumentation vgl. Stich 1983, 230 – 238.
[51] Stich 1983, 241.

durch eine grundsätzliche Absage an intentionale Begriffe gekennzeichnet. Vielmehr geht man davon aus, daß Verhalten zumindest gelegentlich
durch unbewußte psychische Zustände bestimmt ist, introspektive Berichte über die Gründe dieses Verhaltens hingegen von bewußten psychischen Zuständen abhängen. Zwar stellt eine solche Deutung eine Modifikation, keinesfalls aber eine Zurückweisung der Alltagspsychologie dar.
Überdies ist für eine Vielzahl psychologischer Erklärungen im Rahmen
der kognitiven Psychologie (wie etwa die Attribuierungstheorie sowie
die Dissonanztheorie) der Bezug auf Überzeugungen wesentlich. Es kann
also keine Rede davon sein, daß die Psychologie einen Verzicht auf
intentionale Begriffe nahelege.[52]

Darüber hinaus ist, so Horgan und Woodward, das Modularitäts-
prinzip eine übertrieben strenge Bedingung für ein Zusammenpassen von
Alltagspsychologie und kognitiver Psychologie. Daß die grundlegenden
Zustände bzw. Begriffe im Rahmen beider Theorien übereinstimmen
sollten, ist nicht erforderlich, damit beide Theorien sich auf die gleichen
Größen beziehen. Schließlich könnten komplexe Zustände der kognitiven
Psychologie mit einfachen Zuständen der Alltagspsychologie identisch
sein.[53]

§ 8   Die Argumentation von Horgan und Woodward verfährt hier
erkennbar entlang der gleichen Linien wie unsere Diskussion von Fodors
Reduktionsbedingung (vgl. II.5. § 5). Tatsächlich ist Stichs Modularität
nichts anderes als ein Anwendungsfall von Fodors Forderung nach
prädikatweiser Zuordnung von Artbezeichnungen. In dieser Rekonstruktion verlangt also Stich für eine Identifikation der von Alltagspsychologie
und wissenschaftlicher Psychologie beschriebenen Objekte das Bestehen
einer inadäquat engen Reduktionsbeziehung zwischen beiden Theorien.

Nun ist Horgan und Woodward darin beizupflichten, daß Stichs
Beispielfälle den Verzicht auf intentionale Redeweisen jeglicher Art keineswegs nahelegen. Andererseits macht Stich hier doch überzeugend auf
die Möglichkeit aufmerksam, daß die Begrifflichkeit der wissenschaftlichen Psychologie inhaltlich in bedeutsamer Weise von dem vertrauten
Vokabular der Alltagspsychologie abweichen mag, so daß eine Identifikation der von beiden Zugangsweisen bezeichneten Zustände und Prozesse
auch dann problematisch ist und des Argumentes bedarf, wenn beide

---

[52] Horgan/Woodward 1985, 207 – 209.
[53] Vgl. Horgan/Woodward 1985, 211 – 217.

intentionale Konzepte verwenden. Auch unabhängig von Stichs Argumenten bestehen prima facie Zweifel an einer solchen Identifikation.

Es wurde bereits darauf hingewiesen, daß vielen Begriffen der wissenschaftlichen Psychologie ein Gegenstück in der Alltagspsychologie zu fehlen scheint. Zudem ist die funktionale Rolle, die den aus der Alltagspsychologie vertrauten Begriffen in der wissenschaftlichen Psychologie zukommt, manchmal wenig vertraut. So ist etwa in der Dissonanztheorie das Verhältnis von Überzeugung und Handlung überraschend. Halten wir alltagspsychologisch die introspektiv zugängliche Überzeugung für die Ursache der Handlung, so sind bei Auftreten von Dissonanzen die Handlung und deren Auswirkung gelegentlich eher die Ursachen der Überzeugungen – wie man aus dem in V.2. § 3 diskutierten Beispiel der durch Dissonanz induzierten Einstellungsänderungen erkennt. Darüber hinaus stimmen auch bei großer begrifflicher Ähnlichkeit die Artbezeichnungen in Alltagspsychologie und kognitiver Psychologie häufig nicht ganz überein. So unterteilt man etwa den alltagspsychologisch einheitlichen Begriff ‚Kopfschmerz‘ in der medizinischen Psychologie unter anderem in die Begriffe ‚Muskelkontraktionskopfschmerz‘ (‚Spannungskopfschmerz‘) und ‚Migräne‘ und ordnet beiden so bezeichneten Größen unterschiedliche Ursachen und Wirkungen zu. Aber gerade wenn psychologische Begriffe (wie von uns) als theoretische Begriffe gekennzeichnet werden, dann ist bei einer drastischen Änderung der Theorie auch eine Wandlung in der Bedeutung der betroffenen Ausdrücke zu erwarten. Damit ist zwar noch nicht von vornherein ausgeschlossen, daß sich die Psychologie (unter anderem) auf die uns vertrauten mentalen Zustände bezieht; aber es ist auch alles andere als ausgemacht, daß eine solche Identität des Bezuges besteht.

§ 9   Horgan und Woodward haben ein interessantes Argument zugunsten des Bestehens einer solchen Identität vorgetragen. Auch sie betonen, daß man von alltagspsychologischen mentalen Zuständen oder Ereignissen nur dann sinnvoll sprechen kann, wenn sich diese Zustände oder Ereignisse mit den von der Alltagspsychologie angenommenen kausalen Verknüpfungen identifizieren lassen.[54] Das bedeutet, daß die Adäquatheit der Zuschreibung von singularen Eigenschaften (wie ‚S glaubt, daß p‘ oder ‚S hat Schmerzen‘) entscheidend von der Korrektheit derjenigen allgemeinen Prinzipien bestimmt ist, die Überzeugungs- oder Wahrnehmungszustände bzw. -ereignisse miteinander oder mit Verhal-

---

[54]   Vgl. Horgan/Woodward 1985, 217.

tensweisen verknüpfen. Es hat demnach keinen Sinn, zu sagen, daß zwar die Einzelinstanzen (tokens) existieren mögen, nicht aber die zugehörigen Genera (types).

Horgan und Woodward weisen darauf hin, daß zwar die Artbezeichnungen von kognitiver Psychologie und Alltagspsychologie nicht übereinstimmen, daß aber jede Artbezeichnung dieser durch jeweils mehrere Artbezeichnungen jener ausdrückbar ist. Dies bedeutet in der Argumentation von Horgan und Woodward, daß die kognitive Psychologie die Alltagspsychologie nicht widerlegt, sondern daß die von der Alltagspsychologie spezifizierten mentalen Zustände und Ereignisse tatsächlich kausal wirksam sind. Dazu führen beide den Begriff der *Minimalverursachung* ein: Ein Ereignis e verursacht minimal ein Ereignis f, wenn e f verursacht und kein Teil von e f verursacht. Das führt zu den beiden Behauptungen:

(1) e kann eine *wirkliche* Ursache von f sein, ohne eine *minimale* Ursache von f zu sein.

(2) Wenn e sowohl f als auch g verursacht, dann kann der *Teil* von e, der f verursacht, verschieden sein von dem *Teil* von e, der g verursacht.

Die entscheidende These ist dann: Wenn die Alltagspsychologie sowohl f als auch g auf e zurückführt, und die kognitive Psychologie zwei verschiedene Teilereignisse e_1 und e_2 einführt, so daß e_1 minimal f und e_2 minimal g verursacht, dann widerlegt dies die Alltagspsychologie nicht.[55]

Die Intuition hinter dem Horgan/Woodward-Argument ist offenbar, daß die kognitive Psychologie zwar präziser als die Alltagspsychologie ist, deren kausale Architektur aber soweit intakt läßt, daß man nicht von einer wirklichen Verdrängung und Ersetzung sprechen kann. Tatsächlich läßt sich das Argument als die Behauptung rekonstruieren, daß zwischen der kognitiven und der Alltagspsychologie das Verhältnis der *korrigierenden Reduzierbarkeit* besteht. Es wird also eine Identifikation der bezeichneten Größen über eine Reduktion der zugehörigen Theorien angestrebt. In unsere Begrifflichkeit übersetzt, behaupten Horgan und Woodward hier die relative Interpretierbarkeit der Alltagspsychologie in der kognitiven Psychologie. Bezeichnet ,→' die Kausalbeziehung, so müssen die alltagspsychologischen Gesetze e → f und e → g auf die Bedingungen e_1 (im ersten Falle) bzw. e_2 (im zweiten Falle) relativiert werden, um zu gültigen Gesetzen der kognitiven Psychologie zu werden.

---

[55] Vgl. Horgan/Woodward 1985, 218–219.

Als Beispiel einer solchen Beziehung kann die bereits erwähnte Unterteilung von Kopfschmerzen in verschiedene Kopfschmerztypen (etwa Migräne und Spannungskopfschmerz) dienen. Eine der Wirkungen von Migräne besteht in vermehrter Lichtempfindlichkeit, eine der Wirkungen von Spannungskopfschmerz in einer Taubheit im Nackenbereich und in den Gliedern. Man könnte sich hier zwei alltagspsychologische Gesetzmäßigkeiten der folgenden Art vorstellen: (1) Kopfschmerz führt (manchmal) zu vermehrter Lichtempfindlichkeit (entsprechend e → f), (2) Kopfschmerz führt (manchmal) zur Gliedertaubheit (entsprechend e → g). Die Relativierung durch die medizinische Psychologie bestünde dann darin, die Geltung von (1) an das Vorliegen der Voraussetzung ‚Migräne' und die Geltung von (2) an das Vorliegen der Voraussetzung ‚Spannungskopfschmerz' zu binden. Auf diese Weise ließe sich eine relative Interpretation der Alltagspsychologie in der kognitiven Psychologie erreichen.

Allerdings ist relative Interpretierbarkeit nur eine notwendige, nicht auch eine hinreichende Bedingung für Reduzierbarkeit (vgl. II.2. § 4). Zusätzlich ist es erforderlich, daß die Relativierungsbedingung im Anwendungsbereich des interpretierten Gesetzes näherungweise erfüllt ist. Ist dies nicht der Fall, hätte man statt von Reduktion von nicht-reduktiver Theorieersetzung zu sprechen.

Es läßt sich hier nicht entscheiden, welche dieser beiden Möglichkeiten tatsächlich realisiert ist. Doch zeigt schon ein oberflächlicher Blick, daß eine Reduktion sicher dann nicht vorliegt, wenn das alltagspsychologische Ereignis e alternativ und erschöpfend in e_1 und e_2 unterschieden werden kann (was Horgan und Woodward allem Anschein nach vorschwebt), und sich die Sachlage im übrigen wie beschrieben darstellt. Dann nämlich ist entweder die Relativierungsbedingung e_1 näherungsweise erfüllt (wenn nämlich die meisten e auch e_1 sind), oder e_2 ist approximativ realisiert (wenn nämlich die meisten e auch e_2 sind), aber nicht beides. Das bedeutet, daß eines der beiden interpretierten Gesetze (also entweder e → f oder e → g) nicht auch reduziert sein kann. Demnach besteht also durchaus Anlaß zur Skepsis gegenüber der Horgan/Woodward-These eines gleichsam glatten und unproblematischen Einpassens der Alltagspsychologie in die wissenschaftliche Psychologie.

§ 10 Diese Beurteilung ist nicht schon als Billigung der syntaktischen Option zu werten. Im Gegenteil, wir halten diese Option für unzureichend begründet und überdies inhaltlich für mangelhaft geklärt. In jedem Falle ist nicht immer erkennbar, auf welche Art von Psychologie Stichs Zugangsweise eigentlich führt. So diskutiert Stich z. B. den auch hier erwähnten Fall der Überzeugung, ein Gebäude stehe in Flammen. Durch diesen Fall sollte die Existenz funktional äquivalenter, aber neurophysiologisch differenter Zustände aufgezeigt werden (vgl. II.5. § 2). In diesem Zusammenhang betont Stich, daß die syntaktische Theorie die funktionalistische Erklärung genau reproduziert, da auch sie die Auffassung vertritt, daß neural unterschiedlich realisierte Wege zu dem gleichen ,U-Zustand vom Typus F' (was zwar an die Überzeugung, es herrsche Feuer, erinnert, aber diese keineswegs bezeichnet) führen.[56] Faktisch treten hier offenbar bloß die altvertrauten semantisch interpretierten mentalen Repräsentationen im neuartigen syntaktischen Gewande auf.

In ähnlich versöhnlicher Stimmung hebt Stich explizit die Möglichkeit hervor, daß eine syntaktische Psychologie die alltagspsychologische Architektur der Wünsche und Überzeugungen näherungsweise nachbildet, so daß diese auf jene reduziert werden könnte.[57] Nachdem einige Kapitel zuvor noch von grundsätzlichen und unüberbrückbaren Divergenzen zwischen beiden Zugangsweisen die Rede war, bringt diese Wendung eine gewisse Unschärfe in die Position Stichs. Gelegentlich erscheint die syntaktische Theorie wie ein Verbalradikalismus, dessen hauptsächliche Errungenschaft darin besteht, wohlbekannte Phänomene mit einem neuen Etikett zu versehen.

Ähnlich dunkel bleibt die Gestalt der syntaktischen Begrifflichkeit. Marras vermutet hier (trotz aller Stichschen Proteste) eine Wiederbelebung des behavioristischen Vokabulars: in Verhaltensbeschreibungen sind ,arm-raisings' durch ,arm-risings' zu ersetzen.[58] Uns scheint es naheliegender, daß Stichs Modell im Grunde eine Ausdrucksweise favorisiert, die der Fusionstheorie der Intentionalität entspricht (vgl. VII.2. § 2). Wie dargestellt, kann Stich eine semantische Interpretation psychologischer Größen nicht ganz vermeiden, schreibt aber mentalen Zuständen oder Ereignissen keine Gehalte zu. Das ist jedoch gerade analog zum fusionstheoretischen Modell, in dem zwar die Aussage ,A glaubt-daß-a' insgesamt semantisch interpretiert ist, aber in dieser kein Gehaltsatz isoliert werden kann. Stichs These wäre dann als die Behauptung zu verstehen, daß Fodors methodologisches Argument gegen eine solche Zugangsweise unzutreffend ist, da mögliche Nachteile durch andersgeartete methodologische Vorzüge überwogen werden. Aus der hier geführten Diskussion des syntaktischen Modells folgt aber, daß solche Vorzüge nicht bestehen.

---

[56] Vgl. Stich 1983, 172−173.
[57] Vgl. Stich 1983, 222−223, 227.
[58] Vgl. Marras 1987, 126−127.

Stichs Theorie stellt eine Umsetzung des Programms des eliminativen Materialismus dar[59], der intentionale Redeweisen verwirft (vgl. II.6. § 1). Seine Argumentation macht aber auch auf einen wichtigen Umstand aufmerksam. Selbst wenn nämlich Brentano und Chisholm mit ihrer These recht haben, daß intentionale Begriffe nicht durch physikalische Begriffe definierbar sind, dann stellt dieser Umstand nur dann einen tragfähigen Einwand gegen eine ausschließlich physikalische Beschreibung des Mentalen dar, wenn Intentionalität ein *wesentliches* Merkmal des Mentalen ist. Jede Form des eliminativen Materialismus ist nämlich mit einer solchen Nicht-Definierbarkeit verträglich; diese hätte lediglich als weiteres Indiz für die Untauglichkeit intentionaler Begriffe zu gelten. Wollte man es der Neurophysiologie oder der Physik anlasten, daß intentionale Begriffe in ihrem Rahmen nicht ausdrückbar sind, so wäre dies mit dem Vorwurf an die statistische Thermodynamik zu vergleichen, sie erlaube keine Definition des Wärmestoffes. Entsprechend gehört Intentionalität nicht definiert, sondern abgeschafft.[60]

Ebensowenig wie der eliminative Materialismus strebt die Kognitionswissenschaft eine physikalische Definition intentionaler Begriffe an, versucht allerdings, intentional ausdrückbare Unterschiede anhand nicht-intentionaler Indikatoren zu erfassen und zu identifizieren. Zudem ist hier die Ebene der intentionalen Beschreibung nicht auch diejenige, auf der die Kausalität der Psychodynamik angesiedelt ist. Alles dies läßt erkennen, daß auch bei einem Konsens über die Nicht-Rückführbarkeit der Intentionalität der *Status* intentional beschriebener mentaler Zustände oder Ereignisse noch keineswegs geklärt ist. Diese können bedeutsam oder unwichtig, kausal effektiv oder unwirksam, dem Bewußtsein zugänglich oder diesem verschlossen sein. Das heißt, es verbleibt ein großer Spielraum für eine Philosophie des Bewußtseins, der nun differenzierter betrachtet werden soll. Dabei wollen wir in einem ersten Schritt den Status intentionaler Rede im Rahmen der bislang erörterten Richtungen in der Philosophie des Geistes rekonstruieren, anschließend verschiedene Theorien der Gehalte mentaler Zustände diskutieren und schließlich unsere eigene Auffassung entwickeln.

---

[59] Dementsprechend wird Stichs Ansatz von Churchland gebilligt und gelobt. Vgl. P. S. Churchland 1986, 382–383.

[60] Damit wird im Rückblick noch einmal deutlich, wie voreilig die Vorgehensweise Davidsons ist, die Intentionalität ohne weitere Argumentation als Kennzeichen des Mentalen zu akzeptieren (vgl. III.3. § 2). Nach der hier vorgetragenen Analyse ist deutlich, daß Davidson zeigen muß, daß Stich nicht recht haben kann, und zwar aus Gründen a priori.

4. Psychosemantik und Alltagspsychologie

§ 1 Kognitionswissenschaft und syntaktische Theorie stellen ihrem Anspruch nach *Erklärungsprogramme* der kognitiven Psychologie (wie sie exemplarisch in V.2 erläutert wurde) oder der Alltagspsychologie dar. Bei beiden handelt es sich also um *metatheoretische* Ansätze. Die Kognitionswissenschaft zielt auf eine Reproduktion der Alltagspsychologie durch eine an der Formalitätsbedingung orientierte Rekonstruktion der kognitiven Psychologie; die syntaktische Theorie verkörpert ein Programm zur Ersetzung der Alltagspsychologie bei gleichzeitiger Nachbildung der kognitiven Psychologie. Als erstes Charakteristikum sei dabei festgehalten, daß psychologische Zustände in der kognitiven Psychologie *bedeutungsvolle, semantisch interpretierte Größen* sind, und daß diese Eigentümlichkeit von der Kognitionswissenschaft akzeptiert wird, während die syntaktische Theorie ihre Abschaffung anstrebt.

Ein zweiter bemerkenswerter Umstand ist darin zu sehen, daß nur in der kognitiven Psychologie die semantische Interpretation auch *kausal* bedeutsam ist. Kognitionswissenschaft und syntaktische Theorie suchen die Verallgemeinerungen über Gehalte mentaler Repräsentationen durch eine Theorie formaler Operationen zu reproduzieren bzw. zu überwinden. Wie in VII.2. § 6 dargestellt, führt dies im Falle der Kognitionswissenschaft zu einer bemerkenswert *parallelistischen* Sicht des Verhältnisses zwischen denjenigen Eigenschaften, die der bewußten Erfahrung zugänglich sind, und denjenigen Eigenschaften, an denen die wissenschaftliche Beschreibung ansetzt. Die syntaktische Deutung der Bewußtseinsphänomene läßt sich dagegen als *epiphänomenalistisch* charakterisieren. Für den Epiphänomenalismus sind bewußte Ereignisse bloße Nebenprodukte der physiologischen Mechanismen, die nicht selbst in diese Mechanismen eingreifen (vgl. I.3. § 3).

Nun handelt es sich beim Epiphänomenalismus um eine Deutung des Leib-Seele-Verhältnisses; doch läßt sich diese Position unschwer auf das Seele-Seele-Verhältnis übertragen. Als Epiphänomen sei demnach allgemein ein Zustand (oder Ereignis) bezeichnet, der (oder das) im Zusammenhang eines bestimmten Komplexes von Zuständen (oder Ereignissen) auftritt, aber selbst kausal unwirksam ist und auch nicht sinnvoll als Indikator eines kausal wirksamen Zustandes (oder Ereignisses) betrachtet werden kann. Weiterhin können nicht nur bestimmte Zustände oder Ereignisse Epiphänomene sein, sondern auch besondere

Merkmale oder Eigenschaften solcher Zustände oder Ereignisse. Mit dieser Präzisierung wird deutlich, daß im Rahmen der syntaktischen Theorie die bewußten Merkmale mentaler Zustände offenbar zu bloßen Epiphänomenen der syntaktischen Kennzeichen dieser Zustände werden, die allein die Arbeitsweise der psychischen Maschinerie beherrschen. In den Begriffen von Huxleys Analogie ausgedrückt, introspektiv erfahrbar ist nur der Klang der Dampfpfeife, nicht der Gang der Kolben.

Ein dritter bedeutsamer Aspekt einer Philosophie des Bewußtseins ist die *Zustandsindividuation*. Hierbei geht es um das Verhältnis, das die im Rahmen der jeweiligen Zugangsweise vorgesehenen mentalen Typen zu den Artbezeichnungen der Alltagspsychologie aufweisen. Die Kognitionswissenschaft begreift die kognitive Psychologie als organische Weiterentwicklung der Alltagspsychologie und geht daher von einer approximativen (extensionalen) Übereinstimmung der wissenschaftlichen mit den alltagspsychologischen Zustandstypen aus. Demgegenüber behauptet die syntaktische Theorie das Bestehen erheblicher Divergenzen zwischen syntaktischen und alltagspsychologischen Ereignistypen.

Wir selbst sind der Auffassung, daß (im Gegensatz zur kognitionswissenschaftlichen Sichtweise) beträchtliche Unterschiede zwischen der Taxonomie der Alltagspsychologie und der Taxonomie der kognitiven Psychologie bestehen, wie im Folgenden näher begründet werden soll. Zunächst seien jedoch die Resultate der bisherigen Betrachtungen an dieser Stelle in einer Tabelle zusammengefaßt. Danach sind die folgenden Behauptungen charakteristisch für die besprochenen Ansätze:

	Semantische Interpretation mentaler Zustände	Kausale Wirksamkeit der Interpretation	Zustandsindividuation wie in der Alltagspsychologie
Kognitive Psychologie	Ja	Ja	Nein
Kognitions- wissenschaft	Ja	Nein	Ja
Syntaktische Theorie	Nein	Nein	Nein

Tabelle 2

§ 2   Für eine Philosophie des Bewußtseins verdient der (schon mehrfach erwähnte) Umstand Beachtung, daß die kognitive Psychologie zwar in intentionalen Begriffen formuliert ist — also der *Typus* der Begrifflich-

keit mit der Alltagspsychologie übereinstimmt — , daß gleichwohl die
derart beschriebenen psychischen Zustände durchaus neuartig sind —
also die *inhaltliche* Ausgestaltung der angenommenen mentalen Ereignisse von der Alltagspsychologie abweicht. Obschon etwa Motive als
Erwartungs- und Wertungsdispositionen eingeführt wurden (vgl. V.2.
§ 3) und damit unter alltagspsychologisch vertraute Kategorien fallen,
übersteigt doch die Funktion, die Motive in der Informationsverarbeitung
und Verhaltenssteuerung übernehmen, die Grenzen alltagspsychologischer Gesetzmäßigkeiten. Der Pygmalion-Effekt ist kein Teil der Alltagspsychologie. Unter Verwendung alltagspsychologischer, d. h. intentionaler, *Begriffe* lassen sich andere als die alltagspsychologischen *Gesetzmäßigkeiten* formulieren.

Diese Beobachtung legt nahe, zwischen Alltagspsychologie im *technischen* und im *intuitiven* Sinne zu unterscheiden.[61] Die Alltagspsychologie
im technischen Sinne ist durch den Bezug auf propositionale Einstellungen und entsprechend durch den Gebrauch intentionaler Begrifflichkeit
gekennzeichnet. Alltagspsychologie im intuitiven Sinne meint dagegen
die aus der Lebenspraxis vertrauten Muster von Handlungserklärungen;
sie umfaßt diejenigen Weisheiten, die Großmutters Schatzkästlein zur
Erklärung menschlichen Verhaltens bereithält. Die hier vertretene Behauptung lautet also, daß die Alltagspsychologie im technischen Sinne
den Bereich der Alltagspsychologie im intuitiven Sinne übersteigt. Zwar
ist die kognitive Psychologie im technischen Sinne alltagspsychologisch
orientiert, da sie von intentionaler Begrifflichkeit Gebrauch macht; aber
sie enthält Gesetzmäßigkeiten, die in Großmutters Schatzkästlein fehlen,
und ist insofern nicht auch im intuitiven Sinne alltagspsychologisch
ausgerichtet.

Das gleiche Bild ergibt sich, wenn man *unbewußte* psychische Prozesse in die Überlegungen einbezieht. Wie dargestellt, führen Horgan
und Woodward die Möglichkeit der Einführung derartiger Prozesse
gegen Stichs empirische Argumente ins Treffen, um zu zeigen, daß
alltagspsychologische Begriffe anwendbar bleiben. Dies gelingt zwar,
jedoch nur auf Kosten der Geltung alltagspsychologischer Gesetzmäßigkeiten. So bringt es die Annahme unbewußter Zustände mit sich, daß
einer der wesentlichen alltagspsychologischen Beobachtungsindikatoren
für mentale Zustände oder Ereignisse, nämlich der introspektive Bericht,
in seinem Anwendungsbereich eingeschränkt werden muß. Unbewußte

---

[61] Über Alltagspsychologie im *praktischen* Sinne vgl. IX. § 5.

Zustände oder Ereignisse werden nicht auf Verlangen berichtet; hier ist das subjektive Privileg des Mentalen verlorengegangen. Wenn man berücksichtigt, daß viele der von der Psychologie unterstellten kognitiven Zwischenprozesse von dieser Art sind, also über keine der introspektiven Erfahrung zugänglichen Indikatoren verfügen, so wird man zu dem Schluß geführt, daß unser bewußtes Erleben zumindest ein unvollständiges Bild unseres geistigen Lebens und der in ihm wirksamen Faktoren vermittelt.

Dieser Umstand läßt sich in zwei unterschiedlichen Optionen ausdrücken. Ein beträchtlicher Teil alltagspsychologischer Handlungserklärungen beruht auf dem in II.6. § 2 angeführten grundlegenden Satz:

> (A wünscht, daß b) ∧ (A glaubt, daß a → b) → (A schickt
> sich an, a herbeizuführen) (wenn A nicht zerstreut oder
> verwirrt ist, keine anderen Ziele die Oberhand ge-
> winnen, und A glaubt, daß er a herbeiführen kann etc.)   (1)

Man kann dieses Gesetz beibehalten, muß dann jedoch hinzufügen, daß der Handelnde seine eigenen Überzeugungen und Ziele nicht immer kennt. Dies wäre so auszudrücken, daß das folgende alltagspsychologische Gesetz falsch wird:

> (A glaubt, daß a) ∧ (A ist wahrhaftig) → (A berichtet auf
> Verlangen, daß er a glaubt)   (2)

Die andere Möglichkeit besteht darin, (2) beizubehalten, was jedoch die Aufgabe von (1) erzwingt. Zwar kennt dann der Handelnde stets seine Wünsche und Überzeugungen; aber diese sind mit seinen Taten nicht immer nach dem Muster von (1) verknüpft. In beiden Fällen liegt unzweifelhaft eine beträchtliche Abweichung vom vertrauten Muster intuitiv-alltagspsychologischer Handlungserklärung vor.

Dieser Schluß wird auch durch die psychologische Interpretation von Experimenten mit Split-Brain-Patienten gestützt. Bei solchen Patienten wurde (aus medizinischen Gründen) die neurale Verbindung zwischen beiden Hirnhälften durchtrennt. Fordert man einen solchen Patienten durch eine optische Information, die nur dem linken Gesichtsfeld und damit der rechten (stummen) Hirnhälfte dargeboten wird, zu einer bestimmten Handlung auf, und fragt man ihn anschließend, warum er diese Handlung ausgeführt habe, so weiß die (sprachfähige) linke Hirnhälfte nichts von der erhaltenen Aufforderung; der Patient führt andere, durchaus sinnvolle Gründe an.

Diese Eigentümlichkeit ist von Gazzaniga und LeDoux auf physiologisch intakte Personen verallgemeinert worden. Gazzaniga und LeDoux betrachten das Ich nicht als eine einheitliche psychische Größe und unterstellen eine Vielzahl mentaler Systeme im Gehirn, die alle (bei Vorliegen bestimmter Zustände) Verhalten hervorbringen können. Diese mentalen Systeme haben vielfach keine Verbindung miteinander; und dies hat zur Folge, daß das bewußte, sprachfähige Ich mit den tatsächlichen Handlungsgründen (die eben in der Aktivität eines isolierten mentalen Systems wurzeln) nicht immer vertraut ist. Das sprachfähige Ich nimmt diese Handlungen wahr und erfindet daraufhin plausible und einleuchtende Gründe für sie. In diesem Modell ist das Bewußtsein also keine einheitliche Größe, sondern enthält eine Vielzahl getrennter Einzelelemente.[62] Wie bei der kognitiven Dissonanz, so sind auch hier Überzeugungen eher die Folgen von Handlungen als deren Ursachen; und ein solcher Befund sprengt den Rahmen der intuitiven Alltagspsychologie.

Diese Überlegungen schließen noch nicht kategorisch aus, daß die Alltagspsychologie (im intuitiven Sinne) auf die wissenschaftliche Psychologie reduzierbar ist. Dies hängt davon ab, in welchem Ausmaß die alltagspsychologischen Regelmäßigkeiten von den kognitiv-psychologischen abweichen, d. h., wie gut gegebenenfalls entsprechende Relativierungsbedingungen erfüllt sind. Die Klärung dieser Frage erforderte eine umfassende und detaillierte Untersuchung des Verhältnisses von Alltagspsychologie und kognitiver Psychologie, die allerdings den Rahmen dieser Arbeit sprengen würde.[63] Jedenfalls lassen die bislang betrachteten Fälle eine Reduzierbarkeit zweifelhaft erscheinen.

Zusammenfassend bedeutet dies, daß das intentionale Vokabular in der Tat ein kennzeichnendes Merkmal der wissenschaftlichen Psychologie ist, daß aber die Bedeutung dieser Eigentümlichkeit weit geringer ist als vielfach angenommen. Trotz dieser Besonderheit können nämlich die so beschriebenen Zustände inhaltlich weit von den alltagspsychologisch bekannten oder bewußt erfahrenen Zuständen abweichen. Man mag das durchaus so ausdrücken, daß die kognitiven Zustände, nicht aber die alltagspsychologischen Zustände Träger der psychodynamischen Kausalität sind, daß also (alltagspsychologisch beschriebenes) Bewußtsein eine

---

[62] Vgl. Gazzaniga/LeDoux 1978, 146 – 151 (dt. 112 – 116).

[63] Eine derartige Untersuchung ist im übrigen schon deswegen gegenwärtig schwer möglich, weil in vielen Bereichen ein einheitlicher Forschungsstand der kognitiven Psychologie kaum erkennbar ist. Die (gegebenenfalls) reduzierende Theorie läßt sich aus diesem Grunde vielfach nicht eindeutig ausmachen.

bloße *Nebenwirkung* psychischer Prozesse ist.[64] Allerdings läßt sich sowohl der kausal effektive als auch der ursächlich irrelevante mentale Zustand in intentionaler Sprache adäquat beschreiben; beide sind also vom gleichen Typus. Es ist ein in der gegenwärtigen Philosophie des Geistes weitverbreiteter Fehler, die alltagspsychologische Zugangsweise mit der Verwendung intentionaler Begriffe zu identifizieren, ohne zu bedenken, daß auch in den Grenzen der intentionalen Beschreibung ein andersartiges Bild unseres bewußten Daseins entstehen kann.

Obwohl damit die intuitive Alltagspsychologie kaum dem Anspruch genügt, ein inhaltlich adäquates Bild unseres mentalen Daseins zu entwerfen, also nicht einmal, wie noch in VII.2. § 6 unterstellt, die Psychokinematik korrekt wiedergibt, erfüllt sie doch eine andere, wichtige Funktion. Sie dient nämlich als *Beobachtungstheorie* für die Zuschreibung mentaler Gehalte. Um diese Behauptung plausibel zu machen, soll in einem ersten Schritt das Problem der *Psychosemantik* erörtert und daraufhin der Beitrag der (intuitiven) Alltagspsychologie zur Lösung dieses Problems diskutiert werden.

§ 3   Die Psychosemantik sucht eine Antwort auf die Frage, wodurch die Gehalte mentaler Zustände bestimmt sind, oder auf welche Weise ein mentaler Zustand etwas darstellen, einen Sachverhalt repräsentieren kann. Diese Frage ist vor allem für das kognitionswissenschaftliche Programm wichtig, da auf seiner Grundlage mentale Zustände zunächst syntaktisch spezifiziert sind. Es stellt sich damit das Problem, was die semantische Interpretation formal charakterisierter mentaler Zustände fixiert. Im Lichte der Analyse in VII.3. § 6 besteht die nächstliegende Lösung dieses Problems offenbar darin, die Einbettung eines mentalen Zustandes in ein Netzwerk vorangehender Sinneswahrnehmungen, nachfolgender Handlungen und anderer mentaler Zustände ins Auge zu fassen. Wenn mentale Begriffe legitim als theoretische Begriffe charakterisiert werden können, dann bestimmen der theoretische Zusammenhang, in dem sie auftreten, und ihre Verknüpfung mit der Beobachtungsbasis ihre Bedeutung. Für psychologische Zustandstypen (wie Überzeugungen und Ziele) ist dies in der Tat erfüllt. Der Zustandstypus der Überzeugung läßt sich z. B. grob dadurch charakterisieren, daß Überzeugungen mögliche Wirkungen von Sinneswahrnehmungen sind, und daß sie mit Zielen

---

[64] Das hat zur Folge, daß die Formalitätsbedingung nicht auf die alltagspsychologischen, sondern auf die kognitiven Zustände zu beziehen ist.

und Handlungen in der durch Satz (1) beschriebenen Weise wechselwir-
ken.[65] Die Kennzeichnung mentaler Zustandstypen folgt daher dem
Muster der inhaltlichen Bestimmung anderer theoretischer Begriffe und
wirft insofern keine besonderen Schwierigkeiten auf.

Anders steht es hingegen mit der Charakterisierung der Gehalte
mentaler Zustände. Hier reicht es nicht hin, sich auf das Wechselwirkungsprofil der entsprechenden Zustände zu beziehen. Eine solche Gehaltzuschreibung anhand des Wechselwirkungsprofils könnte sich nämlich einerseits an den *faktisch* bei einer Person realisierten Wechselwirkungen eines mentalen Zustandes mit seinem Umfeld orientieren. Doch
wie bereits in VII.3. § 2 diskutiert, würde dies zu einer zu feinen Individuation von Überzeugungen führen. Es macht für den Inhalt der Überzeugung von der Sterblichkeit aller Menschen offenbar keinen Unterschied,
ob man weiß, wer Sokrates ist, obwohl das faktische Wechselwirkungsprofil dieser Überzeugung von jenem Wissen durchaus beeinflußt sein
mag.

Andererseits könnte man die *möglichen* Wechselwirkungen eines
mentalen Zustandes für seine Gehaltfestlegung heranziehen. In der Tat
stützte sich unsere Entgegnung auf Stichs Einwände gerade auf eine
präzisierte Fassung dieser Option (vgl. VII.3. § 5). Obwohl diese Entgegnung Stichs Argument entkräftet, hat sie doch (wie man nun einräumen
muß) andere Schwächen, die sie als einen allgemeinen Beitrag zum
Problem der Psychosemantik disqualifizieren. Die Schwierigkeit besteht
im Kern darin, daß die faktischen Wechselwirkungen manchmal durchaus den Gehalt mentaler Zustände zu beeinflussen vermögen.

Betrachten wir z. B. den tragischen Fall des Ödipus, der unwissentlich
seine eigene Mutter heiratet. Der dramatische Aspekt dieser Geschichte
besteht in dem Umstand, daß Ödipus anfangs nicht um die wahre
Identität der von ihm geehelichten Iokaste weiß, sondern von dieser erst
später erfährt. Die Enthüllung von Iokastes Identität führt bei Ödipus
offenbar zu einer drastischen Änderung der Überzeugungsgehalte bezüg-
lich der von ihm bislang geführten Ehe. Diese Änderung ist aber nur
mittels des faktischen Wechselwirkungsprofils der Ödipusschen Überzeugungen rekonstruierbar. Schließlich hat sich durch die Wirkung der
neuen Information ‚Iokaste ist meine Mutter‘ das Wechselwirkungsprofil
der zuvor bestehenden Überzeugung ‚ich führe eine moralisch unbedenk-
liche und den Göttern wohlgefällige Ehe‘ entscheidend verändert. Ent-

---

[65] Vgl. Fodor 1987, 69 – 70.

sprechend hat sich auch der Gehalt dieser Überzeugung geradewegs in sein Gegenteil verkehrt. Stützt man sich hingegen auf die technisch möglichen Wechselwirkungen, so ist diese Veränderung nicht erfaßbar. Die technische Möglichkeit einer Wechselwirkung zwischen neuer Information und alter Überzeugung besteht nämlich stets. Man hätte Ödipus jederzeit über die wahre Identität seiner Ehefrau in Kenntnis setzen können. In dieser Fassung führt die Wechselwirkungstheorie also zu einer zu groben Individuation von Überzeugungsgehalten.

Das Beispiel macht deutlich, daß auf der Grundlage der Wechselwirkungstheorie eine adäquate Bestimmung der Identität von Überzeugungsgehalten nicht gelingt, da man zwischen wesentlichen und unwesentlichen Wechselwirkungen unterscheiden muß. In einigen Fällen ist eine andersartige faktische Verknüpfung von Überzeugungen für den Inhalt dieser Überzeugungen relevant, in anderen nicht. Und die Auszeichnung der relevanten Verknüpfungen erfordert anscheinend wieder einen Rückgriff auf die Gehalte der beteiligten Überzeugungen. Damit ist aber die Wechselwirkungstheorie für eine Identifikation von Überzeugungsgehalten ungeeignet.[66]

§ 4   Neben der Wechselwirkungstheorie werden gegenwärtig in der Psychosemantik im wesentlichen zwei weitere Richtungen vertreten, nämlich das *teleologische* oder *darwinistische* und das *kausale* oder *korrelationale* Modell. Das teleologische Modell, etwa in der von Papineau stammenden Form, sieht die Gehalte von Überzeugungen durch ihre Wahrheitsbedingungen und diese wiederum durch den Erfolg derjenigen Handlungen, die auf diesen Überzeugungen beruhen, festgelegt. Der Handlungserfolg wird dabei seinerseits wieder durch evolutionstheoretische Merkmale bestimmt: Erfolgreiche Handlungen tragen zur Verbreitung der eigenen Gene bei. Die Behauptung der teleologischen Theorie lautet damit insgesamt: Daß die Überzeugung ‚Baum‘ gerade einen Baum repräsentiert, ist dadurch zu erklären, daß es der biologische, aus der natürlichen Selektion herausgebildete Zweck der Überzeugung ‚Baum‘ ist, durch Bäume hervorgerufen zu werden.[67]

Auch dieser (recht eigenartige) Ansatz weist eine Reihe von Schwächen auf. Der nächstliegende Einwand ist offenbar, daß die Annahme

---

[66] Dies übersehen die Churchlands, die die Intentionalität bereits mit einer Erläuterung der Kontext- oder Netzwerktheorie der Bedeutung für hinreichend erklärt halten. Vgl. P. M. Churchland 1981, 68 – 69; P. S. Churchland 1986, 344 – 346.

[67] Vgl. Papineau 1987, 63, 69 – 70.

der Bestimmung von Überzeugungsgehalten durch natürliche Selektion
impliziert, daß die Identität und Individualität aller Überzeugungsgehalte
angeboren sein müßte. Papineau weist diesen Vorwurf zurück und will
das Konzept der natürlichen Selektion auch auf Lernvorgänge im allgemeinen angewandt wissen:

> There is no need to restrict ourselves to inter-generational selection
> here. Natural selection occurs within generations, by learning, as well
> as between generations, by genetic changes. We can think of learning
> as selecting components for our cognitive mechanisms, analogously to
> the way that inter-generational evolution selects genes.[68]

Mit dieser Erweiterung ist das teleologische Modell jedoch nur noch
in einem metaphorischen Sinne darwinistisch ausgerichtet. Es geht nämlich anscheinend nur darum, daß die Überzeugungsgehalte einer Person
durch Belohnungen der Umgebung (oder Skinnersche Verstärkungen)
fixiert werden.[69] Dann aber ist wiederum nur schwer verständlich, weshalb Überzeugungen, die für eine Person ungünstige Konsequenzen haben
oder gar (man denke nur an den Fall des Märtyrers) für ihren vorzeitigen
Tod verantwortlich sind (wodurch sich die Chance der Genverbreitung
offenbar empfindlich vermindert), beibehalten werden.

Papineau sucht Einwänden dieses Typs dadurch Rechnung zu tragen,
daß er den Selektionswert von Überzeugungen zunächst danach bestimmt, ob sie die Bedürfnisse einer Person befriedigen bzw. den von ihr
angestrebten Zielen dienlich sind. Und alle Bedürfnisse und Ziele sind,
so Papineau, letztlich auf den Zweck der Genverbreitung zurückführbar
und durch diesen erklärbar (auch wenn die entsprechende Person von
diesem Zusammenhang nichts ahnt).[70] Das teleologische Modell beruht
damit auf der Unterstellung, daß alle menschlichen Ziele und Bedürfnisse
(und damit mittelbar das gesamte menschliche Verhalten) durch evolu-
tionsbiologische Betrachtungen erklärt werden können. Ein solcher evo-
lutionsbiologischer Universalismus ist jedoch inhaltlich unplausibel und
sachlich durch nichts gestützt. Papineau gibt keinerlei Hinweise darauf,
wie Überzeugungen, die dem Anschein nach eine Genverbreitung verhindern, diese letztlich doch noch fördern können. Das aber bedeutet, daß
es sich bei Papineaus darwinistischem Imperialismus im Grunde um
ein bloßes (zudem recht abenteuerliches) Postulat handelt. Auch das

---

[68] Papineau 1987, 66.
[69] Vgl. Papineau 1987, 66–67.
[70] Vgl. Papineau 1987, 68–69.

teleologische Modell vermag damit zu einer Klärung des Problems der Psychosemantik nichts beizutragen.

§ 5   Eine dritte Richtung stellt die kausale oder korrelationale Theorie der Psychosemantik dar, wie sie vor allem von Fodor vertreten wird. Danach ist der Gehalt einer Überzeugung die Menge äußerer Ursachen, die diese Überzeugung unter optimalen Bedingungen hervorbringen. Mit anderen Worten, der Überzeugungsgehalt ist bestimmt durch eine Korrelation zwischen diesem Gehalt und einem äußeren Zustand.[71] Die kausale Theorie ist die psychologische Version der referentiellen Semantik, die die Bedeutung von Begriffen mit der Referenz oder Extension dieser Begriffe identifiziert. Für die Psychosemantik geht es dabei nicht um Begriffsbedeutungen im allgemeinen, sondern nur um das engere Problem der inhaltlichen Interpretation mentaler Zustände. Konkret bedeutet dies, daß der Gehalt der Überzeugung ,dort ist es rot' (also nicht zwangsläufig auch des Begriffes ,rot') dadurch bestimmt werden soll, daß Einzelfälle dieser Überzeugung bei einer Person A dann realisiert sind, wenn A unter optimalen Bedingungen einen roten Gegenstand betrachtet. Durch diesen Rekurs auf die Referenz einer Überzeugung soll der Inhalt dieser Überzeugung in nicht-semantischen Begriffen rekonstruierbar sein.

Es ist hier nicht der Ort, Fodors im einzelnen raffiniert konstruierte und brillant verteidigte Theorie der Psychosemantik detailliert zu analysieren. Für unsere Zwecke reicht eine Skizze zweier ihrer Grundzüge aus. Hierbei geht es zum einen um eine nicht-semantische Spezifizierung der optimalen Bedingungen und zum anderen um das notorische Problem jeder referentiellen Semantik, nämlich die Bedeutungsverschiedenheit koextensionaler Begriffe.

Die Notwendigkeit, in die Kausalrelation zwischen äußeren Umständen und der entsprechenden Überzeugung den Vorbehalt der Realisierung optimaler Bedingungen einzufügen, entsteht aus der Möglichkeit irriger Überzeugungen. Man mag etwa tatsächlich auf eine Katze blicken, aber wegen der Ungunst der Umstände (wie zu große Entfernung, unzureichende Beleuchtung etc.) zu der Überzeugung gelangen, man sehe einen Hund. Das Problem besteht nun darin, diese optimalen Bedingungen in einer Weise zu charakterisieren, die nicht bereits auf das einem Betrachter verfügbare Begriffssystem oder auf andere seiner Überzeugungen Bezug

---

[71] Vgl. McLaughlin 1987, 272.

nimmt. Fodors Behauptung ist, daß es eine besondere Klasse von Überzeugungen gibt, nämlich Überzeugungen vom Bestehen einfacher Wahrnehmungsqualitäten, bei denen dies tatsächlich möglich ist. Überzeugungen von Farbqualitäten etwa drängen sich jedem Betrachter unabhängig
von seiner sonstigen kognitiven Ausstattung unmittelbar auf:

> For example: Paint the wall red, turn the lights up, point your face
> toward the wall, and open your eyes. The thought ‚red there‘ will
> occur to you; just try it and see if it doesn't.[72]

Bei derartigen Überzeugungen können die optimalen Bedingungen
durch physikalische Begriffe erschöpfend gekennzeichnet werden. Man
muß nur angeben, daß ein Betrachter mit offenen Augen auf eine hinreichend beleuchtete und hinreichend intensiv gefärbte Wand blickt, und
hat damit bereits eine Charakterisierung derjenigen äußeren Umstände,
die für das Entstehen der entsprechenden Überzeugung hinreichend sind.
Die genaue Beschreibung der optimalen Umstände kann sich dabei auf
die Psychophysik stützen, die gerade erklärt, wie groß ein Netzhautbild
mindestens sein muß, wie groß die optimale Sehentfernung ist usw.[73]
   Eine solche direkte Bestimmung ist jedoch nur für Begriffe der unmittelbaren Wahrnehmung möglich. Schon für Überzeugungen vom Vorliegen von Eigenschaften wie ‚ist ein Pferd‘ oder gar ‚ist ein Proton‘ gelingt
dies nicht mehr. Die Psychophysik kann nicht garantieren, daß man ein
Pferd als Pferd sieht; dazu muß man nämlich über den Begriff ‚Pferd‘
verfügen, und diese Bedingung ist bereits semantischer Natur.[74]
   Fodor schlägt folgende Lösung dieser Schwierigkeit vor. Bei allen
Überzeugungen, die nicht unmittelbare Sinneswahrnehmungen zum Gegenstand haben, wird eine Verknüpfung mit Sinneswahrnehmungen
durch andere Theorien hergestellt. Die Physik spezifiziert z. B. die Umstände, unter denen die Anwesenheit von Protonen gewisse wahrnehmbare Merkmale zur Folge hat (wie Schwärzung von Fotoplatten, Spuren
in Nebelkammern etc.), und diese Merkmale sind wiederum der Psychophysik zugänglich. Die Psychophysik stellt insofern ihrerseits eine Verbindung zwischen den Wahrnehmungsmerkmalen und den entsprechenden
Überzeugungen her. Die Überzeugung ‚dort ist ein Proton‘ ist also,
vermittelt durch Wahrnehmungsqualitäten sowie durch die Gesetze der
Psychophysik und der Physik, mit einem Zustand der äußeren Welt

---

[72] Fodor 1987, 112.
[73] Vgl. Fodor 1987, 112–113.
[74] Vgl. Fodor 1987, 116–117.

verknüpft, und dieser äußere Zustand ist gerade der Gehalt der entsprechenden Überzeugung:

> physics – including the physics of the experimental environment – guarantees a reliable causal covariation between instantiations of *proton* and the psychophysical properties of the photographic plate, or the cloud chamber, or the voltmeter, or whatever apparatus you're using to detect protons (if physics didn't guarantee this correlation, what you're using wouldn't count as a proton detector). And psychophysics guarantees a reliable causal covariation between the observable properties of the apparatus and the tokening of concepts in the belief box (if psychophysics didn't guarantee this correlation, these properties of the apparatus wouldn't count as observable).[75]

Dabei ist klar, daß die Kausalkette vom äußeren Zustand zur entsprechenden Überzeugung durch die *Kenntnis* der entsprechenden physikalischen Theorie vermittelt ist; man muß *wissen*, daß bestimmte Nebelkammerspuren die Präsenz von Protonen anzeigen. Die Mechanismen, die den äußeren Zustand mit der entsprechenden Überzeugung verknüpfen, sind also intentionaler Natur. Fodors Behauptung ist jedoch, daß dieser Umstand für das Problem der Psychosemantik ohne Belang ist. Für die Frage, was eine gegebene Überzeugung repräsentiert, ist allein wesentlich, *daß* eine verläßliche Verbindung zwischen dieser Überzeugung und einem äußeren Zustand besteht; es ist unwesentlich, *wie* diese Verbindung zustandegebracht wird. Die Psychosemantik benötigt allein,

> that the causal control should actually obtain, *however* it is mediated. The claim, to put it roughly but relatively intuitively, is that it's sufficient for ,proton' to express *proton* if there's a reliable correlation between protons and ,protons', effected by a mechanism whose response is specific to psychophysical traces for which protons are *in fact* causally responsible. And *that* claim *can* be made in nonintentional, nonsemantic vocabulary. It just was.[76]

Das bedeutet, jemand verfügt über den Begriff des Protons (bzw. hat die Überzeugung ,dort ist ein Proton'), wenn sein Begriff des Protons in korrekter Weise mit physikalischen Merkmalen verbunden ist; er mag darüber hinaus von Protonen denken, was er will. So mag jemand Protonen für lebendig halten; solange er daran festhält, daß sich Protonen in den üblichen Nebelkammerspuren niederschlagen, verfügt er über den

---

[75] Fodor 1987, 119 (Hervorhebung im Original).
[76] Fodor 1987, 121 (Hervorhebung im Original).

richtigen Begriff des Protons.[77] Es sind die einer Überzeugung zugeordneten beobachtbaren Merkmale, die ihren Gehalt fixieren.

Nun vermag Fodors Theorie der Psychosemantik auch dann keine
vollständige Theorie der Gehalte mentaler Zustände zu liefern, wenn sie
völlig korrekt wäre. Eine referentielle Psychosemantik taugt nämlich
allenfalls für Überzeugungen, auf die Fodor seine Überlegungen auch
beschränkt, versagt jedoch in jedem Falle bei Zielen. Schließlich bezeichnen Ziele (noch) nicht verwirklichte Zustände, womit ihnen keine Gegenstücke in der wirklichen Welt entsprechen.[78] Aber auch bei der Beschränkung auf Überzeugungen reicht Fodors Ansatz für eine Gehaltbestim-
mung nicht aus. Zum einen ist Fodors Modell einer Wahrnehmungsbasis
unzutreffend, zum anderen ist eine Rückführung von Überzeugungsgehalten auf diese Wahrnehmungsbasis nicht mit ausreichender Präzision
möglich.

McLaughlin hat bereits darauf aufmerksam gemacht, daß auch Wahrnehmungszustände und Wahrnehmungserlebnisse von Überzeugungsgehalten beeinflußt sein können. Blickt man nämlich auf eine rote Wand
und ist gleichzeitig der Auffassung, die Wand werde von rotem Licht
angestrahlt, so gelangt man zu der Überzeugung, daß die Wand weiß
ist.[79] Das zeigt aber gerade, daß die von der Psychophysik spezifizierten
optimalen Bedingungen keineswegs hinreichen, um sicherzustellen, daß
jemand zu einer bestimmten Überzeugung gelangt. Zusätzlich dürfen
keine anderen Überzeugungen die Ausbildung der fraglichen Überzeugung verhindern, und diese Forderung nimmt offenbar wieder Bezug auf
Überzeugungsgehalte.

Darüber hinaus muß jemand, der die begrifflich gefaßte Überzeugung
‚dort ist es rot' hat, zumindest wissen, daß rot eine Farbe ist (obwohl
jemand den Sinneseindruck ‚rot' haben kann, ohne die entsprechende
Überzeugung zu haben).[80] Dem läßt sich hinzufügen, daß in verschiedenen Kulturen Farbtönungen auf unterschiedliche Weise begrifflich erfaßt
werden. Daher mögen zwei verschiedene Farbtönungen bei der einen
Person zu Überzeugungszuständen gleichen Gehaltes, bei einer anderen
Person jedoch zu Überzeugungszuständen unterschiedlichen Gehaltes
führen. Derartige Differenzen in der Individuation von Überzeugungsgehalten entziehen sich offenbar der psychophysikalischen Charakterisie-

---

[77] Vgl. Fodor 1987, 124–125.
[78] Vgl. Pylyshyn 1984, 48.
[79] Vgl. McLaughlin 1987, 280.
[80] Vgl. McLaughlin 1987, 281.

rung. Zudem mag jemand, der auf eine psychophysikalisch optimal ausgeleuchtete rote Wand blickt, deshalb nicht zu der Überzeugung ‚dort ist es rot' gelangen, weil er zerstreut oder verwirrt ist. Die Kennzeichnung von Optimalität muß daher offenbar auch psychische Bedingungen enthalten. Fazit dieser Erörterungen ist damit aber, daß keine Ebene existiert, auf der Überzeugungsgehalte durch isolierte Berücksichtigung äußerer Umstände oder durch exklusive Betrachtung des ‚Gegebenen' bestimmbar sind. Überzeugungsgehalte sind stets auch vom Kontext anderer Überzeugungen abhängig.[81]

Selbst wenn man Fodors Vorstellung einer Sinnesdatenbasis akzeptiert, führt sein Modell noch immer auf eine unangemessene Individuation von Überzeugungsgehalten. Fodors referentielle Psychosemantik impliziert nämlich, daß empirisch äquivalente mentale Begriffe (und entsprechend Überzeugungen mit den gleichen beobachtbaren Gegenstücken) in jedem Falle semantisch äquivalent sind. Diese Konsequenz wird von Fodor allem Anschein nach ausdrücklich gebilligt, wie sein Beispiel des Glaubens an lebendige Protonen deutlich macht. Eine solche exklusive Fixierung auf den Beobachtungsgehalt von Überzeugungen ist jedoch inadäquat. Nehmen wir an, ein mittelalterlicher Hexenkundler und ein moderner Psychiater identifizierten eine bestimmte Erkrankung, z. B. Epilepsie, anhand der gleichen beobachtbaren Symptome, wie Bewußtseinsverlust, Muskelkrämpfe und Schaum vor dem Mund. Der Hexenkundler führe diese Erkrankung auf Besessenheit mit dem Dämon Epilepsia zurück, während der Psychiater eine neuronale Fehlfunktion annimmt. Trotz der hier unterstellten empirischen Äquivalenz beider Krankheitsbegriffe erscheint es höchst unplausibel, beider Überzeugung ‚hier liegt ein Fall von Epilepsie vor' den gleichen Gehalt zuzuschreiben.

Zur gleichen Beurteilung gelangt man, wenn man einen (nur wenig idealisierten) Fall aus der tatsächlichen Wissenschaftsgeschichte ins Auge faßt, nämlich das Verhältnis der Begriffe ‚Sauerstoff' und ‚dephlogistizierte Luft' im Frühstadium der Chemischen Revolution. Die empirischen Tests (also die Wahrnehmungsindikatoren) für die Anwendbarkeit beider Begriffe waren hier äquivalent (z. B. helles Aufflammen von Kerzen, Herstellung des Gases durch Erwärmen von Quecksilberoxid/Quecksilberkalk). Wenn man sich demnach vorstellt, daß Priestley und Lavoisier, sagen wir im Jahre 1773, vor einem Behälter mit aus Quecksilberoxid/Quecksilberkalk erzeugtem Gas stehen und jeweils ‚dort ist dephlogisti-

---

[81] Dieses Resultat stützt unsere Analyse des psychologischen Basisproblems in VII.1.

zierte Luft' und ,dort ist Sauerstoff' äußern, so muß man ihnen auf der Grundlage von Fodors Modell Überzeugungen gleichen Gehaltes zuschreiben. Angesichts der verschiedenartigen theoretischen Vorstellungen, die beide mit dieser Äußerung verbinden, ist eine solche Gehaltidentifikation jedoch unangebracht. Während sich Priestleys Überzeugung auf Luft bezieht, der Phlogiston (der Träger der Eigenschaft der Brennbarkeit, der bei der Verbrennung aus dem brennenden Körper entweicht) entzogen wurde, meint Lavoisier das elementare Gas Sauerstoff, das sich bei der Verbrennung mit dem brennenden Körper verbindet und dabei Wärmestoff abgibt. Für Priestley existiert Sauerstoff ebensowenig wie für Lavoisier Phlogiston. Ihnen gleichwohl denselben Überzeugungsgehalt zuzuschreiben, würde ihren beträchtlichen Auffassungsunterschieden kaum gerecht.

Die Inadäquatheit von Fodors kausaler Theorie der Überzeugungsgehalte wird noch deutlicher, wenn man die weitere Entwicklung von Lavoisiers Sauerstofftheorie ins Auge faßt. Lavoisier fügt nämlich seiner ursprünglichen Konzeption eine Theorie der Säurestärke bei, die den Sauerstoff als Ursache der sauren Eigenschaften auffaßt (wie die Bezeichnung ,Sauerstoff' noch heute erkennen läßt). Damit führt er zugleich einen neuen empirischen Indikator für den Sauerstoffgehalt einer Substanz ein, nämlich deren Säurestärke. Lavoisiers anfänglichem und seinem späteren Sauerstoffkonzept sind demnach nicht mehr die gleichen Wahrnehmungsmerkmale zugeordnet, und damit sind sie, nach Fodors Modell, nicht mehr semantisch äquivalent. Den semantischen Umbruch nicht bei der Chemischen Revolution, sondern stattdessen bei der Formulierung der Säuretheorie zu lokalisieren, stellt allerdings die unplausibelste aller denkbaren Alternativen dar. Das alles führt zu dem Schluß, daß Fodors kausale Psychosemantik die Individuation von Überzeugungsgehalten nicht angemessen rekonstruieren kann.

Das Programm einer naturalistischen Psychosemantik ist damit (zumindest gegenwärtig) nicht erfolgreich durchführbar. Die Gehaltzuschreibung mentaler Zustände ist durch die für die Interpretation psychologischer Zustandstypen hinreichende Wechselwirkungstheorie nicht möglich und gelingt ebensowenig durch ausschließlichen Rekurs auf physikalische Umstände. Intentionalität wirft daher in der Tat Probleme besonderer Art auf. Die semantische Interpretation mentaler Zustände entzieht sich sowohl dem Zugriff nicht-intentionaler psychologischer Begriffe (also Bezeichnungen psychologischer Zustandstypen) als auch dem Zugriff physikalischer Begriffe.

Dies zeigt, daß Brentano und Chisholm intentionalen Prädikaten zu Recht eine Sonderstellung zusprechen. Es zeigt auch, daß Stich mit seiner Behauptung recht hat, daß die funktionale Definition mentaler Zustände besondere Schwierigkeiten aufwirft (wenn auch Stichs Gründe für seine Behauptung nicht überzeugend sind). Es wäre jedoch unangemessen, (wie Stich) aus dieser Sachlage zu schließen, daß man eine intentionale Beschreibung psychischer Zustände aufgeben müsse. Schließlich hat die Darstellung in VII.2. § 2 deutlich gemacht, daß solche intentionalen Beschreibungen empirisch erfolgreich sind, und es wäre inadäquat, eine empirisch erfolgreiche Vorgehensweise nur deshalb zu verwerfen, weil sie auf andere theoretische Ansätze nicht reduzierbar ist.[82] Die intentionale Interpretation mentaler Zustände ist *emergent* relativ zur semantischen Interpretation sowohl nicht-intentionaler psychologischer Begriffe als auch physikalischer Begriffe. Aber dieser Umstand kann natürlich nicht als hinreichender Grund für die Abschaffung intentionaler Redeweisen gelten.

§ 6   Wenn aber das Programm einer naturalistischen Psychosemantik scheitert und die Gehalte mentaler Zustände somit nicht durch exklusiven Rückgriff auf nicht-intentionale Beschreibungen zugänglich sind, auf welche Weise können wir dann überhaupt einen empirischen und theoretischen Zugang zu diesen Gehalten finden? Wie bestimmen wir Gehalte mentaler Zustände? Unserer Auffassung nach spielt hierbei die intuitive Alltagspsychologie eine wesentliche Rolle, und insofern funktioniert die Alltagspsychologie als *Beobachtungstheorie*. Mit ihrer Hilfe schreiben wir Personen mentale Zustände eines bestimmten Gehaltes zu, deren Wechselwirkungen und weitere Merkmale anschließend durch den Rekurs auf die Zustände der theoretischen Psychologie *erklärt* werden. Z. B. zeigten in Banduras Experiment zum Imitationslernen auch diejenigen Kinder nach expliziter Aufforderung Verhaltensimitationen, bei denen diese nicht spontan in Erscheinung traten. Daraus wurde geschlossen, daß auch diese Kinder das entsprechende Verhalten zuvor gelernt hatten (vgl. V.2. § 2). Offenbar liegt einem solchen Schluß eine alltagspsychologische Regelmäßigkeit der folgenden Art zugrunde:

(A zeigt auf Verlangen ein Verhalten a) → (A kennt a) →
(A hat a gelernt)

Daß ein Lernprozeß stattgefunden hat, wird also mit den Mitteln der intuitiven Alltagspsychologie festgestellt; Aufgabe der wissenschaftlichen

---

[82] Vgl. unsere Diskussion des Physikalismus in VI.4. § 4.

Psychologie ist es, die Voraussetzungen und Eigentümlichkeiten eines
solchen Lernprozesses zu erklären (wie es dann im Rahmen der sozial-
kognitiven Lerntheorie geschieht). Die alltagspsychologischen Regelmäßigkeiten entgehen dabei leicht der Aufmerksamkeit, da sie trivial und
selbstverständlich scheinen. Dieser Eindruck ist jedoch trügerisch, was
sich daran zeigt, daß sie (wie hervorgehoben) falsch werden können.

Während in diesem Falle das Bestehen einer propositionalen Einstellung (A hat gelernt, daß a) unmittelbar aus der Anwendung alltagspsychologischer Gesetze auf beobachtbares Verhalten erschlossen wird, erfolgt die Ermittlung solcher Einstellungen häufig auf indirekte Weise.
Z. B. schreiben wir im Falle des Ödipus der Information über die
wahre Identität Iokastes deshalb eine gehaltverändernde Wirkung auf
das Überzeugungssystem des Ödipus zu, weil sonst die nachfolgenden
selbstverstümmelnden Handlungen des Ödipus aus dem Blickwinkel der
intuitiven Alltagspsychologie nicht zu verstehen wären. In der Alltagspsychologie wird nämlich angenommen, daß das Ziel der Bewahrung der
eigenen körperlichen Unversehrtheit nur im Zustand größter Verzweiflung aufgegeben wird, weshalb auch der Inhalt der Ödipusschen Überzeugungen in einer Weise rekonstruiert werden muß, die diese Verzweiflung plausibel erscheinen läßt. Gleiches gilt für das in VII.2. § 2 angeführte Beispiel einer Person, die Zeuge eines Unfalls geworden ist. Um das
helfende Verhalten dieser Person aus alltagspsychologischer Perspektive
verständlich zu machen, muß man ihr unter anderem die Überzeugung
zuschreiben, daß ein anderer Mensch soeben verletzt wurde und der
Hilfe bedarf. Umgekehrt weisen zwei Überzeugungen dann den gleichen
Gehalt auf, wenn mögliche Unterschiede (aus alltagspsychologischer
Sicht) keinen Einfluß auf das Verhalten haben. Ein solcher Fall ist z. B.
in dem in VII.3. § 2 angeführten Beispiel realisiert, in dem bei einer
Person A die Überzeugung ‚alle Menschen sind sterblich‘ mit dem Namen
‚Sokrates‘ verknüpft ist, während bei einer anderen Person B diese
Verbindung fehlt. Die Gehalte beider Überzeugungen sind hier deshalb
gleich, weil dieser Unterschied für eine alltagspsychologische Beschrei-
bung der Verhaltensweisen von A und B irrelevant ist.

Dies führt auf die allgemeine Vermutung, daß der Gehalt einer
Überzeugung als Äquivalenzklasse faktischer kausaler Wechselwirkungen
dieser Überzeugung mit ihrem kognitiven Umfeld bestimmt werden kann.
Zwar fixieren die bei einer Person faktisch realisierten Wechselwirkungen
innerhalb ihres kognitiven Systems sowie mit der äußeren Umgebung
die Gehalte der mentalen Zustände dieser Person, Unterschiede in dem

so bestimmten kausalen Profil spiegeln sich jedoch nicht unbedingt in
Gehaltunterschieden wider. Daran scheitert eben eine Wechselwirkungstheorie der Psychosemantik. Das faktische kausale Profil führt nicht
auf die richtigen Zustandstypen für Überzeugungsgehalte; bestimmte
faktische Verknüpfungen sind für Gehaltidentifikationen irrelevant.

Offenbar leistet die intuitive Alltagspsychologie gerade diese Unterscheidung zwischen relevanten und irrelevanten Verknüpfungen, oder
anders ausgedrückt: offenbar faßt die Alltagspsychologie mehrere faktische kausale Profile eines singularen mentalen Ereignisses zu einer Äquivalenzklasse zusammen. Und diese Äquivalenzklasse kann sinnvoll mit
dem Typus der entsprechenden Überzeugung, und das heißt mit ihrem
Gehalt, identifiziert werden. Dies zeigt zum einen, auf welche Weise
und durch welche Mechanismen die intuitive Alltagspsychologie die
Gehaltidentifikation mentaler Zustände zustandebringt, und macht zum
anderen deutlich, warum diese Zugangsweise keinen Beitrag zu einer
naturalistischen Psychosemantik darstellt. Die Bedingungen für die Äquivalenz von kausalen Profilen werden nämlich selbst wieder in intentionalen Begriffen formuliert. Schließlich läuft diese Vorgehensweise grob
gesagt darauf hinaus, daß die Gehalte mentaler Zustände auf solche
Weise bestimmt werden, daß sie zu den Inhalten der übrigen mentalen
Zustände einer Person sowie ihrer Interaktion mit der Umgebung passen.

Man erkennt, daß hier eine Verfeinerung des in III.3. § 7 diskutierten
Verfahrens zur Interpretation von Sprache und Verhalten vorliegt. Mentale Gehalte werden derart spezifiziert, daß sie im Lichte alltagspsychologischer Gesetze ein möglichst kohärentes System bilden. Im Falle des
Ödipus führt die Zuschreibung des Zustandes der Verzweiflung zu einer
sinnvollen Verknüpfung zwischen der Überzeugung von Iokastes Identität
und Ödipus' Selbstverstümmelung. Ihm stattdessen den Zustand der
Freude über die Wiederentdeckung seiner Mutter zuzuschreiben, ließe
eine Inkohärenz im Überzeugungssystem des Ödipus entstehen, die seine
nachfolgenden Handlungen (bei Anwendung von Satz (1) und der alltagspsychologischen Unterstellung des hohen Wertes körperlicher Unversehrtheit) unverständlich machen würde. Auf diese Weise schafft die
Anwendung alltagspsychologischer Gesetze die Datenbasis, an der die
theoretische Erklärung anzusetzen hat.

Folglich ist der rechte Ort für intuitiv-alltagspsychologische Gesetze
das *Explanandum*, nicht das *Explanans*. Die intuitive Alltagspsychologie
ist eine Beobachtungstheorie der wissenschaftlichen Psychologie, d. h.,
alltagspsychologische Zustände sind (wenn auch gelegentlich mangel-

hafte und unscharfe) *Indikatoren* für theoretische Zustände; jene erlangen erst durch Verknüpfung mit diesen theoretische Signifikanz und Aussagekraft. Wegen ihrer Rolle als Indikatoren sind alltagspsychologische Zustände auch nicht als Epiphänomene aufzufassen. Zwar greifen sie nicht selbst in die kausalen Mechanismen ein, zeigen aber zumindest einen Teil der wirksamen Prozesse an.

Um eine Theorie als adäquate Beobachtungstheorie auszuzeichnen, sind zwei Bedingungen notwendig, wenn auch beide gemeinsam nicht hinreichend sind. So müssen erstens die Begriffe der Beobachtungstheorie T_B den Begriffen der erklärenden Theorie T_E auf solche Weise entsprechen, daß alle den Begriffen von T_B zugeordneten *empirischen* Merkmale auch bei den entsprechenden Merkmalen von T_E auftreten, aber nicht umgekehrt. Betrachten wir z. B. den in VII.3. § 8 diskutierten Fall der Unterscheidung des Kopfschmerzes in Migräne und Spannungskopfschmerz. Alleiniges Beobachtungsmerkmal für die Anwendbarkeit des Alltagsbegriffes ‚Kopfschmerz' ist das Auftreten des entsprechenden Schmerzes bzw. dessen Verhaltensäußerungen. Dieses Merkmal ist nun ebenfalls den beiden Begriffen der medizinischen Psychologie zugeordnet, wobei diese darüber hinaus noch mit Merkmalen wie Lichtempfindlichkeit oder Taubheit in den Gliedern verknüpft sind. Offenbar tritt der Beobachtungsgehalt des Alltagsbegriffes ungeschmälert bei den wissenschaftlichen Begriffen in Erscheinung, nur mit dem Unterschied, daß diese noch durch zusätzliche Merkmale präzisiert sind. In einem solchen Falle liegt es nahe, den Kopfschmerzbegriff als Teil der Beobachtungssprache zu betrachten und die beiden psychologischen Begriffe als dessen theoretische Differenzierung. Kopfschmerz ist ein Indikator für Migräne und Spannungskopfschmerz. Umgekehrt fehlt z. B. dem Begriff der ‚unbewußten Überzeugung' ein wesentliches intuitiv-alltagspsychologisches Beobachtungsmerkmal, nämlich die introspektive Zugänglichkeit. Dieser Begriff kann daher nicht als Bestandteil der Alltagspsychologie aufgefaßt werden, wenn diese als Beobachtungstheorie gelten soll.

Das Kopfschmerz-Beispiel macht deutlich, daß die alltagspsychologischen Indikatoren auf recht unbestimmte Weise mit theoretischen Zuständen verknüpft sein können. Offenbar zeigt hier ein und derselbe Indikator zwei unterschiedliche theoretische Zustände an. Eine derart unpräzise Verbindung schließt gleichwohl nicht aus, daß die alltagspsychologischen Zustände durch Rekurs auf die theoretischen Zustände *präzise* erklärt werden können. Für eine solche Erklärung ist nämlich nicht der Schluß vom Indikator auf den Zustand, sondern vom Zustand auf den Indikator erforderlich, und Mehrdeutigkeit in der einen Richtung ist mit Eindeutigkeit in der anderen Richtung sehr wohl verträglich.

Wollte man sich auf die Forderung nach dem Bestehen einer solchen Teilmengen-Relation bei den empirischen Merkmalen beschränken, so würde dies die Möglichkeit bieten, grob inadäquate Theorien dadurch vor der Verwerfung zu bewahren, daß man sie zur Beobachtungstheorie erklärt. So betrachtete etwa die Phlogistonchemie Schwefelsäure als elementare Substanz, die durch zunehmende Phlogistonzufuhr in die (modern gesprochen) Schwefeloxide überging und beim Schwefel ihren maximalen Phlogistizierungsgrad erreichte. Dies bedeutet, daß die Begriffe ‚in gewissem Grade oxidierter Schwefel‘ und ‚in gewissem Grade phlogistizierte Schwefelsäure‘ die gleiche empirische Substanz bezeichnen mögen und daher die gleichen Beobachtungsmerkmale aufweisen. Dieser Umstand ließe sich dazu benutzen, die Phlogistonchemie in eine Beobachtungstheorie umzuwandeln und ihr die Sauerstoffchemie als erklärende Theorie gegenüberzustellen. Es ist aber offenbar inadäquat, chemische Phänomene zunächst in phlogistischer Sprache zu beschreiben, um sie dann in der Ausdrucksweise der modernen Chemie zu erklären.

Wir müssen daher zusätzlich von einer Beobachtungstheorie verlangen, daß sie gewissen Anforderungen an ihre empirische und methodologische Qualifikation genügt. Durch diese zweite Bedingung wird die Phlogistonchemie als Beobachtungstheorie ausgeschlossen, während beim gegenwärtigen Forschungsstand unzweifelhaft davon auszugehen ist, daß die Alltagspsychologie diese Forderung erfüllt. Daraus wird im übrigen deutlich, daß die Bedingungen für adäquate Beobachtungstheorien schwächer sind, als sie für Reduktionen angemessen wären. Für eine Reduzierbarkeit ist nämlich die *Definierbarkeit* der entsprechenden Begriffe erforderlich, während hier nur die Zuordnung von Beobachtungsmerkmalen der entsprechenden Begriffe verlangt wird. Mögliche Differenzen des kausalen Profils kommen daher nicht zum Tragen.

Diese Betrachtung zeigt, daß es möglich ist, die Alltagspsychologie als Beobachtungstheorie zu verwenden; sie zeigt nicht, daß eine solche Verwendung zwingend ist. Es ist denkbar, daß Beobachtungstheorien angegeben werden können, deren Begriffe präzisere Indikatoren für theoretische Zustände bereitstellen. Eben deshalb ist aber auch die Erfüllung beider Bedingungen nicht hinreichend für die Adäquatheit der Alltagspsychologie als Beobachtungstheorie. Allerdings gibt es gegenwärtig keinerlei alternative Beobachtungstheorie; auf dem Felde der Datenbeschreibung ist der Alltagspsychologie bislang keine ernsthafte Konkurrenz erwachsen. Darüber hinaus läßt sich wohl davon ausgehen, daß die Alltagspsychologie auch bei beträchtlichen Mängeln beibehalten würde. Der Grund hierfür besteht darin, daß die Alltagspsychologie in nicht-deskriptiven Kontexten von erheblichem Stellenwert ist, also in die Deutung des praktischen menschlichen Handelns eingeht.[83] Die Alltagspsychologie dient insofern nicht nur theoretischen Zwecken.

Damit ist das Urteil erlaubt, daß die Alltagspsychologie einen Teil derjenigen Daten bereitstellt, die von der wissenschaftlichen Psychologie erklärt werden. Die Alltagspsychologie wäre zwar als explanatorische Theorie von zweifelhaftem Wert, als Beobachtungstheorie gleichwohl weiterhin nützlich und bedeutsam. Andererseits sei bemerkt, daß es (im Lichte der Diskussion des psychologischen Basisproblems in VII.1. § 5) keinerlei Garantie dafür gibt, daß dies in überschaubarer Zukunft so bleibt, und daß es darüber hinaus (im Lichte der Diskussion der Einstein-Feigl-Vollständigkeit in VI.3. § 5) nicht einmal wünschenswert ist, daß die Alltagspsychologie die Rolle der Beobachtungstheorie auf Dauer ausfüllt.

§ 7   Als Resultat der Erörterung des Seele-Seele-Verhältnisses kann damit insgesamt festgehalten werden, daß (1) die Gehalte mentaler Zustände für die Verhaltenserklärung wesentlich sind. Insofern bleibt die Alltagspsychologie im technischen Sinne wichtiger Bestandteil der wissenschaftlichen Psychologie. Gleichwohl entziehen sich (2) die Gehalte einem naturalistischen Zugriff. Darüber hinaus ist (3) die Reduzierbarkeit der Alltagspsychologie im intuitiven Sinne auf die wissenschaftliche Psychologie zweifelhaft, doch dient (4) die intuitive Alltagspsychologie der wissenschaftlichen Psychologie als Beobachtungstheorie. Dieses Resultat hat wesentliche Konsequenzen für die Deutung des Leib-Seele-Verhältnisses, die abschließend zur Sprache kommen sollen.

In der ursprünglichen Formulierung durch Schlick und Feigl sah die These der Leib-Seele-Identität eine Identifikation der *unmittelbar erlebten* psychischen Ereignisse mit physikalischen Prozessen vor (vgl. II. Einleitung, II.1. § 4). Diese Position ist als doppelte Identifikationsbehauptung zu verstehen. Es wird nicht allein die Reduzierbarkeit der Psychologie auf die Neurophysiologie gefordert, sondern darüber hinaus auch die Identifikation alltagspsychologischer Zustände und Ereignisse mit den Zuständen und Ereignissen der kognitiven Psychologie. Unsere

---

[83]   Zur Diskussion dieser Aspekte vgl. IX. § 5.

Darstellung hat demgegenüber deutlich werden lassen, daß jene zweite Relation (das Seele-Seele-Verhältnis) eher als Indikatorbeziehung denn als Identität aufzufassen ist. Wenn dies richtig ist, und damit tatsächlich keine Reduzierbarkeit der intuitiven Alltagspsychologie auf die kognitive Psychologie besteht, so bedeutet das, daß sich hier nicht sinnvoll von einer theoretischen Identifikation durch ontologische Reduktion sprechen läßt. Dadurch ist zwar noch nicht ausgeschlossen, daß im Einzelfall Referenzidentität besteht, daß also beide Zugangsweisen bei der besonderen Anwendung eines Begriffes dasselbe singulare mentale Ereignis bezeichnen. Dies wäre aber gleichsam zufällig und dem (in II.5. § 3 angesprochenen) Falle vergleichbar, daß die beiden Prädikate ‚ist ein Löwe‘ und ‚befindet sich im Umkreis von 3 km um die Universität Konstanz‘ auf die gleichen Größen zutreffen.

Es ist also eine partikulare Seele-Seele-Identität möglich, doch läßt sich diese (anders als im Falle der partikularen Leib-Seele-Identität) nicht sinnvoll als theoretische Identifikation verstehen.[84] Der Grund dieser Differenz besteht darin, daß die begriffliche Nähe von Neurophysiologie und kognitiver Psychologie (wie sie von Fodor dargestellt wird (vgl. II.5. § 4)) größer ist als die konzeptionelle Verwandtschaft zwischen kognitiver Psychologie und Alltagspsychologie (wie sie von uns für plausibel gehalten wird). Im ersten Falle läßt sich nämlich die entsprechende Theorienrelation als korrigierende Reduktion rekonstruieren, im zweiten Falle nicht.

Damit steht fest, daß die Identitätsthese in der Form, in der sie in den Werken Schlicks und Feigls ihren klassischen Ausdruck gefunden hat, überaus problematisch ist: Erlebte Bewußtseinszustände sind wahrscheinlich nicht mit physikalisch spezifizierten Zuständen theoretisch identifizierbar. Dieses Urteil beruht auf Gründen, die Schlick und Feigl nicht einmal ahnten, da sie sich erst aus der neueren Entwicklung der kognitiven Psychologie ergeben haben. Und dies läßt ein weiteres Mal erkennen, daß es unklug wäre, für eine philosophische Deutung dem Gang der Wissenschaft über die erkennbaren Horizonte hinaus vorzugreifen.

---

[84] Daß eine derart zufällige partikulare Identität besteht, ist gerade Fodors Behauptung bezogen auf das Leib-Seele-Verhältnis. Unsere Darstellung hat dagegen erkennen lassen, daß dieses Selbstverständnis inadäquat ist.

VIII. Die Erkennbarkeit der Leib-Seele-Beziehung

Bislang ist das Leib-Seele-Problem der Sache nach diskutiert worden; es ging um die adäquate Rekonstruktion und die logische Natur der Verknüpfungen zwischen mentalen Zuständen oder Ereignissen, Gehirnprozessen und Verhaltensweisen. Im Folgenden sollen mögliche *erkenntnistheoretische* Beschränkungen angesprochen, also Grenzen der Erkennbarkeit des Leib-Seele-Verhältnisses ins Auge gefaßt werden. Die tatsächliche Existenz derartiger Grenzen wird von Gierer vertreten. Gierer behauptet, daß Gehirn- und Bewußtseinszustände identisch sind, daß aber gleichwohl die Einzelheiten der Beziehung zwischen beiden grundsätzlich nicht geklärt werden können. Diese Behauptung soll geprüft und anschließend ein Argument anderer Art für das mögliche Bestehen erkenntnistheoretischer Schranken entwickelt werden.

1. Grenzen der Erkennbarkeit?
Finitismusprinzipien und Gödelsche Unvollständigkeit

§ 1   Gierers ontologischer Monismus ruht im wesentlichen auf zwei Argumenten. Zum einen läßt sich jede Nervenzelle in erster Näherung als digitales Schaltelement auffassen; und in einem solchen Netzwerk digitaler Bauelemente kann jede logische Operation, die überhaupt formal beschreibbar ist, tatsächlich ausgeführt werden. Dies spricht dafür, daß alle Leistungen des Gehirns auf physikalischen Mechanismen der Informationsverarbeitung beruhen.[1] Zum anderen stützt sich Gierer auf das Prinzip der kausalen Geschlossenheit der physischen Welt:

> alle Ergebnisse der Naturwissenschaften weisen darauf hin, daß die Gesetze der Physik den Bereich des objektiv Beobachtbaren voll erfassen; dies trifft auch auf das menschliche Gehirn zu.[2]

---

[1] Vgl. Gierer 1985, 184 – 188.
[2] Gierer 1985, 225.

Es ist also die Hoffnung auf die *Vollständigkeit der Physik*, die hier den ontologischen Monismus begründet.

Gierers zentrale Behauptung ist nun, daß trotz der uneingeschränkten Geltung der Physik im Gehirn keine Beschreibung psychischer Zustände durch physikalische Prinzipien möglich ist:

> Wenn auch alles darauf hindeutet, daß der Bewußtseinszustand in eindeutiger Beziehung zum Gehirnzustand steht, so folgt daraus doch noch nicht logisch zwingend, daß der seelische Zustand eines Menschen aus dem physikalischen Zustand seines Gehirns im Prinzip vollständig erschließbar sein müßte.[3]

Stattdessen ist zu vermuten,

> daß die Leib-Seele-Beziehung mit endlichen Mitteln in einer endlichen Welt nicht ganz entschlüsselt – ,decodiert' – werden kann: obwohl die Physik im Gehirn uneingeschränkt gilt, ist bewußtes Erleben durch rein objektivierende naturwissenschaftliche Analyse nicht vollständig zu erfassen.[4]

Für die Begründung dieser Annahme rekurriert Gierer (1) auf *Gödels Unvollständigkeitssatz* und (2) auf ein *Finitismusprinzip*. Nach Gödels Theorem enthalten formale Systeme hinreichender Komplexität wahre Sätze, die sich mit den Mitteln dieses Systems nicht beweisen lassen, die also formal unentscheidbar sind. Das System enthält mehr wahre als ableitbare Sätze. Zu diesen unentscheidbaren Sätzen gehört dabei insbesondere auch die Annahme der Widerspruchsfreiheit des Systems; selbst wenn das System tatsächlich widerspruchsfrei ist, läßt sich dies mit den Mitteln des Systems selbst nicht zeigen.[5] Das Finitismusprinzip besagt, daß alles, was nicht in einer überschaubaren Zahl von Schritten entscheidbar ist, *für uns unentscheidbar* ist. Wenn eine Frage nur durch ein Verfahren beantwortet werden kann, bei dem die für das Durchlaufen aller Schritte erforderliche Zeit das Alter des Universums übersteigt, ist sie unbeantwortbar.

Gödels Unvollständigkeitssatz führt Gierer zu der Vermutung, daß das Gehirn kein vollständiges Bild seiner selbst entwickeln kann. Insbesondere ist bei abstrakten Aussagen über Gehirnprozesse und bei Aussa-

---

[3] Gierer 1985, 15.
[4] Ebd.
[5] Vgl. Gierer 1985, 41 – 42. Eine übersichtliche Darstellung der Gödelschen Entdeckung gibt Heijenoort 1967.

gen über selbstbezogene Gehirnprozesse (wie etwa über das Selbstbewußtsein) mit dem Auftreten von Unentscheidbarkeiten zu rechnen.[6]

Diese allgemeine Vermutung sucht Gierer durch ein konkretes Gedankenexperiment zu stützen.[7] Stellt man sich einen Computer vor, der
geeignet ist, das Gehirn nachzubilden, und dessen interne Struktur uns
bekannt ist, und fragt sich, ob man jede Verhaltensdisposition finden
könnte, die in der psychischen Struktur einer solchen Maschine verankert
ist, so stellt sich heraus, daß man hierbei sehr schnell an die vom
Finitismusprinzip gesetzten Grenzen stößt. Zwar kann man für jede
vorgegebene Verhaltensdisposition bei einer vorgegebenen Umweltsitua-
tion entscheiden, ob sie vorliegt. Dies geschieht etwa durch einfaches
Befragen des Apparates oder durch Analyse seines physikalischen Zustandes. Auf diese Weise läßt sich jedoch nicht jede gültige Disposition
des Gerätes ermitteln:

> Verhaltensdispositionen beziehen sich auf allgemeine Merkmale (‚Wenn
> sich die wirtschaftliche Lage verbessert, wird er sich ein Haus bauen‘),
> die auf eine unüberschaubar große Zahl physikalisch verschiedener
> Folgen von Umwelteinflüssen und physikalisch verschiedener Handlun-
> gen zutreffen. [...] Man müßte alle diese Möglichkeiten testen, indem
> man die ihnen jeweils entsprechenden Sinneseindrücke in allen Einzel-
> heiten in die Maschine eingibt, um die Gültigkeit einer Verhaltensdispo-
> sition zu bestätigen.[8]

Selbst wenn dies für einzelne Dispositionen gelingen sollte, so doch
nicht für alle denkbaren Dispositionen. Hier nämlich „übersteigt die
Zahl der Möglichkeiten jede finitistisch überprüfbare Anzahl".[9]

Verhaltensdispositionen sind im physikalischen Zustand der Maschine (oder des Gehirns) nach einer Art Code verschlüsselt, und das
Gedankenexperiment macht deutlich, daß die Decodierung im allgemeinen unter finiten Bedingungen nicht zustandegebracht werden kann.[10]
Damit wird deutlich, daß die vom Unvollständigkeitssatz nahegelegten
Grenzen der Ableitbarkeit auch tatsächlich Beschränkungen für die Entschlüsselung des Leib-Seele-Verhältnisses zur Folge haben.[11]

---

[6] Vgl. Gierer 1985, 46, 237, 247.
[7] Gierer 1985, 241 – 248.
[8] Gierer 1985, 244.
[9] Gierer 1985, 245.
[10] Vgl. Gierer 1985, 248 – 249.
[11] Vgl. Gierer 1985, 248.

§ 2   Charakteristisch für die Position Gierers ist die Verknüpfung eines ontologischen Monismus mit einer erkenntnistheoretischen Nicht-reduzierbarkeitsthese. Gierers Ontologie ist also nicht-Quinesch konzi-piert: Unsere Annahmen über die Existenz von Dingen sind nicht abhän-gig von unseren besten Theorien über diese Dinge. Untersuchen wir daher zunächst die Tragfähigkeit von Gierers Argumentation für einen ontologischen Monismus.

Gierers erstes Argument zur digitalen Struktur des Nervensystems hängt entscheidend davon ab, daß alle Prozesse im Gehirn formal exakt beschreibbar sind. Das aber ist alles andere als ausgemacht, wie auch Gierer bemerkt:

> Offen bleibt [...], ob wirklich alle interessanten Eigenschaften des menschlichen Gehirns formalisierbar sind.[12]

Das heißt aber doch, daß die Relevanz des Digitalisierungsargumentes für das Leib-Seele-Problem fraglich ist. Zudem bestünde, selbst wenn die Relevanz gegeben wäre, die einzige Konsequenz dieses Argumentes darin, daß das menschliche Gehirn zur Gänze aus einem digitalisierten Nervennetzwerk bestehen *könnte*. Die Kluft zwischen Möglichkeit und Wirklichkeit müßte wohl doch noch durch weitere, unabhängige Argu-mente geschlossen werden. Solche Argumente sind jedoch kaum zu erwarten, da vielfältige empirische Indizien dafür sprechen, daß die Struktur neurophysiologischer Prozesse beträchtlich von der Struktur elektronischer Prozesse in heutigen Digitalcomputern abweicht. Insge-samt kann das Digitalisierungsargument daher sicher keinen überzeugen-den Grund für einen ontologischen Monismus liefern.

Noch schlechter steht es mit der Reichweite des zweiten Argumentes. Die Vollständigkeit der Physik steht im Zusammenhang der Diskussion des Leib-Seele-Problems ja gerade zur Debatte. Und hier sind wir der Auffassung, daß höhere psychische Prozesse physikalisch nicht beschreib-bar sind, daß also die Vollständigkeit der Physik in diesem Sinne nicht besteht (vgl. VI.3. § 4, VI.4. § 4). Gierer behauptet das, was in Frage steht. Aber ein ontologischer Monismus ist kaum auf Behauptungen in Form von Voraussetzungen zu gründen. Wir schließen also, daß Gierers ontologischer Monismus unzureichend begründet ist.

Ohne eine Vorabfestlegung auf den Monismus enthält Gierers er-kenntnistheoretisches Argument eine bedeutsame *anti-identistische* Stoß-

---

[12] Gierer 1985, 191.

richtung. Eine Reduktion der Psychologie (also der Theorie der Verhaltensdispositionen) auf die physikalischen Gesetze im Gehirn (oder auch in Gierers Supercomputer) ist der *einzige* Weg, um eine Identitätstheorie zu begründen (vgl. II.3. § 3 – 5). Ist dieser Weg nicht gangbar, kann die Identitätstheorie nicht begründet vertreten werden. Bestünden also tatsächlich erkenntnistheoretische Beschränkungen der von Gierer ins Auge gefaßten Art, so würden diese ein wichtiges Argument zugunsten eines *Dualismus* bilden. Wenn wir zwangsläufig mentale Termini verwenden, um über unser Verhalten zu reden, wenn eine eigenständige psychologische Begrifflichkeit unvermeidbar ist, dann ist dies eines der stärksten überhaupt denkbaren Indizien für die Adäquatheit einer dualistischen Konzeption. Auf diesem Hintergrund kommt alles auf die Tragfähigkeit von Gierers Argumentation zugunsten derartiger erkenntnistheoretischer Grenzen an.

§ 3   Gierer erklärt, daß keine materielle Struktur (und also auch nicht das Gehirn) ein vollständiges Bild ihrer selbst enthalten kann. Schließlich müßte sie ihr eigenes Bild, das Bild dieses Bildes und so fort ad infinitum enthalten, und dies ist ausgeschlossen. Dem läßt sich zustimmen. Fraglich ist jedoch, was daraus wirklich folgt. Das Argument besagt nämlich nur, daß eine bestimmte Person A keine vollständige Kenntnis ihres eigenen, gegenwärtig bestehenden Zustandes haben kann; ihr selbst können nicht alle eigenen gegenwärtigen mentalen Zustände bekannt sein. Das aber ist eine logisch überaus schwache Behauptung. Vergegenwärtigen wir uns nur, was trotzdem noch möglich ist:

(1) Eine Person A kann über eine vollständige Kenntnis ihres psychischen Zustandes zu einem *früheren Zeitpunkt* verfügen. Durch den Bezug auf zwei verschiedene Zeitpunkte verschwindet die Selbstbezogenheit, die in Gierers Argumentation als der wesentliche Grund der Unvollständigkeit auftritt.

(2) Eine *andere* Person kann den gegenwärtigen psychischen Zustand von A vollständig kennen. Auch auf diese Weise ist die von Gierer betonte Reflexivität zu vermeiden.

(3) Schließlich kann A ihre eigenen, gegenwärtig *relevanten* mentalen Zustände kennen. Um eine Erklärung eines bestimmten psychischen Zustandes oder eines bestimmten Verhaltens geben zu können, ist der Rekurs auf alle anderen psychischen Zustände nicht erforderlich. Bei der Erforschung der Struktur des Selbstbewußtseins von A kann

man wahrscheinlich alle Informationen über die Struktur des Riech-
zentrums von A getrost außer acht lassen. Nichts in Gierers Argumentation schließt aus, daß ein Teil des Gehirns einen anderen Teil
desselben Gehirns vollständig erkennen kann.

Diese drei Möglichkeiten lassen wesentlich mehr zu, als für eine
Entschlüsselung der Leib-Seele-Beziehung erforderlich wäre. Wenn sie
aber gegeben sind, dann läßt sich in keinem relevanten Sinne von
Erkenntnisgrenzen sprechen. Gierer operiert hier mit einem außerordentlich schwachen Unvollständigkeitsbegriff. Derart schwache Unvollstän-
digkeiten begründen aber keine ernsthaften Hindernisse für eine Reduktion der Psychologie auf die Neurophysiologie, insbesondere nicht in der
in II.3. § 5 ausgedrückten abgeschwächten Form.

Der Bezug auf die Gödelsche Unvollständigkeit trägt damit in unserem Zusammenhang wenig zur Lösung des Leib-Seele-Problems bei.
Gleiches gilt für Gierers Computeranalogie. Im Kern besagt dieses zweite
Argument, daß sich Verhaltensdispositionen nicht verläßlich ermitteln
lassen. Träfe dies tatsächlich zu, so ergäben sich Auswirkungen, die
weit über das Leib-Seele-Problem hinausreichten. Schließlich läuft das
Argument auf die Behauptung hinaus, daß eine Reduktion der Psychologie auf die Neurophysiologie deshalb ausgeschlossen ist, *weil keine
Psychologie möglich ist.* Verhaltensgesetzmäßigkeiten sind im allgemeinen nicht mit endlichen Mitteln zu etablieren – das ist Gierers Schluß
aus seinem Gedankenexperiment. Dieser Schluß beinhaltet also eine
Fundamentalattacke auf die Möglichkeit der Psychologie als Wissenschaft.

Tatsächlich läßt sich Gierers Argument sogar unschwer noch weiter
verallgemeinern. Stellen wir uns einen Computer vor, in dessen Struktur
alle wahren Naturgesetze codiert sind, und versuchen wir, durch Prüfung
von Einzelfällen herauszufinden, von welcher Art die wahren Naturgesetze sind. Naturgesetze sind allgemeine Regeln, die eine unüberschaubar
große Zahl physikalisch verschiedener Größen betreffen. Man müßte
alle diese Möglichkeiten überprüfen, indem man die jeweiligen Anfangsbedingungen in die Maschine eingibt und die Entwicklung der physikalischen Zustände verfolgt. Selbst wenn dies für einzelne Naturgesetze
gelingen sollte, so doch nicht für alle denkbaren Möglichkeiten solcher
Gesetze. Diese nämlich übersteigen die Grenzen jeder finiten Methode.

Diese Argumentation ist gänzlich analog zu derjenigen Gierers gehalten und beweist offenbar, daß keine Naturwissenschaft möglich ist.

Damit sind in jedem Falle Gierers Grenzen der Decodierbarkeit der Leib-Seele-Beziehung nur die *Grenzen der Decodierbarkeit der Natur*. Weit näher liegt allerdings der Verdacht, daß jene Grenzen keine sachlichen Beschränkungen, sondern nur die Grenzen der von Gierer betrachteten *Methoden* darstellen.

Dieser Verdacht bestätigt sich bei genauerer Inspektion der Argumente Gierers. So verlangt Gierer für einen Test von Verhaltensdispositionen die Prüfung *sämtlicher* der von ihnen umfaßten Einzelfälle. Natürlich ist dies in allen Bereichen ausgeschlossen; das induktive Risiko ist nirgends zu vermeiden. Ferner verlangt Gierer einen *Algorithmus* zur Entscheidung über Geltungsansprüche. So wird als Grund für die mangelnde Ableitbarkeit von Verhaltensdispositionen genannt, daß für diese Ableitung „kein automatisches Verfahren"[13] bereitgestellt werden könne. Aber natürlich ist die Forderung nach Ausschluß des induktiven Risikos und nach der Verfügbarkeit eines algorithmischen Entscheidungsverfahrens in allen Fällen unrealistisch. Vor diesen Ansprüchen kann keine Wissenschaft bestehen. Es ist daher nicht überraschend, daß auch das Leib-Seele-Problem auf diese Weise nicht lösbar ist.

Gierers Vorstellung von Wissenschaft hat damit im Grunde die folgende Gestalt: Man konstruiert den logischen Raum aller Möglichkeiten und sucht nach einem Verfahren, das in endlich vielen Schritten die tatsächlich realisierten Fälle verläßlich heraussondert. Diese Vorstellung ist allem Anschein nach an Problemen der Kombinatorik orientiert, was auch durch Gierers häufigen Bezug auf Codes aller Art gestützt wird. In der Tat stellt sich bei der Entschlüsselung derartiger Codes die Sachlage wohl in der von Gierer geschilderten Weise dar. So kann es in diesem Falle zum einen keine allmähliche Annäherung an die Lösung geben. Entweder ist der Code entschlüsselt, oder er ist es nicht; es liegt also gleichsam eine Situation des Alles oder Nichts vor. Zum anderen muß man bei einer solchen Entschlüsselung damit rechnen, daß die Lösung der Aufgabe auch durch Vorwissen, also durch Wissen aus anderen Bereichen, nicht wesentlich erleichtert wird.

Beide Schwierigkeiten treten bei wissenschaftlichen Problemen im engeren Sinne in aller Regel nicht auf. Natürlich kann es approximative neurophysiologische Verhaltenserklärungen (ebenso wie approximative Erklärungen der Präzession der Äquinoktien oder der Lichtstreuung) geben. Ebenso schließt das Vorwissen meist eine Unzahl der logisch

---

[13] Gierer 1985, 245.

denkbaren Möglichkeiten bereits aus und macht damit die Sachlage überschaubar. Der Irrtum, der sich in diesem kombinatorischen Zugang ausdrückt, ist, daß in dem Problem der Entschlüsselung unbekannter Keilschriften das Vorbild des Leib-Seele-Problems gesehen wird.

2. Grenzen der Erkennbarkeit?
Das Gehirn und die Theorie der Selbstorganisation

§ 1 Obwohl Gierers Argumentation im Detail nicht trägt und die ins Auge gefaßten erkenntnistheoretischen Grenzen nicht zu begründen vermag, erweist sich doch der von Gierer aufgewiesene Gesichtspunkt in einer bestimmten Weise als sehr fruchtbar. Gemeint ist das Folgende: Auch wenn alle Bewußtseinsprozesse faktisch physikalische Prozesse sind, mag es uns doch unmöglich sein, dies zu erkennen. Es sei also unterstellt, daß die Identitätsthese der Sache nach korrekt ist; gleichwohl könnte eine Reduktion der Psychologie auf die Neurophysiologie, die als epistemisches Kriterium der Angemessenheit der Leib-Seele-Identifikation gilt, undurchführbar sein. Da eine solche erfolgreiche Reduktion aber der *einzige theorieinterne Grund* für die Annahme der Identitätsthese ist, ließe sich eine identitätstheoretische Interpretation möglicherweise auch dann nicht begründet vertreten, wenn sie tatsächlich gültig wäre.

Um die Möglichkeit derartiger erkenntnistheoretischer Grenzen aufzuweisen, stützen wir uns auf neuere Resultate der *Synergetik*, also der Theorie der *Selbstorganisation*, und entwickeln aus einer plausiblen und naheliegenden Fortschreibung gegenwärtig erkennbarer Entwicklungen in der Neurophysiologie Gründe für die faktische Undurchführbarkeit einer psychophysischen Reduktion. Unsere Argumentation geht dabei im besonderen von dem Phänomen des *deterministischen Chaos* bei *dissipativen Systemen* aus. Dissipative Systeme sind offen, d. h., sie tauschen Energie mit ihrer Umgebung aus und sind weit entfernt vom thermischen Gleichgewicht. Wenn in solchen Systemen *nicht-lineare* (also durch nicht-lineare Differentialgleichungen beschriebene) Effekte auftreten, kann dies zur Ausbildung kohärenter Strukturen führen. Derartige Nicht-Linearitäten finden sich in der Chemie bei autokatalytischen Reaktionen (etwa der Form $X + Y \rightarrow 2X$)[14]; sie sind in der Physik bei ge-

---

[14] Vgl. Prigogine 1980, 95−96 (dt. 108, 110).

dämpften, erzwungenen Pendelschwingungen oder auch bei Konvektionsströmen anzutreffen[15] und treten in der Ökologie bei der sogenannten logistischen Abbildung in Erscheinung, die das Wachstum einer
Population in einem begrenzten Gebiet darstellt.[16] In allen diesen Fällen
läßt sich die Ausbildung großräumiger Nicht-Gleichgewichtsstrukturen
feststellen, deren Gesetzmäßigkeiten durch die nicht-lineare Dynamik
und Thermodynamik beschreibbar sind.

Derartige Prozesse werden heute als Grundlage der Selbstorganisation aufgefaßt. So betrachtet man auch biologische Systeme als Nicht-
Gleichgewichtsstrukturen, deren Gestalt (anders als bei kristallinen Ord-
nungsmustern) durch ständigen Energieaustausch mit der Umgebung
aufrechterhalten wird. Dabei wird allgemein davon ausgegangen, daß
insbesondere das Gehirn als dissipatives System beschrieben werden
kann.

Charakteristisches Merkmal derartiger Systeme ist ferner, daß in
ihnen nicht allein Ordnung aus dem Chaos entsteht, sondern daß sie
unter bestimmten Bedingungen selbst wieder chaotisches Verhalten zeigen. Dies wurde für nicht-lineare *konservative* Systeme, also Systeme
ohne Energieaustausch mit der Umgebung, bereits von Poincaré bemerkt.
Da die Entstehung derartiger Effekte bei konservativen Systemen der
Anschauung leichter zugänglich ist als bei dissipativen Systemen, sei in
einem ersten Schritt Poincarés Diskussion solcher Effekte skizziert und
in einem zweiten Schritt das Verhalten dissipativer Systeme betrachtet.

§ 2   Poincaré bemerkt, daß auch in einer deterministischen Welt, in
der jeder Zustand mit jedem anderen durch streng gültige Gesetzmäßigkeiten verknüpft ist, nicht in allen Fällen der zukünftige Zustand aus
dem gegenwärtigen abgeleitet und damit der Zufall eliminiert werden
kann. Dies wird deutlich, wenn man einen auf der Spitze balancierenden
Kegel betrachtet und sich fragt, ob, wann und nach welcher Seite er
umfallen wird. Offenbar wird die instabile Balance durch die kleinste
Störung der Symmetrie, z. B. durch einen nicht wahrnehmbaren Luft-
hauch, zerstört. In diesem Falle folgt also auf eine sehr geringfügige
Ursache eine beträchtliche Wirkung.

Das Problem ist nun, daß wir die Anfangsbedingungen stets nur
näherungsweise kennen, also nie mit letzter Sicherheit über die Kegelstel-

---

[15] Vgl. Schuster 1984, 8 – 9.
[16] Vgl. Schuster 1984, 31 – 32.

lung und die Luftbewegungen Bescheid wissen. Wenn allerdings aus
dieser näherungsweisen Kenntnis der Ursachen die Wirkung mit der
gleichen Genauigkeit beschrieben werden kann, so würde man (trotz
mangelnder Sicherheit) von Voraussagbarkeit sprechen. Das aber ist im
vorliegenden Beispiel gerade nicht der Fall; eine kleine Störung, eine
winzige Ungenauigkeit in der Kenntnis der Anfangsbedingungen haben
hier erhebliche Auswirkungen. Das bedeutet aber, daß es trotz der
Geltung strenger Gesetze nicht möglich ist, zu prognostizieren, nach
welcher Seite der Kegel fallen wird:

> Si nous connaissions exactement les lois de la nature et la situation de
> l'univers à l'instant initial, nous pourrions prédire exactement la situa-
> tion de ce même univers à un instant ultérieur. Mais, lors même que
> les lois naturelles n'auraient plus de secret pour nous, nous ne pourrons
> connaître la situation initiale qu'*approximativement*. Si cela nous
> permet de prévoir la situation ultérieure *avec la même approximation*,
> c'est tout ce qu'il nous faut, nous disons que le phénomène a été prévu,
> qu'il est régi par des lois; mais il n'en est pas toujours ainsi, il
> peut arriver que de petites différences dans les conditions initiales en
> engendrent de très grandes dans les phénomènes finaux; une petite
> erreur sur les premières produirait une erreur énorme sur les derniers.
> La prédiction devient impossible et nous avons le phénomène fortuit.[17]

Allgemein wird der Zustand eines Systems durch einen Ort im
Zustandsraum gekennzeichnet. Der Zustandsraum ist derjenige formale
Raum, in dem der Zustand eines Systems vollständig dargestellt werden
kann. So wird der Zustand mechanischer Systeme durch die Angabe der
Orts- und Impulskomponenten aller Freiheitsgrade erfaßt. Man kann
folglich einen solchen Zustand formal durch einen Ort im Orts-Impuls-
Raum, d. h. im Phasenraum, ausdrücken. Entsprechend wäre eine Zustandsänderung als Trajektorie im Phasenraum aufzufassen. Bei chemischen Systemen wählt man aus praktischen Gründen den Konzentrations-
raum als Zustandsraum, dessen Achsen von den Konzentrationen der
reagierenden Substanzen gebildet werden.

In diesen Begriffen können die von Poincaré aufgewiesenen Effekte
auch so beschrieben werden, daß benachbarte Phasenraumpunkte zu
ganz verschiedenen Phasenraumtrajektorien gehören. Das bedeutet: Zustände, die anfangs ununterscheidbar sind, werden sich im Laufe der
Zeit verschieden entwickeln. Zunächst nahe beieinander befindliche Phasenraumtrajektorien streben mit der Zeit weit auseinander. Von besonde-

---

[17] Poincaré 1908, 68–69 (dt. 56–57) (Hervorhebung im Original).

rem Interesse sind dann diejenigen Fälle, bei denen in *jeder* Umgebung eines Punktes im Zustandsraum divergente Trajektorien existieren. Bei solchen Systemen ist trotz präziser Kenntnis der geltenden Gesetze und trotz der Verfügbarkeit von Beobachtungsdaten mit beliebiger endlicher Genauigkeit *keine Vorhersage* der Evolution des Systems möglich. Erst bei unendlich genauer Kenntnis der Anfangsbedingungen könnte man noch zu Prognosen gelangen.[18] Ein solcher Fall fehlender strikter Prognostizierbarkeit liegt etwa beim Dreikörperproblem vor, also bei dem Problem, die zeitliche Entwicklung eines Systems von mehr als zwei, in gravitativer Wechselwirkung miteinander befindlicher Körper zu berechnen. Damit gilt insbesondere, daß z. B. die Stabilität des Sonnensystems nicht beweisbar ist.

§ 3   Die hier am Beispiel konservativer Systeme eingeführte Problematik tritt analog auch bei *dissipativen* Systemen in Erscheinung. Das Langzeitverhalten derartiger Systeme wird durch das Konzept des *Attraktors* erfaßt. Attraktoren heißen diejenigen Systemzustände, auf die hin sich das System entwickelt. Stellt man sich z. B. einen Stab vor, der an beiden Enden unterschiedliche Temperaturen aufweist, so wird der Stab (als Folge des 2. Hauptsatzes der Thermodynamik) mit der Zeit überall die gleiche Temperatur annehmen. Das läßt sich auch so ausdrücken, daß bei isolierten Systemen das thermische Gleichgewicht einen Attraktor für Nicht-Gleichgewichtszustände bildet.[19]

In präziserer Sprechweise läßt sich der Attraktor als begrenztes Gebiet im Zustandsraum kennzeichnen, dem sich das System im Verlaufe seiner zeitlichen Entwicklung zunehmend nähert. Im einfachsten Falle hat der Attraktor die Form eines festen Punktes; d. h., an welcher Stelle des Zustandsraumes ein System auch startet, es wird sich stets auf einen Fixpunkt hin bewegen. Dort verharrt es dann im stabilen Gleichgewicht. Eine andere Attraktorform ist der Grenzzyklus: Ungeachtet der Anfangsposition bewegt sich das System auf eine bestimmte periodische Bahnkurve zu und verbleibt auf dieser. Grenzzyklen dokumentieren sich z. B. bei chemischen Systemen darin, daß diese bestimmte stabile Oszillationen der Konzentrationen der Reaktanden aufweisen.[20]

---

[18] Vgl. Prigogine 1980, 43 – 44 (dt. 60 – 61).
[19] Vgl. Prigogine 1980, 8 (dt. 30).
[20] Vgl. Prigogine 1980, 98 – 100 (dt. 110 – 112). Zu den Attraktorformen vgl. auch E. N. Lorenz 1963, 132 – 133; Schuster 1984, 111; Crutchfield u. a. 1987, 82 – 84.

Von besonderem Interesse sind in unserem Zusammenhang die *seltsamen Attraktoren*. Solche Attraktoren sind ebenfalls begrenzte Regionen im Zustandsraum, auf die sich alle Systemtrajektorien auf lange Sicht hinbewegen. Hier besteht jedoch eine wesentliche Abhängigkeit von den Anfangsbedingungen. Punkte im Attraktor, die einander anfangs beliebig nahe sind, werden nach hinreichend langer Zeit makroskopisch getrennt sein. Es besteht eine exponentiell anwachsende Divergenz benachbarter Trajektorien.[21] Das erste Beispiel eines solchen seltsamen Attraktors bildete das von dem Meteorologen Lorenz 1963 entwickelte vereinfachte mathematische Modell der *Bénard-Konvektion*. Bei der Bénard-Konvektion handelt es sich um die Ausbildung eines regulären Musters von Konvektionsströmen in einer waagerechten Flüssigkeitsschicht durch die Wirkung eines Temperaturgradienten. Jenseits eines kritischen Wertes dieses Temperaturgradienten beginnt der Wärmefluß um den mittleren Wert zu schwingen und weist bei weiterer Steigerung des Temperaturgradienten schließlich chaotische Oszillationen auf. Obwohl diese Erscheinungen durch das vereinfachte Lorenz-Modell nicht vollständig beschrieben werden, tritt auch in diesem das charakteristische chaotische Verhalten auf. Da nun derartige Konvektionsprozesse entscheidenden Einfluß auf die Entwicklung des Wetters haben, sind auch dort solche chaotischen Effekte zu erwarten.[22]

Die beschriebenen Phänomene führen zur Ausbildung eines *selbsterzeugten Rauschens* beträchtlicher Amplitude, das vom zufälligen thermischen Rauschen unterschieden werden muß (das außerdem noch besteht), und das auch der quantenmechanischen Unbestimmtheit nicht entstammt.[23] Vielmehr ist dessen Ursprung auf die außerordentliche Empfindlichkeit des Systems gegen Störungen bzw. auf die starke Abhängigkeit der Zeitevolution des Systems von den Anfangsbedingungen zurückzuführen. Während bei konservativen Systemen wie Poincarés Kegel eine derartige Sensitivität nur an einzelnen, ausgezeichneten Punkten in Erscheinung tritt, ist sie im hier diskutierten Falle im gesamten Bereich des seltsamen Attraktors, also in einem ausgedehnten Gebiet des Zustandsraumes anzutreffen. Bei dissipativen Systemen ist daher chaotisches Verhalten nicht auf singulare Situationen beschränkt, sondern findet sich in einem auch praktisch bedeutsamen Ausmaß.

---

[21] Für eine präzise Kennzeichnung vgl. Schuster 1984, 93 – 94.
[22] E. N. Lorenz 1963, 137, 141. Vgl. Schuster 1984, 9. Zur experimentellen und theoretischen Analyse dieses Phänomens vgl. auch Großmann 1983.
[23] Vgl. Großmann 1983, 139; Schuster 1984, 2.

Die Empfindlichkeit gegenüber kleinen Schwankungen der Randbedingungen drückt sich als exponentielle Divergenz nahe beieinander befindlicher Zustandsraumtrajektorien aus. Das heißt präziser, daß im Gebiet des Attraktors Trajektoriendivergenzen innerhalb jeder Umgebung jeden Punktes auftreten. Greift man zwei nahe beieinanderliegende Punkte des Zustandsraumes derart heraus, daß die Trajektorien durch sie nahe beieinander bleiben, so liegt zwischen diesen beiden Punkten stets ein weiterer Punkt, dessen Trajektorie sich von den beiden anderen weit entfernt.[24] Deshalb können winzige mikroskopische Fluktuationen den makroskopischen Zustand eines Systems bestimmen; die Störungen mitteln sich hier nicht heraus, sondern treiben das System in eine bestimmte Richtung. Bezogen auf die Meteorologie, die den ursprünglichen Anstoß für das Studium chaotischer Effekte bei dissipativen Systemen lieferte, hat Lorenz vom *Schmetterlingseffekt* gesprochen: Schon das Flügelschlagen eines Schmetterlings kann die Konvektionsströmungen der Luft in der Erdatmosphäre und damit die Entwicklung des Wetters entscheidend verändern.[25]

Hier entsteht das Problem, daß man die exakten Bewegungsgleichungen eines Systems kennen mag, ohne doch damit auch in der Lage zu sein, die zeitliche Evolution dieses Systems vorauszusagen. Obwohl die Entwicklung des Wetters (allgemeiner Einschätzung zufolge) durch die thermodynamischen Gleichungen vollständig beschrieben wird, nützt dies wenig, da wegen der stets nur endlichen Genauigkeit aller Beobachtungen das zukünftige Verhalten mit Hilfe dieser Bewegungsgleichungen nicht prognostiziert werden kann. Zwar bleibt die Entwicklung auf kurze Sicht vorhersehbar; auf mittlere oder lange Sicht treten jedoch die beschriebenen chaotischen Effekte in Erscheinung. Dabei ist es wichtig, zu sehen, daß es nicht das System selbst ist, das sich chaotisch verhält; dessen Entwicklung ist vielmehr streng deterministisch. Nicht der Sache nach, nur für uns besteht das Chaos; es entsteht aus unserer niemals ganz präzisen Kenntnis der Anfangsbedingungen.[26] Das aber bedeutet, daß beim Phänomen des deterministischen Chaos eine *erkenntnistheoretische Grenze* auftritt. Obwohl ein System faktisch durch gewisse Gesetze streng deterministisch und vollständig erfaßt wird, sind wir trotz genauer

---

[24] Vgl. Hunt 1987, 131.

[25] Vgl. Schuster 1984, 2. Auch Poincaré wendet sein Modell bereits auf die Entwicklung des Wetters an. Vgl. Poincaré 1908, 69 (dt. 57).

[26] Damit wird auch die Begriffsbildung ‚deterministisches Chaos' verständlich, die auf den ersten Blick als contradictio in adjecto erscheinen muß.

Kenntnis dieser Gesetze nicht imstande, das Verhalten dieses Systems zu beschreiben.

§ 4   Der wesentliche Punkt im Zusammenhang unserer Diskussion ist, daß sehr viele Systeme, und insbesondere auch biologische Systeme, diese Eigenschaft des deterministischen Chaos aufweisen. Z. B. zeigt sich das Phänomen bei den Aktivierungspotentialen von Nervenmembranen.[27] Zudem läßt sich chaotisches Verhalten sowohl bei einzelnen Neuronen als auch (als Kollektivphänomen) bei Neuronennetzwerken aufweisen.[28] Nach gegenwärtigem neurophysiologischen Forschungsstand kann insgesamt davon ausgegangen werden, daß im Gehirn deterministisches Chaos auftritt. Darüber hinaus wird vermutet, daß seltsame Attraktoren und deterministisches Chaos für die Fähigkeit des Gehirns zur Informationsverarbeitung wichtig sind.[29]

Diese Vermutung sei hier zur Voraussetzung erhoben und als naheliegende Extrapolation des Forschungsstandes angenommen, daß die Funktionsweise des Gehirns wesentlich von deterministisch-chaotischen Prozessen abhängt. Die Frage ist, welche Auswirkungen die Geltung dieser Hypothese auf die Reichweite neurophysiologischer Theoriebildung hätte, und wie insbesondere die Einlösbarkeit des identitätstheoretischen Reduktionsanspruches in diesem Lichte zu beurteilen wäre.

Die neurophysiologische Forschung läßt erkennen, daß diejenigen neuralen Zustände oder Zustandsänderungen, die auf psychische Prozesse oder menschliches Verhalten Einfluß haben können, von beträchtlicher Komplexität sind. An einer solchen Zustandsänderung sind sehr viele Einzelelemente (also Synapsen, Neuronen etc.) beteiligt. Das bedeutet, daß jede verhaltenswirksame Zustandsänderung als eine lange Kette von Zustandsänderungen dieser neuralen Einzelelemente aufgefaßt werden muß. Im neurophysiologischen Zustandsraum (der die Zustände aller Elemente eindeutig erfassen soll) sind also zwei verhaltensrelevant verschiedene Zustände weit voneinander entfernt.

Unsere Hypothese der Bedeutsamkeit des deterministischen Chaos für das Funktionieren des Gehirns impliziert gerade, daß *alle funktional unterschiedenen* neurophysiologischen Zustände stets durch eine *große Zahl* neuraler Zwischenschritte voneinander getrennt sind. Obwohl damit diese beiden neurophysiologischen Zustände faktisch durch strikte

---

[27] Vgl. Schuster 1984, 79 – 80; Crutchfield u. a. 1987, 88.
[28] Vgl. Albano u. a. 1986, 235.
[29] Vgl. Farmer 1982, 243; Nicolis 1983, 336; Babloyantz 1986, 245.

neurophysiologische Gesetzmäßigkeiten miteinander verbunden sein mögen, obwohl also jeder Schritt den nächsten determiniert, könnte man doch außerstande sein, die zeitliche Entwicklung des Systems insgesamt aus diesen Gesetzmäßigkeiten zu erschließen. Der Grund dafür besteht eben in der Komplexität verhaltenswirksamer neurophysiologischer Zustandsketten, die zur Folge hat, daß jede *relevante* Zustandsänderung eine Vielzahl von Einzelschritten umfaßt und damit eine langfristige Änderung des Systemzustandes beinhaltet (ungeachtet der möglicherweise kurzen tatsächlich benötigten Zeit). Gerade solche langfristigen Änderungen sind jedoch dann nicht mehr prognostizierbar, wenn deterministisches Chaos auftritt.

Vergleicht man dieses Modell neurophysiologischer Theoriebildungen mit der in Figur 2 (II.5. § 4) enthaltenen Darstellung, die Fodors funktionalen Materialismus wiedergibt, so erkennt man, daß eine wesentliche Modifikation dieser Darstellung erforderlich wird. Dort nämlich waren die einzelnen neuralen Zustände Φ_{1i} *direkt* mit den Zuständen Φ_{2j} verknüpft. Das hier entwickelte Szenario impliziert dagegen, daß (1) die Verbindungen über eine Vielzahl von Zwischenschritten verlaufen, bei denen (2) eine kritische Sensitivität gegenüber Veränderungen der Randbedingungen besteht. Ob also (wie in Figur 2 unterstellt) der Zustand Φ_{11} den Zustand Φ_{22} hervorbringt, hängt von einer Reihe weiterer Größen Φ_{mn} ab. Je nach deren Ausprägung folgen auf Φ_{11} ganz andere neurophysiologische Zustände, bei denen es sich zum Teil um andere Φ_{2j} handeln mag (die demselben psychischen Zustand wie Φ_{22} zugeordnet sind), zum Teil aber auch um Φ_{kl}, die ganz anderen psychischen Größen entsprechen. Wesentlich dabei ist, daß diese Abläufe nicht im einzelnen theoretisch verfolgt und prognostiziert werden können. Zwar kennt man die Gesetze, die jeden neurophysiologischen Zustand mit dem nächsten verknüpfen; aber wegen der vorausgesetzten Empfindlichkeit gegenüber kleinen Schwankungen der Randbedingungen taucht jede solche Ereigniskette bereits nach wenigen Schritten im Chaos des selbsterzeugten Rauschens unter. Der theoretische Nachvollzug verhaltenswirksamer neurophysiologischer Zustandsketten ist also unter diesen Voraussetzungen ausgeschlossen.

§ 5 Der Eindruck drängt sich auf, daß unter den geschilderten Umständen keinerlei Verhaltensprognosen möglich sind, und daher auch keinerlei Regularitäten des menschlichen Verhaltens angegegeben werden können. Wäre dies tatsächlich eine Konsequenz der hier entwickelten

Vorstellungen, so handelte es sich offenbar um eine reductio ad absurdum. Schließlich sind wir im allgemeinen sehr wohl imstande, das Verhalten uns bekannter Personen vorherzusagen. Chaos und Prognostizierbarkeit schließen einander jedoch nicht grundsätzlich aus. Vielmehr kann es im Einzelfall gelingen, durch einen *Wechsel des Beschreibungsniveaus* Regularitäten in chaotischen Systemen aufzuspüren. Diese Möglichkeit soll zunächst am Beispiel der statistischen Mechanik aufgezeigt werden.

Auf der molekularen Beschreibungsebene besteht ein Gas aus einem chaotischen Durcheinander stoßender Teilchen. Zwar ist das System durch die deterministischen Gesetze der klassischen Mechanik bestimmt, aber sehr kleine Variationen in den Randbedingungen der stoßenden Moleküle führen bereits nach wenigen Stößen zu einer völlig veränderten und auf der molekularen Beschreibungsebene unvorhersehbaren Sachlage. Die Stoßprozesse in einem Gasbehälter sind nicht im einzelnen theoretisch nachzuverfolgen. Trotz dieses mikroskopischen Chaos gelingt jedoch die Angabe von Regelmäßigkeiten, die bestimmte Aspekte der zukünftigen Entwicklung dieses Systems in guter Näherung wiederzugeben gestatten. Diese Regelmäßigkeiten sind auf einem makroskopischen Beschreibungsniveau formuliert und umfassen die Gesetze der phänomenologischen Thermodynamik. Die Mikrokomplexität läßt sich hier durch Bildung *makroskopischer* Begriffe, die *kollektive Eigenschaften* des Systems ausdrücken (in diesem Falle etwa Druck und Temperatur), handhaben. Dies ist deshalb möglich, weil (wie bereits in II.2. § 3 erwähnt) aus mikroskopischer Perspektive unterschiedene Zustände sich aus makroskopischem Blickwinkel gleichen mögen. Bei einem Gas konstanter Temperatur ändert sich die kinetische Energie der einzelnen Moleküle beständig; unverändert bleibt jedoch die Energieverteilung und insbesondere deren Mittelwert (und damit eben auch die Temperatur). Hier ist es demnach nicht erforderlich, die zeitliche Entwicklung *einzelner* Mikrozustände zu verfolgen, um eine gesetzmäßige Verknüpfung zwischen derart kollektiven Eigenschaften angeben zu können. Vielmehr reichen statistische *Gleichverteilungshypothesen* völlig aus.

Für einen Vergleich zwischen thermodynamischem und neurophysiologischem Fall bietet sich die Ableitung des 2. Hauptsatzes der Thermodynamik im Rahmen der statistischen Mechanik an, die bereits in II.2. § 3 skizziert wurde. Dem 2. Hauptsatz zufolge nimmt die Entropie eines abgeschlossenen Systems niemals ab, sondern bleibt entweder konstant oder wächst. Dieser Satz drückt also die Zeitentwicklung einer Größe aus und ähnelt insofern dem psychologischen Gesetz $\Psi_1 \rightarrow \Psi_2$ in dem hier diskutierten Beispiel. Für die Herleitung des 2. Hauptsatzes spezifiziert man zunächst die Verteilung der Molekülgeschwindigkeiten in einem Gas. Wie bereits erwähnt, kann dabei die gleiche Geschwindigkeits- (oder Energie-)Verteilung durch eine Vielzahl mikroskopisch verschiedener Zustände realisiert sein. Die Anzahl mikroskopischer Realisierungsmöglichkeiten bestimmt die Wahrscheinlichkeit der entsprechenden Verteilung. Es zeigt sich dann, daß der 2. Hauptsatz auf der mikroskopischen Ebene der Aussage entspricht, daß sich eher unwahrscheinliche Verteilungen im Mittel auf wahrscheinlichere Verteilungen hin entwickeln.

Von wesentlicher Bedeutung für unsere weitere Argumentation ist dabei die Betrachtung der Annahmen, die in diese Ableitung eingehen. Neben den Theoremen der klassischen Mechanik spielen hier nämlich statistische Hypothesen die entscheidende Rolle. Diese formulieren Erwartungen darüber, was als jeweils gleichwahrscheinlich zu betrachten ist, und drücken z. B. die Annahme aus, daß die molekulare Geschwindigkeitsverteilung isotrop ist, und daß auch durch Kollisionsprozesse im Mittel keine Richtung ausgezeichnet wird. In ähnlicher Weise wird unterstellt, daß gleichen Volumina im Phasenraum jeweils gleiche Besetzungswahrscheinlichkeiten entsprechen. Mit Hilfe derartiger Annahmen läßt sich die mittlere Zeitevolution von Verteilungsfunktionen, von denen jede eine Vielzahl von mikroskopischen Einzelverteilungen umfaßt, hinreichend beschreiben.

Trotz des zugrundeliegenden Chaos gelingt demnach in diesem Falle eine makroskopische Beschreibung, weil wir eine *Klasse* gleichwahrscheinlicher, gleichsam *funktional äquivalenter Mikrozustände* zu identifizieren vermögen. Die genaue Struktur des mikroskopischen Chaos hat daher makroskopisch keine Auswirkungen, weshalb es auch nicht erforderlich ist, die Mikrofluktuationen im einzelnen zu verfolgen. Weil nur globale statistische Annahmen benötigt werden, kann man auch auf der mikroskopischen Ebene statistische Gesetzmäßigkeiten auffinden, die sich in Abhängigkeiten zwischen makroskopischen Variablen übersetzen lassen. Deshalb ist die phänomenologische Thermodynamik auf die statistische Mechanik reduzierbar. Das Resultat lautet entsprechend: Deterministisches Chaos hat nicht grundsätzlich völlige Unvorhersagbarkeit der Zeitentwicklung zur Folge. Vielmehr kann diese Konsequenz durch die Wahl einer *passenden Beschreibungsebene* vermieden werden. Chaos schließt Reduzierbarkeit nicht generell aus.

§ 6   Ein wesentlicher Aspekt dieser Sachlage zeigt sich auch im neurophysiologischen Fall. In Fodors Charakterisierung des funktionalen Materialismus (Figur 2) sind ebenfalls jeweils mehrere, neurophysiologisch unterschiedliche Zustände demselben psychologischen Zustand zugeordnet. Verschiedene neurale Prozesse sind funktional äquivalent. Das bedeutet: Zwar folgen auf einen bestimmten Zustand Φ_1 jeweils neurophysiologisch verschiedene Zustände (nämlich die diversen Mitglieder der Klasse der Φ_{2j}, aber auch andersartige Zustände Φ_{3k} oder Φ_{4l}), von diesen sind jedoch die meisten nicht auch funktional verschieden. Man sieht also, wie hier das Chaos auf der physiologischen Ebene durch einen Wechsel der Begrifflichkeit eingegrenzt werden kann. Analog zum thermodynamischen Fall läßt sich die Komplexität durch Einführung geeigneter makroskopischer Variablen, die Klassen funktional äquivalenter Mikrozustände bezeichnen, vermindern. Die Rolle der Psychologie ist in diesem Sinne dem Status der phänomenologischen Thermodynamik vergleichbar.

In einem anderen Sinne bestehen hingegen bedeutende Unterschiede zwischen thermodynamischem und neurophysiologischem Beispiel. Bislang kann unsere Argumentation lediglich als Aufforderung verstanden werden, eine statistische Neuropsychologie (gleichsam analog zur statistischen Mechanik) zu entwickeln und aus dieser die psychologischen Gesetze abzuleiten. Dies ist jedoch nicht möglich. Um dies deutlich zu machen, sei wiederum Fodors neurophysiologisches Szenario ins Auge gefaßt. Danach besteht eine statistische Korrelation zwischen zwei psychischen Zuständen Ψ_1 und Ψ_2, und jedem dieser Zustände ist jeweils eine Disjunktion neuraler Zustände Φ_{1i} und Φ_{2j} zugeordnet. Diese Zuordnung läßt sich im Grundsatz mit experimentellen Mitteln etablieren, indem beobachtet wird, daß Ψ_1 jeweils gemeinsam mit einem Mitglied der Klasse der Φ_{1i} auftritt und Analoges auch für Ψ_2 gilt. Das könnte z. B. mit Hilfe eines Feiglschen Autocerebroskops bewerkstelligt werden. Dies bedeutet aber, daß eine ebenfalls experimentell aufweisbare statistische Korrelation zwischen den Mitgliedern der Zustandsklassen der Φ_{1i} und Φ_{2j} besteht. Das psychologische Gesetz $\Psi_1 \rightarrow \Psi_2$ ist also durchaus in neurophysiologische Begriffe *übersetzbar* und die Geltung der Übersetzung mit experimentellen Methoden *prüfbar*. Die verbleibende Schwierigkeit liegt darin, daß diese neurophysiologische Korrelation auf zulängliche Weise aus den Gesetzen der Neurophysiologie nicht abgeleitet werden kann.

Der Grund für diese Schwierigkeit besteht in dem andersartigen Status der erforderlichen statistischen Annahmen. Wie dargestellt, waren im thermodynamischen Falle nur sehr grundlegende Postulate über die Gleichwahrscheinlichkeit von Richtungen oder Geschwindigkeitsintervallen hinreichend. Im neurophysiologischen Beispiel wären jedoch Annahmen über die Gleichwahrscheinlichkeit bestimmter neuraler Zustände erforderlich. Natürlich könnte man eine Erklärung der Korrelation zwischen den Φ_{1i} und den Φ_{2j} dadurch anstreben, daß man alle Φ_{2j} (unter der Voraussetzung eines realisierten Φ_{1i}) gleichwahrscheinlich nennt, um so die Analogie zum thermodynamischen Fall weiterhin aufrechtzuerhalten. Eine solche Gleichwahrscheinlichkeitsannahme neuraler Zustände wäre jedoch nicht mehr als erklärende Hypothese akzeptabel, weil sie sich nicht auf fundamentale, sondern auf abgeleitete, auf theoretisch derivative Prozesse bezöge. Gleichwahrscheinlichkeitshypothesen für komplexe neurophysiologische Prozesse sind keine Erklärungen, sondern selbst der Erklärung bedürftig. Eine Rückführung der Regularität $\Phi_{1i} \to \Phi_{2j}$ auf statistische Annahmen über die Gleichwahrscheinlichkeit der Φ_{2j} (bei gegebenen Φ_{1i}) hätte als bloße Reformulierung dieser Regularität, nicht aber als deren Erklärung zu gelten.

Die Rückführung psychologischer Gesetze auf neurophysiologische Gleichwahrscheinlichkeitsannahmen ist aber nicht allein theoretisch unzulänglich, sondern auch sachlich inadäquat. Bislang wurde nämlich davon ausgegangen, daß das mikroskopische Chaos keinerlei makroskopische, also verhaltenswirksame Auswirkungen hat. Diese Unterstellung ist unrealistisch. In Fodors Szenario sind neurophysiologische Korrelate von Ψ_1 auch mit von Ψ_2 verschiedenen psychologischen Zuständen verknüpft. Ebenso legt unsere Voraussetzung, daß deterministisches Chaos für die Informationsverarbeitung im Gehirn wesentlich ist, die Vermutung nahe, daß zumindest einige der mikroskopischen Zustandsdifferenzen auch makroskopische Auswirkungen haben. Es macht z. B. durchaus einen psychologisch faßbaren Unterschied, ob in Figur 2 der Zustand Φ_{1N} oder der Zustand Φ_{1M} realisiert ist. Die Verallgemeinerung dieses Umstandes legt den Schluß nahe, daß eine Gleichberechtigung neurophysiologischer Zustände faktisch nicht besteht, weshalb auch eine an bloßen Gleichwahrscheinlichkeiten orientierte Betrachtungsweise im neurophysiologischen Falle nicht allein formal nicht hinreicht, sondern auch inhaltlich nicht weit führt.

Die neuropsychologische Beschreibung kann nicht allein auf Begriffe wie die Gleichberechtigung neuraler Zustände ausgerichtet werden; viel-

mehr kommt es hier wesentlich auf Spezifität, auf die besondere Art
und Weise der neuralen Organisation an. Das bedeutet, daß man hier
tatsächlich auf die Ebene der zeitlichen Entwicklung der Mikrostrukturen
hinabsteigen muß, um zu einer psychologisch relevanten Theorie der
Gehirnprozesse zu gelangen. Dieses Erfordernis beruht gerade in dem
(auch Meteorologen nur zu gut bekannten) Umstand, daß mikroskopi-
sches Chaos auf vielfache Weise makroskopisch relevant wird.

§ 7   Die hier entwickelte Argumentation hat damit insgesamt die
folgende Gestalt: Deterministisches Chaos läßt im Grundsatz Vorhersagen zu, wenn es gelingt, eine adäquate Beschreibungsebene zu finden.
Diese Besonderheit beruht darauf, daß kleine Schwankungen in den
Anfangsbedingungen zwar zu mikroskopisch andersartigen, gleichwohl
makroskopisch äquivalenten Zuständen führen können. Im Falle der
statistischen Thermodynamik ist genau dies verwirklicht; und insofern
besteht eine Analogie zu dem hier diskutierten neurophysiologischen
Szenario.
   In anderer Hinsicht weichen allerdings thermodynamisches Modell
und neurophysiologisches Modell wesentlich voneinander ab. So sind im
neurophysiologischen Modell die gleichwahrscheinlichen Möglichkeiten
aus fundamentalen Annahmen (wie der Gleichberechtigung von Richtungen) nicht zu ermitteln. Ferner sind nicht alle, sondern nur einige der
auf einen bestimmten neurophysiologischen Zustand Φ_{ij} folgenden neurophysiologischen Zustände Φ_{kl} untereinander funktional äquivalent.
Deshalb greift hier nur zum Teil die aus der Thermodynamik entlehnte
Strategie der Zusammenfassung funktional äquivalenter Mikrozustände
zu einer makroskopischen Größe und damit der Eingrenzung der Unbestimmtheit durch einen Wechsel des Beschreibungsniveaus. Es sind eben
keineswegs alle Φ_{kl} untereinander funktional äquivalent; einige von ihnen
sind mit andersartigen mentalen Zuständen verbunden. Durch diese
Besonderheit ist das neurophysiologische Szenario vom thermodynamischen Beispiel unterschieden, und genau deshalb ist eine Gleichverteil-
lungsannahme hier nicht allein begrifflich, sondern auch empirisch inadäquat. Anders als beim (mit den Mitteln der statistischen Mechanik
beschriebenen) Gasbehälter macht es beim Gehirn oft sehr wohl einen
Unterschied, welcher Mikrozustand tatsächlich realisiert ist. Eine Neuropsychologie muß die Abfolge der Mikrozustände theoretisch nachvoll-
ziehen können, und genau dies ist nach Voraussetzung unmöglich.

Der Übergang zu einer makroskopischen Beschreibung in psychologischen Begriffen erlaubt daher die Formulierung statistischer Regelmäßigkeiten, ohne daß diese auf der Mikroebene der neurophysiologischen Zustände theoretisch nachverfolgt, also als Konsequenzen neurophysiologischer Grundgesetze aufgewiesen werden könnten. Zwar sind diese psychologischen Gesetze in neurophysiologische Begrifflichkeit übersetzbar, aber von diesen in den Begriffen der Neurophysiologie beschriebenen Regularitäten kann nicht gezeigt werden, daß es sich um Gesetze der Neurophysiologie handelt. Man hat also zwei gleichsam analoge Korrelationen, nämlich $\Psi_1 \rightarrow \Psi_2$ und $\Phi_{ij} \rightarrow \Phi_{kl}$, die beide der Erklärung bedürfen. Doch lassen sich Gründe dafür angeben, daß eine solche Erklärung im zweiten Falle nicht gelingen kann, während dem im ersten Falle allem Anschein nach nichts entgegensteht.

Es besteht somit zwar die Möglichkeit einer *Zuordnung* der neurophysiologischen *Begriffe* zu psychologischen Begriffen, aber *keine Ableitbarkeit* der psychologischen *Theoreme* aus neurophysiologischen Gesetzen. Damit wäre die Psychologie auf die Neurophysiologie nicht reduzierbar. Zwar lassen sich neurale Korrelationen als Entsprechungen der psychologischen Gesetze darstellen, aber es kann nicht gezeigt werden, daß diese Korrelationen Theoreme der Neurophysiologie sind. Genau dies ist aber erforderlich, um zwischen den beiden in Figur 1 (II.3. § 4) dargestellten Möglichkeiten unterscheiden zu können. Ohne einen solchen Nachweis der neurophysiologischen Ableitbarkeit könnten nämlich die experimentell aufweisbaren Korrelationen $\Phi_{ij} \rightarrow \Phi_{kl}$ gerade die *Wirkung* der psychischen Verknüpfung, also der gesetzmäßigen Verbindung von Ψ_1 und Ψ_2 sein (vgl. VI.3. § 4). Um dies auszuschließen, muß gezeigt werden, daß auf der neurophysiologischen Ebene kausale Geschlossenheit besteht, daß die Neurophysiologie vollständig ist; und dies kann nur durch den Aufweis der theoretischen Ableitbarkeit der entsprechenden neurophysiologischen Korrelation geschehen. In unserem Szenario ist aber gerade dies aufgrund des vorausgesetzten deterministischen Chaos ausgeschlossen. Das heißt, woraus psychologische Gesetze auch immer ableitbar sein mögen, jedenfalls nicht aus neurophysiologischen Theorien. Die Neurophysiologie ist selbst dann nicht die einschlägige Grundlagenwissenschaft für die Psychologie, wenn psychische Zustände oder Ereignisse faktisch neurophysiologischer Natur sind.

Wir wollen damit zwischen zwei Ebenen der Beschreibung unterscheiden. Die eine Ebene ist die der neurophysiologischen Begriffsbildung. Diese befaßt sich mit dem Aufbau und der Struktur einzelner neurophysiologischer Systeme und drückt deren Wirkungsweise in deterministischen Gesetzen aus. Auf dieser ersten Ebene liegt also eine *strukturelle Begriffsbildung* und eine *deterministische Theoriebildung* vor. Davon zu unterscheiden ist die psychologische Beschreibungsebene. Hier werden psychische Zustände durch ihre Funktion als Verhaltenserklärungen identifiziert, und diese Verhaltenserklärungen sind (wie die ihnen zugrundeliegenden psychologischen Gesetzmäßigkeiten) selbst statistischer Natur. Die zweite Ebene ist also durch eine *funktionale Begriffsbildung* und eine *statistische Theoriebildung* gekennzeichnet. Das entscheidende Resultat ist dann, daß zwischen beiden Zugangsweisen eine Kluft besteht, die eine Rückführung der zweiten Beschreibungsebene auf die erste ausschließen kann. Auch wenn also faktisch eine Identität zwischen psychischen und physischen Zuständen bestünde, so wäre doch auf der Grundlage des hier extrapolierten neurophysiologischen Forschungsstandes keine Reduktion der Psychologie auf die Neurophysiologie möglich.

Unsere These hat damit den Status einer *Emergenzbehauptung*; die psychologischen Gesetze sind relativ zur Neurophysiologie emergent. Dabei ist hier prinzipiell-faktische Emergenz im Sinne von IV. § 4 gemeint: Die Eigenschaften und die Entwicklung von deterministisch-chaotischen Systemen sind aus den für die Komponenten geltenden Gesetzen faktisch nicht ableitbar. Daß es sich um prinzipiell-faktische Emergenz handelt, drückt den Umstand aus, daß die die Reduktion verhindernden Beschränkungen prinzipieller Natur sind und auf fundamentalen Grenzen beruhen. Es wird also nur behauptet, daß das Verhalten des Ganzen nicht aus dem Verhalten der Teile verständlich gemacht werden kann. Es ist nicht begründet worden, daß das Verhalten des Ganzen nicht durch das Verhalten der Teile (und deren Wechselwirkungen) bestimmt ist. Vielmehr setzt die Struktur unserer Argumentation letzteres gerade voraus.

Insgesamt wurde gezeigt, daß bei vorausgesetzter Geltung der Identitätstheorie in der Fassung des funktionalen Materialismus und unter der Annahme einer uns plausibel erscheinenden Hypothese über den künftigen Stand neurophysiologischer Forschung *keine Reduktion* der Psychologie auf die Neurophysiologie möglich ist. Damit entfällt der einzige Grund für die Annahme der Identitätstheorie. Wenn die Identitätstheorie korrekt ist, kann sie nicht begründet vertreten werden. Wenn faktisch Leib-Seele-Identität besteht, so können wir dies doch nicht wissen.

Im übrigen verbinden wir mit unserem Szenario keinerlei faktische Geltungsansprüche. Neurophysiologie läßt sich nicht am philosophischen Schreibtisch betreiben. Worauf es allein ankam, war, zu zeigen, daß eine durchaus naheliegende und plausible Fortschreibung der Entwicklung der Neurophysiologie bedeutende philosophische Konsequenzen haben könnte.

IX. Leib-Seele-Verhältnis und menschliches Selbstverständnis

§ 1   Durch die bisherigen Analysen und Erörterungen könnte der Eindruck entstanden sein, daß in Sachen Bewußtsein die Aufgabe der Philosophie mit ihren wissenschaftstheoretischen Aufklärungsbemühungen beendet sei. Wer begriffen hätte, daß es sich bei den mentalen Begriffen um theoretische Begriffe handelt, die ihrerseits Erklärungskonstruktionen darstellen, hätte auch verstanden, was Bewußtsein ist. Doch das wäre ein gewaltiges Mißverständnis. Bewußtsein ist, philosophisch gesehen, nicht nur ein wissenschaftstheoretischer Begriff — und dies, historisch gesehen, sogar nur in äußerst seltenen Fällen.

Damit ist nicht gemeint, daß die Philosophie über ihre wissenschaftstheoretischen Kompetenzen hinaus über eine ihr allein eigene, der Wissenschaft völlig verschlossene Erkenntnisquelle verfügt. Auch dies wäre ein Mißverständnis, das der (trotz aller gegenseitigen Irritationen) inneren Einheit von Philosophie und Wissenschaft, nämlich als Ausdruck einer rationalen Sicht der Dinge, zuwiderliefe. Gemeint ist vielmehr, daß der Begriff des Bewußtseins bedeutungsreicher ist, als es seine wissenschaftstheoretische Explikation erkennen läßt, und daß die Philosophie auch noch andere Zugangsweisen zum Begriff des Bewußtseins hat als den bisher hervorgehobenen wissenschaftstheoretischen Zugang.

Das bedeutet natürlich nicht, daß sich die Philosophie an die Stelle der Wissenschaft setzen könnte: Die Philosophie soll (und kann) nicht das Bewußtsein erklären, das die Wissenschaft zu erklären versucht. Auch wird, mit den Worten des Neurophysiologen Creutzfeldt, niemand

bestreiten, daß unsere Erfahrungen und Reaktionen auf der Fähigkeit des Nervensystems beruhen, bestimmte physikalische Reize aufzunehmen, als Aktionspotentialsequenzen zu kodieren und diese Information in entsprechende Sequenzen der motorischen Systeme umzuwandeln, was dem Reduktionismus hinreichende Erklärung gibt. Und niemand wird schließlich bestreiten, daß beim Menschen motorische, komplexe und soziale Verhaltensweisen vorzufinden sind, die sich bestenfalls in ihrer Qualität von denen niederer Tiere unterscheiden, wie die Ethologie uns lehrt.[1]

---

[1] Creutzfeldt 1981, 33.

Darum geht es aber auch gar nicht, wie Creutzfeldt selbst unmittelbar
im Anschluß an diese Sätze unter Hinweis auf unzulässige Anwendungen
richtig beschriebener Mechanismen auf Bereiche, „die sie eben gerade
nicht erklären und beschreiben können"[2], betont. Zu diesen Bereichen
gehört auch ein philosophischer Begriff von Bewußtsein. ‚Bewußtsein‘,
‚Selbstbewußtsein‘, ‚Ich‘ — das sind in erster Linie *philosophische* Begriffe, keine neurophysiologischen, und erst in zweiter Linie allgemein
wissenschaftliche Begriffe, die einen empirischen Hintergrund haben.
Daher auch die selbst einen philosophischen Ausdruck annehmende
Bemerkung des Neurophysiologen,

> daß das Nachdenken über das Bewußtsein keine primär wissenschaft-
> liche Frage ist. Es ist die besondere Eigenart des menschlichen Bewußt-
> seins, daß es keine endgültige Antwort über sich selbst geben kann.[3]

‚Endgültig‘ ist hier im Sinne einer *wissenschaftlichen* Antwort verstanden. Dagegen führt eine *philosophische* Antwort in erkenntnistheoretische und (philosophisch-)anthropologische Bereiche.

Noch einmal: Die Philosophie soll keine Probleme lösen wollen,
die die Wissenschaft besser lösen kann — und die daher auch als
wissenschaftliche, nicht als philosophische Probleme definiert werden.
Ihre Aufgabe ist die Herstellung von Klarheit in allen Bereichen unserer
Selbst- und Situationsverständnisse, auch der wissenschaftlichen Ver-
ständnisse. Letzterem dient sie als Wissenschaftstheorie. Das Besondere
dabei ist, daß sich die Philosophie dieser Aufgabe *denkend*, nicht *for-
schend* unterzieht. Das wiederum bedeutet nicht, daß die Forschung
nicht denkt, sondern daß das philosophische Denken nicht Forschung
in derselben Weise ist, in der die Wissenschaft — im Lichte von Theorien
und mit empirischen Methoden — forscht. ‚Bewußtsein‘, ‚Selbstbewußtsein‘, ‚Ich‘, aber auch ‚Selbstverständnis‘, sind Titel dieser besonderen
philosophischen Art, sich im Denken und durch das Denken zu orientieren. Und diese Orientierung ist weder ein kultureller Luxus, den sich
eine rationale Gesellschaft neben ihrem Arbeits- und wissenschaftlichen
Wissensbildungsalltag leistet, noch kann sie durch Wissenschaft selbst
geleistet werden. Pointiert formuliert: Die Sokratische Frage nach dem
richtigen Selbst- und Situationsverständnis des Menschen wird nicht
dadurch beantwortet oder auch nur leichter beantwortbar, daß sich der
Mensch wissenschaftliche Kenntnisse über sein Gehirn verschafft. Dies

---

[2] Ebd.
[3] Creutzfeldt 1983, 9.

würde wieder nur bedeuten, daß wir (szientistisch) glaubten, alles begriffen zu haben, wenn wir uns nur neurophysiologisch richtig begriffen hätten. In diesem Sinne ist der hier vertretene Dualismus nicht nur ein Dualismus in *theoretischer*, sondern auch in *praktischer* Absicht.

§ 2   Natürlich darf das alles nicht als Aufforderung an die Philosophen aufgefaßt werden, mit der Rede von Bewußtsein etc. frohgemut so fortzufahren, als seien die Neurophysiologie und die wissenschaftliche Psychologie noch nicht erfunden. Wissenschaftliche Kenntnisse tragen dazu bei, Naivitäten zu vermeiden, mit denen sich philosophische Ansichten allzu gerne an die Stelle von wissenschaftlichen Forschungen zu setzen suchen. Auch läßt die Sokratische Frage nach dem richtigen Selbst- und Situationsverständnis des Menschen das wissenschaftliche Erkennen keineswegs links liegen. Es schließt es vielmehr, recht verstanden, ein und wendet sich nur gegen einen naiven Szientismus der erwähnten Art.

Gegen diesen Szientismus, d. h. gegen die unreflektierte Übertragung der Methoden- und Erkenntnisideale der empirischen (und der exakten) Wissenschaften auf andere, ganz anders strukturierte Erkenntnisbereiche, wendet sich auch Wittgenstein, allerdings so, daß dabei das (wissenschaftliche) Kind mit dem (philosophischen) Bade ausgeschüttet wird. Wittgenstein knüpft kritisch an den Gedanken der Nicht-Objektivierbarkeit und Nicht-Erfahrbarkeit eines transzendentalen Subjekts[4] sowie an die transzendentalphilosophische Auffassung an, daß das ‚philosophische' Ich kein Gegenstand der Psychologie ist. Das philosophische Ich

> schrumpft zum ausdehnungslosen Punkt zusammen, und es bleibt die ihm koordinierte Realität./ Es gibt also wirklich einen Sinn, in welchem in der Philosophie nichtpsychologisch vom Ich die Rede sein kann. Das Ich tritt in die Philosophie dadurch ein, daß ‚die Welt meine Welt ist'. Das philosophische Ich ist nicht der Mensch, nicht der menschliche Körper, oder die menschliche Seele, von der die Psychologie handelt, sondern das metaphysische Subjekt, die Grenze – nicht ein Teil – der Welt.[5]

Später, in den „Philosophischen Untersuchungen", kritisiert Wittgenstein (in Form des Cartesischen Zwei-Substanzen-Dualismus) ein dualistisches Verständnis des Leib-Seele-Verhältnisses („Wo unsere Sprache uns einen Körper vermuten läßt, und kein Körper ist, dort, möchten wir

---

[4]   Tract. 5.631 – 5.633 (= Wittgenstein 1922, 116).
[5]   Tract. 5.64 – 5.641 (= Wittgenstein 1922, 116 – 118).

sagen, sei ein *Geist*"[6]) und gibt diesem eine (sprachanalytische) Form, die nicht nur das klassische Leib-Seele-Problem als ein *Scheinproblem*, sondern die Psychologie insgesamt, und damit auch die kognitive Psychologie, als ein grundsätzlich verfehltes Unternehmen erscheinen läßt:

> Die Verwirrung und Öde der Psychologie ist nicht damit zu erklären, daß sie eine ‚junge Wissenschaft' sei; ihr Zustand ist mit dem der Physik z. B. in ihrer Frühzeit nicht zu vergleichen. [...] Es bestehen nämlich, in der Psychologie, experimentelle Methoden *und Begriffsverwirrung.* [...] Das Bestehen der experimentellen Methode läßt uns glauben, wir hätten das Mittel, die Probleme, die uns beunruhigen, loszuwerden; obgleich Problem und Methode windschief aneinander vorbeilaufen.[7]

Eine derartige Beurteilung dürfte sich nicht nur nicht mit der Entwicklung und dem derzeitigen Stand der kognitiven Psychologie in Einklang finden; sie entspricht auch nicht mehr dem Stand der wissenschaftstheoretischen Rekonstruktion einer wissenschaftlichen Psychologie im allgemeinen. Wir mystifizieren uns darüber hinaus nur selbst, wenn wir unsere Einsichten am gegenwärtigen Wissensstand vorbeidefinieren und dabei auch noch, wie Wittgenstein, eine kognitive Psychologie nur als ein nicht-wissenschaftliches Erkennen für möglich halten.

Anders, wenngleich auch in mancher Beziehung der Wittgensteinschen Position nahe, Ryles Kritik am philosophischen und wissenschaftlichen Mentalismus. Ryle wendet sich sowohl gegen eine am Cartesischen Zwei-Substanzen-Dualismus orientierte dualistische Konzeption des Leib-Seele-Problems als auch gegen einen reduktionistischen Behaviorismus.[8] Gegen den Zwei-Substanzen-Dualismus (und gegen seine monistische Alternative) macht Ryle dabei Kategorienfehler geltend[9], gegen den reduktionistischen Behaviorismus die Verwechslung von Handeln und

---

[6] Wittgenstein 1958, § 36 (Hervorhebung im Original).

[7] Wittgenstein 1958, XIV (370) (Hervorhebung im Original). In dieser radikalen Einschätzung findet Wittgenstein auch heute noch Anhänger, die wie er mit sprachphilosophischen Argumenten gegen die Möglichkeit einer kognitiven Psychologie vorgehen. Vgl. Malcolm 1971, 385 – 392; Baker/Hacker 1984a, 11; ferner Baker/Hacker 1984b, VII – XIII. Einen Versuch, Wittgenstein gleichwohl noch mit modernen Formen einer kognitiven Psychologie zu versöhnen, unternimmt Mendonça 1987, ohne daß es ihm allerdings gelingt, deren Orientierungen nun in ein Wittgensteinsches Programm umzuschreiben.

[8] Ryle 1949, 11 – 24, 327 – 330 (dt. 7 – 25, 449 – 454).

[9] Ein Kategorienfehler entsteht durch die Einsetzung von Ausdrücken eines bestimmten logischen Typs an solchen Leerstellen einer Aussageform, die nur für Ausdrücke anderer logischer Typen eine sinnvolle Aussage ergibt. Vgl. K. Lorenz 1984c, 370.

Verhalten. Im Zentrum seiner Überlegungen steht dabei die Rekon-struktion psychologischer Sätze bzw. der Rede von psychischen Zustän-den oder Ereignissen als Sätze über *Dispositionen*, d. h. (intersubjektiv zugängliche) Handlungsmöglichkeiten.[10] Ein Gegenüber von (privater) ‚Innenwelt‘ und (öffentlicher) ‚Außenwelt‘, wie es der Cartesische Dualismus besagt, wird aufgelöst, indem man die ‚Innenwelt‘ durch die Organisationsformen des ‚äußeren‘ Handelns bzw. durch Hand-lungsdispositionen darstellt. Probleme, die sich dabei aus dieser Rekonstruktion für die Unterscheidung zwischen Dingen und Personen ergeben, sind dann Gegenstand entsprechender Analysen bei Strawson[11] und Sellars[12].

Ryles Kritik einer ‚Philosophie des Geistes‘ ist weitaus genauer als die (überzogene) Kritik Wittgensteins, und sie ist in ihrer Konzeption systematischer angelegt. Dennoch hat Ryle keine Grundlegung einer (nicht-cartesischen) philosophischen Psychologie oder gar eine Methodo-logie der Psychologie im Auge; er gibt sich vielmehr mit der Auflösung des Cartesischen Mythos, der sich hinter der traditionellen ‚Philosophie des Geistes‘ verbirgt, zufrieden. Auch eine Wissenschaftstheorie der Psychologie ist nicht bezweckt:

> it has not been a part of the object of this book to advance the methodology of psychology or to canvass the special hypotheses of this or that science. Its object has been to show that the two-words story is a philosophers’ myth, though not a fable, and, by showing this, to begin to repair the damage that this myth has for some time been doing inside philosophy. I have tried to establish this point, not by adducing evidence from the troubles of psychologists, but by arguing that the cardinal mental concepts have been credited by philosophers themselves with the wrong sorts of logical behaviour.[13]

§ 3 Allerdings ist es mit der auch bei Ryle erfolgten Deklaration des Leib-Seele-Problems zum Scheinproblem nicht getan. Würde sich die Philosophie mit dieser Auskunft begnügen, bliebe am Ende nur der Weg, zwischen bloßen Meinungen oder wissenschaftlichen Orientierungen zu

---

[10] Vgl. Ryle 1949, 116 – 153 (dt. 153 – 206).

[11] Strawson 1959.

[12] Sellars 1963. Zur näheren Behandlung des Leib-Seele-Problems bei Wittgenstein und Ryle vgl. Rentsch 1980, 201 – 204; zur allgemeinen Konzeption einer Sprachkritik bei Ryle vgl. K. Lorenz 1970, 131 – 139.

[13] Ryle 1949, 329 (dt. 452).

wählen. Die Wissenschaft aber gibt nur zu oft eine Beschreibung der
Lebenswelt, in der sich das Subjekt kaum wiederzuerkennen vermag:

> Die Welt stellt sich dem Gehirn über die Sinnesorgane dar. Bereits hier
> wird ihre Einheit in eine Vielfalt von Erscheinungsformen zerlegt,
> indem jedes Sinnesorgan nur für einen begrenzten Bereich der Energie-
> übertragung empfindlich ist: das Auge für den engen Wellenlängenbe-
> reich des ‚sichtbaren' Lichts, das Ohr für einen engen Bereich mechani-
> scher Schwingungen, die Hautsinne für langwellige Wärmestrahlungen
> und für niederfrequente mechanische Schwingungen und die Geruchs-
> und Geschmackssinne schließlich für einen engbegrenzten Bereich von
> Konzentrationen bestimmter Moleküle. Die Welt, wie sie sich uns
> darstellt, ist somit auf einen engen Bereich physikalischer und chemi-
> scher Phänomene beschränkt. Dies aber ist unsere Lebenswelt.[14]

Ist sie dies wirklich? Dagegen steht schon, daß wissenschaftliche
Begriffe als Erklärungs*konstruktionen* zu betrachten sind. So wird auch
von monistischer Seite hervorgehoben, daß unser Bild der Welt stets eine
Konstruktion sei.[15] Und was von diesem Bild gilt, muß auch von unserem
biologischen Wissen von Bewußtseinsprozessen gelten. Anders ausgedrückt: Wenn alles, was wir landläufig über die Welt wissen, zumindest
partiell eine Konstruktion des Gehirns ist, dann kann auch das, was die
Biologie über das Gehirn weiß, nicht seinerseits in von Konstruktionen
unberührter Weise existieren.

Das wird auch von Teilen der neurophysiologischen Forschung so
gesehen, z. B. von Creutzfeldt, wenn dieser von der Fähigkeit des menschlichen Gehirns zur *symbolischen Repräsentation* spricht und dabei betont, daß die Symbole selbst weder eine Leistung des Nervensystems,
noch das Nervensystem, noch die Welt selbst sind.[16] Es sei von vornherein
klar, daß eine symbolische Repräsentation „weder die Welt, wie sie ist,
darstellt, noch die Aktivitäten des Gehirns, wie sie der Neurophysiologe
mißt"[17]. Die symbolische Repräsentation der Welt ist nicht identisch mit
der Repräsentation der Welt im Gehirn. Das aber heißt, auch unsere
theoretischen Symbolisierungen sind in diesem Sinne *Konstruktionen*.
Creutzfeldt zieht daher auch aus derartigen Überlegungen selbst eine
dualistische Konsequenz, pointiert von ihm in der Weise ausgedrückt,

---

[14] Creutzfeldt 1981, 34.
[15] Vgl. Pöppel 1985, 139 – 140, 146. Von daher gesehen ist Pöppels reduktionistische Kritik
   am Dualismus, wonach der Geist die zweifelhafte Rolle eines ‚deus ex machina' spiele
   (Pöppel 1985, 145 – 146), methodisch verfrüht.
[16] Creutzfeldt 1981, 43.
[17] Creutzfeldt 1981, 41.

„daß Dualismus – d.h. das Sich-selbst-gegenübergestellt-sein – die Natur von Bewußtsein ist"[18].

Es ist klar, daß dies kein Satz der Neurophysiologie, sondern ein *philosophischer* Satz ist. Er muß deshalb nach dem über einen praktischen Dualismus Gesagten kein sinnloser und kein überflüssiger Satz sein. Das gilt, wenn auch mit gewissen Einschränkungen, auch von den folgenden Sätzen: Die Symbole, d. h. ‚die symbolische Darstellung der Wirklichkeit im Gehirn', sind „nicht nur auf die Welt bezogen, sondern bilden unabhängig eine eigene Welt, auf die sich unser Gehirn wiederum ständig bezieht: die Welt des Geistes"[19]. Oder:

> Die Einheit des Bewußtseins stellt sich für den Philosophen wie für den Neurophysiologen [...] gleichermaßen als Problem dar: Sie läßt sich weder aus der Selbstanalyse der Vernunft noch aus der wissenschaftlich-technischen Analyse der anatomisch-funktionellen Organisation des Gehirns ableiten. Vielmehr führen beide Analysen – die der Vernunft, deren Natur es ist, Fragen über sich selbst zu stellen, die sie nicht beantworten kann (wie Kant dies ausdrückt), und die des Neurophysiologen, der mit technischen Messungen Fragen an das Nervensystem stellt, die durch diese wissenschaftliche Technik selbst ausgeblendet werden – zur gleichen Aporie: Sie müssen eine zwar logisch zwingende, aber wissenschaftlich nicht weiter begründbare Annahme über den letzten Grund der Einheit des Bewußtseins machen.[20]

Oder, bezogen auf den Satz, daß der Dualismus die Natur des Bewußtseins erfaßt:

> Alle reduktionistischen Theorien werden diesem Wesen des Bewußtseins nicht gerecht. Sie erfassen nur die eine Seite, nämlich die Hirnmechanismen, aber nicht die andere, nämlich die Welt der Symbole, mit denen diese Mechanismen, also das Gehirn, sich selbst konfrontiert und die so real ist, wie die natürliche Welt.[21]

‚Die Welt des Geistes', ‚die Einheit des Bewußtseins' – diese Formeln sowie der unmittelbar an Popper erinnernde Satz, daß die Welt der Symbole so real ist wie die natürliche Welt, atmen den Geist der klassischen Philosophie, nicht den der vergleichsweise nüchternen modernen Wissenschaftstheorie. Dennoch sind auch sie, was die Betonung des *konstruktiven* Charakters unserer Orientierungen, auch der wissen-

---

[18] Creutzfeldt 1981, 42, vgl. 43.
[19] Creutzfeldt 1981, 42.
[20] Creutzfeldt 1981, 38.
[21] Creutzfeldt 1981, 43.

schaftlichen Orientierungen, und die Zurückweisung der reduktionistischen These einer Identität von Hirnmechanismen und Bewußtsein betrifft, mit dem hier vertretenen Dualismus verträglich. Das Entscheidende
bei all dem ist, daß nicht über der Praxis der Biologie wieder der
reine Geist aufzieht, sondern daß diese Praxis in ihren theoretischen
Forschungsprogrammen unter Perspektiven einer wissenschaftstheoretischen Aufklärung gesehen wird. Ob dazu auch die ‚Einheit des Bewußtseins‘ oder die behauptete ‚Realität‘ der Welt der Symbole gehören
müssen, ist demgegenüber eine nachgeordnete Frage.

§ 4   Der konstruktive Charakter unserer Orientierungen, der wissenschaftlichen wie der nicht-wissenschaftlichen, bedeutet, daß wir Lebewesen sind, die nicht nur die Welt, in der sie leben, *ihre Welt*, konstruieren,
sondern die sich auch *selbst* konstruieren, indem sie in ihren und mit
ihren Selbstverständnisssen (mit Heidegger gesprochen: in ihren und mit
ihren Entwürfen) leben. Es ist eben etwas anderes, sich ein *wissenschaftliches Wissen über sich selbst* und sich ein *Selbstverständnis von sich
selbst* zu bilden. Auch dafür aber steht der Begriff des Bewußtseins —
im Rahmen des hier skizzierten praktischen Sinnes eines Dualismus.
Dem entsprechend ist Bewußtsein, nur auf den ersten Blick tautologisch,
immer *erfahrenes* oder eben ‚bewußtes‘ Bewußtsein. In wissenschaftlichen Kategorien gesprochen tritt sich der Mensch im Bewußtsein, vor
allem in der Form des Selbstbewußtseins, selbst gegenüber:

> Bewußtsein ist die Erfahrung unserer Selbst und unserer Welt. Diese
> Erfahrung stellt uns als Beobachter uns selbst und unseren Wahrneh-
> mungen gegenüber. Die Erfahrung jeden Augenblickes muß mit frühe-
> ren Erfahrungen in Beziehung gebracht werden, so daß sie Erinnerung
> und Gedächtnis voraussetzt. Und sie muß mitteilbar sein, dem Selbst
> und anderen. Die Mannigfaltigkeit der Erfahrungen steht schließlich
> in einer einheitlichen Relation zu allen unseren Erfahrungen und setzt
> somit die Erfahrung eines sich selbst stets als identisch verstehenden
> Ich voraus.[22]

Die Beobachterterminologie, die hier Erfahrung und Selbsterfahrung
der wissenschaftlichen Empirie im üblichen methodologischen Sinne
anzugleichen sucht, ist allerdings in mancher Beziehung irreführend; sie
suggeriert ‚objektive‘ Verhältnisse. Gemeint ist denn auch nicht der
Beobachter auf einem Turme oder vor der Nebelkammer, sondern das
Ich, das sich als solches im Prozeß der Wissensbildung weiß, d. h. erlebt,

---

[22] Creutzfeldt 1981, 33.

erfährt, erkennt. Das wiederum sind keine wissenschaftlichen, sondern lebensweltliche bzw. philosophische Begriffe; und dies wiederum weniger im Sinne einer ‚Lebensphilosophie‘, d. h. einer gegen den Prozeß der Verwissenschaftlichung der Welt und des Selbst gerichteten philosophischen Strömung (Kierkegaard, Nietzsche, Bergson u. a.), sondern im erkenntnistheoretischen Sinne, wie er etwa von Kant in der Ersetzung des *empirischen* Ich (des ‚empirischen Bewußtseins‘) durch das *transzendentale* Ich expliziert wird (vgl. I.2. § 5). Das sei noch einmal durch die folgende Stelle belegt:

> Alle Vorstellungen haben eine notwendige Beziehung auf ein *mögliches* empirisches Bewußtsein: denn hätten sie dieses nicht, und wäre es gänzlich unmöglich, sich ihrer bewußt zu werden: so würde das so viel sagen, sie existierten gar nicht. Alles empirische Bewußtsein hat aber eine notwendige Beziehung auf ein transzendentales (vor aller besondern Erfahrung vorhergehendes) Bewußtsein, nämlich das Bewußtsein meiner selbst, als die ursprüngliche Apperzeption. [...] Der synthetische Satz: daß alles verschiedene *empirische Bewußtsein* in einem einigen Selbstbewußtsein verbunden sein müsse, ist der schlechthin erste und synthetische Grundsatz unseres Denkens überhaupt. Es ist aber nicht aus der Acht zu lassen, daß die bloße Vorstellung *Ich* in Beziehung auf alle andere [...] das transzendentale Bewußtsein sei.[23]

Das ist das Kantische ‚ich denke‘, das ‚alle meine Vorstellungen begleiten können‘ muß[24], und das ist der Begriff des Bewußtseins, der auf keinen Zwei-Substanzen-Dualismus im Cartesischen Sinne führt, sondern auf den Begriff der ‚Dualität‘ des Bewußtseins[25], gemeint ist die (im praktischen wie im theoretischen Sinne) *duale Struktur* des Bewußtseins. Hierin gehört dann auch die von Dennett betonte „undismissable first-person asymmetry"[26], ferner Poppers Bemerkung, daß nicht das Ich dem Gehirn, sondern das Gehirn dem Ich gehöre. All dies gewinnt, vor allem wenn man es unter einer lebensweltlich-praktischen, nicht einer wissenschaftlich-theoretischen Optik betrachtet, einen guten Sinn.

Und damit sind dann selbst theoretische Konsequenzen verbunden. Wenn nämlich, zumal in der Form des Selbstbewußtseins, Bewußtsein ein philosophischer Begriff ist, dem kein neurophysiologischer Begriff entspricht, dann hat es auch keinen Sinn, von einer ‚Evolution‘ des

---

[23] KrV A 117 – 118 Anm. (Hervorhebung im Original).
[24] KrV B 131 – 132. Vgl. I.2. § 5.
[25] Vgl. Creutzfeldt 1981, 48.
[26] Dennett 1982, 351.

Bewußtseins zu sprechen bzw. die Behauptung, „daß im menschlichen
Gehirn als Produkt der Evolution nur Funktionen repräsentiert sind,
die auf evolutionäre Anpassungsprozesse zurückführbar sind"[27], zur
Grundlage aller Untersuchungen zum Begriff des Bewußtseins zu
nehmen.[28]

§ 5   Auch eine philosophische Analyse, die sich auf eine wissenschaftliche Analyse, d. h. in diesem Falle auf eine neurophysiologische
Analyse, nicht reduzieren läßt, führt also auf eine dualistische Konzeption. ,Bewußtsein', ,Selbstbewußtsein', ,Ich' sind dualistische Begriffe;
sie lassen sich in einer monistischen Konzeption nicht bilden bzw. –
wenn man davon ausgeht, daß es sich hier um philosophische Begriffe
handelt – nicht rekonstruieren. Und das ist dann auch wieder ein
Argument dafür, daß sich die Psychologie nicht auf die Neurophysiologie reduzieren läßt. Im übrigen entspricht der Dualismus in seinem
hier betonten *praktischen* Sinne auch unmittelbar der lebensweltlichen
Erfahrung. Man nehme nur den Fall, daß sich jemand nicht gerade
heiter an seinen Schreibtisch begibt und sich selbst auffordert, nunmehr, und wenn es auch schwerfallen sollte, zu denken (z. B. weil
eine Arbeit wie diese fertig werden muß). Ändern da wissenschaftliche
Kenntnisse irgendetwas an dieser mal tröstlichen, mal trostlosen
Situation? Gewiß nicht. Auch verstehen wir uns in der Regel recht
gut, wenn wir uns als Herren (und Damen) im eigenen Hause,
zu dem auch unser Gehirn gehört, verstehen. ,Wissenschaftlicher'
Erklärungen bedarf es dazu nicht.
    Aus einer praktischen Perspektive ist sodann hervorzuheben, daß
eine wissenschaftliche Antwort auf das Leib-Seele-Problem höchstens
eine Antwort auf die Frage nach dem Platz des Menschen in der Natur
ist. Aber der Mensch ist nicht allein Naturwesen, sondern auch ein
moralisches, ein Zwecke setzendes Wesen. Selbst die vollständige Beschreibung seines faktischen Verhaltens könnte nicht (bei Strafe des
naturalistischen Fehlschlusses) auch dem Bereich ethischer Werte adäquat

---

[27] Pöppel 1986, 75.
[28] Kritisch dazu auch Creutzfeldt 1981, 31 („Wenn es [...] keinerlei Möglichkeit gibt,
    Bewußtsein unserer nichtdominanten Hemisphäre, geschweige denn von anderen Lebe-
    wesen festzustellen, die uns – und offenbar auch sich selbst – ihre Erfahrungswelt
    nicht mitteilen können, muß man sich ernsthaft fragen, ob es sinnvoll ist, von einer
    ,Evolution des Bewußtseins' zu sprechen").

Rechnung tragen. Im gleichen Sinne erkennt der (nach eigenem Bekun-
den) Vulgärmaterialist Rorty an,

> that we need *many different* descriptions of ourselves − some for some
> purposes and others for others, some for predicting and controlling
> ourselves and others for deciding what to do, what meaning our lives
> shall have.[29]

Die hier unterstrichene perspektivische Existenz des Menschen legt es
nahe, den Begriff der Alltagspsychologie über seinen bisherigen Rahmen
hinaus zu erweitern. Bei der vorausgegangenen Darstellung von Psychosemantik und Alltagspsychologie wurde die Unterscheidung zwischen
Alltagspsychologie im *technischen* und im *intuitiven* Sinne getroffen
(VII.4. § 2). Im technischen Sinne bezieht sich die Alltagspsychologie auf
propositionale Einstellungen, wobei sie durch die Verwendung einer
intentionalen Begrifflichkeit gekennzeichnet ist; im intuitiven Sinne weist
sie jenes vertraute Muster von Handlungserklärungen auf, die lebensweltliche Orientierungen ausmachen.

Diese Unterscheidung, mit der zugleich die kognitive Psychologie
auf die Seite der technischen Alltagspsychologie tritt − sie weist eine
intentionale Begrifflichkeit auf, enthält aber Gesetzmäßigkeiten, die in
der intuitiven Alltagspsychologie fehlen −, ist nach dem jetzt Dargeleg-
ten nicht vollständig. Sie läßt sich ergänzen durch den Begriff einer
Alltagspsychologie im *praktischen* Sinne. Diese hat es in nicht-deskriptiven Kontexten mit *Handlungsdeutungen* zu tun, die weder Gegenstand
der wissenschaftlichen Psychologie, noch der technischen Alltagspsychologie, noch der hier in der Funktion einer Beobachtungstheorie bestätigten intuitiven Alltagspsychologie sind.[30] Alltagspsychologie im praktischen Sinne bzw. praktische Alltagspsychologie ist selbst keine im engeren Sinne wissenschaftliche (explanatorische) Theorie, und sie dient
keinen theoretischen (wissenschaftlichen) Zwecken. Als philosophische
Konzeption richtet sie sich vielmehr auf die hier unter dem Titel ‚menschliches Selbstverständnis‘ bezeichneten philosophischen Probleme, z. B.
das des Bewußtseins.

Selbst wenn (wider Erwarten) die Neurophysiologie in ferner Zukunft
unserer Psychodynamik theoretisch gerecht zu werden vermöchte, so
wäre dies doch kein Anlaß, unseren praktischen Umgang miteinander

---

[29] Rorty 1982, 345 (Hervorhebung im Original).
[30] Die handlungstheoretischen Analysen v. Wrights z. B. könnten hier als paradigmatische
Grundlage einer derartigen praktischen Alltagspsychologie dienen. Vgl. v. Wright 1971.

als Interaktion neuraler Mechanismen aufzufassen und damit auch jede Form von praktischer Alltagspsychologie in die Abteilung ‚abgelegte Theorien' zu verweisen. Dies gliche dem Fehlschluß vom Darwinismus auf den Sozialdarwinismus. Unser praktisches (oder moralisches) Selbstverständnis bleibt vielmehr auch von einem empirischen Erfolg einer monistischen Deutung unberührt. Hier gilt nicht: scientia locuta, causa finita.

Man kann demnach aber auch von einer *Komplementarität* verschiedener Beschreibungen im Sinne Bohrs sprechen. Komplementarität bedeutet im ursprünglichen Sinne, daß eine kausale Beschreibung, d. h. die strenge Anwendbarkeit der Erhaltungssätze, und eine raum-zeitliche Beschreibung, d. h die genaue raum-zeitliche Darstellung der Systementwicklung, einander ausschließen, daß sie aber für eine vollständige Erfassung der Phänomene gleichwohl gemeinsam erforderlich sind. Die Wahl des einen Zuganges macht die Definition der charakteristischen Größen des komplementären Zuganges unmöglich.[31]

Das soll nicht heißen, daß es mehrere, in gleichem Maße gültige theoretische Interpretationen des Leib-Seele-Verhältnisses gibt, sondern daß eine analoge Komplementarität zwischen einer wissenschaftlichen und einer lebensweltlich-philosophischen Beschreibung des Menschen besteht. Beide stützen sich auf verschiedene, einander ausschließende Voraussetzungen und beide streben nach unterschiedlichen Zielen. So ist z. B. in der intersubjektiven Vorgehensweise der Wissenschaft die Definition des privaten, autonomen Ichbewußtseins ausgeschlossen; wer umgekehrt auf der unhintergehbaren Privatheit besteht, kann keine Wissenschaft betreiben. Zwar ist der Rückgriff auf das Ichbewußtsein zur Erklärung unseres Verhaltens überflüssig, zur Klärung unseres Selbstverständnisses jedoch unerläßlich. Wenn wir uns *orientieren* wollen, benötigen wir andere Mittel, als wenn wir über uns *verfügen* wollen. In diesem Sinne stehen Freiheit und Würde des Menschen nicht unter dem Vorbehalt der Wissenschaftsentwicklung, ist die Erklärung der Menschenrechte nicht durch die Neurophysiologie revozierbar.

Auch das aber soll nicht dazu führen, die philosophische und die wissenschaftliche Kultur auf allzu fern voneinander liegenden Inseln anzusiedeln. Vor allem, wenn es um Fragen geht, auf die beide eine Antwort wissen — um dann meist festzustellen, daß sie doch verschiedene Fragen beantwortet haben. Creutzfeldt, der hier wiederholt zu

---

[31] Vgl. Bohr 1928.

Worte kam, beendet seinen Vortrag, noch einmal auf das Problem der Einheit des Bewußtseins zu sprechen kommend, mit der Bemerkung: „Die Antwort des Neurophysiologen ist der Beginn des Fragens der Philosophen."[32] Das ist wohl, zumindest in diesem Falle, wahr. Richtig ist aber auch, daß die Antwort auf die Frage des Philosophen eine wissenschaftlich beratene Antwort sein sollte. Andernfalls geschähe das, was man leider mit manchem Recht der Philosophie häufig vorzuwerfen pflegt: daß sie der Wirklichkeit durch Spekulation zu entkommen sucht, statt sie durch das Denken zu begreifen.

---

[32] Creutzfeldt 1981, 43.

Schluß

Am Ende unserer Erkundungen im Bereich der Philosophie des Geistes ist es nützlich, den Gang der Argumentation in seinen wissenschaftstheoretischen Teilen kurz zu rekapitulieren und einige Schlußfolgerungen zu ziehen. Unser Argument zugunsten des Dualismus geht von dem einfachen Grundsatz aus: Was verschieden aussieht, ist solange als verschiedenartig zu behandeln, bis das Gegenteil gezeigt ist. Daraus folgt zunächst, daß die Beweislast beim Monismus, nicht beim Dualismus liegt. Nicht der Dualismus muß zeigen, daß eine physikalische Erklärung des Geistes unmöglich ist, sondern der Monismus muß die Adäquatheit einer solchen physikalischen Erklärung nachweisen. In der Sprechweise der Statistik ausgedrückt: Der Dualismus ist die Nullhypothese; seine Verwerfung, nicht seine Annahme bedarf der besonderen Gründe.[1]

Im Grundsatz sind drei Argumentationsmöglichkeiten gegeben, die eine monistische Leib-Seele-Identifikation rechtfertigen könnten. Die erste Möglichkeit betrifft eine ontologische Reduktion, die selbst auf einer Theorienreduktion der Psychologie auf die Neurophysiologie beruht. Zweitens ist die experimentelle Etablierung der Identifikationshypothese denkbar, und schließlich drittens ihre Stützung auf Grundsätze allgemeiner Art vorstellbar. Es zeigt sich, daß die experimentelle Option faktisch nicht besteht (vgl. II.3. § 3 – 4), und daß sich auch keine Prinzipien namhaft machen lassen, die sowohl logisch stark genug sind, um den Dualismus auszuschließen, als auch logisch schwach genug sind, um sicherzustellen, daß die Wissenschaftsentwicklung durch sie nicht behindert wird (vgl. VI.4). Damit bleibt dem Monismus nur der Weg über die Reduktion; und in der Tat wurde deutlich, daß *alle* monistischen Ansätze (zum Teil gegen ihr Selbstverständnis) als Reduktionsbehauptungen rekonstruierbar sind (vgl. II.7).

Dieser Sachverhalt bedeutet, daß ein begründetes und gerechtfertigtes Eintreten für den Monismus die Einlösung dieser Reduktionsbehauptun-

---

[1] Es sind also die Versuche zurückzuweisen, dem Dualismus ganz oder teilweise die Beweislast zuzuschieben, wie dies in Schlick 1925, 355 – 356, Rorty 1965, 41 (dt. 107) und Fodor 1981, 2 der Fall ist.

gen verlangt. Nichts aber ist erkennbar, was einem solchen Erfordernis gerecht werden könnte; beim derzeitigen Stand der Dinge ist eine Reduktion der Psychologie auf die Neurophysiologie nicht einmal in Umrissen erkennbar. Damit ist die Behauptung der Reduzierbarkeit unzureichend gestützt.

Darüber hinaus sprechen zwei Gründe gegen die Erwartung, eine solche Reduktion stünde in überschaubarer Zukunft bevor: Zum einen macht ein wissenschaftshistorisches Analogieargument deutlich, daß Versuche einer Reduktion psychologischer Theorien auf physiologische oder nicht mentalistisch strukturierte Theorien schon mehrfach gescheitert sind (vgl. V.1). Natürlich lassen sich trotz derartiger Erfahrungen Reduktionsbehauptungen aufrechterhalten, doch siedeln diese dann allzu dicht an bloßen persönlichen Bekenntnissen. Zum anderen legt eine Fortschreibung aktueller Tendenzen in der Neurophysiologie nahe, daß ein Reduktionsanspruch auch dann nicht begründet erhoben werden kann, wenn er sachlich berechtigt ist. Auch wenn faktisch Reduzierbarkeit besteht, können wir es möglicherweise nicht wissen (vgl. VIII.2).

Nicht genug damit, daß monistische Identifikationsbehauptungen unzureichend gestützt sind; es lassen sich auch positive Gründe zugunsten einer dualistischen Interpretation angeben. Hierbei gehen wir zunächst (mit Rescher) davon aus, daß es keine Rangordnung unter den Wissenschaften gibt. Es ist unangebracht, die Naturwissenschaften vorbehaltlos als den Sozialwissenschaften überlegen einzustufen.[2]

Diese Beurteilung wird durch unsere Untersuchung psychologischer Theoriebildungen gestützt. Es zeigt sich, daß psychologische Begriffe die gleichen logischen Merkmale wie physikalische Begriffe aufweisen, und daß psychologische Theorien vor den gleichen methodologischen Kriterien Bestand haben wie physikalische Theorien (vgl. V.2. § 5 – 6; VI.1. § 2 – 4). Trotz dieser begrifflichen und methodischen Symmetrie zwischen Physik und Psychologie wird die jeweilige philosophische Interpretation beider Wissenschaften üblicherweise auf gänzlich verschiedene Weise durchgeführt. Während man sich bei der Erörterung naturphilosophischer Fragen auf die gegenwärtige Physik bezieht, wird in der Philosophie des Geistes mit Abschätzungen des künftigen psychologischen Forschungsstandes operiert. Eine solche Asymmetrie in der philosophischen Vorgehensweise ist aber der Sache nach unberechtigt.

---

[2] Vgl. Rescher 1979, 186.

Darüber hinaus sind langfristige Extrapolationen des Forschungsstandes einer Wissenschaft nicht möglich. Die Wissenschaftsentwicklung
ist niemals gegen fundamentale Umbrüche gefeit; und solche Umbrüche
oder Verwerfungen können eine wesentliche Änderung unseres Bildes
von der Natur herbeiführen. Das aber macht den weiteren Fortgang der
Wissenschaft unvorhersehbar, woraus, wie Rescher zu Recht bemerkt,
der Schluß zu ziehen ist, daß die gegenwärtige Wissenschaft nicht für
die künftige Wissenschaft sprechen kann:

> The inherent unpredictability of future scientific developments [...]
> means that *present-day science cannot speak for future science*: it is
> in principle impossible to make any secure inferences from the sub-
> stance of science at one time about its substance at a significantly
> different time.[3]

Das bedeutet, daß die Klärung philosophischer Fragen an der Wissenschaft, wie sie ist, d. h. an dem, was die Wissenschaft weiß, ansetzen
und sich nicht an ihrer fiktiven Fortschreibung orientieren sollte. Genau
diese Vorgehensweise ist (wie schon mehrfach gesagt) gute Praxis bei
der philosophischen Interpretation physikalischer Theorien. Es ist kein
Grund erkennbar, warum die Philosophie des Geistes stattdessen dem
Vorbild der Naturphilosophie des frühen 19. Jahrhunderts folgen sollte,
die den Stand der Wissenschaft als bloßen Ausgangspunkt nahm, um
sich dem Flug der Phantasie zu überlassen. Der Stand der Wissenschaft
sollte nicht bloß als Rohmaterial, Anregung und Inspirationsquelle für
die Entwicklung ausgreifender Deutungen genommen werden.

Dieser Respekt vor der Wissenschaft, der sich im Eingehen auf das,
was die Wissenschaft weiß, zum Ausdruck bringt, führt uns dazu, den
Forschungsstand der Psychologie ernstzunehmen. Und dies wiederum
bringt es mit sich, daß wir die ontologischen Verpflichtungen psychologischer Theorien in gleichem Maße berücksichtigen wie die ontologischen
Verpflichtungen physikalischer Theorien. Wenn sich unsere besten verfügbaren Theorien des Verhaltens auf mentale Größen stützen, dann
muß dies in unserem Urteil darüber, was es gibt, Berücksichtigung finden.
Ein Mentalismus führt somit auf einen Dualismus (vgl. VI.2), es sei
denn, einem solchen Schluß stünden ernsthafte Hindernisse im Wege –
und das ist, wie dargestellt, nicht der Fall (vgl. VI.3).

Eine dualistische Interpretation lehrt allein noch recht wenig über
die Natur des Geistes; man hat die psychischen Mechanismen noch nicht

---

[3] Rescher 1984, 102 (dt. 187) (Hervorhebung im Original).

verstanden, wenn man die Eigenständigkeit mentaler Phänomene betont.
Dieses Schicksal teilt der Dualismus mit dem Monismus, der ebenfalls
der Ergänzung durch eine Theorie der psychischen Funktionen bedarf.
Tatsächlich sind die Probleme in diesem Bereich von ontologischen
Festlegungen weitgehend unabhängig. Jedoch zeigt sich in diesem Zusammenhang, daß eine solche, an der neueren Psychologie orientierte
Betrachtung psychischer Prozesse Auswirkungen auf die Deutung des
Leib-Seele-Verhältnisses hat. Das liegt daran, daß die Identifikation in
ihrer klassischen Form (nämlich als Identifikation von Bewußtseinsprozessen mit neurophysiologischen Prozessen) durch den Stand der psychologischen Forschung in Zweifel gezogen ist. Dieser macht es nämlich
unwahrscheinlich, daß die dem Bewußtsein zugänglichen mentalen Phänomene die Dynamik des geistigen Lebens korrekt wiedergeben (vgl.
VII.4. § 7). Damit wird erneut deutlich, auf welch schwankenden Boden
man sich mit einer weit vorauseilenden Abschätzung der Wissenschaftsentwicklung begibt. Schließlich gerät die Identitätsthese hier an einer
Stelle in Schwierigkeiten, an der ihre klassischen Vertreter ein Problem
nicht einmal ahnten.

Insgesamt ist der hier vertretene Dualismus *pragmatischer* Natur. Im
Gegensatz zum strikten Dualismus sind wir der Auffassung, daß die
psychophysische Identifikation nicht von vornherein ausgeschlossen werden kann, daß ihr keine logisch-begrifflichen Hindernisse im Wege stehen. Leib-Seele-Identität ist eine kohärent formulierbare Option der
künftigen Wissenschaftsentwicklung. Unser Anliegen war primär, dem
Stand der Forschung in vermehrter Weise Respekt zu verschaffen und
die philosophischen Konsequenzen einer solchen Beschränkung auf das,
was wir (halbwegs) wissen, zu erkunden. Auf diese Weise sollte ein
größeres Maß Nüchternheit in die Leib-Seele-Debatte eingeführt werden,
die ihr, verursacht durch kühne apriorische Konstruktionen und durch
fiktiv-phantastische Neurophysiologien, vielfach verlorengegangen ist.
Da wir nicht wissen, was wir nicht wissen, scheint uns eine nüchterne
Zurückhaltung, auch bei aller konstruktiven Einstellung in wissenschaftstheoretischer Hinsicht, die angemessene philosophische Haltung
zu sein. Auf deren Grundlage erweist sich aber ein (pragmatischer
interaktionistischer) Dualismus als die am besten gestützte Option.

Literaturverzeichnis

Hinweise auf antike sowie auf andere klassische Texte der philosophischen Tradition verwenden, soweit im Literaturverzeichnis nicht eigens aufgeführt, Abkürzungen in der üblichen Weise, z. B. Platon: Phaid. = Phaidon, Krat. = Kratylos, Pol. = Politeia; Aristoteles: de an. = de anima, Phys. = Physica; Thomas von Aquin: S. th. = Summa theologiae; Descartes: Princ. Philos. = Principia Philosophiae; Leibniz: Disc. mét. = Discours de métaphysique. Die „Kritik der reinen Vernunft" Kants wird wie üblich nach der Originalpaginierung zitiert (KrV A = 1. Auflage 1781, KrV B = 2. Auflage 1787), und zwar nach der Ausgabe von Weischedel (Werke in 6 Bänden, ed. W. Weischedel, Frankfurt, Darmstadt 1956 – 1964).

A. M. Albano u. a. (1986)
  Lasers and Brains: Complex Systems with Low-Dimensional Attractors, in: Mayer-Kress 1986, 231 – 240
Alexander von Aphrodisias (1887)
  Alexandri Aphrodisiensis praeter commentaria scripta minora: De anima liber cum mantissa, ed. I. Bruns, Berlin 1887 (Supplementum Aristotelicum II 1)
M. Alonso/E. J. Finn (1967)
  Fundamental University Physics I (Mechanics), Reading Mass. etc. 1967
D. M. Armstrong (1968)
  A Materialist Theory of the Mind, London, New York 1968
D. M. Armstrong (1977)
  The Causal Theory of the Mind, in: Philosophische Psychologie?, ed. R. Bubner u. a., Göttingen 1977 (Neue Hefte für Philosophie 11), 82 – 95
A. Augustinus (1841 – 1849)
  Opera omnia, I-XV, ed. J.-P. Migne, Paris 1841 – 1849 (Patrologiae cursus completus. Series Latina 32 – 47)
B. Aune (1966)
  Feigl on the Mind-Body Problem, in: Feyerabend/Maxwell 1966, 17 – 39
E. Averill/B. F. Keating (1981)
  Does Interactionism Violate a Law of Classical Physics?, Mind 90 (1981), 102 – 107

A. Babloyantz (1986)
  Evidence of Chaotic Dynamics of Brain Activity During the Sleep Cycle, in: Mayer-Kress 1986, 241 – 245

G. P. Baker/P. M.S. Hacker (1984a)
  Language, Sense and Nonsense. A Critical Investigation into Modern Theo-
  ries of Language, Oxford 1984
G. P. Baker/P. M.S. Hacker (1984b)
  Scepticism, Rules and Language, Oxford 1984
A. Bandura (1977)
  Social Learning Theory, Englewood Cliffs 1977 (dt. Sozial-kognitive Lern-
  theorie, Stuttgart 1979)
A. Bandura/D. Ross/S. A. Ross (1963)
  Vicarious Reinforcement and Imitative Learning, Journal of Abnormal and
  Social Psychology 67 (1963), 601 – 607 (dt. Stellvertretende Bekräftigung und
  Imitationslernen, in: Pädagogische Psychologie 2 (Lernen und Instruktion)
  (Funk-Kolleg), ed. M. Hofer/F. E. Weinert, Frankfurt 1973, 61 – 75)
G. Berkeley (1710)
  A Treatise Concerning the Principles of Human Knowledge, Dublin 1710,
  London ²1734, in: The Works of George Berkeley, Bishop of Cloyne II, ed.
  A. A. Luce/T. E. Jessop, London 1949
W. Berkson (1974)
  Fields of Force. The Development of a World View from Faraday to Einstein,
  London 1974
W. Bernard (1988)
  Rezeptivität und Spontaneität der Wahrnehmung bei Aristoteles. Versuch
  einer Bestimmung der spontanen Erkenntnisleistung der Wahrnehmung bei
  Aristoteles in Abgrenzung gegen die rezeptive Auslegung der Sinnlichkeit
  bei Descartes und Kant, Baden-Baden 1988 (Saecula Spiritalia 19)
K. Bernath (1969)
  Anima forma corporis. Eine Untersuchung über die ontologischen Grundla-
  gen der Anthropologie des Thomas von Aquin, Bonn 1969
P. Bieri (1981)
  Generelle Einführung/Einleitung, in: ders. 1981a, 1 – 55, 139 – 144
P. Bieri (ed.) (1981a)
  Analytische Philosophie des Geistes, Königstein 1981
N. Bohr (1928)
  The Quantum Postulate and the Recent Development of Atomic Theory,
  Nature 121 (1928) (Supplement), 580 – 590
D. A. Bonevac (1982)
  Reduction in the Abstract Sciences, Indianapolis/Cambridge 1982
W. Bräutigam/P. Christian (1981)
  Psychosomatische Medizin. Ein kurzgefaßtes Lehrbuch, Stuttgart ³1981
H. Breger (1984)
  Elastizität als Strukturprinzip der Materie bei Leibniz, in: Leibniz' Dynamica.
  Symposion der Leibniz-Gesellschaft in der Evangelischen Akademie Loccum.
  2. bis 4. Juli 1982, ed. A. Heinekamp, Stuttgart 1984 (Studia Leibnitiana.
  Sonderheft 13), 112 – 121
J. W. Brehm/A. R. Cohen (1962)
  Explorations in Cognitive Dissonance, New York/London 1962

F. Brentano (1874)
Psychologie vom empirischen Standpunkt I [1874], ed. O. Kraus, Hamburg
1955 (unveränderter Nachdruck der Ausgabe von 1924)

J. Brožek/H. Gundlach (1988)
G. T. Fechner and Psychology (International Gustav Theodor Fechner Sym-
posium Passau 12 to 14 June 1987), ed. J. Brožek/H. Gundlach, Passau 1988
(Passauer Schriften zur Psychologiegeschichte 6)

B. Brundell (1987)
Pierre Gassendi. From Aristotelianism to a New Natural Philosophy, Dordrecht etc. 1987

J. S. Bruner (1957)
On Perceptual Readiness, in: Readings in Perception, ed. D. C. Beardslee/
M. Wertheimer, Princeton etc. 1958, 686 – 729

M. Bunge (1980)
The Mind-Body Problem. A Psychobiological Approach, Oxford etc. 1980
(dt. Das Leib-Seele-Problem. Ein psychobiologischer Versuch, Tübingen
1984)

R. Carnap (1928)
Scheinprobleme in der Philosophie. Das Fremdpsychische und der Realis-
musstreit, Frankfurt 1966 (Original Berlin 1928, 2. Aufl. zusammen mit: Der
logische Aufbau der Welt, Hamburg 1961)

R. Carnap (1931)
Überwindung der Metaphysik durch logische Analyse der Sprache, Erkenntnis 2 (1931), 219 – 241 (repr. in: Schleichert 1975, 149 – 171)

R. Carnap (1931/1932)
Über Protokollsätze, Erkenntnis 3 (1932/1933), 215 – 228 (repr. in: Schleichert 1975, 81 – 94)

R. Carnap (1932/1933)
Psychologie in physikalischer Sprache, Erkenntnis 3 (1932/1933), 107 – 142

R. Carnap (1956)
The Methodological Character of Theoretical Concepts, in: Feigl/Scriven
1956, 38 – 76 (dt. Theoretische Begriffe der Wissenschaft. Eine logische und
methodologische Untersuchung, Zeitschrift für philosophische Forschung 14
(1960), 209 – 233, 571 – 584)

M. Carrier (1986a)
Empirische Wissenschaft und methodologische Normen, in: Wahrheit, Rich-
tigkeit und Exaktheit, ed. J. Klein/H. D. Erlinger, Essen 1986 (Siegener
Studien 40), 41 – 63

M. Carrier (1986b)
Wissenschaftsgeschichte, rationale Rekonstruktion und die Begründung von
Methodologien, Zeitschrift für allgemeine Wissenschaftstheorie 17 (1986),
201 – 228

M. Carrier (1986c)
Die begriffliche Entwicklung der Affinitätstheorie im 18. Jahrhundert. Newtons Traum – und was daraus wurde, Archive for History of Exact Sciences
36 (1986), 327 – 389

M. Carrier (1988)
> On Novel Facts. A Discussion of Criteria for Non-ad-hoc-ness in the Methodology of Scientific Research Programmes, Zeitschrift für allgemeine Wissenschaftstheorie 19 (1988), 205 – 231

M. Carrier (1989)
> Circles without Circularity. Testing Theories by Theory-Laden Observations, in: An Intimate Relation, ed. J. Brown/J. Mittelstraß, Dordrecht/Boston 1989

R. Chisholm (1955/1956)
> Sentences about Believing, Proceedings of the Aristotelian Society 56 (1955/1956), 125 – 148 (dt. Sätze über Glauben, in: Bieri 1981a, 145 – 161)

P. M. Churchland (1981)
> Eliminative Materialism and the Propositional Attitudes, The Journal of Philosophy 78 (1981), 67 – 90

P. M. Churchland (1985)
> Reduction, Qualia, and the Direct Introspection of Brain States, The Journal of Philosophy 82 (1985), 8 – 28

P. S. Churchland (1986)
> Neurophilosophy. Toward a Unified Science of the Mind-Brain, Cambridge Mass./London 1986

L. J. Cohen (1979)
> Rez. Popper/Eccles 1977, Mind 88 (1979), 301 – 304

J. W. Cornman (1962)
> The Identity of Mind and Body, The Journal of Philosophy 59 (1962), 486 – 492

O. Creutzfeldt (1981)
> Bewußtsein und Selbstbewußtsein als neurophysiologisches Problem der Philosophie, in: Reproduktion des Menschen. Beiträge zu einer interdisziplinären Anthropologie, Frankfurt/Berlin/Wien 1981 (Schriften der Carl-Friedrich-von-Siemens-Stiftung 5), 29 – 44 (Diskussion 44 – 54)

O. Creutzfeldt (1983)
> Das Bewußtsein entzieht sich der Wissenschaft (Gesprächsprotokoll), MPG-Spiegel 6 (1983), 8 – 10

L. J. Cronbach/P. E. Meehl (1956)
> Construct Validity in Psychological Tests, in: Feigl/Scriven 1956, 174 – 204

J. P. Crutchfield u. a. (1987)
> Chaos, Spektrum der Wissenschaft, Heft 2, 1987, 78 – 91

L. J. Daston (1982)
> The Theory of Will versus the Science of Mind, in: The Problematic Science. Psychology in Nineteenth-Century Thought, ed. W. R. Woodward/M. G. Ash, New York 1982, 88 – 115

D. Davidson (1970)
> Mental Events, in: ders. 1980, 207 – 227 (dt. Geistige Ereignisse, 291 – 320)

D. Davidson (1973)
> The Material Mind, in: ders. 1980, 245 – 259 (dt. Der materielle Geist, 343 – 362)

D. Davidson (1974)
Psychology as Philosophy, in: ders. 1980, 229 – 239 (dt. Psychologie als Philosophie, 321 – 335)

D. Davidson (1976)
Hempel on Explaining Action, in: ders. 1980, 261 – 275 (dt. Hempels Auffassung der Erklärung von Handlungen, 363 – 383)

D. Davidson (1980)
Essays on Actions and Events, Oxford 1980 (dt. Handlung und Ereignis, Frankfurt 1985)

D. C. Dennett (1979)
Rez. Popper/Eccles 1977, The Journal of Philosophy 76 (1979), 91 – 97

D. C. Dennett (1982)
Comments on Rorty, Synthese 53 (1982), 349 – 356

R. Descartes (1641)
Meditationen über die Grundlagen der Philosophie mit den sämtlichen Einwänden und Erwiderungen, ed. u. übers. A. Buchenau, Hamburg 1915, 1972

R. Descartes (1897 – 1910)
Oeuvres, I-XII, ed. Ch. Adam/P. Tannery, Paris 1897 – 1910

Diog. Laert.
Diogenis Laertii Vitae Philosophorum, I-II, ed. H. S. Long, Oxford 1964

E. Du Bois-Reymond (1880)
Über die Grenzen des Naturerkennens [1872]. Die sieben Welträtsel [1880], Leipzig 1907

C. Ducasse (1960)
In Defense of Dualism, in: Dimensions of Mind. A Symposium, ed. S. Hook, New York, London 1960, 1966, 85 – 89

P. Duhem (1908)
ΣΩZEIN TA ΦAINOMENA. Essai sur la notion de théorie physique de Platon à Galilée, Paris 1982 (Original in: Annales de philosophie chrétienne, 1908)

I. Düring (1966)
Aristoteles. Darstellung und Interpretation seines Denkens, Heidelberg 1966

R. A. Eberle (1971)
Replacing one Theory by Another under Preservation of a Given Feature, Philosophy of Science 38 (1971), 486 – 501

J. C. Eccles (1970)
Facing Reality. Philosophical Adventures by a Brain Scientist, New York/ Heidelberg/Berlin 1970 (dt. Wahrheit und Wirklichkeit. Mensch und Wissenschaft, Berlin/Heidelberg/New York 1975)

A. Einstein (1934)
Mein Weltbild, ed. C. Seelig, Frankfurt/Berlin/Wien 1981

A. Einstein (1949)
Autobiographisches/Autobiographical Notes, in: Albert Einstein: Philosopher-Scientist, ed. P. A. Schilpp, Evanston Ill. 1949, [3]1970, 2 – 94 (dt. Albert Einstein als Philosoph und Naturforscher, ed. P. A. Schilpp, Stuttgart 1955, 1 – 35)

J. D. Farmer (1982)

Dimension, Fractal Measures, and Chaotic Dynamics, in: Evolution of Order and Chaos in Physics, Chemistry, and Biology (Proceedings of the International Symposium on Synergetics at Schloß Elmau, Bavaria, April 26 — May 1, 1982), ed. H. Haken, Berlin/Heidelberg/New York 1982, 228 – 246

G. T. Fechner (1860)

Elemente der Psychophysik I, Leipzig 1860 (repr. Amsterdam 1964)

H. Feigl (1950)

Existential Hypotheses. Realistic versus Phenomenalistic Interpretations, Philosophy of Science 17 (1950), 35 – 62

H. Feigl (1951)

Principles and Problems of Theory Construction in Psychology, in: Current Trends in Psychological Theory, ed. W. Dennis u. a., Pittsburgh 1951, 179 – 213

H. Feigl (1958)

The ‚Mental‘ and the ‚Physical‘, in: Concepts, Theories, and the Mind-Body Problem, ed. H. Feigl/M. Scriven/G. Maxwell, Minneapolis 1958 (Minnesota Studies in the Philosophy of Science II), 370 – 497

H. Feigl (1963)

Physicalism, Unity of Science and the Foundations of Psychology, in: Herbert Feigl. Inquiries and Provocations. Selected Writings 1929 – 1974, ed. R. S. Cohen, Dordrecht/Boston/London 1981, 302 – 341

H. Feigl/M. Scriven (1956)

The Foundations of Science and the Concepts of Psychology and Psychoanalysis, ed. H. Feigl/M. Scriven, Minneapolis 1956 (Minnesota Studies in the Philosophy of Science I)

P. K. Feyerabend (1962)

Explanation, Reduction, and Empiricism, in: Scientific Explanation, Space, and Time, ed. H. Feigl/G. Maxwell, Minneapolis 1962 (Minnesota Studies in the Philosophy of Science III), 28 – 97 (dt. [gekürzt] Erklärung, Reduktion und Empirismus, in: ders. 1981, 73 – 125)

P. K. Feyerabend (1963)

Materialism and the Mind-Body Problem, The Review of Metaphysics 17 (1963/1964), 49 – 66 (dt. [ergänzt] Der Materialismus und das Leib-Seele-Problem, in: ders. 1981, 194 – 207)

P. K. Feyerabend (1981)

Probleme des Empirismus. Schriften zur Theorie der Erklärung, der Quantentheorie und der Wissenschaftsgeschichte (Ausgewählte Schriften 2), Braunschweig/Wiesbaden 1981

P. K. Feyerabend/G. Maxwell (1966)

Mind, Matter, and Method. Essays in Philosophy and Science in Honor of Herbert Feigl, ed. P. K. Feyerabend/G. Maxwell, Minneapolis 1966

J. A. Fodor (1968)

Psychological Explanation. An Introduction to the Philosophy of Psychology, New York 1968

J. A. Fodor (1975)

The Language of Thought, New York 1975

J. A. Fodor (1981)
    Representations. Philosophical Essays on the Foundations of Cognitive
    Science, Brighton 1981
J. A. Fodor (1987)
    Psychosemantics. The Problem of Meaning in the Philosophy of Mind,
    Cambridge Mass. 1987
G. Frege (1893)
    Grundgesetze der Arithmetik. Begriffsgeschichtlich abgeleitet I, Jena 1893
    (repr. Darmstadt 1962)
G. Frege (1918/1919)
    Der Gedanke. Eine logische Untersuchung (1918/1919), in: ders., Logische
    Untersuchungen, ed. G. Patzig, Göttingen 1966, 30 – 53
G. Frege (1923 – 1926)
    Logische Untersuchungen. Dritter Teil: Gedankengefüge (1923 – 1926), in:
    ders., Logische Untersuchungen, ed. G. Patzig, Göttingen 1966, 72 – 91

H. R. Ganslandt (1980)
    Artikel: Dritte Welt, in: Mittelstraß 1980, 499 – 500
P. Gassendi (1658)
    Syntagma philosophicum, I-II, Lyon 1658
M. S. Gazzaniga/ J. E. LeDoux (1978)
    The Integrated Mind, New York/London 1978 (dt. Neuropsychologische
    Integration kognitiver Prozesse, Stuttgart 1983)
C. F. Gethmann (1984)
    Artikel: Intentionalität, in: Mittelstraß 1984, 259 – 264
A. Geulincx (1893)
    Opera philosophica III, ed. J. P. M. Land, Den Haag 1893
A. Gierer (1985)
    Die Physik, das Leben und die Seele, München/Zürich ³1986
J. Glatzel (1973)
    Endogene Depressionen. Zur Psychopathologie, Klinik und Therapie zyklo-
    thymer Verstimmungen, Stuttgart 1973
P. Gohlke (1958)
    Aristoteles. Über den Himmel. Vom Werden und Vergehen, Paderborn 1958
S. Großmann (1983)
    Chaos – Unordnung und Ordnung in nichtlinearen Systemen, Physikalische
    Blätter 39 (1983), 139 – 145
A. Grünbaum (1987)
    Psychoanalyse in wissenschaftstheoretischer Sicht. Zum Werk Sigmund
    Freuds und seiner Rezeption, Konstanz 1987
J. Gruter (1625)
    Bibliotheca exulum seu Enchiridion divinae humanaeque prudentiae, Frank-
    furt 1625

N. R. Hanson (1958)
    Patterns of Discovery. An Inquiry into the Conceptual Foundations of
    Science, Cambridge 1965 (Cambridge 1958)

H. Heckhausen (1974a)
    Faktoren des Entwicklungsprozesses, in: Weinert 1974a, 101 – 132
H. Heckhausen (1974b)
    Motive und ihre Entstehung, in: Weinert 1974a, 133 – 171
H. Heckhausen (1974c)
    Lehrer-Schüler-Interaktion, in: Weinert 1974a, 547 – 573
M. Heidelberger (1988)
    Fechners Leib-Seele-Theorie, in: Brožek/Gundlach 1988, 61 – 77
J. van Heijenoort (1967)
    Artikel: Gödel's Theorem, in: The Encyclopedia of Philosophy III, ed. P.
    Edwards, New York, London 1967, 348 – 357
H. Heimsoeth (1966)
    Transzendentale Dialektik. Ein Kommentar zu Kants Kritik der reinen
    Vernunft. Erster Teil: Ideenlehre und Paralogismen, Berlin 1966
C. G. Hempel (1952)
    Fundamentals of Concept Formation in Empirical Science, Chicago 1952
    (International Encyclopedia of Unified Science II, No. 7) (dt. [erweitert]
    Grundzüge der Begriffsbildung in der empirischen Wissenschaft, Düsseldorf
    1974)
C. G. Hempel (1958)
    The Theoretician's Dilemma: A Study in the Logic of Theory Construction,
    in: ders., Aspects of Scientific Explanation And Other Essays in the Philoso-
    phy of Science, New York, London 1965, 173 – 226
C. G. Hempel/P. Oppenheim (1948)
    Studies in the Logic of Explanation, Philosophy of Science 15 (1948),
    135 – 175
H. Hertz (1894)
    Die Prinzipien der Mechanik, in neuem Zusammenhange dargestellt, ed. Ph.
    Lenard, Leipzig 1894 (repr. Darmstadt 1963)
E. R. Hilgard/G. H. Bower (1966)
    Theories of Learning, New York ³1966 (dt. Theorien des Lernens 1, Stuttgart
    1975)
Th. Hobbes (1839 – 1845)
    The English Works of Thomas Hobbes, I-XI, ed. G. Molesworth, London
    1839 – 1845
T. Horgan/J. Woodward (1985)
    Folk Psychology is here to Stay, The Philosophical Review 94 (1985),
    197 – 226
G. M. K. Hunt (1987)
    Determinism, Predictability and Chaos, Analysis 47 (1987), 129 – 133
Th. H. Huxley (1893)
    Collected Essays (1893 – 1894) I (Method and Results), London 1893 (repr.
    Hildesheim/New York 1970)

P. Janich/J. Mittelstraß (1973)
    Raum, in: Handbuch philosophischer Grundbegriffe II, ed. H. Krings/H. M.
    Baumgartner/C. Wild, München 1973, 1154 – 1168
P. Janich/K. Mainzer (1980)
    Artikel: Gesetz (exakte Wissenschaften), in: Mittelstraß 1980, 761 – 763

F. Kambartel (1965)

The universe is more various, more Hegelian. Zum Weltverständnis bei Hegel und Whitehead, in: Collegium Philosophicum. Studien Joachim Ritter zum 60. Geburtstag, Basel/Stuttgart 1965, 72 – 98

I. Kant (1902ff.)

Gesammelte Schriften, ed. Königlich Preußische (später: Deutsche) Akademie der Wissenschaften (zu Berlin), Berlin 1902ff.

F. Kaulbach (1969)

Immanuel Kant, Berlin 1969 (Sammlung Göschen 536/536a)

A. Kenny (1980)

Aquinas, Oxford 1980

J. Kim (1985)

Psychophysical Laws, in: LePore/McLaughlin 1985, 369 – 386

A. Koyré (1939)

Galileo Studies, Hassocks 1978 (Original: Études Galiléennes, I-III, Paris 1939 (Actualités scientifiques et industrielles 852 – 854), in einem Band: Paris 1966)

S. A. Kripke (1971)

Identity and Necessity, in: Identity and Individuation, ed. M. K. Munitz, New York 1971, 135 – 164

S. A. Kripke (1972)

Naming and Necessity, Cambridge Mass. 1980 (dt. Name und Notwendigkeit, Frankfurt 1981)

H. Kuhlenbeck (1982)

The Human Brain and Its Universe, I-III, ed. J. Gerlach, Basel etc. 1982 (2., überarbeitete und erweiterte Auflage von: Brain and Consciousness, 1957) (dt. [gekürzt] Gehirn, Bewußtsein und Wirklichkeit, Darmstadt 1986)

W. Kullmann (1974)

Wissenschaft und Methode. Interpretationen zur Aristotelischen Theorie der Naturwissenschaft, Berlin/New York 1974

F. v. Kutschera (1982)

Grundfragen der Erkenntnistheorie, Berlin/New York 1982

I. Lakatos (1970)

Falsification and the Methodology of Scientific Research Programmes, in: Criticism and the Growth of Knowledge (Proceedings of the International Colloquium of Science, London, 1965, 4), ed. I. Lakatos/A. Musgrave, Cambridge 1970, 91 – 195 (dt. Falsifikation und die Methodologie wissenschaftlicher Forschungsprogramme, in: Kritik und Erkenntnisfortschritt (Abhandlungen des Internationalen Kolloquiums über die Philosophie der Wissenschaft, London 1965, 4), ed. I. Lakatos/A. Musgrave, Braunschweig 1974, 89 – 189)

I. Lakatos (1971)

History of Science and Its Rational Reconstructions, in: PSA 1970. In Memory of Rudolf Carnap (Proceedings of 1970 Biennial Meeting. Philosophy of Science Association), ed. R. C. Buck/R. S. Cohen, Dordrecht 1971

(Boston Studies in the Philosophy of Science VIII), 91 – 135 (dt. Die Geschichte der Wissenschaften und ihre rationalen Rekonstruktionen, in: Theorien der Wissenschaftsgeschichte. Beiträge zur diachronen Wissenschaftstheorie, ed. W. Diederich, Frankfurt 1974, 55 – 119)

L. Laudan (1977)
Progress and Its Problems. Toward a Theory of Scientific Growth, Berkeley/ Los Angeles/London 1977

G. R. Lefrancois (1972)
Psychological Theories and Human Learning: Kongor's Report, Belmont Cal. 1972 (dt. Psychologie des Lernens. Report von Kongor dem Androneaner, Berlin/Heidelberg/New York 1976)

G. W. Leibniz (1976)
De Arcanis Motus et Mechanica ad puram Geometriam reducenda (LH 35; XIII, 3, Bl. 81 (Niedersächsische Landesbibliothek Hannover)). Abgedruckt in: H.-J. Hess, Die unveröffentlichten naturwissenschaftlichen und technischen Arbeiten von G. W. Leibniz aus der Zeit seines Parisaufenthaltes. Eine Kurzcharakteristik, in: Leibniz à Paris (1672 – 1676). Symposion de la G. W. Leibniz-Gesellschaft (Hannover) et du Centre National de la Recherche Scientifique (Paris) à Chantilly (France) du 14 au 18 November 1976 I: Les Sciences, Wiesbaden 1978 (Studia Leibnitiana Supplementa XVII), 202 – 205

G. W. Leibniz (1686)
Discours de Métaphysique/Metaphysische Abhandlung, ed. u. übers. H. Herring, Hamburg 1958

G. W. Leibniz (1714)
Principes de la Nature et de la Grâce fondés en Raison. Monadologie/ Vernunftprinzipien der Natur und der Gnade. Monadologie, ed. H. Herring, Hamburg 1956

G. W. Leibniz (1849 – 1863)
Mathematische Schriften, I-VII, ed. C. I. Gerhardt, Berlin/Halle 1849 – 1863

G. W. Leibniz (1875 – 1890)
Die philosophischen Schriften, I-VII, ed. C. I. Gerhardt, Berlin/Leipzig 1875 – 1890 (repr. Hildesheim 1960 – 1961, 1978)

G. W. Leibniz/S. Clarke (1715/1716)
Correspondance Leibniz-Clarke présentée d'après les manuscrits originaux des bibliothèques de Hanovre et de Londres, ed. A. Robinet, Paris 1957

J. Leplin (1984)
Introduction, in: ders. (ed.), Scientific Realism, Berkeley/Los Angeles/London 1984, 1 – 7

E. LePore/B. P. McLaughlin (1985)
Actions and Events. Perspectives on the Philosophy of Donald Davidson, ed. E. LePore/B. P. McLaughlin, Oxford/New York 1985

G. A. Lienert (1969)
Testaufbau und Testanalyse, Weinheim/Berlin/Basel ³1969

E. N. Lorenz (1963)
Deterministic Nonperiodic Flow, Journal of the Atmospheric Sciences 20 (1963), 130 – 141

K. Lorenz (1970)
  Elemente der Sprachkritik. Eine Alternative zum Dogmatismus und Skepti-
  zismus in der Analytischen Philosophie, Frankfurt 1970
K. Lorenz (1975)
  Die Monadologie als Entwurf einer Hermeneutik, in: Akten des II. Interna-
  tionalen Leibniz-Kongresses Hannover, 17.-22. Juli 1972, III (Metaphysik –
  Ethik – Ästhetik – Monadenlehre), Wiesbaden 1975 (Studia Leibnitiana
  Supplementa XIV), 317–325
K. Lorenz (1980)
  Artikel: Ereignis, in: Mittelstraß 1980, 568
K. Lorenz (1984a)
  Artikel: Identität, in: Mittelstraß 1984, 189–192
K. Lorenz (1984b)
  Artikel: intensional/Intension, in: Mittelstraß 1984, 256–257
K. Lorenz (1984c)
  Artikel: Kategorienfehler, in: Mittelstraß 1984, 370–371
P. Lorenzen (1969)
  Normative Logic and Ethics, Mannheim/Zürich 1969
P. Lorenzen (1974)
  Konstruktive Wissenschaftstheorie, Frankfurt 1974

E. Mach (1883)
  Die Mechanik in ihrer Entwickelung. Historisch-kritisch dargestellt, Leipzig
  1883, ⁹1933 (repr. Darmstadt 1963, 1988 [mit einem Vorwort von G. Wolters])
D. M. MacKay (1978)
  Selves and Brains, Neuroscience 3 (1978), 599–606
N. Malcolm (1971)
  The Myth of Cognitive Processes and Structures, in: Cognitive Development
  and Epistemology, ed. T. Mischel, New York/London 1971, 385–392
N. Malebranche (1959)
  Oeuvres X, ed. H. Gouhier/A. Robinet, Paris 1959
Marcus Aurelius (1979)
  Ad se ipsum libri XII, ed. J. Dalfen, Leipzig 1979
A. Marras (1987)
  Critical Notice: Stephen Stich's „From Folk Psychology to Cognitive Science:
  The Case Against Belief", Philosophy of Science 54 (1987), 115–127
G. Mayer-Kress (1986)
  Dimensions and Entropies in Chaotic Systems. Quantification of Complex
  Behavior (Proceedings of an International Workshop at the Pecos River
  Ranch, New Mexico, September 11–16, 1985), ed. G. Mayer-Kress, Berlin/
  Heidelberg/New York/Tokyo 1986
J. W. McAllister (1986)
  Theory-Assessment in the Historiography of Science, The British Journal
  for the Philosophy of Science 37 (1986), 315–333
C. McGinn (1980)
  Philosophical Materialism, Synthese 44 (1980), 173–206

B. P. McLaughlin (1985)
Anomalous Monism and the Irreducibility of the Mental, in: LePore/McLaughlin 1985, 331 – 368

B. P. McLaughlin (1987)
What is Wrong with Correlational Psychosemantics?, Synthese 70 (1987), 271 – 286

P. E. Meehl (1966)
The Compleat Autocerebroscopist: A Thought-Experiment on Professor Feigl's Mind-Body Identity Thesis, in: Feyerabend/Maxwell 1966, 103 – 180

P. Meehl/W. Sellars (1956)
The Concept of Emergence, in: Feigl/Scriven 1956, 239 – 252

W. P. Mendonça (1987)
Zur Möglichkeit kognitiver Psychologie aus Wittgensteinscher Sicht, Zeitschrift für allgemeine Wissenschaftstheorie 18 (1987), 183 – 203

J. Mittelstraß (1962)
Die Rettung der Phänomene. Ursprung und Geschichte eines antiken Forschungsprinzips, Berlin 1962

J. Mittelstraß (1970)
Neuzeit und Aufklärung. Studien zur Entstehung der neuzeitlichen Wissenschaft und Philosophie, Berlin/New York 1970

J. Mittelstraß (1980/1984)
Enzyklopädie Philosophie und Wissenschaftstheorie, ed. J. Mittelstraß, Mannheim/Wien/Zürich, I (1980), II (1984)

J. Mittelstraß (1984a)
Artikel: Impetustheorie, in: ders. 1984, 212 – 213

J. Mittelstraß (1984b)
Artikel: Leib-Seele-Problem, in: ders. 1984, 581 – 584

J. Mittelstraß (1984c)
Artikel: Nus, in: ders. 1984, 1044 – 1045

J. Mittelstraß (1984d)
Artikel: Okkasionalismus, in: ders. 1984, 1067 – 1068

J. Mittelstraß (1984e)
Forschung, Begründung, Rekonstruktion. Wege aus dem Begründungsstreit, in: Rationalität. Philosophische Beiträge, ed. H. Schnädelbach, Frankfurt 1984, 117 – 140 (engl. [überarbeitet] Scientific Rationality and Its Reconstruction, in: Reason and Rationality in Natural Science. A Group of Essays, ed. N. Rescher, Lanham/New York/London 1985, 83 – 102

J. Mittelstraß (1988)
Die Philosophie der Wissenschaftstheorie. Über das Verhältnis von Wissenschaftstheorie, Wissenschaftsforschung und Wissenschaftsethik, Zeitschrift für allgemeine Wissenschaftstheorie 19 (1988), 308 – 327

E. Nagel (1961)
The Structure of Science. Problems in the Logic of Scientific Explanation, London 1961

T. Nagel (1974)
What is it like to be a Bat?, The Philosophical Review 83 (1974), 435 – 450 (dt. Wie ist es, eine Fledermaus zu sein?, in: Bieri 1981a, 261 – 275)

N. J. Nersessian (1984)
    Faraday to Einstein: Constructing Meaning in Scientific Theories, Dord-
    recht/Boston/Lancaster 1984
I. Newton (1687)
    Philosophiae naturalis principia mathematica, London 1687 (repr. London
    1960, Brüssel 1966)
J. S. Nicolis (1983)
    The Role of Chaos in Reliable Information Processing, in: Synergetics of
    the Brain (Proceedings of the International Symposium on Synergetics at
    Schloß Elmau, Bavaria, May 2 – 7, 1983), ed. E. Başar u. a., Berlin/Heidel-
    berg/New York/Tokyo 1983, 330 – 344
F. Nietzsche (1889)
    Ecce homo. Wie man wird, was man ist [1889]. Werke. Kritische Gesamtaus-
    gabe VI/3, ed. G. Colli/M. Montinari, Berlin 1969, 253 – 372

D. Papineau (1979)
    Theory and Meaning, Oxford 1979
D. Papineau (1987)
    Reality and Representation, Oxford 1987
G. Patzig (1973)
    Erklären und Verstehen. Bemerkungen zum Verhältnis von Natur- und
    Geisteswissenschaften, in: ders., Tatsachen, Normen, Sätze. Aufsätze und
    Vorträge, Stuttgart 1980, 45 – 75 (Original in: Neue Rundschau 84/3 (1973),
    392 – 413)
Plotinus (1964 – 1982)
    Opera, I-III, ed. P. Henry/H.-R. Schwyzer, Oxford 1964 – 1982
Plutarchus (1960)
    Moralia V 3, ed. C. Hubert/M. Pohlenz/H. Drescher, Leipzig 1960
E. Pöppel (1985)
    Grenzen des Bewußtseins. Über Wirklichkeit und Welterfahrung, Stuttgart
    1985
E. Pöppel (1986)
    Materialien des Bewußtseins, Physikalische Blätter 42 (1986), Nr. 3, 75 – 77
H. Poincaré (1908)
    Science et méthode [1908], Paris 1920 (dt. Wissenschaft und Methode,
    Leipzig/Berlin 1914)
E. P. Polten (1973)
    Critique of the Psycho-Physical Identity Theory. A Refutation of Scientific
    Materialism and an Establishment of Mind-Matter Dualism by Means of
    Philosophy and Scientific Method, The Hague/Paris 1973
K. R. Popper (1972)
    Objective Knowledge. An Evolutionary Approach, Oxford 1972 (dt. Objek-
    tive Erkenntnis. Ein evolutionärer Entwurf, Hamburg [2]1974)
K. R. Popper/J. C. Eccles (1977)
    The Self and Its Brain, Berlin/London/New York 1977, 1981 (dt. Das Ich
    und sein Gehirn, München/Zürich 1982)

I. Prigogine (1980)
  From Being to Becoming. Time and Complexity in the Physical Sciences,
  San Francisco 1980 (dt. Vom Sein zum Werden. Zeit und Komplexität in
  den Naturwissenschaften, München/Zürich 1979)
M. Prince (1904)
  The Identification of Mind and Matter, The Philosophical Review 13 (1904),
  444 – 451
R. Puccetti (1985)
  Popper and the Mind-Body Problem, in: Popper and the Human Sciences,
  ed. G. Currie/A. Musgrave, Dordrecht/Boston/Lancaster 1985, 45 – 55
H. Putnam (1963)
  Brains and Behavior, in: ders. 1975, 325 – 341
H. Putnam (1967a)
  The Mental Life of Some Machines, in: ders. 1975, 408 – 428
H. Putnam (1967b)
  The Nature of Mental States, in: ders. 1975, 429 – 440
H. Putnam (1975)
  Mind, Language and Reality (Philosophical Papers 2), Cambridge etc. 1975
Z. W. Pylyshyn (1984)
  Computation and Cognition. Toward a Foundation for Cognitive Science,
  Cambridge Mass. 1984, 1986

W. V. O. Quine (1953)
  From a Logical Point of View. Logico-Philosophical Essays, Cambridge
  Mass. ^{2}1964 (dt. Von einem logischen Standpunkt. Neun logisch-philosophi-
  sche Essays, Frankfurt/Berlin/Wien 1979)
W. V. O. Quine (1960)
  Word and Object, Cambridge Mass. 1960 (dt. Wort und Gegenstand, Stutt-
  gart 1980)
W. V. O. Quine (1969)
  Existence and Quantification, in: ders., Ontological Relativity and Other
  Essays, New York/London 1969, 91 – 113 (dt. Existenz und Quantifikation,
  in: ders., Ontologische Relativität und andere Schriften, Stuttgart 1975,
  127 – 156)

R. Reininger (1923)
  Kant. Seine Anhänger und seine Gegner, München 1923
B. Rensch (1979)
  Gesetzlichkeit, psychophysischer Zusammenhang, Willensfreiheit und Ethik,
  Berlin 1979
T. Rentsch (1980)
  Artikel: Leib-Seele-Verhältnis III, in: Historisches Wörterbuch der Philoso-
  phie V, ed. J. Ritter/K. Gründer, Basel/Stuttgart 1980, 201 – 206
N. Rescher (1970)
  Scientific Explanation, New York, London 1970
N. Rescher (1979)
  Cognitive Systematization. A Systems-Theoretic Approach to a Coherentist
  Theory of Knowledge, Oxford 1979

N. Rescher (1984)
    The Limits of Science, Berkeley/Los Angeles/London 1984 (dt. Die Grenzen
    der Wissenschaft, Stuttgart 1985)
R. Rorty (1965)
    Mind-Body Identity, Privacy, and Categories, The Review of Metaphysics
    19 (1965), 24 – 54 (dt. Leib-Seele Identität, Privatheit und Kategorien, in:
    Bieri 1981a, 93 – 120)
R. Rorty (1982)
    Contemporary Philosophy of Mind, Synthese 53 (1982), 323 – 348
R. Rosenthal/L. Jacobson (1968)
    Pygmalion in the Classroom. Teacher Expectation and Pupils' Intellectual
    Development, New York etc. 1968 (dt. Pygmalion im Unterricht. Lehrerer-
    wartungen und Intelligenzentwicklung der Schüler, Weinheim/Berlin/Basel
    1971)
F. L. Ruch/P. G. Zimbardo (1975)
    Lehrbuch der Psychologie. Eine Einführung für Studenten der Psychologie,
    Medizin und Pädagogik, Berlin/Heidelberg/New York ²1975
G. Ryle (1949)
    The Concept of Mind, London 1949 (dt. Der Begriff des Geistes, Stuttgart
    1969)

K. Sayre (1987)
    Cognitive Science and the Problem of Semantic Content, Synthese 70 (1987),
    247 – 269
S. Schachter/J. E. Singer (1962)
    Cognitive, Social, and Psychological Determinants of Emotional State, Psy-
    chological Review 69 (1962), 379 – 399
K. F. Schaffner (1970)
    Outlines of a Logic of Comparative Theory Evaluation with Special Atten-
    tion to Pre- and Post-Relativistic Electrodynamics, in: Historical and Philoso-
    phical Perspectives of Science, ed. R. H. Stuewer, Minneapolis 1970 (Minne-
    sota Studies in the Philosophy of Science V), 311 – 354
H. Schleichert (1975)
    Logischer Empirismus – Der Wiener Kreis. Ausgewählte Texte mit einer
    Einleitung, ed. H. Schleichert, München 1975
M. Schlick (1925)
    Allgemeine Erkenntnislehre, Frankfurt 1979 (Original Berlin ²1925)
M. Schlick (1934)
    Über das Fundament der Erkenntnis, Erkenntnis 4 (1934), 79 – 99
R. F. Schmidt (1987)
    Motorische Systeme, in: Grundriß der Neurophysiologie, ed. R. F. Schmidt,
    Berlin/Heidelberg/New York ⁶1987, 157 – 204
K. Schneider (1976)
    Leistungsmotiviertes Verhalten als Funktion von Motiv, Anreiz und Erwar-
    tung, in: Leistungsmotivation und Verhalten, ed. H.-D. Schmalt/W.-U.
    Meyer, Stuttgart 1976, 33 – 59

H. G. Schuster (1984)
   Deterministic Chaos. An Introduction, Weinheim 1984
O. Schwemmer (1980)
   Artikel: Erklärung, in: Mittelstraß 1980, 578 – 584
J. R. Searle (1958)
   Proper Names, Mind 67 (1958), 166 – 173
W. Sellars (1953)
   A Semantical Solution of the Mind-Body Problem, Methodos 5 (1953),
   45 – 82
W. Sellars (1956)
   Empiricism and the Philosophy of Mind, in: Feigl/Scriven 1956, 253 – 329
W. Sellars (1963)
   Science, Perception and Reality, London, New York 1963
A. D. Sertillanges (1954)
   Der heilige Thomas von Aquin, Köln/Olten ²1954
J. A. Shaffer (1967)
   Artikel: Mind-Body Problem, in: The Encyclopedia of Philosophy V, ed. P.
   Edwards, New York, London 1967, 336 – 346
B. F. Skinner (1953)
   Science and Human Behavior, New York 1953, 1966 (dt. Wissenschaft und
   menschliches Verhalten, München 1973)
J. J. C. Smart (1959)
   Sensations and Brain Processes, The Philosophical Review 68 (1959),
   141 – 156
R. Specht (1966)
   Commercium mentis et corporis. Über Kausalvorstellungen im Cartesianis-
   mus, Stuttgart-Bad Cannstatt 1966
R. Specht (1976)
   Artikel: Influxus physicus, Influxionismus, in: Historisches Wörterbuch der
   Philosophie IV, ed. J. Ritter/K. Gründer, Basel/Stuttgart 1976, 354 – 356
R. Specht (1980)
   Artikel: Leib-Seele-Verhältnis, in: Historisches Wörterbuch der Philosophie
   V, ed. J. Ritter/K. Gründer, Basel/Stuttgart 1980, 186 – 201
R. Specht (1984)
   Artikel: Occasionalismus, in: Historisches Wörterbuch der Philosophie VI,
   ed. J. Ritter/K. Gründer, Basel/Stuttgart 1984, 1090 – 1091
B. Spinoza (1967)
   Opera II (Tractatus de intellectus emendatione. Ethica), ed. K. Blumenstock,
   Darmstadt 1967
G. E. Stahl (1703)
   Einleitung zur Grund-Mixtion Derer Unterirrdischen mineralischen und
   metallischen Cörper [lat. 1703], Leipzig 1744
S. P. Stich (1983)
   From Folk Psychology to Cognitive Science. The Case Against Belief, Cam-
   bridge Mass./London 1983

P. F. Strawson (1959)
  Individuals. An Essay in Descriptive Metaphysics, London 1959, London/
  New York 1964 (dt. Einzelding und logisches Subjekt (Individuals). Ein
  Beitrag zur deskriptiven Metaphysik, Stuttgart 1972)

A. Tarski (1953)
  A General Method in Proofs of Undecidability, in: ders./A. Mostowski/
  R. M. Robinson, Undecidable Theories, Amsterdam ³1971, 1 – 35
Theon von Smyrna (1878)
  Expositio rerum mathematicarum ad legendum Platonem utilium, ed. E.
  Hiller, Leipzig 1878
C. Thiel (1980)
  Artikel: Frege, in: Mittelstraß 1980, 671 – 674
Thomas von Aquin (1937)
  Die deutsche Thomas-Ausgabe. Vollständige, ungekürzte, deutsch-lateini-
  sche Ausgabe der Summa Theologiae VI (Wesen und Ausstattung des Men-
  schen I 75 – 89), Salzburg/Leipzig 1937

G. Vollmer (1981)
  Altehrwürdig, aber unhandlich: Popper und Eccles zum Leib-Seele-Problem,
  Allgemeine Zeitschrift für Philosophie 6 (1981), 60 – 70
VS
  H. Diels, Die Fragmente der Vorsokratiker. Griechisch und Deutsch (Berlin
  1903), I-III, 5. Aufl. ed. W. Kranz, Berlin ⁶1951 (seither unveränderte Nach-
  drucke, ¹⁷1974)

E. L. Walker/R. W. Heyns (1962)
  An Anatomy for Conformity, Belmont Cal. 1962, 1967 (Kap. 6 [Conformity
  and Conflict of Needs, 54 – 68] dt. Konformität und Motivkonflikt, in:
  Pädagogische Psychologie. Entwicklung und Sozialisation (Grundlagentexte
  1), ed. C. F. Graumann/H. Heckhausen, Frankfurt 1973, 123 – 137)
B. Weiner (1972)
  Theories of Motivation. From Mechanism to Cognition, Chicago 1972 (dt.
  [gekürzt] Theorien der Motivation, Stuttgart 1976)
F. E. Weinert (1974)
  Einführung in das Problemgebiet der Pädagogischen Psychologie, in: ders.
  1974a, 29 – 63
F. E. Weinert u. a. (1974a)
  Pädagogische Psychologie 1 (Funk-Kolleg), ed. F. E. Weinert u. a., Frankfurt
  1974
A. N. Whitehead (1947)
  Essays in Science and Philosophy, New York 1947, 1968
Wilhelm von Ockham (1981/1980)
  Opera theologica V (Quaestiones in librum secundum sententiarum (Repor-
  tatio), ed. G. Gál/R. Wood)/IX (Quodlibeta septem, ed. J. C. Wey), St.
  Bonaventure 1981/1980

K. V. Wilkes (1980)
   Brain States, The British Journal for the Philosophy of Science 31 (1980),
   111 – 129
K. V. Wilkes (1981)
   Functionalism, Psychology, and the Philosophy of Mind, Philosophical To-
   pics 12 (1981), 147 – 167
W. Windelband (1957)
   Lehrbuch der Geschichte der Philosophie, ed. H. Heimsoeth, Tübingen
   [15]1957
L. Wittgenstein (1922)
   Tractatus logico-philosophicus (dt./engl.), London 1922
L. Wittgenstein (1958)
   Philosophische Untersuchungen, Frankfurt 1971
Ch. Wolff (1736)
   Philosophia prima sive ontologia, methodo scientifica pertractata, Frankfurt/
   Leipzig [2]1736 (repr. Hildesheim/New York 1977)
Ch. Wolff (1740)
   Psychologia rationalis, methodo scientifica pertractata, Frankfurt/Leipzig
   [2]1740 (repr. Hildesheim/New York 1972)
M. Wolff (1978)
   Geschichte der Impetustheorie. Untersuchungen zum Ursprung der klassi-
   schen Mechanik, Frankfurt 1978
G. Wolters (1980)
   Artikel: Goldbachsche Vermutung, in: Mittelstraß 1980, 790 – 791
G. Wolters (1984a)
   Artikel: Kant (I), in: Mittelstraß 1984, 343 – 351
G. Wolters (1984b)
   Artikel: Korrespondenzregel, in: Mittelstraß 1984, 480 – 481
G. Wolters (1984c)
   Artikel: Modell, in: Mittelstraß 1984, 911 – 913
G. Wolters (1987)
   Mach I, Mach II, Einstein und die Relativitätstheorie. Eine Fälschung und
   ihre Folgen, Berlin/New York 1987
G. Wolters (1988a)
   Verschmähte Liebe. Mach, Fechner und die Psychophysik, in: Brožek/Gund-
   lach 1988, 103 – 116
G. Wolters (1988b)
   Evolutionäre Erkenntnistheorie – eine Polemik, Vierteljahrsschrift der Na-
   turforschenden Gesellschaft in Zürich 133 (1988), 125 – 142
G. Wolters/P. Schroeder-Heister (1984)
   Artikel: Logik, intensionale, in: Mittelstraß 1984, 666 – 667
G. H. v. Wright (1971)
   Explanation and Understanding, London 1971 (dt. Erklären und Verstehen,
   Frankfurt 1974)

Personenregister

Sachregister

JÜRGEN MITTELSTRASS

Neuzeit und Aufklärung

Studien zur Entstehung der neuzeitlichen Wissenschaft und Philosophie

Groß-Oktav. XVI, 656 Seiten. 1970. Ganzleinen DM 107,—
ISBN 3 11 001825 0

Aus dem Inhalt:

Die Entdeckung der Vernunft — Vorgeschichte und Anfang des neuzeit-
lichen Denkens (Kopernikus, Luther, Renaissance) — Der euklidische
Aufbau der neuzeitlichen Physik — Physik und Metaphysik — Fortschritt
und Utopie — Kunstsprache und Logikkalkül — Der Satz vom Grund
(Theorie der Begründung) — Logik und Metaphysik — Das Ende der
Metaphysik.

HENRI EY

Das Bewußtsein

Aus dem Französischen übersetzt und eingeführt
durch eine Vorrede von Karl Peter Kisker
Groß-Oktav. XXVIII, 316 Seiten. 1967. Ganzleinen DM 93,—
ISBN 3 11 003245 7
(Phänomenologisch-Psychologische Forschungen, Band 8)

Preisänderungen vorbehalten

Walter de Gruyter  **Berlin — New York**

Wozu Wissenschaftsphilosophie?

Positionen und Fragen zur gegenwärtigen Wissenschaftsphilosophie

Herausageben von Paul Hoyningen-Huene und Gertrude Hirsch
Oktav. VIII, 433 Seiten. 1988. Kartoniert DM 107,—
ISBN 3 11 011472 0 (de Gruyter Studienbuch)

Philosophie, Wissenschaft, Aufklärung

Beiträge zur Geschichte und Wirkung des Wiener Kreises

Herausgegeben von Hans-Joachim Dahms
Groß-Oktav. XII, 418 Seiten. 1985. Ganzleinen DM 158,—
ISBN 3 11 010275 7

Philosophie und Mythos

Ein Kolloquium

Herausgegeben von Hans Poser
Groß-Oktav. XIV, 246 Seiten. 1979. Ganzleinen DM 97,—
ISBN 3 11 007601 2

Wozu Philosophie?

Stellungnahmen eines Arbeitskreises

Herausgegeben von Hermann Lübbe
Groß-Oktav. XII, 393 Seiten. 1978. Kartoniert DM 38,—
ISBN 3 11 007513 X (de Gruyter Studienbuch)

Preisänderungen vorbehalten

Walter de Gruyter **Berlin — New York**